城市轨道交通职业技能培训统编教材

城市轨道交通列车司机

中国城市轨道交通协会　编

西南交通大学出版社
·成都·

图书在版编目（CIP）数据

城市轨道交通列车司机 / 中国城市轨道交通协会编
. —成都：西南交通大学出版社，2018.7
ISBN 978-7-5643-6240-9

Ⅰ. ①城… Ⅱ. ①中… Ⅲ. ①城市铁路－轨道交通－列车－驾驶员－教材 Ⅳ. ①U239.5

中国版本图书馆 CIP 数据核字（2018）第 129727 号

城市轨道交通列车司机 | 中国城市轨道交通协会 编 | 责任编辑 孟苏成
封面设计 何东琳设计工作室

印张：21 字数：511 千
成品尺寸：185 mm × 260 mm
版次：2018 年 7 月第 1 版
印次：2018 年 7 月第 1 次
印刷：四川森林印务有限责任公司
书号：ISBN 978-7-5643-6240-9

出版发行：西南交通大学出版社
网址：http://www.xnjdcbs.com
地址：四川省成都市二环路北一段 111 号
西南交通大学创新大厦 21 楼
邮政编码：610031
发行部电话：028-87600564 028-87600533
定价：59.80 元

课件咨询电话：028-87600533

城市轨道交通职业技能培训统编教材

编委会

《城市轨道交通列车司机》

编审人员

主　编　叶华平（上海申通地铁集团有限公司）

副主编　姚军（上海申通地铁集团有限公司）

王建强（重庆市轨道交通（集团）有限公司）

侯志祥（苏州高新有轨电车有限公司）

主　审　肖英辉（北京市地铁运营有限公司）

参　编　林　宏（上海申通地铁集团有限公司）

李　佩（上海申通地铁集团有限公司）

郁文斌（上海申通地铁集团有限公司）

邹　烨（重庆市轨道交通（集团）有限公司）

马　宁（苏州高新有轨电车有限公司）

叶晓健（苏州高新有轨电车有限公司）

宫绍翔（苏州高新有轨电车有限公司）

序

sequence

城市轨道交通职业技能培训统编教材终于同广大读者见面了。这套教材是城市轨道交通行业第一部技能人才培养的统编教材，填补了城市轨道交通行业的空白，满足了人才培训的急需，对于正处在大规模快速发展时期的城市轨道交通而言具有重要意义。

（一）

进入21世纪以来，得益于经济高速发展、城镇化快速推进、国家政策的规范和完善、实施装备国产化带来的建设成本下降和建设周期的缩短，我国城市轨道交通开始进入快速发展时期：21世纪以来的头15年，每五年年均新建投运里程接连攀上80 km、200 km、400 km；“十三五”期间的2016年迈过了500 km，2017年更是迈上800 km大台阶。到2017年年底，我国内地共有34个城市开通城市轨道交通，运营线路里程5 033 km，客运量达到180亿人次，在建线路6 200多千米，62个城市规划线路7 300多千米。运营、建设和规划城市轨道交通的城市之多、规模之大、线路之长，世界少有。

在城市轨道交通快速发展的同时，人才资源的问题始终困扰着该行业。其中既有人才供给不足的问题，又有人才能力欠缺的挑战。仅“十三五”期间，我国就预计五年需新增城市轨道交通从业人员24万人，而现有教育能力仅能满足一半左右。人才能力方面，我们面临的现实是：一方面，乘客提出人性化、个性化、多样化等更高的服务需求；另一方面，城市轨道交通发展提出网络化、智能化等更高的技术需求。这对从业者提出了全新的要求。因此，大力加强人才培养和储备，提供更多更优的管理人员、技术人员和生产人员，已经成为行业上下共同关注的重要课题。

值此城市轨道交通大发展之际、城市轨道交通人才紧缺之时，统编教材的出版可以说生逢其时，将拥有广阔的应用空间。

（二）

2015年，国务院印发了《关于加快发展现代职业教育的决定》，将职业教育的重要性提升到了战略的高度。城市轨道交通技能型、操作型人才占整个人才队伍的85%左右，是行业发展的基础性人才，是职业教育的主要对象。国家对职业教育的重视，为城市轨道交通人才培养提供了难得的机遇和环境。2017年，国家发展和改革委员会、教育部、人力资源和社会保障部联合印发了《关于加强城市轨道交通人才建设的指导意见》，提出了加强城市轨道交通人才建设的总体思路和具体措施，是城市轨道交通人才队伍建设的纲领性、指导性文件，有力促进了行业人才培养工作的开展。中国城市轨道交通协会作为城市轨道交通行业唯一的国家一级协会，持续开展了行业人才培养的专题研究、规划制定、标准研制、师资培训等工作，夯实了工作基础，弥补了行业空白。这套教材就是协会人才培养工作的重要内容之一。北京、上海、广州、重庆、深圳等地的城市轨道交通业主单位，依据自身需求，建设了培训资源，摸索了工作体系，并培养了一批专业人才。北京交通大学、西南交通大学、广州城市轨道交通培训学院等教育机构纷纷设立城市轨道交通相关专业，以积极适应城市轨道交通快速发展的需要。

良好的政策环境和行业各方的高度重视，有效推动了城市轨道交通人才培养工作，也为统编教材的诞生奠定了坚实的基础。

（三）

这套统编教材由中国城市轨道交通协会组织，北京市地铁运营有限公司、上海申通地铁集团有限公司、广州地铁集团有限公司、重庆市轨道交通（集团）有限公司、深圳市地铁集团有限公司、苏州高新有轨电车有限公司等企业共同研究编制而成，最后由西南交通大学牵头统稿并出版，前后历时三年。这套教材立足实践，着眼行业，以各城市轨道交通企业优秀的专业岗位培训教材为蓝本，并广泛吸收高等院校、职业学校和培训机构的建议和意见，集各家之所长。

这套教材源于城市轨道交通一线实践，各项知识点、技能点的深度、难度、广度较好地匹配了企业的实际需求，具有较强的针对性。这套教材根据最新的国家技术标准和协会有关工种岗位标准编写内容，具有权威性、科学性、规范性。这套教材注重跟踪城市轨道交通最新发展趋势，内容包括了城市轨道交通新知识、新技术、新设备、新材料等方面的创新成果。这套教材针对技能型人才培养的特点，注重实践技能培养，做到了理论知识与技能训练一体化，能够有效满足初次上岗培训等的需要。

统编教材凝聚了编写组同志们的心血，是参编单位在协会统筹下，充分交流、分享、协同、共进的结果；是参编单位在协会大旗下，求同存异，在更高水平上实现规范统一的成果；是各家城市轨道交通企业人才培养优秀实践经验的凝练和总结。

最后，希望这套教材能够物尽其用，充分发挥好基础性、支撑性作用，促进城市轨道交通技能人才培养质量的提高，服务城市轨道交通持续健康发展。

包叙定

2018年5月

前　言

PREFACE

当前，全国城市轨道交通迅猛发展，从事运营、维护的人员能力水平，直接关系到城市轨道交通的运营安全。因此，急需普及和提高城市轨道交通系统员工的专业综合素质，这也是城市轨道交通行业长远发展的根本大计。素质提高靠培训，教材是培训的基础。为了适应我国城市轨道交通行业的现状和发展趋势，针对城市轨道交通列车司机的特点和工作内容，贯彻以实用为目的方针，强化理论知识的实际应用，中国城市轨道交通协会统一组织编写了城市轨道交通列车司机岗位培训教材。

本书以城市轨道交通列车司机岗位的专业知识结构内容为基础，培养员工系统思维，通过实际操作及案例提升员工的学习兴趣，通过列车司机的标准化作业树立职工的质量与标准意识。本书内容丰富、体系完备，涉及城市轨道交通列车司机岗位的相关专业技术、电动列车车辆、运行安全、列车驾驶、列车故障应急处置、有轨电车、跨座式单轨等内容；由浅入深，对重点、难点进行了细致的讲解和举例分析，有利于读者自学，容易入门；实践性强、案例经典，与基础知识紧密结合，真正做到学以致用；课后习题丰富，每章末尾都有课后问题，并配有答案，可帮助读者查漏补缺，巩固所学知识。

本书第一章介绍了线路技术、车辆概述、信号技术、供电技术、通信技术、列车运行组织、全自动无人驾驶系统相关知识；第二章介绍了车辆机械、车辆电气相关知识；第三章介绍了行车安全、乘务人员及乘客心理分析、危险源识别与控制、运行设备的应急处置相关知识；第四章介绍了一次出乘准备作业、一次出乘准备作业故障检查、列车驾驶相关知识及技能；第五章介绍了故障处置基本技巧、列车故障应急处置相关知识及技能，第六章介绍了有轨电车基础、操作技能、道路交通安全法规相关知识及技能，第七章介绍了跨座式单轨概述、操作技能、列车故障及应急处置、典型案例及分析相关知识及技能。

本书既注重城市轨道交通列车司机专业的基础理论和技能，又尽量跟上列车司机专业技术的发展，内容翔实，通俗易懂。本书既可作为城市轨道交通列车司机岗位培训教材，也可供员工自学及有关工程技术人员参考使用。

全书由叶华平主编。本书共分7章，其中，郁文斌编写第一章、第三章，李佩编写第二章、第四章，林宏编写第五章，马宁、叶晓健、宫绍翔编写第六章，邹烨编写第七章。在本书编写过程中，编者参阅了大量专业书籍，在此向所有作者表示衷心感谢。

由于编写时间仓促以及作者水平所限，书中疏漏和不妥之处在所难免，欢迎读者批评指正。

编　者

2018年5月

目 录
CONTENTS

第一章　城市轨道交通相关专业技术

【学习目标】

1. 掌握轨道交通线路及设备的基本组成及定义；
2. 掌握轨道交通车站的分类和结构功能；
3. 掌握车辆段及停车场的组成；
4. 掌握轨道交通变配电系统的供电方式；
5. 掌握轨道交通降压站的分类及作用；
6. 掌握轨道交通接触网的结构形式及悬挂类型；
7. 掌握轨旁设备的组成及作用；
8. 掌握轨道电路的基本原理及作用；
9. 掌握列车运行自动控制系统的组成及作用；
10. 掌握列车运行组织作业流程；
11. 掌握非正常情况下的运行组织；
12. 掌握全自动无人驾驶的基本概念和技术特点；
13. 掌握全自动无人驾驶系统总体结构；
14. 掌握全自动无人驾驶地铁的等级分类。

【知识要求与技能要求】

1. 轨道交通线路的类型和基本组成；
2. 轨道线路的基本结构；
3. 轨道交通车站的分类及停车场的组成；
4. 受电及供电方式；
5. 变电站的分类及作用；
6. 接触网的结构形式及悬挂类型；
7. 信号机的设置原则；
8. 基于轨道电路的 ATC 系统；
9. 全自动无人驾驶的基本概念和技术特点；
10. 全自动无人驾驶地铁的等级分类。

第一节　线路技术

一、轨道交通线路的类型和基本组成

1. 轨道交通线路的类型

1）按铺设形式分类

城市往往是中心区域建筑物林立，街道繁华，交通繁忙且比较拥挤；由中心城区向外，建筑、道路逐渐减少，空间逐渐开阔；到城市最外圈，一般都比较空旷。城市的这些特点决定了城市轨道交通线路的铺设形式主要有三大类型：地下线路（见图 1-1）、地面线路（见图 1-2）和高架线路（见图 1-3）。

在城市的中心区域由于受到诸多限制，城市轨道交通线路只能采取沿城市道路地下铺设的形式，称为地下线路。而中心区域以外的区域由于空间开阔、土地比较充裕，一般采取普通铁路路基作为轨道基础的铺设形式，称为地面线路。在城市外围，一般还可采取沿既有道路于高架铺设的形式，称为高架线路。

图 1-1　地下线路

图 1-2　地面线路

图 1-3　高架线路

2）按运营中的作用分类

城市轨道交通线路按其在运营中的作用分为正线、折返线、渡线、停车线、检修线、静调线、洗车线、不落轮镟修线、试车线、出入库线、调车线、牵出线、清（吹）扫线、材料线、特种线和联络线等。

（1）正线。地铁运营由区间隧道、或护栏、或地面、或区间高架桥全部封闭的线路，一般为上下行双线，实施右侧行车惯例（日本、英联邦国家除外）。如上海地铁规定，南北走向向北方向为上行（正向）、东西走向向东方向为上行；环线内圈为上行。

（2）折返线。折返线是在终点站或中间站以方便列车掉头、转线及存车等的线路。折返线有以下 3 种折返方式：

① 环形（灯泡线）：实际上已消除了折返过程，保证了线路的最大通过能力，节约了有关设备。但环线占地面积大、轮轨磨耗大、无法停放和检修列车、难以延长线路，如图 1-4 所示。

② 尽端式：折返线数量由检修作业量、代发车存车数量决定。需要对车辆进行检修的折返线上设有检修坑，如图 1-5 所示。

③ 渡线折返：列车折返作业在车站前或后设置渡线完成，渡线折返分为站前、站后、区间站渡线 3 种，如图 1-6、图 1-7、图 1-8 所示。

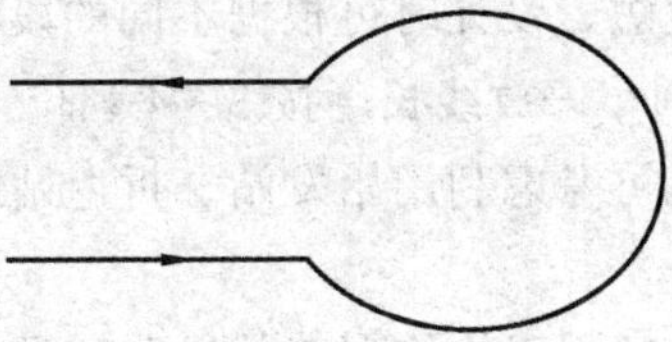

图 1-4　环形折返方式

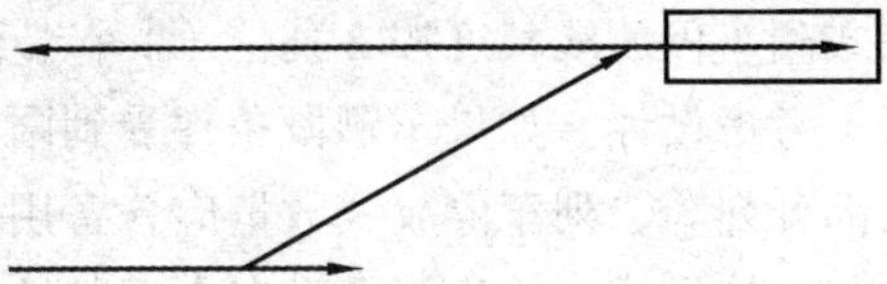

图 1-5　尽端折返方式

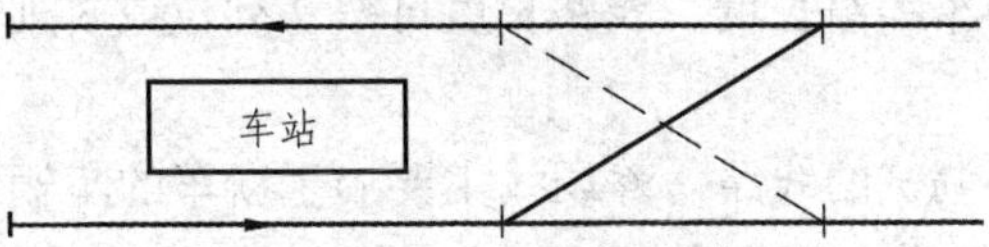

图 1-6　站前渡线折返

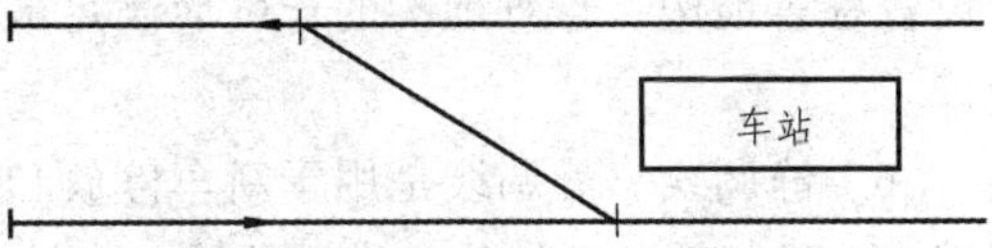

图 1-7　站后渡线折返

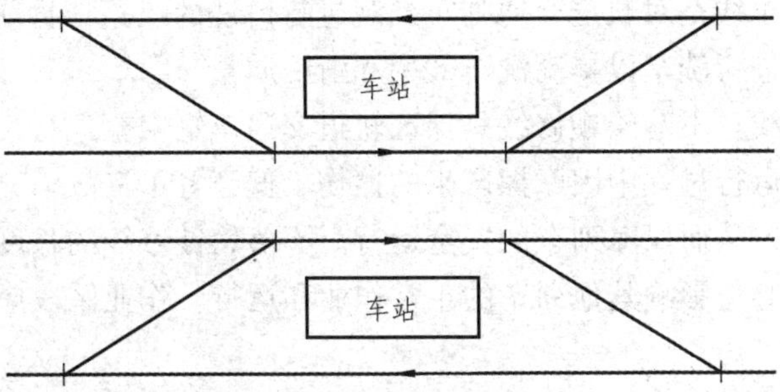

图 1-8　区间站渡线折返

但单轨线路（磁浮）折返比较特别，需要利用专门设备如折返道岔来完成，如图 1-9、图 1-10 所示为单轨线路折返方式。

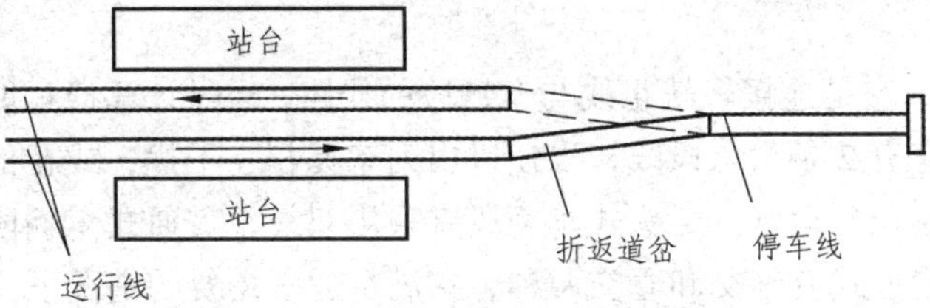

图 1-9　单轨线路利用道岔折返

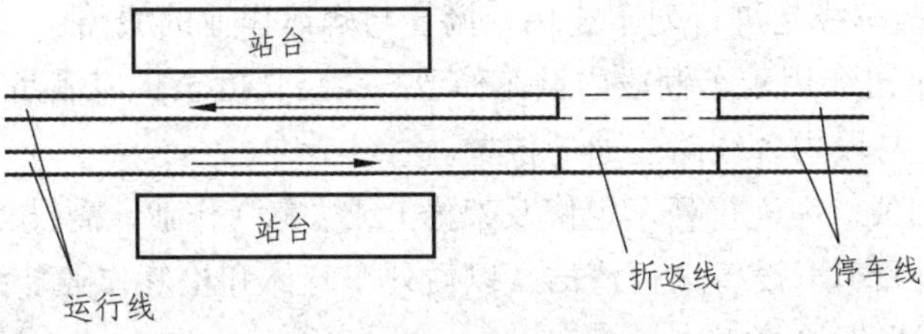

图 1-10　单轨线路端点站平移折返

（3）渡线。在上下行正线之间（或其他平行线路之间）设置的连接线为渡线。

（4）停车线。城市轨道交通系统不是全日运营，夜间列车须回段停放。列车停放线的数量应按车辆配属数量减去所设计的检修列位（检修列位一般兼做停放列位）来确定，使所有列车夜间可以全部回段停放。由于轨道交通列车编组较短，设计时可根据不同的段型布置，尽头式列车停放线长度按 2 列位（2 个编组），贯通式列车停放线长度按 3～4 列位（3～4 个编组）考虑设计。如果车辆段条件受到限制，设计中也可考虑利用始发站、折返站站线夜间停放部分列车。列车停放线数量应含备用列车停放。

（5）检修线。检修线是设在车辆基地检修库内，专门用于检修列车的线路，设有地沟，配有架车设备、检修设备（如行车）。列检作业线的数量一般为运用车数的 30%计列，并要求设置检查地沟，检查地沟的长度应满足最大列车编组长度，线路长度可按 2 列位或 3 列位设计。

（6）静调线。静调线是用于新车停放和静态调试的线路。静调线主要用于新车的车辆气密性、空气制动装置性能、供风系统、线号校对检查、耐压试验、车门动作试验、空调系统、辅助电源和照明、列车广播和客室显示系统检查、编组、联调试验等。

（7）洗车线。洗车线是对轨道交通列车外观进行清洗的线路。目前地铁车辆段普遍采用了自动化机械洗车机进行洗车以提高洗车效率和清洗质量。

（8）不落轮镟修线。不落轮镟修线是保证轨道交通车辆安全运行，提高车辆运行效率的重要设备，对于列车运行过程中因摩擦产生的擦伤、偏磨等不良故障，可以在列车不解体的情况下进行镟轮作业，从而保障列车的安全运行。不落轮镟修线的长度应满足镟轮库前后各有一列位长度要求，避免影响其他列车的正常作业和运行。作业区段应为平直线路，以保证镟轮精度。

（9）试车线。列车经定修、架修或大修后，要求在线路上进行动态试验，检验列车维修后不同速度下的各种工况指标。试车线一般靠近检修库，便于列车上线试验。试车线长度应满足列车高速运行的需要。试车线线路上应设置一段检查地沟，地沟长度不小于最大列车编组长度。如果段型位置限制，段内无法设置试车线，设计中也可考虑利用夜间停运间隙，在正线上进行动态试验。

（10）出入库线。它是连接轻轨正线与车辆段的线路，通过计算通过能力确定设置单线或双线。一般车辆段应有 2 条出入段线，以使进出列车无相互干扰，或在信号、道岔等设备出现故障时，不致影响正常运营。尽头式车辆段宜采用双线，贯通式车辆段在两端各设一条线路。出入段线的出岔方式有平交和立交两种，在满足运营需要的情况下，可尽量采用平交方式，以降低工程造价。

（11）调车线。调车线是进行列车连接、摘挂与解体作业的线路。

（12）牵出线。牵出线用于车辆段内调车作业，线路长度至少应满足一列位长度，并设置于便于调车作业，能与段内各线路连通的位置。

（13）清（吹）扫线。为进行列车定修及架修（或大修）作业，需设置底架清（吹）扫线，对运行后的列车底架和车下设备进行清洁，以便列车解体和检修作业。线路作业长度按 1 列位长度设计，数量则根据检修工作量确定。

（14）材料线。车辆段设置材料库，存放供全段使用的原材、备品、备件、工器具等。应设计材料装卸线引入材料库区，便于外购设备、材料、备品备件的运输。

（15）特种线。特种线是停放城市轨道交通特种车辆的线路。

（16）联络线。联络线是轨道交通线路之间为调动列车等作业而设置的连接线路。如上海地铁 1 号线与 2 号线在人民广场之间就设置有联络线。

2. 轨道交通线路的基本组成

1）地下线路

地下线路铺设于隧道内。隧道的开挖一般有明挖法和暗挖法两种方法。其中暗挖法包括盾构法，盾构法又分为单圆盾构、双圆（双线）盾构。目前我国普遍采用单圆盾构法进行隧道施工。隧道又有圆形隧道和矩形隧道之分，一般区间隧道为圆形隧道，站台两端为矩形隧道。

地下线路可采用混凝土整体道床或与普通铁路相同的碎石道床。在世界城市轨道交通发展的初期一般沿袭铁路的做法采用碎石道床。随着城市轨道交通的发展，为了适应城市的特点，城市轨道交通线路道床逐渐采用整洁美观、结构稳定的混凝土整体道床。地下线路主要由隧道、整体道床、侧沟、轨枕（混凝土长枕、混凝土短枕、支撑块等）、钢轨、扣件、钢轨联结零件等组成。

2）地面线路

地面线路普遍采用碎石道床，碎石道床一般由石砟层和黄砂层组成，也有单单铺设石砟层的。地面碎石道床线路，其造价便宜，道床弹性较好，但稳定性较差，运营时的噪声比较大。

地面线路主要由路基、碎石道床、侧沟、轨枕（木枕、混凝土枕等）、钢轨、扣件、钢轨联结零件等组成。

3）高架线路

高架线路铺设于城市高架桥面之上，一般沿城市道路一侧或中央铺设。桥面轨道线路一般可采用混凝土整体道床或碎石道床。

城市轨道交通高架桥，由于其长度远远大于一般意义上的桥梁，考虑到线路和超长桥梁之间的相互影响，确保桥梁和线路的稳定性，城市轨道交通高架线路普遍采用混凝土整体道床。高架线路结构稳定，比地面线路占地少，但其影响城市景观，容易受城市道路规划影响，噪声也比较大。

高架线路主要由高架桥、整体道床、侧沟、混凝土支撑块、钢轨、扣件、钢轨联结零件等组成。

二、轨道线路设备

1. 轨道线路的基本结构

轨道是线路的上部结构，由钢轨、轨枕、道岔、道床、联结零件和轨道加强设备等组成，是行车的基础技术设备，它直接支承和引导列车运行，并直接承受着竖向、横向、纵向的作用力，承受由车轮传来的巨大压力，并把它传给路基或桥隧建筑物。轨道必须坚固稳定，并具有正确的几何形状、相对位置和基本尺寸，以确保车辆的安全运行。

1）钢轨及配件

（1）钢轨。钢轨（见图 1-11）是轨道最重要的组成部件，它直接承受列车的荷载，依靠钢轨头部内侧面和机车车辆轮缘的相互作用，引导列车运行，依靠钢轨本身的刚度和弹性把机车车辆荷载分布开来，传递给轨枕。

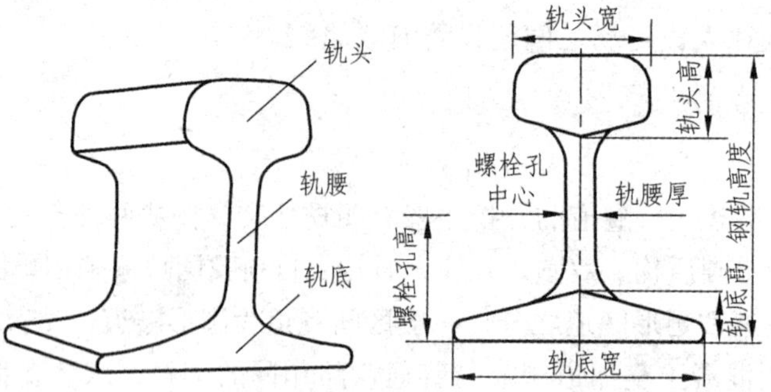

图 1-11　钢轨横截面

（2）钢轨配件。钢轨配件又称接头联结零件，主要由接头夹板和接头螺栓将钢轨与钢轨的端部连接起来，使钢轨接头部位共同承受弯矩和横向力。同时，利用接头夹板与钢轨之间的摩擦力，将钢轨接头处前后两根钢轨的间隙——轨缝控制在一定的限度内。

2）轨枕及扣件

（2）轨枕。轨枕是轨下基础部件之一。它的功用是支承钢轨，保持轨距和方向，并将钢轨对它的各向压力传递到道床上。

轨枕分为木枕和钢筋混凝土枕，这两种轨枕主要用于停车场和地面线的碎石道床。城市轨道交通线路大多铺设整体道床，根据其特点，在传统的木枕和钢筋混凝土枕的基础上又出现了改良的短木枕、混凝土短枕、混凝土支撑块等。短木枕主要用于停车库内检查坑式整体道床。城市轨道交通正线线路，大多采用混凝土短枕、混凝土支撑块以及混凝土长枕。

（2）扣件。扣件是钢轨与轨枕或其他轨下基础连接的重要联结零件，它的作用是固定钢轨，阻止钢轨纵向和横向位移，防止钢轨倾斜，并能提供适当的弹性，将钢轨承受的力传递给轨枕或道床承轨台。

3）道 床

道床是铺设在路基之上、轨枕之下的结构层，它主要有承受并传递荷载、稳定轨道结构的作用。道床从结构和形式上可分为碎石道床和整体道床两种。

（1）碎石道床。

① 碎石道床的特点。碎石道床（见图 1-12）结构简单，容易施工，减振、减噪性能较好，造价低，但其轨道建筑高度较高，因此会造成结构底板下降，加大隧道的净空，导致排水设施复杂，养护工作频繁，更换轨枕困难。道床作业时，粉尘飞扬，危害工作人员健康。为此，城市轨道交通的隧道内不采用碎石道床，而采用整体道床。高架混凝土桥面上的轻轨线也不采用碎石轨枕道床，而采用新型的道床形式，以减少桥面荷载，在减少维修工作量的同时，还可避免列车运行时石子飞落桥面而伤害行人。一般在地面线及停车场道岔区域，采用木枕或钢筋混凝土枕的碎石道床。

② 碎石道床的材料。碎石道床材料有碎石、熔炉矿渣、掺有碎石的筛选卵石，卵石含量达 50%以上的天然含砂卵石以及粗砂和中砂等。城市轨道交通一般采用碎石，也有用粗砂或中砂作为道床垫层。

碎石道砟作为轨道道床一般有 3 种规格：25 ~ 70 mm 标准道砟，15 ~ 40 mm 中砟，3 ~ 20 mm 细砟。

图 1-12　碎石道床

（2）整体道床。整体道床（见图 1-13）也称无砟道床，其特点是整体性好，坚固、稳定、耐久；轨道建筑高度小，减少隧道净空，轨道维修量小，适应地铁和轻轨交通运营时间长、维修时间短的特点，但其弹性差，列车运行引起的振动、噪声比较大，造价比较高，施工时间长。

整体道床主要有无枕式整体道床、轨枕式整体道床、弹性整体道床等类型。

图 1-13　整体道床

4）轨　缝

线路轨道结构以往普遍采用以标准长度钢轨铺设的普通线路。这种线路是将标准轨用钢轨联结零件进行连接，钢轨之间需预留一定的轨缝，称为钢轨接头。此种线路的钢轨接头是其薄弱环节，由于接头的存在，列车运行通过时会发生冲击和振动，影响行车的平稳性和乘客的舒适性，加速钢轨和机车车辆的磨耗和伤损，降低了使用寿命，并增加了其养护维修的费用。

采用标准长度钢轨铺设的普通线路，为适应钢轨热胀冷缩的需要，钢轨接头处必须留有一定的缝隙即轨缝。

2. 曲　线

1）曲线的基本概念

图 1-14　曲线

曲线（见图 1-14）是轨道的薄弱环节之一。地铁线路由一个方向转向另一个方向、由一个坡度转向另一个坡度时，必须圆顺过渡，其间以平面曲线、竖曲线连接。平面曲线由缓和曲线和圆曲线组成，即在直线与圆曲线间用缓和曲线连接。本书主要介绍平面曲线，简称曲线。

曲线一般又分为圆曲线和缓和曲线。曲线的主体部分为圆曲线，当圆曲线半径很大时，圆曲线直接与直线相连，一般情况下，圆曲线与直线之间都以缓和曲线作过渡。这样，一般曲线的平面形式为：直线→缓和曲线→圆曲线→缓和曲线→直线。

2）曲线的分类

（1）按曲线半径的数目分类。按曲线半径的数目分为单曲线和复曲线。单曲线是只有一个半径的圆曲线；复曲线是转向角方向相同、直接或用缓和曲线连接的几个不同半径的圆曲线。

（2）按相邻两曲线的转向角方向分类。按相邻两曲线的转向角方向分为同向曲线、反向曲线。同向曲线的两相邻圆曲线转向角方向相同。反向曲线的两相邻圆曲线的转向角方向相反，反向曲线一般称“S”曲线。

一般条件下，两相邻曲线间夹直线最小长度应不小于 50 m。城市轨道交通因受到城市空间限制，两曲线间的夹直线可放宽至不小于 30 m。

（3）缓和曲线。缓和曲线是直线与圆曲线之间的过渡曲线，其半径由无限大逐渐过渡到圆曲线半径。缓和曲线一般应满足曲线超高顺坡、轨距加宽递减，以及曲线正矢均匀变化的要求。缓和曲线长度应根据曲线半径、行车速度和地形条件选用，一般来讲曲线半径大时，缓和曲线可以选择短些，反之选择长些，有条件时尽量采用较长的缓和曲线。

（4）曲线轨距超高。列车在曲线轨道上运行时，会产生离心力，离心力过大会影响行车安全。为平衡离心力的作用，在曲线轨道上设置外轨超高，即把曲线外股适当抬高，使车身倾斜，则车辆重力的水平分力可以抵消离心力，达到内外两股钢轨受力均匀、垂直磨耗均匀，减小离心加速度，增加旅客舒适感，提高线路稳定性和行车安全。曲线外轨超高如图 1-15 所示。

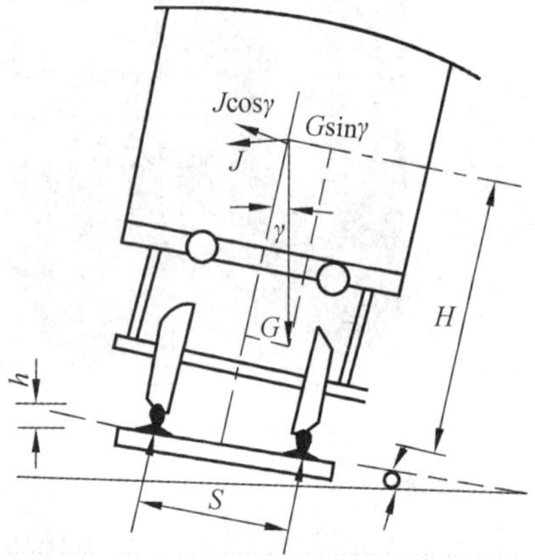

图 1-15　曲线外轨超高示意图

（5）曲线轨距加宽。列车车辆进入曲线轨道时，仍然存在保持其原有形式方向的惯性，只是受到外轨的引导作用方才沿着曲线轨道行驶。在小半径曲线时，为使机车车辆顺利通过曲线而不致被楔住或挤开轨道，减小轮轨间的横向作用力，以减少轮轨磨耗，轨距要适当加宽。加宽轨距，即将曲线轨道内轨向曲线中心方向移动，曲线外轨的位置则保持与轨道中心半个轨距的距离不变。曲线轨道的加宽值与机车车辆转向架在曲线上的几何位置有关。

（6）曲线限速。列车运行在曲线地段，由于受曲线半径、曲线超高等技术条件限制，乘客舒适度所允许达到的最高速度，即为曲线限速。列车在曲线上运行时，要产生离心加速度，而曲线外轨超高产生的向心加速度要抵消一部分离心加速度，未被平衡的离心加速度值不能超过旅客舒适允许的限度，因此，在曲线段要限制行车速度。

3. 道　岔

1）道岔的定义

道岔（见图 1-16）是引导车辆由一条线路转向另一条线路的过渡设备，是轨道线路的重要组成部分。道岔构造复杂，是线路的薄弱环节之一。

图 1-16　单式道岔

2）道岔的分类

道岔按其用途和结构分为：单式道岔、复式道岔、交分道岔、渡线等。

（1）单式道岔。使一条线路通向两条线路的道岔叫单式道岔，包括下列几种类型：普通单开道岔、单式不对称道岔（又称异向道岔）、单式同侧道岔。

普通单开道岔保持主线为直线，侧线在主线的左侧或右侧岔出（面对道岔尖端而言）。

侧线向右侧岔出的，称为右向单开道岔，简称“右开道岔”（见图 1-17）。

侧线向左侧岔出的，称为左向单开道岔，简称“左开道岔”（见图 1-18）。

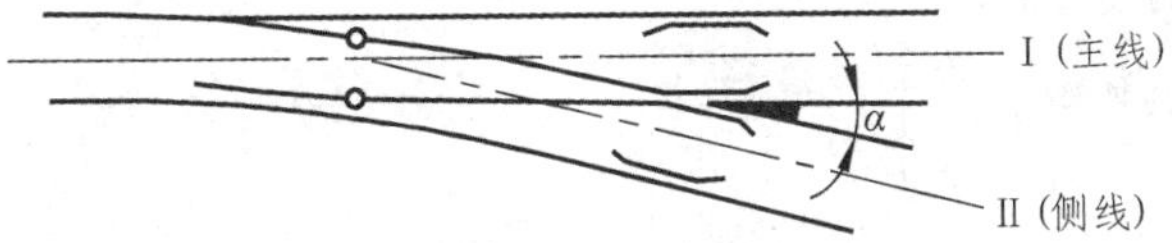

图 1-17　右开道岔

图 1-18　左开道岔

（2）复式道岔。为了节省用地，缩短线路总长，或由于受地形限制，道岔铺设位置不能按照一前一后逐组错开铺设，必须把一组道岔纳入另一组道岔内，便形成复式道岔。复式道岔分为下列几种类型：复式对称道岔（又称三开道岔，见图 1-19）、复式异侧不对称道岔（又称不对称三开道岔，见图 1-20）。

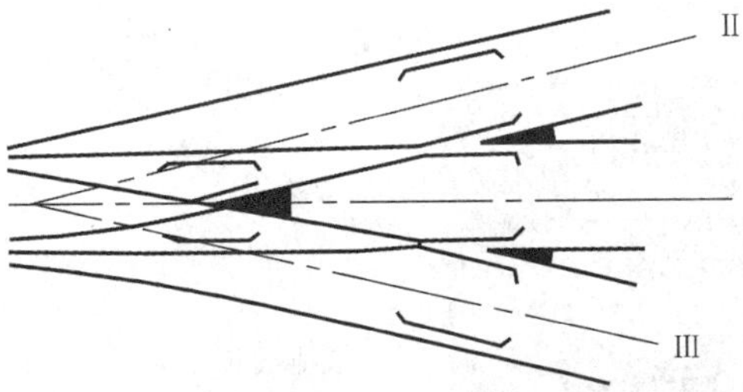

图 1-19　三开道岔

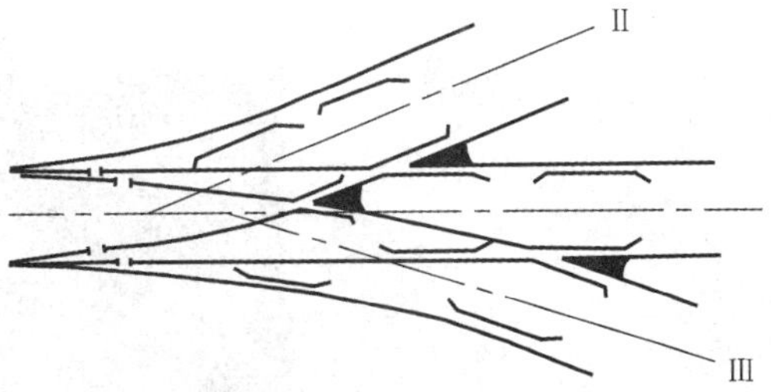

图 1-20　不对称三开道岔

（3）交分道岔。两条线路相互交叉，列车不仅能够沿着直线方向运行，而且能够由一直线转入另一直线，这种道岔叫交分道岔。

① 单式交分道岔。两条线路相交，中间增添两副转辙器和一副连接曲线，列车可沿某一侧由一条线路转入另一条线路，这种道岔叫作单式交分道岔（见图 1-21）。

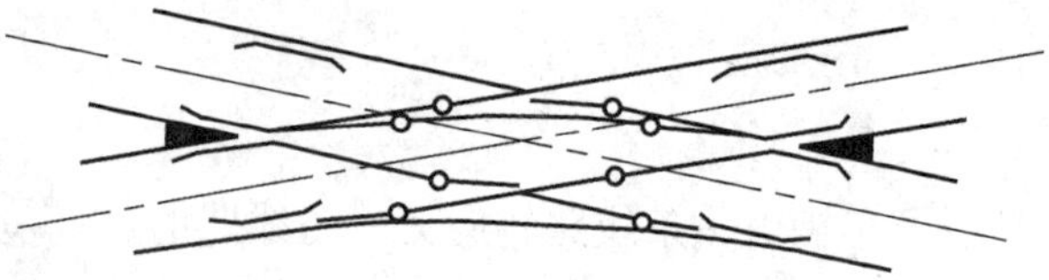
图 1-21　单式交分道岔

② 复式交分道岔。两条线路相交，中间增添 4 副转辙器和两副连接曲线，列车能沿任何一侧由一条线路转入另一条线路，这种道岔叫作复式交分道岔。这种道岔既能达到线路交叉的目的，又能起到线路连接的作用。1 组复式交分道岔能起到 4 组单式道岔的作用，与普通道岔比较起来，不仅能节省用地面积，同时也能节省调车作业时间（见图 1-22）。

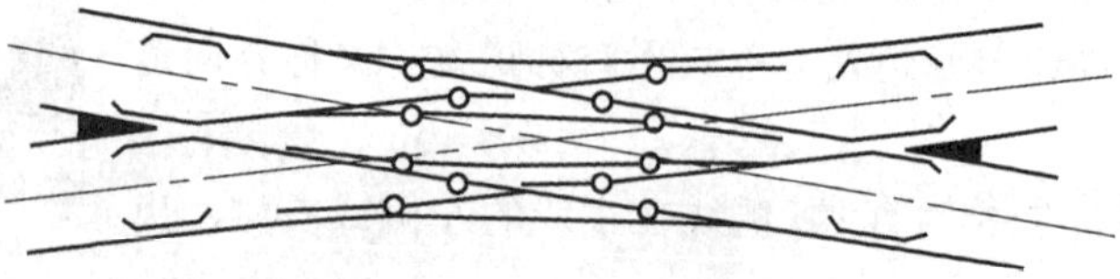
图 1-22　复式交分道岔

3）道岔的组成

城市轨道交通普遍采用普通单开道岔，1 组普通单开道岔（简称单开道岔），由转辙机、连接部分、辙叉及护轨组成（见图 1-23、图 1-24）。

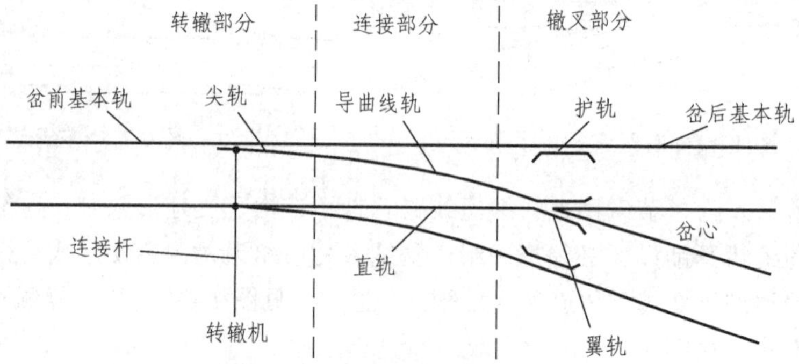

图 1-23　普通单开道岔组成

图 1-24　单开道岔图

（1）转辙机。转辙机是引导车轮进入道岔不同方向的设备，其作用是将尖轨置于不同的位置时，使列车沿着直向或侧向运行。

转辙机主要包括两根基本轨、两根尖轨、联结零件及跟部结构等。

（2）连接部分。转辙部分和辙叉部分的连接轨道为连接部分。它包括 4 股钢轨，即两股直线钢轨和两股曲线（道岔曲股接部分为导曲线）钢轨重叠组成。

（3）辙叉部分。

① 辙叉。辙叉是道岔中两股线路相交处的设备，其作用是使列车能够按确定的行驶方向，跨越线路正常地通过道岔。

辙叉分为 3 种，即钢轨组合式、高锰整铸式和可动心轨式。城市轨道交通普遍使用高锰整铸辙叉（见图 1-25）。

图 1-25　高锰整铸辙叉

② 辙叉角。道岔结构的基本角度有两种，一为转向角，或称转辙角，是尖轨与基本轨之间的夹角，通常用符号 β 表示；二为辙叉角，即道岔辙叉作用边之间的夹角，通常用符号 α 表示。

辙叉角的大小可以反映道岔结构的形式，可按辙叉角的大小将道岔的型号进行分类。辙叉角如图 1-26 所示。

我国国标（GB 1246—76）规定，道岔号数以辙叉角 n 的余切值表示。

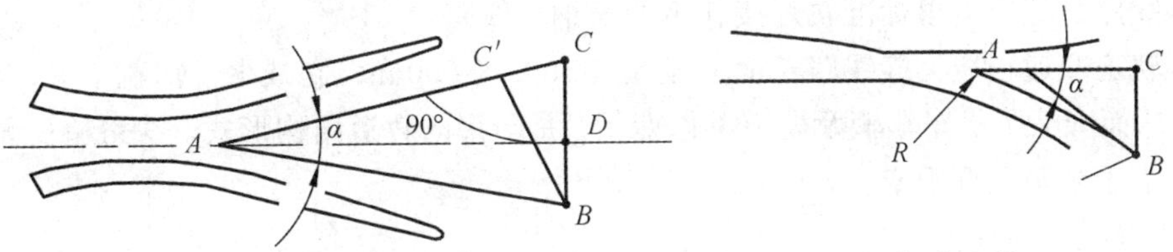

（a）直线辙叉　　（b）曲线辙叉

图 1-26　辙叉角

辙叉角计算公式：$n = AC'/BC' = \cot\alpha$

根据上式可计算出各型号道岔的辙叉角为：

6 号道岔　辙叉角 9°27′4″　　7 号道岔　辙叉角 8°07′48″

9 号道岔　辙叉角 6°20′25″　　12 号道岔　辙叉角 4°45′49″

18 号道岔　辙叉角 3°10′47″　　24 号道岔　辙叉角 2°23′09″

从以上的对应关系可以看出，辙叉角越大，道岔型号越小。当然，辙叉角越大，反映线路的转向弯度大，那么列车侧向通过道岔的速度就越低。

城市轨道交通在市区时，由于站间距离小，运行时间短，提速的可能性不大，仍以 9 号道岔为主。即使在郊区铁路，提速的幅度也不可能太大，12 号道岔已足够满足需要。

③ 护轨。护轨与辙叉的配合有两个方面的作用：一方面是控制车轮的运行方向，使之正常通过“有害空间”而不错入轮缘槽；另一方面是保护辙叉尖端不被轮缘冲击撞伤。

4）道岔的状态

（1）道岔定位。道岔经常向某一方向开通称为定位。在城市轨道交通中规定道岔开通直股为定位。

（2）道岔反位。道岔不经常向某一方向开通称为反位。在城市轨道交通中规定道岔开通侧向为反位。

（3）道岔四开状态。道岔“四开”状态指的是尖轨与基本轨不密贴时的情况。

5）顺向道岔

列车车辆经过时，先经过辙叉再经过尖轨的道岔称为顺向道岔。

6）逆向道岔

列车车辆经过时，先经过尖轨再经过辙叉的道岔称为逆向道岔。

7）掉　道

列车逆向经过道岔且道岔处于四开状态，车轮一个在直轨上一个在曲轨上，由于轨距加大造成车轮脱离钢轨，称为掉道。

8）渡　线

利用道岔或利用固定交叉连接两条相邻线路的设备称为渡线。

4. 无缝线路

普通线路的钢轨接头是薄弱环节。由于接头的存在，列车运行通过时会发生冲击和振动，影响行车的平稳和乘客的舒适，加速钢轨和机车车辆的磨耗和伤损，降低了使用寿命，并增加了养护维修的费用。

1）无缝线路的定义

无缝线路是把许多根标准轨焊接起来的长钢轨线路。

城市轨道交通正线无缝线路长度一般为 1 500 ~ 2 000 m，它减少了钢轨接头，减少了接头病害，从而降低了机车车辆及轨道维修费用，是新型的轨道结构形式。铁路超长无缝线路，长度达几十千米至上百千米。

2）无缝线路的种类

无缝线路按钢轨受力情况可分为温度应力式和放散温度应力式。

（1）温度应力式。温度应力式为无缝线路的基本结构形式。温度应力式无缝线路铺设锁定后，长钢轨不能因轨温变化而自由伸缩，因而在钢轨内部产生温度力，其值随轨温变化而异。这种形式的无缝线路结构简单，铺设维修方便，因而得到广泛应用。

目前城市轨道交通线路地面和地下正线基本上都采用这种类型。

（2）放散温度应力式。放散温度应力式无缝线路分自动放散式和定期放散式两种。

定期放散式无缝线路，在每年春、秋季节适当温度下，调节钢轨温度应力。其结构形式与温度应力式相同。在温差较大的地区和特大桥梁上，为了消除和减少钢轨温度应力对钢梁伸缩的影响，采用自动放散温度应力式无缝线路。自动放散温度应力式无缝线路是在焊接长钢轨间，设置桥用钢轨伸缩调节器，用以释放温度应力。

5. 限　界

1）限界的定义

限界是指列车沿固定的轨道安全运行时，所需要的空间尺寸。

城市轨道交通车辆在隧道内或高架上运行，一方面，隧道或高架要有足够的空间，以供车辆通行，配置线路结构、通信、信号、供电、给排水等设备；另一方面，为了确保列车安全运行，凡接近城市轨道交通线路的各种建筑物及设备，必须与线路保持一定的距离。因此，限界主要分为车辆限界、设备限界、建筑限界、受电弓限界等，起控制作用的主要是设备限界和建筑限界。限界越大，安全度越高，但工程量和工程投资也随之增加。因此，合理限界的确定，既要保证列车运行的安全，又要考虑系统建设成本。

2）限界的分类

（1）车辆限界。车辆限界是根据车辆的轮廓尺寸，考虑其弹簧挠度、各项间隙、磨耗、误差等技术参数的影响，对车辆在运行中可能出现的最大横向和竖向的偏移进行分析计算确定的。

（2）设备限界。设备限界是在车辆限界的基础上，考虑轨道的轨距、水平、方向、高低等在某些地段出现最大容许误差时，引起车辆的附加偏移量，以及在设计、施工、列车运行中不可预计的因素在内的安全预留量。设备限界是一条轮廓线，所有固定设备以及土木工程的任何部分都不得侵入此轮廓线内，它是保证城市轨道交通系统中的列车等移动设备在运营过程中的安全所需要的限界。

（3）建筑限界。建筑限界是指在行车隧道和高架桥等结构物的最小横断面所形成的有效内轮廓线基础上，再考虑其施工误差、测量误差、结构变形等因素，为满足固定设备和管线安装的需要而必需的限界。换言之，建筑限界以内、设备限界以外的空间主要是为各类误差、设备变形和其他管线安装所预留的空间。

（4）受电弓限界。受电弓限界是根据车辆、轨道、接触网的触线、动态电间隙、各项公差等进行计算确定的。

上述限界一般是按车辆在平直线轨道上运行时制定的，对于曲线和道岔区的限界，还应在直线地段限界的基础上，根据车辆的有关尺寸以及不同的曲线半径、超高、道岔类型等，再分别考虑适当的加宽和加高量。

（5）区间隧道的限界与车站限界。矩形隧道限界：明挖法施工形成的矩形隧道，其单洞单线隧道建筑限界宽度为 4 000 mm，高度为 4 300 mm（见图 1-27）。圆形隧道限界如图 1-28 所示；车站限界如图 1-29、图 1-30 所示。

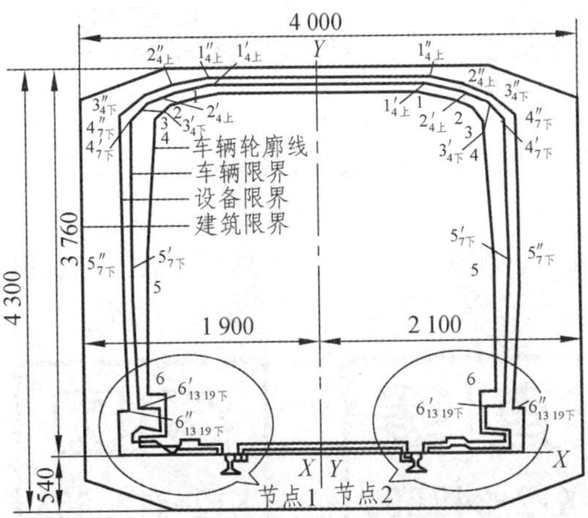

图 1-27　区间直线段矩形隧道

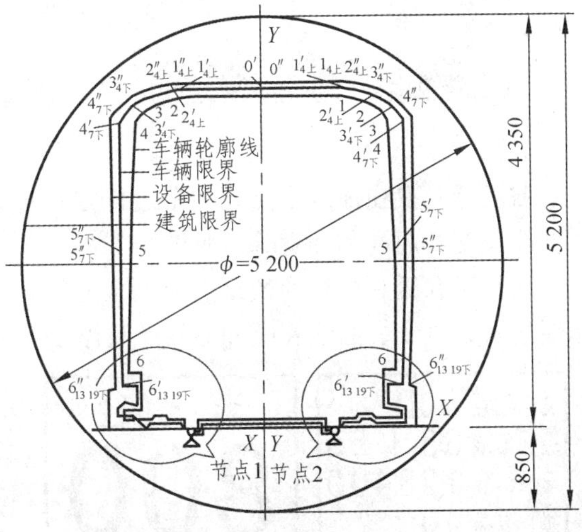

图 1-28　圆形隧道限界

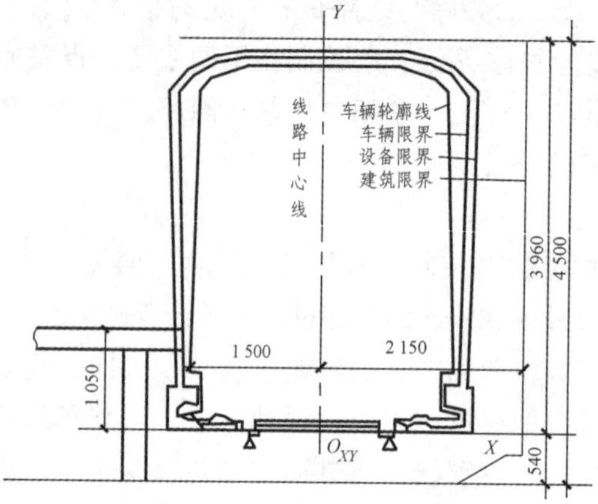

图 1-29 地下直线车站建筑限界

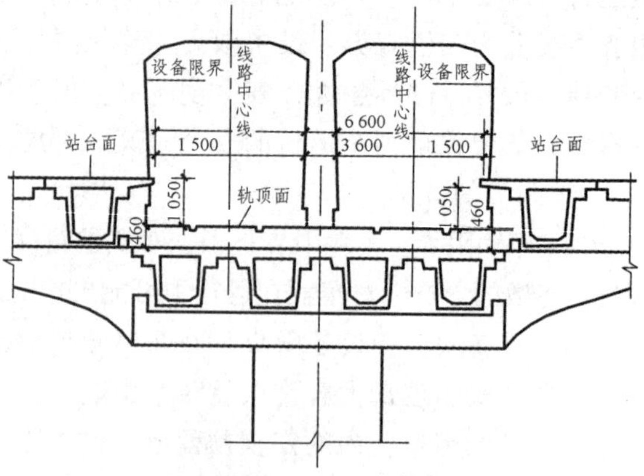

图 1-30 高架侧式站台车站直线建筑限界

6. 线路标志

线路标志是用以表明线路状态和位置的指示设备。信号标志是用以表示线路状态、道岔位置、站界、运行环境等的器具。

1）线路标志的种类

线路标志有公里标、半公里标、百米标、曲线标、圆曲线和缓和曲线的始终点标、竖曲线始终点标、坡度标等。

百米标（公里标）：设在列车运行方向的线路右侧，是表示正线每千米（每百米）距离该线路起点的长度（见图 1-31）。

图 1-31 百米标（公里标）

曲线标：设在曲线中点处列车运行方向右侧，标明曲线中心里程、半径大小、曲线及缓和曲线长度、超高和加宽等（见图 1-32）。

圆曲线和缓和曲线的始终点标：设在直缓、缓圆、圆缓、缓直各点处列车运行方向右侧，标明所向为直线、曲线和缓和曲线（见图 1-33）。

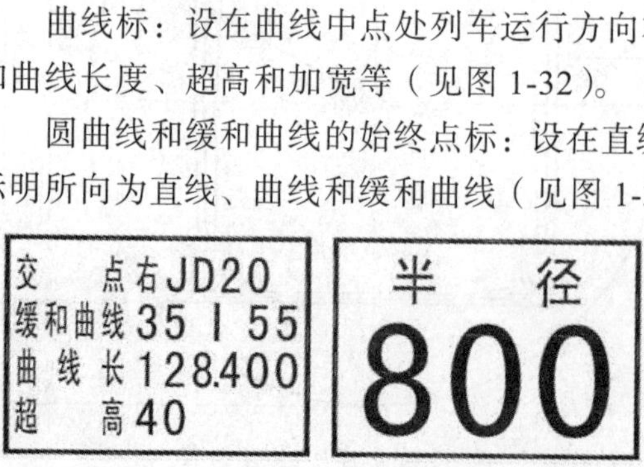

图 1-32 曲线标

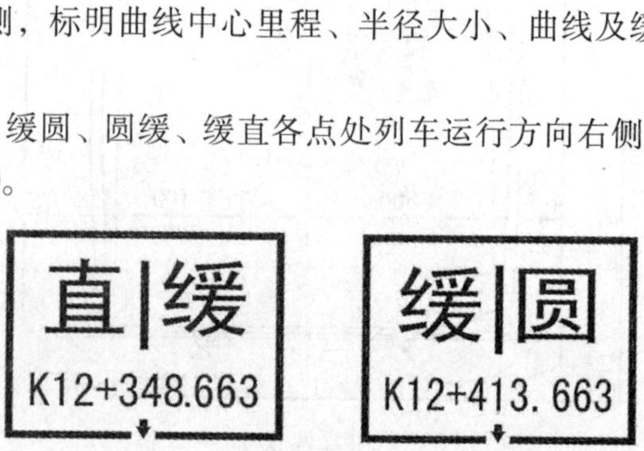

图 1-33 圆曲线和缓和曲线的始终点

竖曲线标：竖曲线标包括竖曲线起点标和竖曲线终点标。分别设在竖曲线起、终点处的列车运行方向右侧，用以表明竖曲线的起点和终点里程（见图 1-34）。

坡度标：设在线路纵向坡度的变坡点处。标明其所向方向的上、下坡道坡度值及其长度。箭头表示坡度类型（上坡或下坡）、箭头上面的数字表示坡度（千分数）、箭头下面的数字表示坡道长度（见图 1-35）。

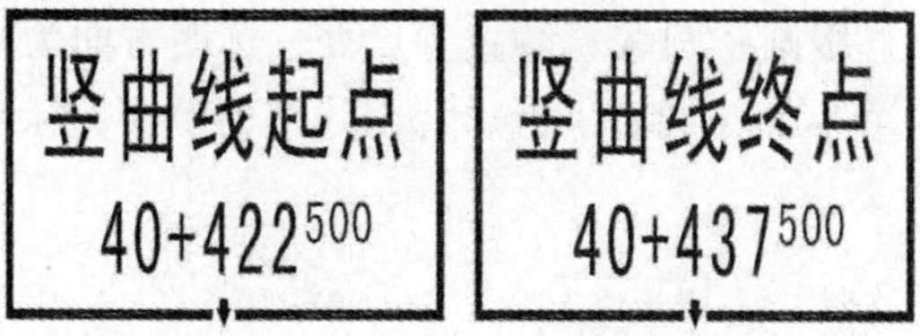

图 1-34　竖曲线标

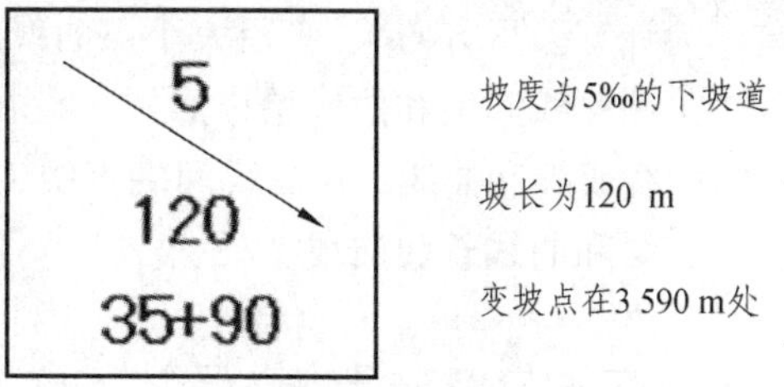

图 1-35　坡度标

信号标志有警冲标（见图 1-36）站界标（见图 1-37）、司机鸣笛标（见图 1-38）、停车位置标（见图 1-39）等。

图 1-36　警冲标

图 1-37　站界标

图 1-38　鸣笛标

图 1-39　停车位置标

2）线路标志的设置

线路标志、信号标志一般都设在距钢轨头部外侧不少于 2 m 处；不超过钢轨顶面的标志，可设在距钢轨头部外侧不少于 1.35 m 处。

线路标志、信号标志，按计算公里方向设在线路右侧。双线区段需分别设线路标志时，应设在列车运行方向右侧。其中：

（1）公里标、半公里标，设在一条线路自起点计算每一整千米、半千米处。

（2）曲线标，设在曲线中点处，其面向线路的侧面，标明曲线中心里程（里程数字字头朝向，为计算公里方向）、半径大小、曲线和缓和曲线长度，以及曲线超高和加宽值。

（3）圆曲线和缓和曲线始终点标，设在直缓、缓圆、圆缓、缓直各点处，标明方向为直线、圆曲线或缓和曲线，在曲线两端直缓（直圆）、缓直（圆直）标志背向线路的侧面，标明曲线长、缓和曲线长和曲线半径。

三、车站与停车场

（一）轨道交通车站

车站是轨道交通系统的重要建筑物。它是供旅客乘降、换乘和候车的场所，保证旅客使用方便、安全、迅速地进出站，并有良好的通风、照明、卫生、防灾设备等，为旅客提供舒适、清洁的环境。

1. 车站的分类

城市轨道交通车站通常按车站结构、轨道的设置及运营功能来进行分类。

1）按车站空间位置分类

按车站的空间位置进行划分，城市轨道交通车站有地面站、地下站和高架车站 3 种形式。

（1）地面站。设置在地面层。由于占用地面空间，最容易造成轨道交通线路所经过的地面区域分割，所以，一般在城乡结合部采用此类型的车站，它最大的优点是造价很低。

（2）地下站。受地面建筑群的影响，轨道交通线路设置于地下，其车站也随之设置于地下，主要为节省地面空间。根据其埋深，又可分为：浅埋式车站和深埋式车站两种。在造价方面，埋深越大的车站，造价越高。

（3）高架站。置于高架桥梁的桥面，在结构上比较简单，造价大大低于地下站。

2）按线路设置功能分类

一般而言，一条运营线路，除了始终点站以外均为中间站，但这样划分的意义不大，所以有必要按线路设置功能进行细分，具体如下。

（1）功能折返站。城市轨道交通的大部分中间站，因受地理位置的限制，基本不设置道岔，直接由上下行正线贯穿。其缺点是后方车辆无法越行，也没有调车作业的条件，当发生车辆故障或其他意外事件时，没有办法进行应急处理。为提高在设施设备发生意外故障后的应变处理能力，设计规范规定每 2 ~ 4 个运营站设置一个具有调车、存车作业能力的车站，在站内增设道岔、渡线、存车线或折返线等设备，从而增加了该车站的行车功能。具有调车、存车或折返能力的车站都可以称为功能折返站。

功能折返站，仅仅是具备了调车、存车、折返的功能而已，设置的目的是为了在特殊情况下应急备用。当运行正常，没有特殊事件发生时，这些功能基本上是闲置的，所以，在日常的运营过程中，功能折返站是不需要全部启用的。

（2）运转折返站。城市轨道交通在市区与郊区有不同的运量，每一条运营线都很长，通常从城市的一侧郊区通往城市的另一侧郊区，这样就存在着运营线的中段客运密度大，两端客运密度小的问题。

为有效地利用运能，可以从客运量出发，在城市的市区范围，选择客流量密切的地段，增加列车往返的对数，相当于公交系统的区间车一样，部分列车到站后改变方向而进行折返运行，这样，既使客流量密切地段的乘车拥挤能得到一定程度的缓解，又使车辆的利用得到合理的安排。

选取折返点的位置的依据是：第一根据客流量的调查，第二根据车站的线路配置，是否具有折返的功能。

像这样既具有折返功能，又在日常客运过程中正式实施了运转折返的车站，称之为运转折返站。

运转折返站与功能折返站的主要区别是，功能折返站不一定就启用为运转折返站，而运转折返站首先必须具备功能折返的条件，否则，不能进行折返作业。

运转折返站如图 1-40 所示。

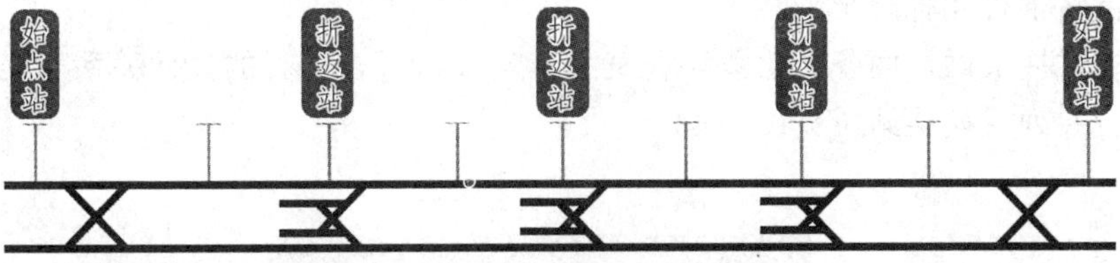

图 1-40　折返站示意图

3）按运营管理职能分类

按照运营管理的职能进行划分，将一条运营线划分为若干个区域，每一范围设置一个区域性车站，这样形成客运专业公司、区域站、普通站 3 个层面的三级管理格局（见图 1-41）。

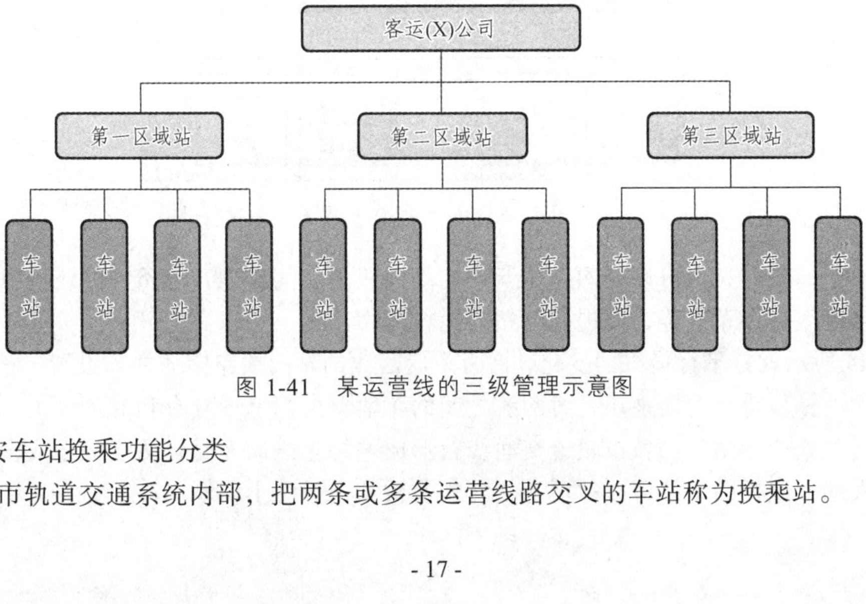

图 1-41　某运营线的三级管理示意图

4）按车站换乘功能分类

在城市轨道交通系统内部，把两条或多条运营线路交叉的车站称为换乘站。

当城市轨道交通线路形成网络化的局面时，凡网络交叉点所设置的车站均为换乘站，其余车站为非换乘站。

换乘站的类型很多，通常有以下几种形式：共线式；并列式；交叉式；叠置式。

（1）共线式换乘站。在某一段范围内，两条运营线设置成共线的形式（见图 1-42），在这一范围内的所有车站均为共线站，这样的换乘方式称为共线换乘。

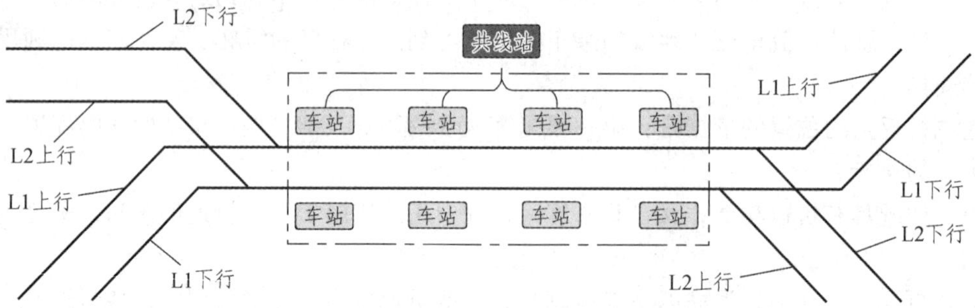

图 1-42　共线换乘示意图

共线换乘可分为共线顺向换乘与共线逆向换乘，其中有上行转上行、上行转下行、下行转上行、下行转下行 4 种转车的方式。

（2）并列式换乘站。两条运营线路在某一车站以接近于平行的位置关系而交汇，这样的形式称为平行并列式换乘站（见图 1-43）。

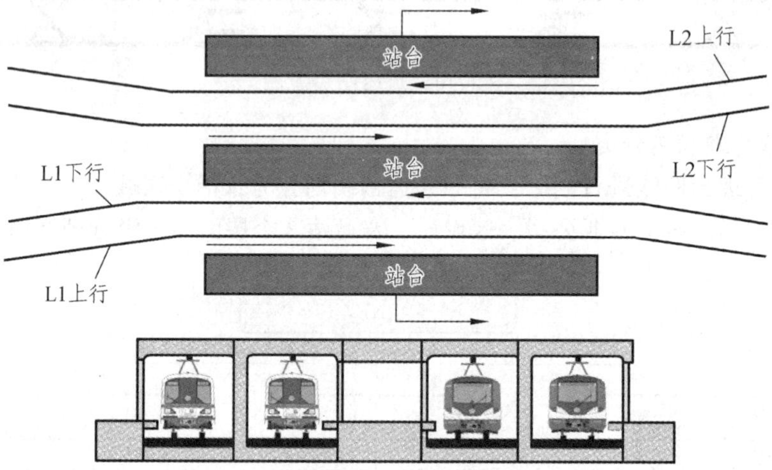

图 1-43　平行换乘示意图

平行换乘的车站，也可以将两条运营线的站内股道相间排列，有条件的还可以增加两线之间的联络渡线或存车线等，以提高车站的运行能力。

图 1-44 所示就是平行换乘的变化，将两条运营线的站内线路穿插并列设置，形成三岛式的站台。无论是对乘客的换乘还是对两线之间的车辆调度都是十分有利的。

（3）交叉式换乘站。当城市轨道交通线路形成网络化的局面时，两线交叉或多线交叉的机会是极大的，这样的车站可以称之为交叉式换乘站（见图 1-45）。

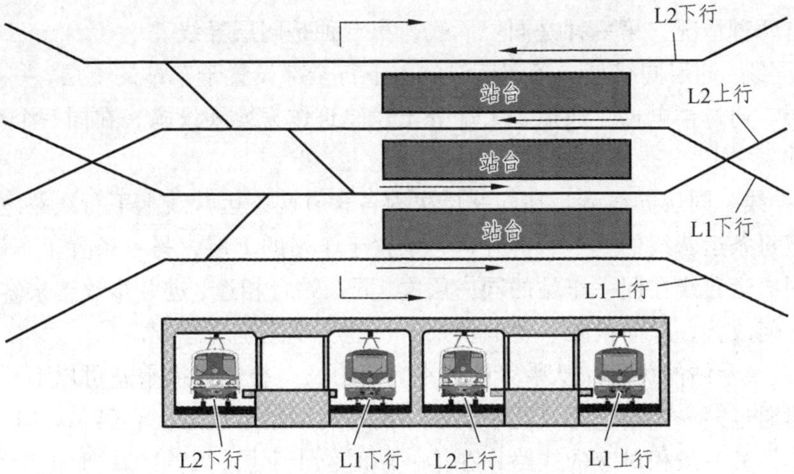

图 1-44　平行换乘的变化

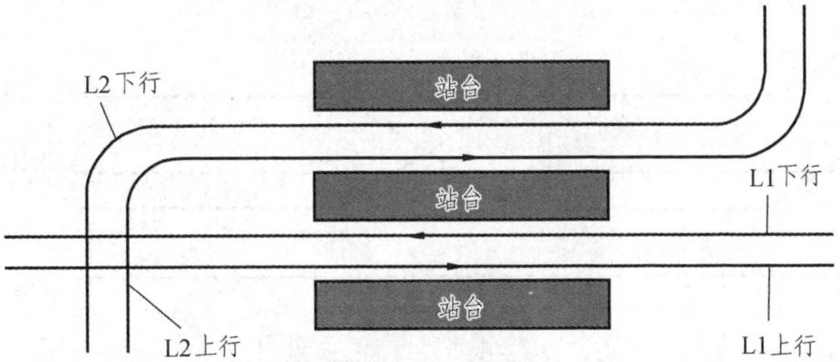

图 1-45　交叉式换乘站

两线交叉，条件许可的应首先创造平行换乘的条件，就是说，虽然两线的走向是交叉的形式，但可以通过线路平面方向的调整，于接近车站交汇时将线路设置为接近平行，出站后再发生交叉，这样，两条线路之间的位置关系由立体交叉式转化为平行并列式。

（4）叠置式换乘站。在两条或多条运营线的交叉地段设置车站，一般设置为多层式的地下车站，使不同运营线的车站在同一位置形成叠置式（见图 1-46）。

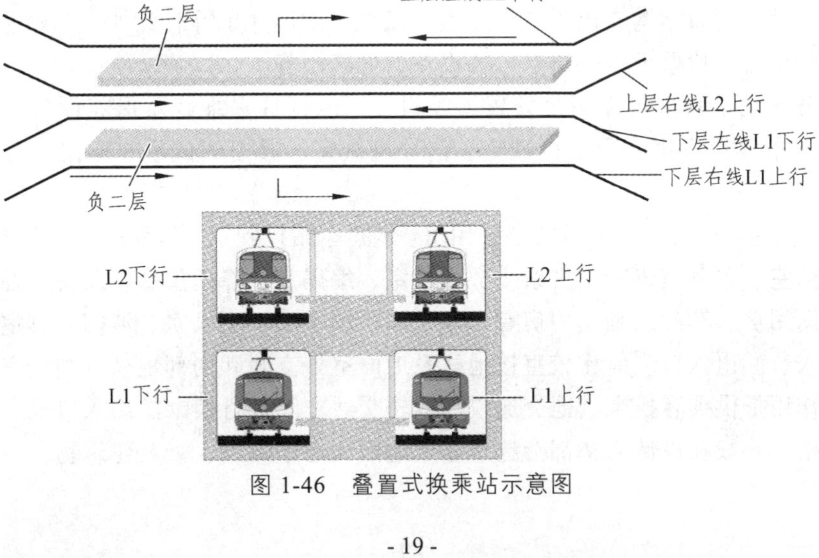

图 1-46　叠置式换乘站示意图

叠置式有两种情况，第一种是同层同线，第二种是同层异线。

① 同层同线。同层同线是一条运营线的上下行全部设置于车站的上层，另一条全部设置于车站的下层。通过楼电梯、通道、大厅等土建建筑作为换乘设施，在同一个车站进行上下层之间的换乘。

② 同层异线。同层异线就是在同一层次内各含有两条运营线上下行线路之中的任一条。这就是说，把每条运营线的上下行拆开，一条置于车站的上层，另一条置于车站的下层。其目的是使不同的运营线在同一车站的同一层次、同一站台相逢，进一步改善乘客的换乘条件。当然，不管如何改善，顺向换乘、逆向换乘不可能实现完全理想化。

③ 叠置式换乘站的优化。从乘客的换乘方便出发，叠置式换乘站可以不断优化。

一条线路通过第一个车站时设置于上层，出站后经过下坡道，到第二站时，改设为车站的下层。同样，另一条相对应的线路，在第一站时位于下层，到第二站时位于车站的上层。这样，两条线路在相邻两个车站之间，通过改变高程而变换了空间层次，如图 1-47 所示。

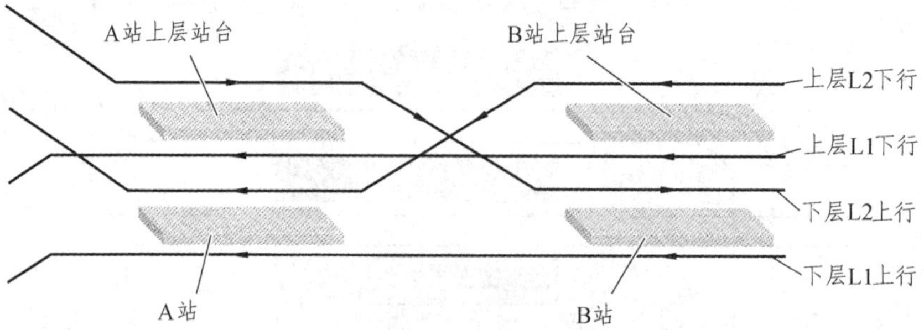

图 1-47　叠置式换乘站的优化示意图

通过这样的优化，可以为乘客的换乘带来更大的便利，根据示意图 1-47，如果一个乘客在本站不能实现同站台换乘的话，到达下一站就必然能实现同站台换乘的目的。但这种优化的方案还要取决于各种条件的许可。

2. 车站的结构功能

车站的建筑主体结构主要由站台、站厅、设备用房、管理用房、辅助用房及列车运行空间等组成。车站的附属结构有出入口、通道、风亭（或风井）等。此外，车站还设有自动化售票设备、闸机自动检票设备、自动电梯设备、屏蔽门等。

（1）设备用房。其主要作用是安置各类设备、进行日常维修及保养设备。主要分为环境控制机房、事故风机房、通信机械室、信号机械室、通信测试室、环控电控室、消防泵房等。

（2）管理用房。车站工作人员的办公用房。包括车站控制室（简称车控室），还有站长室、站务室、广播室、票务值班室、售票亭、会议室、编码室、降压值班室及警务办公室等。

（3）辅助用房。车站的辅助用房有：卫生间、洗手间、更衣室、清扫工具室等。

（4）出入口。出入口应能比较直接地联系地面室外空间和内部地铁车站。它是车站的门户，其主要作用是供乘客换乘其他交通或在有轨交通之间进行换乘。出入口及通道还兼有行人过街的作用。一般在设计之初都会选择靠近地面交通集疏点、著名建筑物、商业区、住宅区等客流繁忙之处。

为方便乘客及疏散客流，一个车站的出入口一般不少于 2 个，并能保证在规定时间内将车站内的全部人员疏散出去。

（5）站厅层。站厅层（见图 1-48）是换乘列车的中转层，其主要作用是集疏客流，为乘客提供售、检票等服务。在站厅层的两端一般有设备用房、管理用房及辅助用房。

站厅层一般分为收费区和非收费区。根据客流的大小，在不影响客流集散的同时可以设置商业用房。

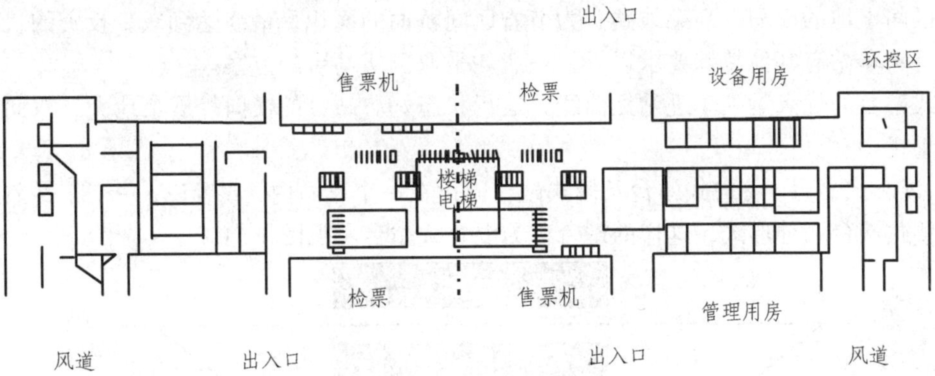

图 1-48　站厅层示意图

（6）站台层。站台层是最直接地体现车站功能的层面，其主要作用是供列车停靠、乘客候车及上下列车。站台的大小取决于远期预测的高峰小时的客流量。

站台层也设有设备用房及管理用房。一般不设辅助用房，因站台直接与股道相接。

站台的形式有岛式、侧式和混合式 3 种（见图 1-49）。

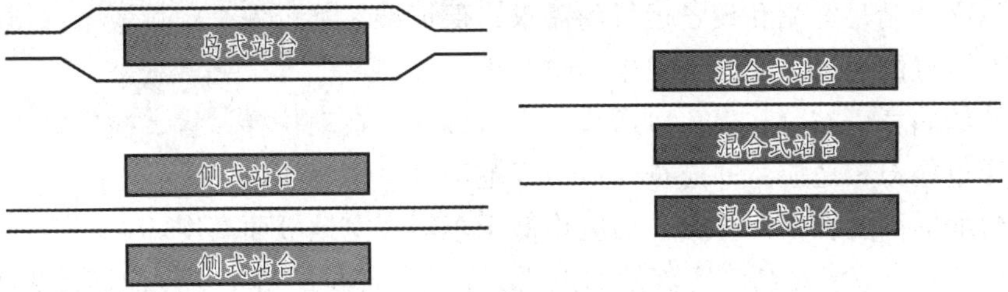

图 1-49　站台形式示意图

① 岛式站台。站台位于上、下行行车线路之间，这种站台布置形式称为岛式站台（见图 1-50）。

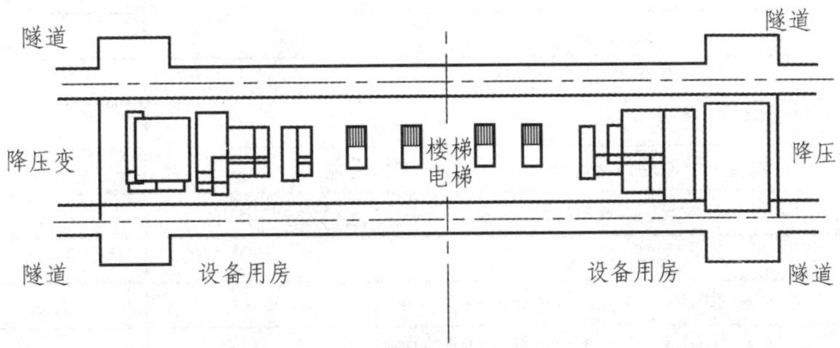

图 1-50　岛式站台层示意图

岛式站台方案的选择，主要是由于区间上下行线路的线间距较大的原因，比如，地下隧道，上下行的盾构在进行隧道挖掘时通常要保留一定的安全距离，在站内，两线间的距离就是站台位置方案的最佳选择。所以，大多数地下车站以及线间距大的车站均设置为岛式站台。

岛式站台的优点是站台面积可以得到充分利用，管理集中，车站结构紧凑，设备使用率高，乘客换乘方便等。

② 侧式站台。站台位于上、下行线路的两侧，这种站台布置形式称为侧式站台。

侧式站台方案的选择，主要在于上下行区间线路之间的线间距很小的缘故，如地面线路，为节省区间土地的面积，高架线路，为节省区间桥面的面积，最终达到减少投资的目的，所以，除特殊车站有其他特殊要求以外，一般均采取侧式站台的方案。

侧式站台的优点是列车进站无曲线，运行状态好。站台的横向扩展余地大，双向乘客上下车无干扰。

③ 混合式站台。将岛式站台及侧式站台同设在一个车站内，或者说，一个车站兼有岛式站台与侧式站台两种形式，这样的站台称为混合式站台（见图 1-51）。

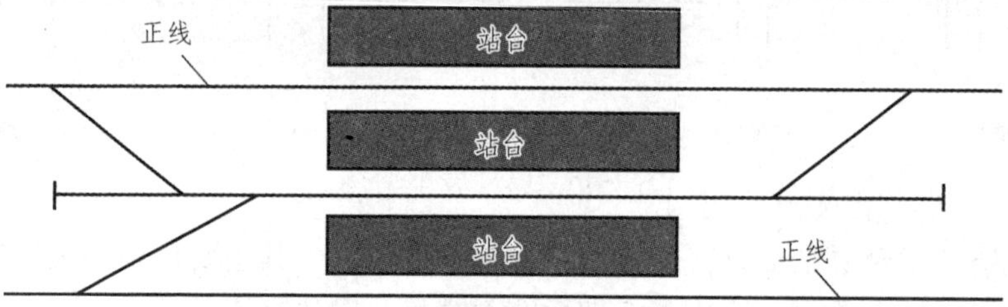

图 1-51　混合式站台示意图

3. 车站结构的要求

（1）车站必须满足客流和设备运行的需求，保证乘客乘行安全、集散迅速、功能分区明确，并应具有良好的通风、照明、卫生、防灾等设施。

（2）车站的站厅、站台、出入口通道、人行楼梯、自动扶梯，售、检票口（机）等部位的规模应和通过能力相适应，并应符合消防规范和紧急情况疏散需要。

（3）站台面的高度在任何工况下均应略低于车辆客室地板面高度。

（4）车站各部位应满足高峰客流量的需要，车站各部位的最小宽度应满足表 1-1 的规定。

表 1-1　车站各部位的最小宽度

名　称	最小宽度/m
岛式站台	8
岛式站台的侧站台	3
侧式站台（长向范围内设梯）的侧站台	3
侧式站台（垂直于侧站台开通道口设梯）的侧站台	4
通道或天桥	2.4
单向公共区人行楼梯	1.8
双向公共区人行楼梯	2.4
与自行扶梯并列设置的人行楼梯（困难情况下）	1.2
消防专用楼梯	1.2
站台至轨道区的工作梯（兼疏散梯）	1.1

（5）无屏蔽门或屏蔽门缓装的车站站台有效使用长度范围内，距站台边缘 400 mm 处内侧，应设不小于 80 mm 宽且醒目的纵向安全线。当采用安全门或护栏等设施时，应满足车行区的限界要求。

（6）自站台边缘向内 2 m 范围内的地坪装饰面下应作绝缘层处理。

（7）售票处距出入口通道和进站检票处的距离不宜小于 5 m，出站检票处与梯口的距离不宜小于 8 m。

（8）当自动扶梯穿越楼层，且扶手带中心至开孔边沿的净距小于 400 mm 时，应设防碰撞安全标志。

（9）站内应设置各种导向、事故疏散、服务乘客的标志、标识，并应符合有关规定。

（10）车站内的装修应采用防火的环保材料，地面所采用的材料应防滑耐磨。

（二）轨道交通停车场

所谓城市轨道交通停车场，是指用于列车停放、检修、调试或其他各类用途的基地，它包括各种线路和用房，通常每一条城市轨道交通线路至少设一个停车场。

停车场内用于城市轨道交通列车，结束正线运行后，入库、车辆检修、试车、调车等作业的线路，统称为车场线。

1. 车辆段及停车场的组成

（1）停车线。停车线是专供列车停放的线路。

（2）检修线。检修线是专门对车辆进行检修的线路，也有直接把带检查坑的停车线作为临时检修线的。

（3）试车线。试车线专门对新车或检修列车进行动态调试的线路。

（4）出、入场线。出、入场线连接正线和站场线，是列车往返车场与正线的必经线路。

除以上主要车场线路线外，还有为进行列车连接、摘挂与解体作业的调车线；设在站场的一端，作为临时牵出车辆的牵出线；供城市轨道交通轨道车辆装卸货物的材料线；停放城市轨道交通特种车辆的特种线；还有静调线、洗车线、镟轮线及联络线等。

2. 车场线轨道类型

车场线路的轨型，出、入场线及试车线，采用 60 kg/m 钢轨；其他线路，主要用于调车作业，其运行速度较低，所以一般选用 50 kg/m 的钢轨。

车场线路中，停车线、检修线、洗车线、镟轮线、静调线等与列车检修有关的线路一般都设置为库内线路，其余为露天线路。库内线路一般为整体道床，大体上分为 3 种类型，第一类是一般整体道床，第二类是带检查坑的整体道床，第三类为立柱支撑块式轨下基础。露天线路多为木枕或混凝土枕普通碎石线路。

三、车辆段及停车场的配备

1. 车辆段

车辆段是具有配属车辆，以及承担车辆的运用管理、整备保养、检查工作和承担较高级别车辆检修任务的基本生产单位。

车辆段与综合基地是保证地铁正常运营的后勤基地，包括车辆段、综合维修中心、物资总库和培训中心以及必要的生活设施等。各种设施、设备有着较紧密的联系，性质相近，又都是地面工程，有条件时要进行综合考虑，形成综合体，以方便管理。

2. 停车场

停车场是具有配属车辆，以及承担车辆的运用管理、整备保养、检查工作的基本生产单位。

停车场往往只配备停放车辆的股道和一般车维修整备设备，仅能完成车辆的运用管理、清洁整备、列车安全检查和月检等日常维修保养工作。简单的停车场也可不担负月检任务，其月检设施可设于相关车辆段内，在设计中应根据实际情况灵活运用。

第二节　车辆概述

城市轨道交通是以列车编组形式，运送相当规模客流量的城市公共交通方式。由于车辆通常是由电力驱动的，因此就直接称为电动列车。

电动列车在全封闭或部分封闭的专用轨道线路上依靠列车受流器从接触网获取电能，根据信号及预先编制的运行图，在行车组织部门的指挥下有序行驶，所以，电动列车也是城市轨道交通系统中各专业技术成果的综合载体。由于电动列车是运载乘客的工具，还应满足乘客对乘车舒适、准时的要求，因此，在城市轨道交通系统中车辆有着至关重要的地位。

一、车辆编组及运行

城市轨道交通车辆作为运送乘客的运输工具，必须具有良好的牵引、制动性能，能快速起动和停止，以保证车辆运行的安全、准时和快捷，同时还要有良好的乘客服务设施，使乘客感到舒适和方便。

（一）车辆编组

1. 车辆分类

城市轨道交通车辆按有、无动力可分为两类：

（1）动车（M）：带有牵引动力装置的车辆。动车又分为有受电弓的动车（Mp）和无受电弓的动车（M）。

（2）拖车（T）：无牵引动力装置的车辆。拖车又分为有驾驶室的拖车（Tc）和无驾驶室的拖车（T）。动车、拖车示意图如图 1-52 所示。

2. 车辆编组运行

按照预期的目的，将各独立的车辆连接起来，成为一个运行体，就称为车辆编组，如图 1-53 所示。

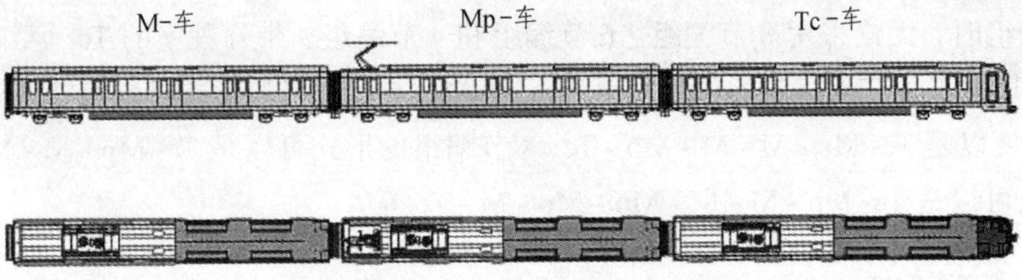

图 1-52　动车、拖车示意图

图 1-53　常见列车编组

车辆编组一般应考虑：线路坡度、运营密度、站间距离、舒适度、安全可靠性、工程投资、客流大小等因素。如：必须满足单向高峰小时断面客流量的需要；兼顾信号系统设备所能达到的行车密度（或行车间隔），即系统设计能力；既满足高峰时的客流要求，又能提高平时的车辆满载率，实现节能和降低运营成本；考虑编组对初、近、远期客流变化的适应能力；结合运行交路的设计，合理选择车辆编组，实现经济、合理、高效。

1）按车辆有无动力编组

根据列车编组中动车数量，又可分为全动车编组和动、拖混编二类。

全部由具有动力的车辆连接而成的列车，称为全动车编组列车。这种编组的优点是摘编方便、编组灵活，可以充分利用黏着，以发挥再生制动或电阻制动的作用，减少基础制动带来的粉尘污染。由于整车功率大，提高了列车起动加速度和制动减速度，缩短了起动和制动时间，有利于提高列车运行效率和运行图兑现。北京地铁就有全动车编组的运行列车。但是全动车编组列车的投资相对较高。

由具有动力的车辆和不具动力的拖车，混合连接而成的列车，称为动、拖混编组列车。这种编组形式虽然由于动车数量减少，而降低了列车的整体功率，但起动和制动的加、减速度，仍能满足客运量及行车间隔的要求。换言之，动车数量的减少，是以能满足客运组织要求为前提。然而，由于动车数量的减少，可以有效节省投资、降低运行成本和维修费用。一般动、拖混编采用“四动加两拖”或“六动加两拖”的连接方式。

上海、北京、广州等城市轨道交通基本上都采用动、拖混编的列车编组方式。

2）按照车厢数量编组

一组能独立运行的列车编组，至少应该包含：满足客流的运载空间、足够的运行动力、驾驶控制室、列车受流器、制动系统等单元。目前的城市轨道交通大都采用 3 节以上的编组。

多节编组时，无论采用 8 节编组、6 节编组和 4 节编组，带驾驶室的 Tc 车，始终编在列车的两端，其他车型在列车中的位置则可以互换。如：6 节编组的形式可以是 Tc- Mp - M - Mp - M -Tc，也可以是 Tc- Mp - M - M - Mp - Tc；8 节编组的形式可以是 Tc- Mp - M - Mp - M - Mp - M -Tc，也可以是 Tc- Mp - M - M - Mp - Mp - M - Tc 等。

（二）多车连挂运行

当某列电动列车在运营中因突发故障而无法自行运行时，一般就需要由另一列完好列车或特种车辆对其进行救援，以“顶”或“拖”的运行方式，使故障列车脱离正线，以保证正线运营畅通，这种形式的连接就称为多车连挂。多车连挂对行车过程中突发故障时尽快恢复正常运营是十分重要的。

1. 列车连挂运行

列车编组和连挂的前提，是各车型间的电气、风管路、控制电缆和传递牵引力的车钩等尺寸相同、能可靠连接。在一条运营线路上运行多种车型的情况下，为了保证连挂后的运行功能正常，更需要确保相互连接车钩的机械尺寸相同、电气触头设置相匹配。

为了保证连挂后列车的正常运行及运营安全，连挂后的列车运行控制，只能在救援列车的任一司机室内进行操作，因此要求其余各司机室的控制功能被锁闭。

连挂后的控制司机室，应可对二列车施加制动或进行制动释放作业，可以向二列车进行客室广播和司机室间的通信。特别应注意的是，被救援故障列车的故障，包括紧急制动故障等，都不应影响救援列车的正常运行。

连挂列车的牵引动力必须满足：在连挂运行时，一列空载的救援列车牵引一列超载的故障列车，仍能在线路最大坡道和最小供电电压条件下，实现牵引起动运行。

列车连挂的速度一般不应大于 5 km/h。

2. 特种车辆连挂运行

城市轨道交通系统中的特种车辆是用于地铁线路及供电设备施工、维修的牵引动力设备，主要完成正线的列车救援及站场内的列车编组、解体、转线、摘挂、取送等相关作业。特种车辆的主要类型有：

1）内燃机车（调机车）

内燃机车（见图 1-54）牵引功率大、运行稳定性好、造型美观、操纵维护方便、司乘条件好、安全防护设施齐全，主要用于地铁列车、运输车辆及无动力轨道车辆的牵引、调车或救援作业，是理想的首选动力设备。

2）轨道车：

轨道车（见图 1-55）运行稳定性好、造型美观、操纵轻便灵活、维护方便、司乘条件好、安全防护设施齐全，主要用于地铁线路及供电设备施工、维修的牵引动力设备，以及运输施工器材、人员。

图 1-54 调机车

图 1-55 轨道车

二、车辆的类型和特点

1. 车辆选型要素

城市轨道交通设施投资很高，投资费用包括建设费、车辆购置费、运营成本等。其中车辆购置费及相应的运营成本费，占较大的比例，所以在满足客流需求、适应城市轨道交通网络化运行的前提下，应根据以下选型要素来正确地选用车辆的类型：

1）客流特点

城市轨道交通的主要客流包括：市内常住人口的上下班客流，车站和机场的集中到达客流，节假日及大型活动的集中客流，流动人口集中进、出城市的客流等，这些客流各有特点，在车辆选型时，应综合考虑。

2）客流量

单向高峰小时最大断面客流量在 1 万人次/小时以上的客流，宜采用城市轨道交通。其中；1 万 ~ 3 万人次/小时可采用中客运量的车辆；3 万人次/小时以上的应选择大客运量的车辆。

3）旅行速度

城市轨道交通在市中心区域运行时的旅行速度，一般为 30 ~ 40 km/h；城郊间城市轨道交通的旅行速度，一般为 50 ~ 60 km/h；城际区域运行的城市轨道交通，可以采用更高运行速度的车辆。

4）线路条件

地形限制造成线路小半径或大坡度时，对车辆爬坡、限速等都有特殊要求，也是车辆选型的要素。这些线路可以考虑采用单轨车辆、直线电机车辆或低速磁浮车辆等。

2. 地铁车辆及在主要城市的运用

地铁车辆属于大客运量的城市轨道交通系统，是城市轨道交通的主要形式。它可以运行在隧道线路，也可以运行于地面或高架线路。根据线路和客运规模的不同，可选用高运量和大运量的地铁车辆，其主要技术标准及特征见表 1-2。

表 1-2 地铁车辆技术标准及特征

系统	分类	车辆和线路条件	N（客运能力，人次/小时） v（运营速度，千米/小时）	主要城市的运用
地铁等大运量的城市轨道交通	A 型车辆	车长：24.4 m 或 22.8 m 车宽：3.0 m 每节定员：310 人 线路半径：≥300 m 线路坡度：≤35‰	N：4.0 万～7.5 万 v：≥35	高运量： 适用于地下、地面或高架 运用：上海地铁 1、2、3 号线等
	B 型车辆	车长：19.52 m 车宽：2.8 m 每节定员：230～245 人 线路半径：≥150 m，困难区段≥110 m 线路坡度：≤35‰	N：3.0 万～5.0 万 v：≥35	大运量： 适用于地下、地面或高架 运用：杭州地铁 1 号线等
	B 型车辆（直线电机驱动）	车长：17.2 m 或 16.8 m 车宽：2.8 m 每节定员：215～240 人 线路半径：≥100 m 线路坡度：≤60‰	N：2.5 万～4.0 万 v：≥35	大运量： 适用于地下、地面或高架 运用：广州地铁 4 号线等

3. 轻轨车辆

轻轨车辆属于中运量的城市轨道交通系统，主要运行于在城市地面线路；在增加列车的车辆编组或缩小运行间隔的情况下，轻轨车辆也可以承担大运量的输送任务；列车也可以运行于隧道或高架线路，在线路都是标准轨距和线间距离允许的前提下，列车也可以与地铁线路贯通运行。轻轨车辆的主要技术标准及特征见表 1-3。

表 1-3 轻轨车辆的主要技术标准及特征

系统	分类	车辆和线路条件	N（客运能力，人次/小时） v（运营速度，千米/小时）	主要城市的运用
轻轨系统	C 型车辆	车长：18.9～30.4 m 车宽：2.6 m 每节定员：200～315 人 线路半径：≥500 m 线路坡度：≤60‰	N：1.0 万～3.0 万 v：≥25～35	中运量： 适用于地下、地面或高架 运用：上海地铁 5、6、8 号线等
	C 型车辆（直线电机驱动）	车长：16.5 m 车宽：2.5 m 每节定员：150 人 线路半径：≥60 m 线路坡度：≤60‰	N：1.0 万～3.0 万 v：≥25～35	中运量： 适用于地面、高架或地下 运用：广州地铁 4、5 号线
	有轨电车系统（单车或铰接车）	车长：12.5～28 m 车宽：≤2.6 m 每节定员：110～260 人 线路半径：≥30 m 线路坡度：≤60‰	N：0.6 万～1.0 万 v：≥15～25	低运量： 适用于地面道路混行 运用：上海张江有轨电车

4. 单轨车辆

单轨交通车辆运行在特制轨道梁上，是车辆与专用轨道组合成一体的交通工具。根据车辆与轨道之间的关系可以将单轨交通分为跨座式和悬挂式两种，其主要技术标准及特征见表 1-4。

表 1-4　单轨车辆主要技术标准及特征

系统	分类	车辆和线路条件	*N*（客运能力，人次/小时） *v*（运营速度，千米/小时）	主要城市的运用
单轨系统	跨座式单轨车辆	车长：15 m 车宽：3 m 每节定员：150～170 人 线路半径：≥60 m 线路坡度：≤60‰	*N*：1.0 万～3.0 万 *v*：≥35	中运量： 主要适用于高架（重庆轻轨）
	悬挂式单轨车辆	车长：14 m 车宽：2.6 m 每节定员：80～100 人 线路半径：≥60 m 线路坡度：≤60‰	*N*：0.8 万～1.5 万 *v*：≥20	中运量： 主要适用于高架（日本千叶轻轨等）

5. 磁浮车辆

磁浮交通系统适用于城市人口超过 200 万人的特大城市之间或区域城市群之间的客运交通。因为磁浮车辆运行时无轮轨接触摩擦阻力，无机械振动，爬坡能力强，运行速度高，舒适性强等优点，磁浮交通系统被誉为 21 世纪的新型交通工具。其主要标准及特征见表 1-5。

表 1-5　磁浮车辆主要标准及特征

系统	分类	车辆和线路条件	*N*（客运能力，人次/小时） *v*（运营速度，千米/小时）	主要城市的运用
磁浮系统	低速磁浮车辆	车长：12～15.5 m 车宽：2.6～3.0 m 每节定员：150 人 线路半径：≥70 m 线路坡度：≤70‰	*N*：1.5 万～3.0 万 最高运行速度：100 km/h	中运量： 主要适用于高架
	高速磁浮车辆	车长：24～27 m 车宽：3.7 m 每节定员：100 人 线路半径：≥300 m 线路坡度：≤100‰	*N*：0.8 万～1.5 万 最高运行速度：430 km/h	中运量： 主要适用于郊区高架（上海磁浮交通）

第三节　信号技术

一、轨旁设备

（一）信号机

1. 信号机的设置原则

城市轨道交通的地面信号是列车运行的辅助信号，平时地面信号都由轨旁 ATC 子系统自动控制，设置成自动信号或连续通过信号，它根据列车运行时刻表和列车实时信息自动动作；只有在人工控制的情况下，才由调度员或车站值班员排列进路、开放信号。地面信号机的设置原则是：

（1）正线有岔站为了防护道岔和实现联锁关系，设置地面信号机，一般中间站（无岔站）都不设信号机；信号机一般设置于运行线路的右侧。

（2）折返站的折返线出、入口都设置防护信号机。

（3）一般情况下，正线区间都不设通过信号机。

（4）停车场的出入库线应设置出、入库地面信号机，以指挥列车的出入库。

（5）停车场内，根据调车作业的需要，设置各种用途的调车信号机。

（6）在 ATC 系统没有同步开通的特定情况下，有些城市轨道交通根据列车运行间隔，设置出站信号机，还有的设置区间通过信号机。这些信号机当 ATC 系统开通以后，就失去作用，只作为后备系统使用。图 1-56 为折返站地面信号机布置示意图。

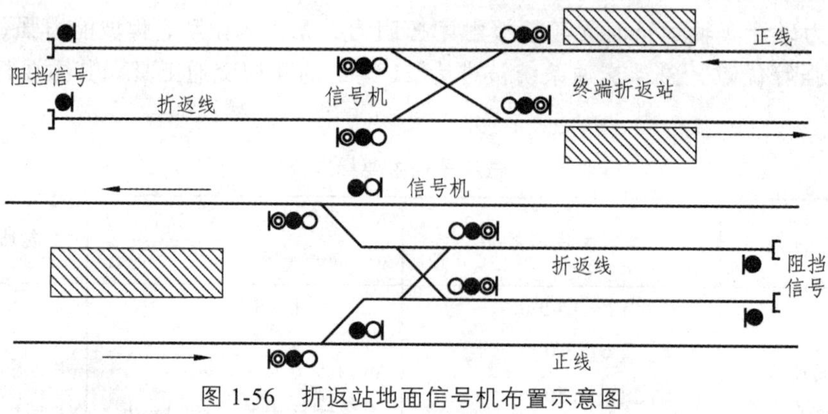

图 1-56　折返站地面信号机布置示意图

2. 色灯信号机的结构原理

色灯信号机有高柱和矮柱两种类型，高柱信号机的机构安装在钢筋混凝土信号机柱上，矮柱信号机的机构安装在信号机水泥基础上，城市轨道交通的信号机基本上都是矮柱信号机，在正线其安装在钢支架、隧道壁和防护栏上。矮柱透镜式色灯信号机直接用螺栓固定在信号基础上。

城市轨道交通采用二显示和三显示的信号机构。机构的主要部件是透镜组，它由一块外径为 139 mm 有色外棱梯透镜和一块外径为 212 mm 无色内棱梯透镜，通过透镜框组装而成，透镜框上还装有可调灯座。可调灯座在上、下、前、后、左、右6个方向调整，使灯泡的主灯丝位于透镜组主光轴的焦点上，灯丝光源发出的光，经有色外棱梯透镜和无色内棱梯透镜前后两次折射，产生平行的有色光束射向前方，以满足信号显示距离的要求。

随着超高亮度发光二极管（LED）的问世，新型的 LED 信号机已得到广泛应用。LED 信号机是运用近代光、电器材和电子稳压技术研制的免维护信号器材。该信号机具有发光强度高、显示距离远、节能、寿命长、消除了灯丝突然断丝和点灯冲击电流等优点，具有小型化、轻量化、色泽一致、光束集中、应变速度快的特点。近年来，城市轨道交通的新建线路及停车场的地面信号机较多选用 LED 色灯信号机，如图 1-57 所示。

图 1-57　LED 信号机示意图

（二）转辙机

1. 转辙机的作用与要求

（1）转换道岔的位置，带动尖轨作直线往返运动。

（2）道岔转至所需位置，应将道岔锁闭，确保在车辆通过道岔时，尖轨不移位。

（3）正确反映道岔状态，给出相应的道岔位置表示。

（4）当道岔被挤，或没有道岔位置表示时，应及时给出报警。

城市轨道交通大部分采用电动转辙机，近年来采用电液转辙机和交流转辙机的线路也不少。另外，由于钢轨质量的增加，一般正线道岔采用双机牵引（见图 1-58）。转辙机的传动机构，是将电动机的高速旋转变换成动作杆的低速直线运动，再由动作杆带动道岔尖轨运动。传动机构的另一作用是带动尖轨的锁闭。

图 1-58　道岔及双机牵引转辙机示意图

2. 转辙机的传动机构

转辙机的传动机构有齿轮传动和液压传动两类。

1）齿轮传动机构

采用齿轮传动时，必须采用摩擦连接器，其原因之一是当尖轨转换完毕时，电动机还不能立即停转，利用摩擦连接器可克服电动机的转动冲击。另外，当尖轨在转换过程中受阻，而不能继续动作时，摩擦连接器进入摩擦状态，使电动机能继续转动而不致烧毁。

2）液压传动机构

液压传动机构如图 1-59 所示，是由电动机来驱动油压泵，加压的液体注于储能油罐中，使罐内空气压缩，以储存一定能量。在转换道岔时，电动机工作，同时将控制油路的阀门打开，使受压的油液注入油缸中，借助活塞与油缸的相对运动推动油缸，再由油缸带动动作杆，使道岔尖轨转换。

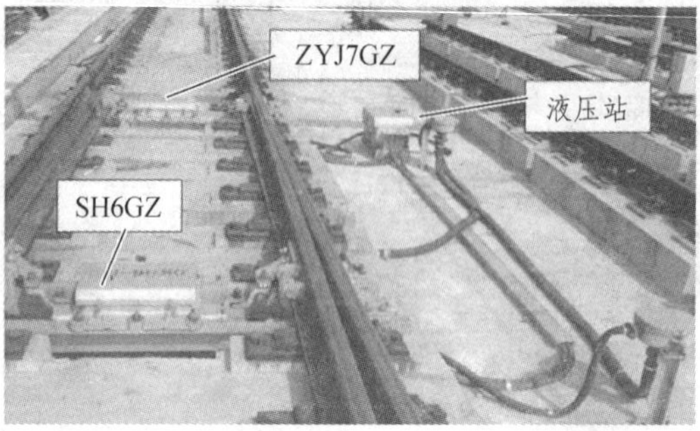

图 1-59　道岔及双机牵引液压转辙机示意图

当道岔的尖轨转换到规定的位置，且与基本轨保持一定的密贴力时，转辙机将尖轨锁闭在密贴状态，以保证在列车通过道岔时，尖轨不致因受震动而离开基本轨。

3）转辙机辅助设备

道岔转辙机在轨间还设有：连接杆、尖端杆、密贴调整杆和表示杆等转辙设备。典型的 ZD6-D 型电动转辙机如图 1-60 所示，它由电动机、减速器、摩擦联结器、主轴、动作杆、表示杆、移位接触器、外壳等组成。

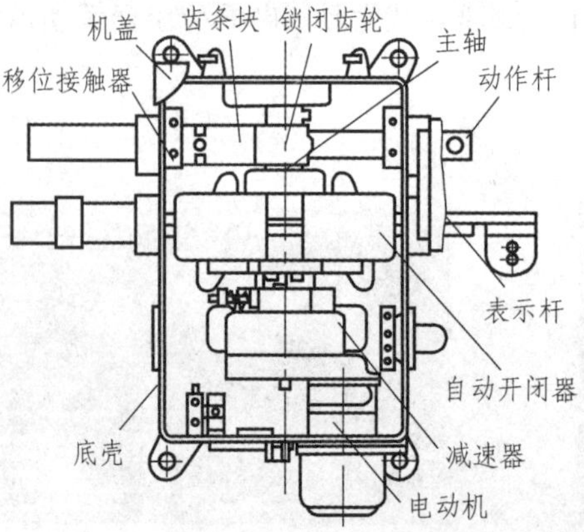

图 1-60　ZD6-D 型电动转辙机结构示意图

（三）计轴设备

每个区间（两个站之间〉划分为若干个闭塞区段，在每个闭塞区段的始端和终端都安装计轴设备，目的是检测每个区段的占用情况，其功能与轨道电路相似。计轴设备（见图 1-61）仅能检测该区段是否被车占用，但不能够给出列车的具体位置。计轴设备与联锁设备相连接，为进路编排提供基础信息。

图 1-61　计轴器

（四）应答器（信标）

应答器（信标，见图 1-62）按照供电方式可分为有源应答器（信标）和无源应答器（信标）两种。

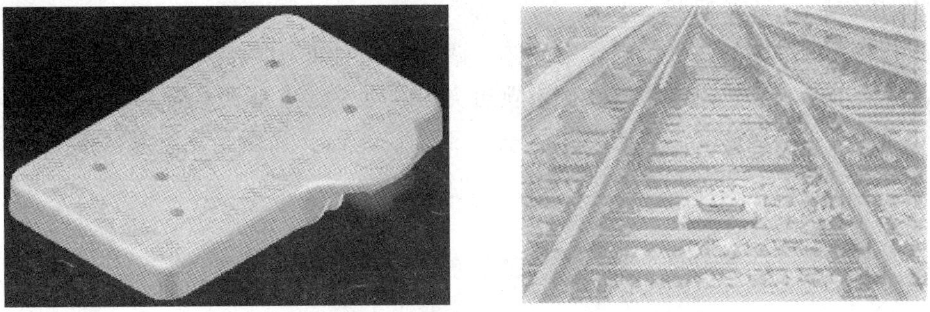

图 1-62　信标

（1）有源应答器（信标）：有单独的外部电源，可以实现车地的双向通信。

（2）无源应答器（信标）：无须任何外部电源，通过列车天线产生能源。在列车经过应答器（信标）所在位置时，车载天线发射的电磁波激励应答器（信标）工作，并传递绝对位置信息给列车。城市轨道交通系统中所使用的应答器（信标）大部分为无源应答器（信标），安装在轨道沿线。

应答器（信标）为列车提供精确的绝对位置参考点（也可以提供线路的坡度、弯度等其他信息），应答器（信标）提供的位置精度很高，达厘米量级。常用应答器（信标）作为修正列车实际运行距离的手段，采用应答器（信标）定位技术的信息传递是间断的。即当列车从一个信息点获得地面信息后，要到下一个信息点才能更新信息。若其间地面情况发生变化.，就无法立即将变化的信息实时传递给列车。因此，应答器（信标）定位技术往往作为其他定位技术的补充手段。

（五）波导管

波导管（见图 1-63）用来传送超高频电磁波，通过它脉冲信号可以以极小的损耗被传送到目的地，波导管是一种空心的、内壁十分光洁的金属导管或内敷金属的管子。波导管内径的大小因所传输信号的波长而异，多用于厘米波及毫米波的无线电通信、雷达、导航等无线电领域。目前常见的有矩形波导管，圆形波导管，半圆形波导管，ku 波导管，雷达波导管和光线波导管。

图 1-63　波导管

二、轨道电路

1. 轨道电路的基本原理

轨道电路是以线路的两根钢轨作为导体，两端设置电气绝缘，接上送电和受电设备构成的电路，最简单的交流轨道电路以及城市轨道交通的轨道电路如图 1-64 所示。图 1-64（a）所示是设有钢轨绝缘节的交流轨道电路示意图，图 1-64（b）所示是无绝缘轨道电路示意图；

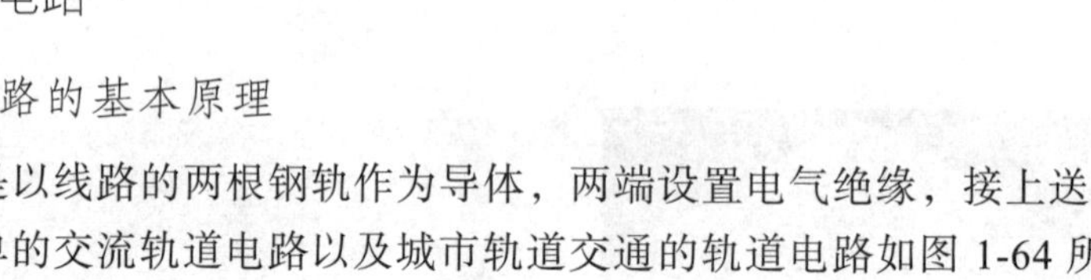

（a）

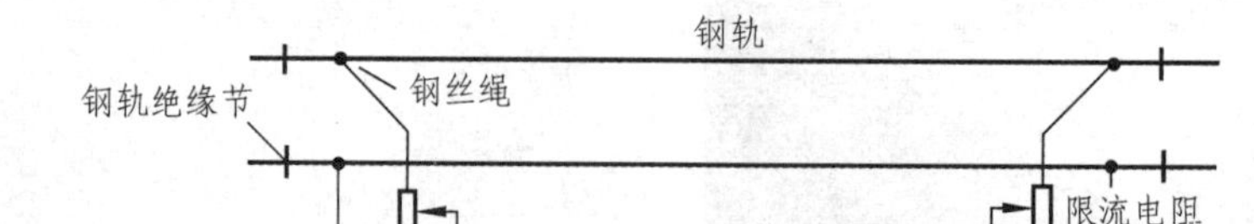

（b）

图 1-64　交流轨道电路和数字轨道电路示意图

当轨道区段没有列车占用时，轨道电路发送端的电流经由两根钢轨至接收端，使轨道继电器工作；当列车占用该轨道区段时，列车车轮将两根钢轨短路，导致轨道电路的大部分电流通过车轮而分路，轨道继电器因电流不足而失磁，从而检测列车的到达；列车驶离该轨道区段，车轮的分路取消，轨道继电器又恢复工作；所以轨道电路是检测列车占用轨道区段的专用设备。

城市轨道交通正线的轨道电路都不设轨端绝缘节，一般称为无绝缘轨道电路，如图 1-64（a）右侧所示，其“S”形的连接线，是轨道电路的电气绝缘设备，简称：“S” Bond；其发送设备和接收设备都设置于信号设备室，通过电缆引至钢轨。

2. 轨道电路的作用

1）检测列车是否占用轨道区段

由轨道电路反映该轨道区段是否空闲，轨道区段空闲，才能建立进路、开放信号；列车占用信号所防护的进路，信号自动关闭；从而把信号显示和轨道电路状态结合起来。

2）通过轨道电路向列车传递实时信息

城市轨道交通信号系统中，通过轨道电路向列车传递行车实时信息。当轨道电路检测到列车已经占用时，其轨道电路的发送端立即通过轨道电路向列车传送目标速度、目标距离或进路地图等信息，列车接收到这些信息以后，自动控制列车运行速度。

三、应答器

1. 应答器的定义

应答器也称信标，也是信号系统的基础设备，随着 ATC 系统的普及，应答器在城市轨道交通得到广泛的应用。不同的应答器应用于不同的信号制式，而且称呼也不相同，有“有源应答器”和“无源应答器”之分，也称之为“有源信标”和“无源信标”。

在点式 ATP 子系统中，利用设置在每个车站出站信号机处的应答器，向列车传送 ATP 信息；在基于模拟轨道电路的 ATC 系统中，利用设于区间和车站的应答器（也称为标志器），实现列车在车站的程序对位停车控制；在基于“距离定位”制式的 ATC 系统用无源应答器进行列车定位校核，有源应答器用于车地信息交换。CBTC 系统中无源应答器主要用于列车定位校准，而有源应答器主要用于信号后备系统中向列车传送点式信息。

2. 应答器的组成

应答器由地面、车载两部分设备构成，如图 1-65 所示。

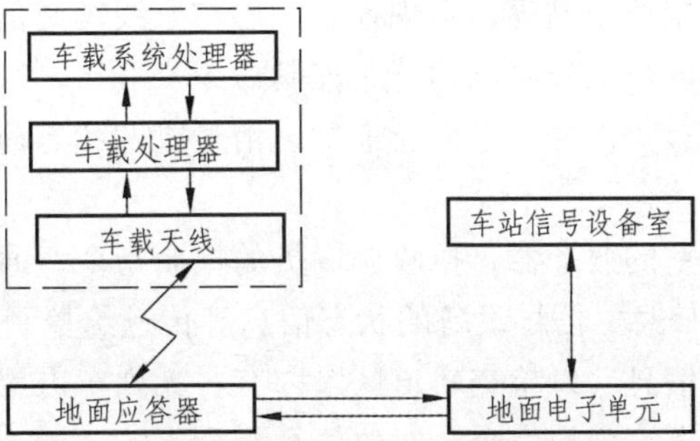

图 1-65　地面应答器和车载应答器的动作示意图

1）地面应答器设备

信号系统为每一个地面应答器分配一个固定的坐标。地面应答器的主要功能是：接收车载应答器天线传递的载频能量和向车载天线发送数据信息。地面应答器是一种可以发送数据报文的高速数据传输设备。地面应答器应能提供上行数据链路，实现地对车的数据传输。地面应答器应具有足够的、可用的固定信息容量，当与地面电子单元连接时，能提供实时可变的数据信息。

2）车载应答器设备

每个地面应答器对应于线路的某一个固定的坐标，所以列车收到地面应答器信息可以对列车行走里程进行精确的定位及校正。列车收到前一个地面应答器的信息后，可判断该应答器的特性、位置。这些信息特性包括：地面应答器所处的位置、位置参数的精度、列车的运行方向等；如果接收到的地面应答器的信息与预期的不同，车载应答器解码设备应有相应的表示或相应的输出，以便车载 ATP 设备做出相应的反应，并采取相应的安全措施。

四、列车运行自动控制系统

（一）基于轨道电路的 ATC 系统

1. 结构和基本功能

列车自动控制（ATC）系统，包括列车自动监控（Automatic Train Supervision，ATS）、列车自动防护（Automatic Train Protection，ATP）和列车自动运行（Automatic Train Operation，ATO）3 个子系统，它是一套完整的管理、控制、监督系统。位于管理级的 ATS 子系统，较多地采用软件方法实施联网，指挥列车安全运行；发送和接收各种行车命令的 ATP 子系统，确保列车的运行安全，完成列车运行进路控制、速度控制和实现列车间隔控制；车载 ATP 子系统，接收轨旁 ATP 设备传递的指令信息，实现列车运行速度的自动调整控制，进行列车运行超速防护，和列车在车站的程序对位停车控制。3 个子系统既相对独立，又相互联系，以保证列车安全、快速、短间隔地有序运行。

1）ATC 系统结构

ATC 系统的设备分布于控制中心（central control）、车站信号设备室、轨旁（wayside）及车上（Vehicle）。图 1-66 所示为 ATC 系统的结构图例，指挥列车运行的控制中心，设有作为 ATC 系统中枢的系统控制服务器，及用于调度控制的工作站；数据传输系统，包括通信前置服务器、路由器以及数据通信网等，实现控制中心与全线车站信号设备室之间的实时数据信息交换；调度员通过调度员工作站下达行车控制命令。

现场的列车在线信息，车次号信息以及道岔、信号机的状态信息等，在控制中心的显示屏及调度员工作站上显示。

设于联锁集中站设备室的服务器，接收调度员的控制指令，通过联锁装置，排列进路、开放信号，并将列车在线信息、信号设备的状态信息等传送给控制中心。通过 ATP 子系统的轨旁设备，发送列车检测信息，以检查轨道区段内有、无列车占用，并向列车发送限速命令或允许运行的目标距离信息、门控命令、对位停车指令等。

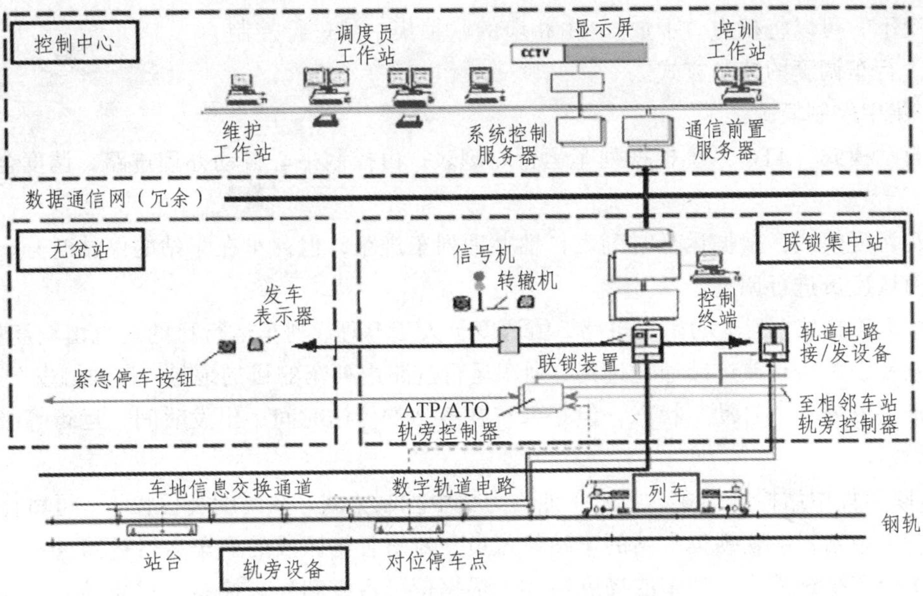

图 1-66 ATC 系统结构示意图例

车上 ATC 设备，接收并解译地面送来的调度指令和 ATP 速度命令或距离信息，完成速度自动调整和车站程序对位停车，实现列车的自动运行；并将列车的运行状态和设备状态信息，经车站服务器传送给控制中心。

2）ATC 系统功能

ATC 系统实现行车指挥和列车运行自动化。

（1）控制中心 ATS 子系统的主要功能。列车运行和调整控制；时刻表的编辑、修改、存储以及时刻表的调整控制；列车位置的实时监视和列车运行轨迹记录；列车运行进路的自动设置，车站联锁状态的监督；运行图管理；线路监控和报警显示、故障记录等。

（2）联锁集中站 ATC 设备的主要功能。

① ATS 子系统的功能。遥控指令的解译，信号设备状态信息的编辑和传送，进路控制指令的发送及表示，折返站折返模式控制指令的发送，车-地交换信息的编译和发送，旅客向导信息、目的地信息的编辑和传送、设定列车运行等级等。

② ATP/ ATO 子系统的功能。轨道区段空闲的检测；列车运行进路和列车安全间隔控制；列车限速控制；车站程序对位停车控制；对位停车校核、列车车门和站台屏蔽门开、闭控制；停站时间控制及目的地选择等。

（3）车载 ATC 的主要功能。

① ATS 子系统的功能。接收非安全控制信息；接收运行等级及其目的地等数据；发送列车状态的自诊断信息；提供旅客导向信息等。

② ATP/ATO 子系统的功能。接收和解译限速指令；根据限速，对列车进行速度自动调整控制和超速防护；测速、测距；对位停车程序控制和对位停车点校核；控制车门开、闭，发送站台屏蔽门开、闭信息；自动折返和出发控制等。

3）ATC 系统的控制模式

城市轨道交通通过 ATC 系统，在控制中心集中控制列车运行，当遥控发生故障或运行需要的情况下，可以将权力“下放”，由相应的联锁集中站进行控制。

（1）行车调度的控制方式。

① 集中控制模式。

全自动模式：ATC 系统根据列车运行时刻表，由控制中心自动办理进路，调度全线列车的运行。

自动调度模式：根据运行时刻表自动办理列车进路，但列车在车站的停站时分、运行等级等，由调度员进行调整。

集中人工模式：列车的始发进路，由调度员人工办理，列车运行目的地也由调度员设定。一般车站都设为自动或连续通过进路，列车运行进路由列车的目的地号“自动触发”，所以列车运行进路可处于“自动”状态，但是列车在各站的停站时间、出发时间、运行等级等都由调度员设定。

② 联锁集中站控制模式。上述 3 种均为集中控制方式，在调度员授权下，可将控制权下放给联锁集中站，由联锁集中站的车站值班员，对所管辖区段的列车运行进路进行控制。

（2）列车操纵模式。列车的操纵模式，根据信号系统和列车控制方式而异，一般有以下方式：

① ATO 模式。在 ATO 模式下，司机根据操作规程，关闭列车门，完成出发检查后，按下出发按钮，列车自动起动运行，在区间根据地面限速指令，自动调整列车运行速度，列车到达下一站，自动完成程序对位停车控制。这种模式下，司机的任务是：到站开启列车门、到点关闭列车门和按压“出发按钮”。

② 手动 ATP 模式。在该模式下，司机关闭车门和执行出发检查后，手动起动，列车 ATP 子系统进行速度控制和超速防护，车站的停车控制也由司机负责操纵。这种模式下，列车的运行基本上依赖于司机，但是有 ATP 超速防护。

③ 慢速前行模式（CLOSE-IN）。在手动 ATP 模式下，列车收不到有效的机车信号，或显示为零限速，这时司机在注意的情况下，按低于 20 km/h 的慢速运行，当列车收到有效的速度后，可以转为手动 ATP 模式。

④ 反向模式。这种模式下，司机处于列车的尾部，列车收不到速度命令，由司机控制以不超过 10 km/h 的速度反向运行，当速度超过 12.5 km/h 时，车载 ATP 子系统会施加全常用制动。

⑤ ATC 关闭和旁路模式。该模式下，车载 ATC 系统可以有电，但其输入、输出均被隔离，不起作用，列车由司机人工驾驶，负责运行安全。

4）连续式和点式 ATP 系统

基于轨道电路的 ATC 系统中，向列车传送 ATP 信息的方式有连续式和点式两种方式。这两种方式的共同处是都设有轨道电路，但是连续式 ATP 子系统的轨道电路不仅用于检测列车，也用于向列车传送 ATP 信息；而点式 ATP 子系统的轨道电路只用于检测列车，向列车传送 ATP 信息完全依赖于设置于特定地点的地面应答器。

连续式 ATP 系统是城市轨道交通的主流，我们会在后面 ATP 一节中作详细介绍。点式 ATP 子系统的 ATC 系统不包括 ATO 子系统，当然不能实现列车的自动运行。其优点是结构简单、可靠性高、价格低于连续式 ATC 系统。目前点式 ATP 系统只有在上海城市轨道交通 5 号线得到应用。

2. ATS 子系统

列车运行自动监控（ATS）子系统，实现对列车运行的控制和监督，一般分为 CATS 和 LATS。前者是控制中心的 ATS 设备，后者指联锁集中站的 ATS 设备。控制中心的 ATS 设备包括：系统控制服务器、传输控制服务器、调度员工作站、显示屏、运行图绘图仪、打印机、UPS 等。每条线路一般设两位行车调度员，监督和控制全线的列车运行。正常情况下列车运行进路的排列、信号控制、列车运行间隔控制和调整等操作，都是根据列车运行时刻表由 ATS 系统自动完成，不需要调度人员操作。在特殊情况下，也可以由行车调度员操作。控制中心显示屏和行车调度员工作站示意图如图 1-67 和图 1-68 所示。

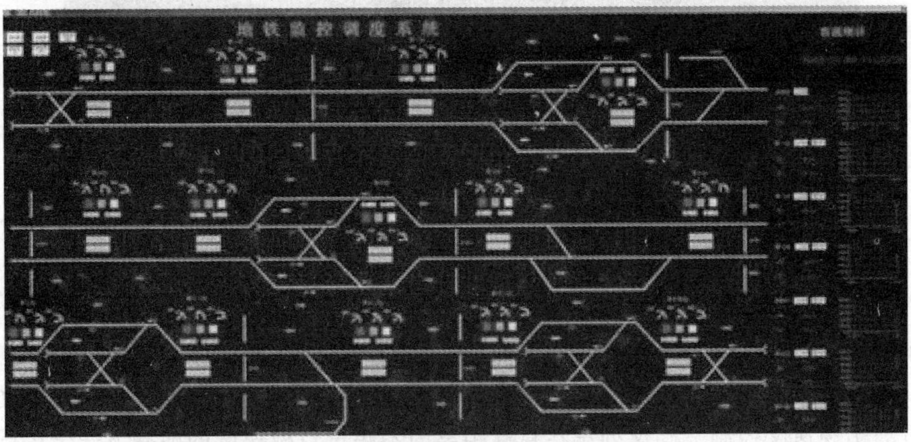

图 1-67　控制中心显示屏

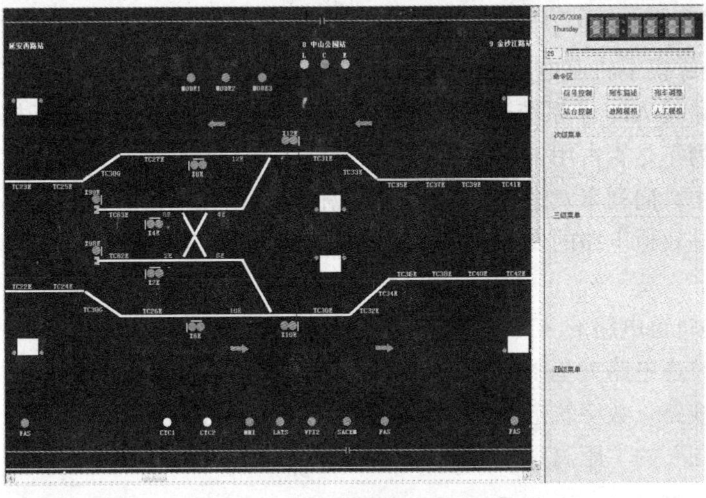

图 1-68　行车调度员工作站

行车调度员可以将行车控制权“下放”给联锁集中站，所以在联锁集中站都设有 ATS 分机，当需要“站控”时，在征得调度员同意后，联锁集中站的行车值班员可以对所管辖的车站进行控制，平时联锁集中站的行车值班员只能监督列车运行。在“紧急”情况下，联锁集中站可以不经过行车调度员同意，实现“紧急站控”；“站控”结束以后，车站行车值班员应将该车站的信号系统复原，才能“交权”。联锁集中站车站行车值班员工作站如图 1-69 所示。

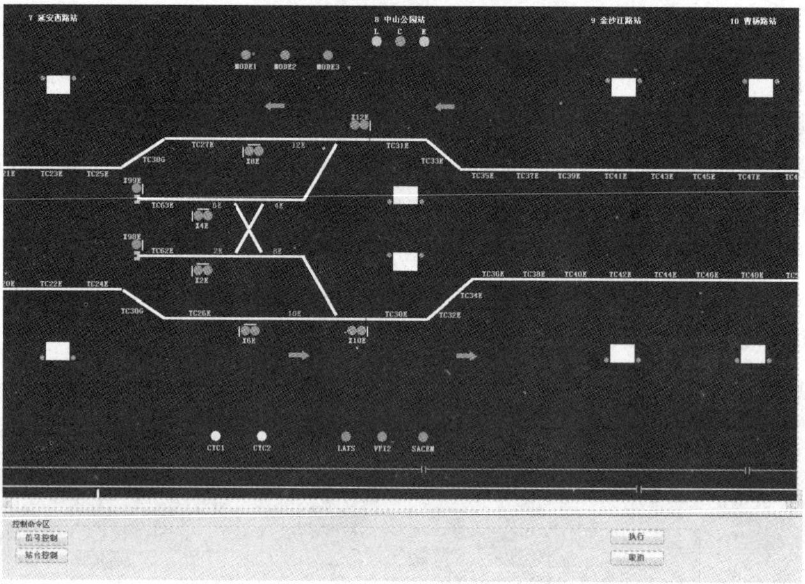

图 1-69　联锁集中站车站行车值班员工作站

3. ATP 子系统

列车自动防护（ATP）子系统，实现列车运行安全间隔防护和超速防护。通过 ATP 子系统检测列车位置，并向列车传送 ATP 信息（目标速度信息或目标距离信息）。列车收到 ATP 信息，自动实现速度控制，确保列车在目标距离内不超过目标速度的前提下安全运行。所以 ATP 子系统应包括轨旁 ATP 设备和车载 ATP 设备，并与 ATS、ATO、车站联锁设备等都有接口相连。下面我们分析 ATP 子系统轨旁设备和功能。

1）基于无绝缘模拟轨道电路的 ATP 子系统

模拟轨道电路的 ATP 子系统通过阻抗连接器，在轨道电路中传送用于检测列车的模拟检测信号，以检测列车是否占用该轨道区段；当检测到列车占用该轨道区段时，通过阻抗连接器，在轨道电路中，向列车发送速度命令等模拟信号，所以“阻抗连接器”不仅是轨道电路的分割设备，也是轨道电路的发送、接收（相邻轨道区段）设备，又是向列车传送“速度命令”的重要设备。

2）数字编码轨道电路的 ATP 系统

以数字编码轨道电路为基础的 ATP 系统，是城市轨道交通 ATC 系统的主要制式，国内已应用于很多条线路。数字轨道电路的车载信息，主要以发送“目标速度”信息为主，但也有发送“进路地图”的“距离定位”制式，这为移动闭塞奠定了基础。

4. 车载 ATC 设备与 ATO 子系统

1）车载 ATC 设备

城市轨道交通列车是以编组方式运行，每列车的两端设有司机室，车载 ATC 设备一般都集中设在头尾两端的车辆。

不同的 ATC 系统对应于不同的车载设备，典型的模拟轨道电路“速度码”制式的车载 ATC 设备，如图 1-70 所示。

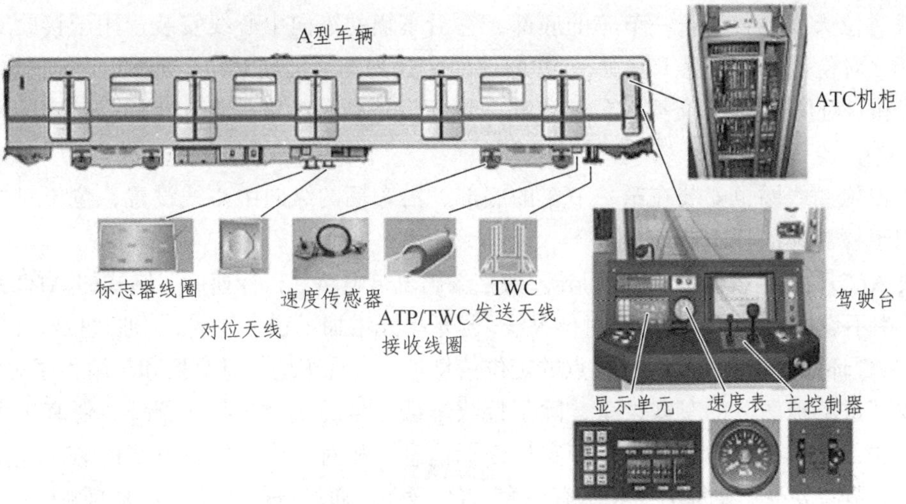

图 1-70　车载 ATC 设备示意图

ATC 系统设备架置于司机室的左侧，机架与车体连接，防震底座和机架在电气上隔离，机架上设有 ATP、ATO、ATS、直流调压器、安全/非安全继电器（包括开门继电器，紧急、常用制动继电器，驱动继电器等）以及制动保证单元。

显示单元及速度表等设于司机操纵台上，如图 1-71 所示，显示单元上有各种控制表示灯，包括列车车次号、列车目的地号、列车运行等级、列车长度；还有车次号和目的地号的设定开关；以及启动、停车、程序停车、跳停、慢行、超速等指示灯和其他相关的按钮。

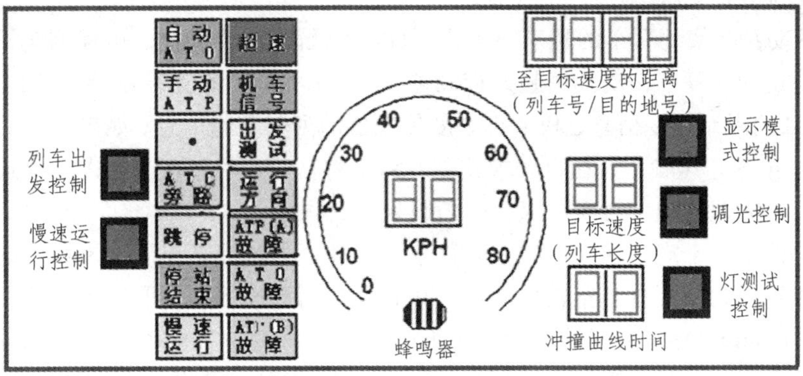

图 1-71　车载 ATC 系统状态显示单元示意图

ATP/TWC 接收线圈设于列车头部车辆第一个轮对前，线圈的中心线对准每根钢轨的中心，二组接收线圈串接，用于接收地面 ATP 速度信息、开门信息以及 TWC 信息，所以车载接收器，分别调谐在车载 ATP 信号载频（速度信号和开门信号的载频频率均为 2 250 Hz）和 TWC 信息的信号频率（9 650 Hz）。

速度传感器是车轴脉冲发生器，用它来获取列车实际运行速度和运行距离信息。一般设置 2 个速度传感器，分别设在第一节车的不同轴和不同侧。

TWC 发送天线安装在第一节车的底部，第一轮轴前方，其中心对准轨道线路的中心线，通过天线将列车运行状态信息等送至地面，经联锁集中站 TWC 模块，将信息转送至控制中心。

车载对位天线也置于第一节车的底部，它沿车辆的纵向中心线安装，用于接收对位停车点的地面“对位线圈”信息（有源），并向地面传送列车“已经对位”的信息，通过地面“对位线圈”和“对位模块”，交换对位信息和向地面发送列车长度信息，使相应长度的站台屏蔽门开启。

标志器检测线圈也安装在第一节车的底部，沿车辆的纵向中心线设置，位于对位天线的后方，用于检测地面标志器信息。

车载 ATC 设备，视 ATC 系统而异。数字编码轨道电路“目标速度”制式的 ATC 系统，其车载设备中不设标志器接收线圈和对位天线，显示单元增加了数字显示。它通过接收在站台区域设置的 TWC 环线信息，及环线交叉点的定位信息等，实现车地信息交换和车站程序对位停车。

接收“进路地图”的车载设备，除了接收车载信号的 2 个接收线圈外，还有 1 个信标信息接收天线，接收沿线路铺设的各种定位信标信息，相对于模拟轨道电路的 ATC 车载设备，其车底部的设备要少。在每个驾驶室有一套 ATC 设备，通过接收线圈接收来自轨旁的 SACEM 信息（SACEM 信息是由地面发送的车载信息）。

2）车载 ATP 子系统功能分析。

车载 ATP 子系统是确保列车运行安全的关键设备，它与地面 ATP 设备相配合，完成速度或距离信号的接收和解译，实现超速防护、制动保证、零速检测、车门控制、后退防护等等。

（1）ATP 信号的接收和解译。地面 ATP 子系统，通过钢轨向列车发送速度命令和门控命令，其载频为 2 250 Hz；车载 ATP 接收线圈，以耦合方式，从钢轨接收经低频调制的 ASK 车载信号，再通过滤波器、解调器，送至速度信号译码 CPU，该 CPU 译出的速度或门控命令，再送至系统处理 CPU。

（2）超速防护。实现列车的超速防护是 ATP 子系统的重要功能，确保列车不会超出“速度命令”所规定的速度。该功能由超速控制器 CPU 来完成。超速控制器的 CPU，接收来自系统处理 CPU 的限制速度信息，和来自速度传感器的列车实际信息，如果列车的实际速度超出 ATP 限速，出现超速状态，在自动模式下，列车将自动调整速度，在人工模式时由司机采取措施减速。ATP 超速的“触发”点，一般设定在比限速高 3 km/h。

速度传感器由 2 个完全独立的软、硬件信道处理，通过计算在固定周期内的脉冲数来计测速度。而轮轴转动的次数与车轮的周长直接相关，而周长的变化取决于车轮的磨损，新的车轮直径为 840 mm，完全磨损的车轮直径为 770 mm，所以，根据车轮的磨损程度用加强补偿探测信号的办法，对测速精度进行调整，每 5 mm 为一挡，共设 15 个设定值，因此，测得的列车速度，是综合了轮径磨耗信息，较为精确的实际速度。当检出列车超速的 3 s 左右时间内，列车以 0.715 m/s^2 的减速率，降低速度（上述作用时间和减速率，因车而异）。如果在规定时间内达不到最小制动率，系统的制动保证功能将发出指令，施加不可逆转的紧急制动，一旦紧急制动被启动，将保证列车到停车为止。

另外，“零速”检测在所有的操作模式都生效，当列车速度小于 3 km/h，ATP 子系统便确认为“零”速度，并由超速 CPU 进行零速检测，当列车实际速度小于零速度设定值，则零速检测信息返送至系统处理器。

（3）列车门的开、闭控制。当列车到达对位停车点，列车对位天线检测到由站台对位线圈送出的 13.235 kHz 的频率，证明列车已正确地在站台对位，车载 ATO 子系统发出“列车进行全常用制动”的指令，并生成一个列车停稳信号给车载 ATP 子系统。车载 ATP 子系统接收到该指令后，施加全常用制动，并检测到速度为零。这时，车载 ATP 子系统生成一个列车“对位”信号，给车载 ATO 子系统，并通过车载对位天线，送出载频为 21.945 kHz、调制低频为 77 Hz 的“对位”信号。

地面对位线圈接收并译出“对位”信号后，触发车站信号设备室的 ATP 模块，送出打开列车门信息，该信息通过站台区域的轨道电路发送，其载频为 2 250 Hz，调制频率为 4.5 Hz（左门）或 5.54 Hz（右门）。

列车 ATP 接收线圈从钢轨接收到打开车门信号以后，使相应的“门控继电器”励磁，并点亮相应侧的门控表示灯，这时司机按压与表示灯相一致的门控按钮，也即当门控继电器的前接点与车辆门控电路的安全接点相一致时，才能开启站台侧的所有车门。

同时，车载 ATP 子系统指令列车对位天线，停发列车对位信号，改发打开站台屏蔽门信号；开启站台屏蔽门的数量应与列车门的数量相一致，也即根据列车编组的不同，发送不同的开启屏蔽门信号，其开启屏蔽门信号的载频为 21.945 kHz，6 节编组的列车，调制频率为 115 Hz；而 8 节编组列车，发送的调制频率为 171 Hz。车站信号设备室的对位模块，收到由列车发来的开启屏蔽门信号后，传送给屏蔽门控制子系统，使相应的屏蔽门控制继电器励磁，与列车编组相对应的屏蔽门自动开启。

当停站计时结束，车站 ATP 模块停止发送打开车门信号，使列车相应的门控继电器失磁，司机可按压车门关闭按钮，门控电路启动列车门关闭程序。列车启动列车门关闭程序的同时，列车 ATP 子系统中止发送开启屏蔽门信号，使站台屏蔽门控制继电器失磁，启动站台屏蔽门关闭程序。

停站计时结束后，站台侧发车指示灯点亮。在启动列车门和屏蔽门关闭程序后，地面 ATP 子系统，通过站台区域轨道电路，向列车发送速度命令，车辆 ATP 系统译出速度命令，并将列车门关闭信号一起，送给车载 ATO 子系统，ATO 子系统收到上述信号后，点亮司机控制台上的 ATO 表示灯，提示司机按压 ATO 启动按钮，司机按压此按钮后，列车按 ATO 自动运行模式，起动加速并自动运行。

在人工模式的情况下，司机必须以人工控制方式，将车停于对位停车点，当列车对位表示灯点亮，证明列车正确对位，在确认对位停车后，司机可按压站台侧门控按钮，才能打开车门；关闭车门也由司机控制。

3）车载 ATO 子系统的主要功能及工作原理

当列车处在自动（ATO）操作模式下，车载 ATO 子系统才能发挥作用，该系统自动履行司机操作的非安全功能，自动完成列车的加、减速等速度调节控制，并自动完成列车在车站的程序对位停车。

（1）速度调节功能。ATO 模块的调速器，以渐进和恒定的速率，使列车达到由限速设定的运行速度，当列车到达限定速度后，通过连续比较实际速度和限速，控制列车的牵引和制动系统。根据 ATP 速度命令、ATS 运行等级及车站停车曲线所决定的最低参考速度，来控制、调节列车的速度，使列车速度保持在上述参考速度的 0～5 km/h 的范围内，速度调节器将列车的实际速度和上述参考速度进行比较，并计算正（提供动力）或负（制动）牵引力。

（2）车站程序对位停车控制。根据 ATC 制式的不同，停车方式有曲线式制动和台阶式制动两种。

基于模拟轨道电路的 ATC 系统，为了实现列车在车站的程序对位停车控制，根据列车运行方向，在离对位停车点 350 m、150 m、25 m 和 8 m 处，分别设有对位停车用标志器，在对位停车点设置对位线圈；其中 8 m 标志器和对位线圈是有源的设备，其余的标志器都是无源的设备。

350 m 的标志器，是车站程序对位停车控制的起始点，为了保证设备的可靠动作，设置了两个标志器，其工作频率分别为 110 kHz 和 140 kHz；当列车收到上述频率之一，车载 ATO 子系统便启动车站程序对位停车控制，列车生成第一制动模式曲线，并点亮司机操作台上的程序对位停车表示灯。

列车运行至站台区域，收到距离对位停车点 150 m 处两个中间标志器的信息，它们的频率分别为 120 kHz 和 150 kHz；当列车收到上述中间标志器频率之一，车载制动控制系统生成第二制动模式曲线，实际上，第二制动模式曲线是对第一制动模式曲线进行修正，也是对上一次制动的缓解。

列车继续前进，离对位停车点 25 m 处，收到由内方标志器发送的信息，其频率为 160 kHz，从而列车制动控制系统，生成第三制动模式曲线，进行第二次制动修正，相当于第二次缓解。

当列车距离对位停车点 8 m 时，接收由有源标志器送来的 14.35 kHz 频率信号，列车制动控制系统进行第三次制动修正，再一次制动缓解，使列车准确地停于对位停车点。当列车收到由地面对位线圈送出的 13.235 kHz 频率信号时，证实列车已在对位停车点停车，车载系统检出此信号后，实施全常用制动，其后进入列车车门开启程序。图 1-72 为台阶式车站程序对位停车原理示意图。

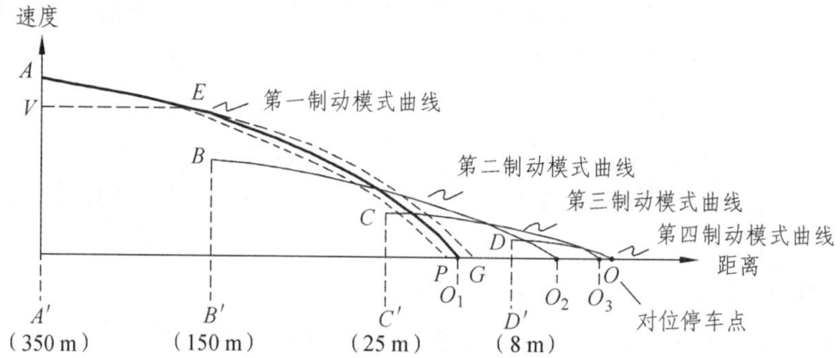

图 1-72　台阶式车站程序对位停车原理图

对位停车的设计精度一般设定为 ± 25 ~ 50 cm，在车站设有站台屏蔽门的情况下，一般对位停车精度控制在 ± 25 cm；不设站台屏蔽门的情况下，停车精度可放宽为 ± 50 cm 左右。

数字编码轨道电路中，采用站台区域设置 TWC 环线的方式，根据环线“交叉点”来进行列车定位的校正。在以“距离定位”为原则的数字报文式轨道电路的 ATC 系统中，采用在站台区域设置“定位信标”的方法，对执行车站程序对位停车控制的列车进行定位校准。

第四节 供电技术

一、变配电系统

我国城市轨道交通供电系统的受电方式，都为集中式供电。国外也有分散式和集中、分散混合的供电方式。

1. 受电及供电方式

1）集中受电供电

集中供电方式是指：本供电系统网络由国家或城市的高压电网组成的供电系统在 2～3 个受电点集中供给。国家电网一般对特大用电单位提供 110 kV 的高电压，所以用电单位必须将集中供电的高电压，经降压系统，获取所需的电压值，从而减少长途输电的电能损耗。

2）降压供电方式

城市轨道交通有多种降压方式，一般采用 110 kV－35 kV－10 kV－0.4 kV 四级降压供电模式，如上海的一、二、三号线等。近几年随着制造技术和工艺水平的不断提高，越来越多采用的是 110 kV－35 kV－0.4 kV 三级电压供电模式，如上海的九号线等。三级电压供电模式，因其供电质量、可靠性、损耗等指标，比四级电压供电模式有显著提高，所以，三级电压供电模式将成为城市轨道交通供电的主要方式。

2. 变电站的分类及作用

1）主变电站的作用

主变电站（简称主变），将城市电网提供的 110 kV 三相交流电压降压至 35 kV，然后配送到城市轨道交通沿线的各个牵引变电站和中心降压变电站。主变承担着城市轨道交通所有用户的供电，一旦主变因故失电，将直接影响一、二级负荷的供电，所以要求主变的供电必须可靠，为此，主变设有两路以上的进线电源。

2）牵引变电站的作用

为电动列车提供直流牵引电源，而进行降压、整流的场所，就是牵引变电站（简称牵变），它是向电动列车提供直流牵引电源的重要设施。城市轨道交通电动列车都由接触网或专用的供电线（俗称第三轨或供电轨）获取直流牵引电源。由于主变电站输出的是 35 kV 交流电，为此需将此高压交流电降压、整流变换成适合电动列车使用的直流电源。

为确保电动列车的可靠供电，通常每 3 座车站的 2 个区间，就设置 1 座牵引变电站，万一发生局部供电故障时，牵引变电站能进行跨区域的供电。冗余的供电网络，确保了电动列车供电的可靠性。

3）降压变电站的作用

从中心降压站输出的 10 kV 电源，并不能直接提供给城市轨道交通系统内的设备使用，还必须进一步降压，经降压后再输出到不同的供电用户。城市轨道交通系统内，除电动列车外，专业设备都从降压变电站受电。

二、接触网

（一）接触网的基本要求

电动列车运行中，受电弓受流过程伴随一定压力，并与接触线接触摩擦动态取流。电动列车在运行中不可避免地会产生受电弓离线而引起电弧，承受气温、风、潮气及大气污染的影响，使接触网昼夜不停地处于振动、摩擦、电弧、污染、伸缩的动态运行状态之中。这些因素对接触网各种线索、零件都产生恶劣影响，使其发生故障的可能性增加。

为了保证对电动列车良好的供电，通常要求接触网在任何气象因素（冰、风、雨、雪等）和最大运行速度下能保证安全供电，因此，接触网应顺直平滑，高度一致，在高速行车中能始终保持正常稳定的接触受流。接触网应具有：足够的耐磨性、抗腐蚀、电损耗小、良好的导电性、使用寿命长等特性，并力求结构简单，易于施工、维修。

由于接触网是一种既无备用又易损耗的供电装置，还受环境和气候条件的影响，一旦发生故障，整个供电区间即中断供电，在其间运行的电动列车失去电能供电，造成停运。因此，接触网应满足以下基本要求：

（1）在恶劣的气候条件下机械结构具有稳定性。

（2）设备及零件具有足够的耐磨性和抗腐蚀能力。

（3）设备结构简单，零部件互换性强；便于维护、抢修。

（4）电动列车受流器与接触网直接接触滑行面，保持平滑过渡无突变。

总的来说，无论是悬挂式还是接触轨式，接触网都必须确保能可靠地为电动列车供电。要求接触网无论在任何条件下，都能保证良好地供给电动列车电能，并在符合上述要求的情况下，尽可能地节省投资、结构合理、维修简便、便于新技术的应用。

（二）接触网的结构形式及悬挂类型

1. 架空式

架空悬挂式接触网将线索或导电排及零部件可靠连接接续，把导电体、支持装置、绝缘元件、电气设备等连接成一个能传递电能且有支持功能，同时具备相应强度的整体系统，以确保牵引电流的不间断供给。

架空悬挂式接触网在地面与地下隧道内的架设方法是不同的。隧道架空式接触网，分为柔性悬挂接触网与刚性悬挂接触网。柔性悬挂接触网采用弹性支架、链形悬挂形式；刚性悬挂接触网采用刚性汇流排悬挂形式。地面架空式接触网采用腕臂与软（硬）横跨相结合的悬挂形式。

1）柔性悬挂

柔性悬挂可概括为简单悬挂和链形悬挂两大类，其特点是受电弓与接触悬挂接触良好，适应较高速运行。柔性悬挂又分为地面架空式和隧道架空式。

2）刚性悬挂

刚性悬挂，如图 1-73 所示，是指固定的导电体受流过程中在受电弓或集电靴的作用下基本不变形。汇流排是刚性悬挂的关键部件，一般用铝合金材料制成。刚性悬挂接触网将传统的接触线夹装在汇流排中，用汇流排取代了承力索和馈线，并靠它自身的刚性保持接触线的固定位置，使接触线不因重力而产生较大弛度。刚性悬挂主要由铝合金汇流排、接触导线、绝缘元件和悬挂装置组成，一般用于隧道段。其中铝合金汇流排既作为固定接触线的嵌体，同时又作为导电截面的一部分。即刚性悬挂将传统的接触线夹装在汇流排中，汇流排取代了承力索，靠它自身的刚性保持接触线的恒定位置，使接触线不因重力而产生弛度。

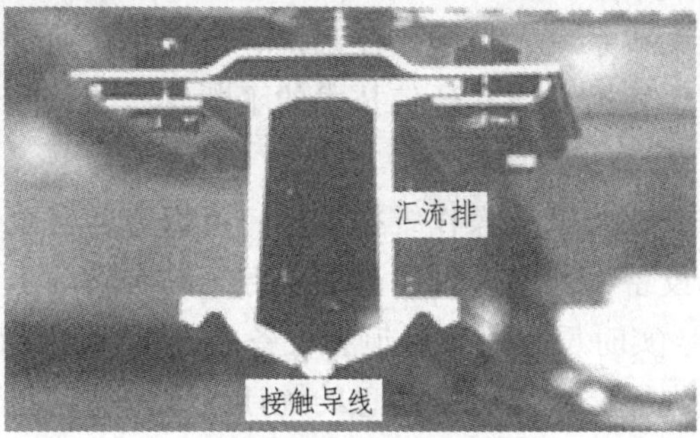

图 1-73　刚性悬挂

2. 接触轨式

在城市轨道交通牵引供电系统中，直流 750 V 供电一般采用第三轨。它的优点是隧道净空高度低、结构简单、造价低，缺点是人身和防火方面安全性差，与架空式接触网难于衔接。

接触轨系统主要由接触轨、接触轨支架或绝缘子、绝缘防护罩、弯头、连接板、膨胀接头、锚结、隔离开关、电缆等主要零部件构成。其中接触轨、弯头、连接板、膨胀接头、锚结一般由接触轨厂家配套。

受流方式分为上接触式受流、下接触式受流、侧接触式受流等（见图 1-74）。

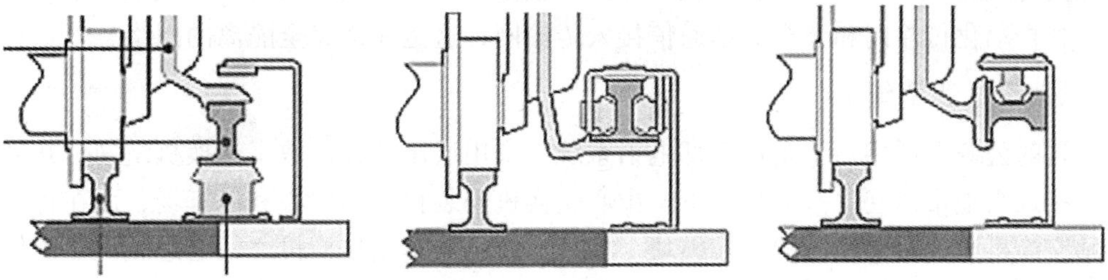

（a）上接触式受流　　（b）下接触式受流　　（c）侧接触式受流

图 1-74　接触轨受流方式

第五节　通信技术

城市轨道交通通信系统是城轨行车调度指挥、运营服务管理、内外联络的重要设施设备，也是信息系统的基础设施，在轨道交通内提供语音、数据和图像信息的传送和交换，并具有自身网络监控和管理功能，具有技术成熟、安全可靠和经济合理的特点，在突发和紧急情况下，能为抢修抢险救灾提供一定的应急通信功能。

一、通信系统构成

城市轨道交通通信系统通常由传输系统、公务电话系统、专用电话系统、闭路电视监控系统、广播系统、乘客导乘信息系统、时钟系统、办公自动化（OA）系统、无线集群通信系统、消防无线系统、公安无线系统、集中监控系统、公众移动通信接入系统、通信电源系统等专业子系统组成，但随着轨道交通和通信技术的不断发展，一些子系统会发生变化，又会有新的子系统的增加。

通信各子系统均设有监控网管或操作维护终端，可以对各自系统进行远程监控和维护，实现对各子系统中的节点设备、网络及网络上的业务的综合管理。网管的功能主要有，性能管理（显示系统拓扑结构、实时反映所有通道和设备的连接及运行状态）、故障管理（设定告警等级及报警方式、清除告警、生成告警信息的统计报表等）、配置管理（系统设定等）、安全管理（设置管理权限，进行分级管理等）。故障发生时，控制中心有可听、可视告警信号（灯光、铃响），告警信号也能引至有关的值班室或上一级集中告警终端。

为了保证通信系统的可靠稳定，系统中关键的模块还配置热备份，可在模块损坏情况下自动启用备用模块且尽力减小业务受损程度。同时，各子系统还设计有降级运行模式，在系统故障情况下仍能保持最基本的功能，从而确保整个通信系统的高可靠性和安全性。

1. 传输系统

传输网是城轨通信网的基础。传输网要求具有高可靠性和丰富的业务接口，其底层一般采用 SDH 或 OTN 光纤自愈环路，能提供各种接口业务，如电话（窄带音频）、广播（宽带音频）、防灾报警（中、低速数据）、视频（高速数据）等。城轨传输网分为城轨专用传输网、城轨办公自动化传输网和公众移动通信接入传输网，这是 3 个完全隔离的网络。

2. 公务电话系统

城轨的公务电话相当于企业内部电话系统，采用通用的程控数字交换机组网，并通过中继线路接入当地市话网。一般情况下，中心交换机安装在控制中心和停车场，而在各车站配置车站交换机或中心交换机的远端模块。中心交换机与车站交换机之间通过城轨专用传输网进行点对点的连接。

3. 专用电话系统

专用电话系统包括：调度、站内、站间和区间电话子系统。

城轨调度电话子系统主要包括调度总机、调度台和调度分机 3 部分，并通过专用传输系统或通信电缆相连接。在控制中心安装有调度机或交换/调度机作为调度总机，为调度人员提供专用直达通信服务。一般在城轨中设有行车调度、电力调度、环控调度等调度台。调度台具有选呼、组呼、群呼、会议等特定功能。调度分机安装在控制中心、停车场以及各车站。

站内的公务电话交换机具有热线功能，在提供公务电话业务的同时，亦可提供站内、站间和区间（轨旁）电话业务。站内电话子系统由车站公务电话交换机、车站值班台（主机）和电话分机组成。站间电话可为车站值班员与相邻车站的车站值班员提供直达通信服务，也可以接入公务电话网。区间电话通过站内电话子系统连接邻站的车站值班台或接入公务电话网，为隧道内的维修人员提供通信服务。

4. 闭路电视监控系统

闭路电视监控系统（简称 CCTV）为控制中心调度管理人员、车站值班员、列车司机及站台监视亭值班员等对车站的站厅、站台、出入口等主要区域提供监视服务。通过闭路电视监控系统，网络运营监控中心能监视全网所有线路各车站的情况；线路控制中心的调度员能实时监视全线各车站的情况；车站值班员能监控本车站情况；列车司机能在驾驶室看到乘客上下车的情况。闭路电视监控系统具备长时录像及存储功能，在城轨安全防护方面起到极其重要的作用。

5. 广播系统

广播系统的主要功能是为乘客及工作人员提供语音信息播报服务。广播具有自动广播和人工广播两种模式。系统为线路控制中心调度员、车站值班员、停车场值班员提供对相应区域的广播。

6. 乘客导乘信息系统

乘客导乘信息系统（简称 PIS）是一套服务于城市轨道交通的文字信息发布系统，主要作用是为乘客提供各类车务及站务信息，同时还与移动电视网连接提供各类公共信息。乘客导乘信息系统为网络运营监控中心、线路控制中心及车站提供了分级的信息发布设备，正常情况下信息发布主要由车站执行，紧急情况下则由线路控制中心及网络运营监控中心发布紧急信息。

7. 无线集群通信系统

无线集群通信系统是一套用无线方式进行调度指挥的系统。在城轨调度指挥过程中无线通信发挥着十分重要的作用，它是调度员与司机通信的唯一可靠手段，同时也是与移动中的作业人员、抢险人员实现通信的重要手段。该系统在保证行车安全及处理紧急突发事故方面有着不可替代的作用。

8. 时钟系统

时钟系统为城市轨道交通提供了高质量标准化的统一时间，使整个城市轨道交通各专业设备时钟统一在同一个标准时间基点上，从而确保列车准点运行。

时钟系统采用 GPS（全球卫星定位系统）标准时间信息作为系统时间源。整个系统由 GPS 标准时钟信号接收单元、一级母钟、监控设备、二级母钟及子钟组成。GPS 标准时钟信号接收单元设置于线路控制中心，它接收的卫星时间，分别向一级母钟（主/备），提供同步时钟信号源。

一级母钟设置在线路控制中心，它由时钟系统主机、转换单元等组成。时钟系统主机包括显示单元、主用母钟、备用母钟、输出接口等。转换单元检测主母钟的工作状态，实现母钟主、备的自动切换。二级母钟系统设置于各车站、停车场的通信设备机房内。二级母钟由时钟系统主机、转换单元等组成。它可以接收一级母钟发来的标准时间信息和命令信息，并控制子钟的运行。子钟安装于各车站站厅、站台、车站值班室、停车场值班室、控制中心调度室等需要显示时间信息的场所。子钟有数字式和指针式两种类型。

一级母钟、二级母钟、子钟内部均有精准的走时装置，能在失去外部标准时间信号的情况下自动切换到提取内部晶振信号的模式。

9. 通信电源和接地系统

城市轨道交通所有通信设备都由通信电源系统为其供电，通信电源系统是一整套独立的供电设备。通信电源系统是由各站、线路控制中心及停车场的变电所直接供电，通信作为调度指挥和应急指挥的必备设备应按一级负荷供电，由变电所引接双电源双回线路的交流电源至通信机房交流配电柜，当使用中的一路出现故障时，能自动切换至另一路。

通信电源系统由交流配电屏、直流配电屏、不间断供电设备（UPS）、蓄电池、网管、接地等设备组成。

10. 集中维护系统

通信系统中的所有子系统均配有监控、维护终端。随着线路增加，通信系统各子系统的完善，维护终端也不断增多。为提高维护人员工作效率，必须对通信各子系统实现集中维护，即实现统一监视和报警，为管理人员提供面向应用的信息告警管理平台和组态操作界面。同时，集中监控还具备远程监控机房环境温度等功能，在有效地减少操作人员数量和管理工作量的同时，淡化通信各子系统间在维护方面的分界线，在日常工作和紧急情况时更安全、更有效地使用和维护全线通信各子系统。

11. 公众移动通信网接入系统

公众移动通信网指各公众网运营商的 GSM、CDMA、移动电视等制式的通信网，未来还将随着移动网的发展提供 3G 接入。在城市中公众移动通信网覆盖了城市的地面区域，因此地面和高架线路的车站与列车中乘客能在被覆盖区域中与外界交流。但是覆盖地面的电磁波不可能直接进入地下区域，故需要在地下部分建设一套专门用于覆盖地下区域的系统，使乘客在城轨地下车站与列车中依然能接受公网信息服务。

二、通信系统的功能和作用

1. 行车调度指挥

通信系统所提供的专用电话能为运营控制中心各类调度提供与各车站各类专业人员传递调度生产命令的有线语音通信手段，且这种语音通信是无阻塞的，以确保畅通。无线列调功能为运营控制中心行车调度提供与列车司机间联络的无线通话手段，这是行车调度指挥的重要功能，其作用日益凸显。

2. 运营服务管理、内外联络

通信系统中的公务电话系统提供轨道交通内外部公务业务联系的服务，广播系统、乘客导乘系统为乘客提供运营服务信息，视频监控系统为运营管理者提供重要的管理辅助手段，同时也是轨道交通安全防范系统的主要组成部分，为轨道交通安全运营提供技术手段。

3. 信息传送

通信系统中的传输系统是线路站间的长距离传送平台，为各类轨道交通内专业系统提供传输通道，如信号、电力监控、自动售检票和其他各通信系统。

4. 应急通信

城市轨道交通在发生事故和灾害时需要提供相应的应急通信手段，作为专用通信系统在承担日常运营作用外，还需提供一定的应急通信功能，但目前设计的通信系统只在各通信子系统中提供有限的应急通信功能（除消防无线系统外），没有单独的应急通信系统。如在电话系统中提供轨旁电话、车站应急电话功能。

第六节　列车运行组织

一、列车运行组织概述

（一）列　车

列车是指以正线运行为目的、按规定车辆数编成并具有列车标志的车组。电动列车标志包括列车前后两端缓冲梁上方的头灯、尾灯及列车前端右上角列车目的地标志。

列车运行主要是指列车在正线上的运行。在双线行车时，地铁、轻轨列车按右侧单向运行。

按列车用途分类，列车分为：专运列车、载客列车、检测列车、调试列车、空驶列车、救援列车和施工列车。

（二）行车闭塞法

为了保证列车运行的安全，在组织列车运行时，通过设备或人工控制（信号或凭证），使连续发出列车保持一定间隔距离安全行车的办法，称为行车闭塞法。闭塞的作用主要是保证列车在区间行车的安全及提高通过能力。

为了保证列车之间的间隔距离，可采用时间间隔法和空间间隔法来实现。时间间隔法指按一定的时间间隔开行列车，即列车按照事先规定好的时间发车，使两个列车之间间隔按一定的时间运行。但是，当列车在区间内发生了事故（停车或分离等）时，这种方法就不能保证列车在区间运行的安全。空间间隔法指按一定的空间间隔开行列车，把轨道线路分成若干线段（区间、闭塞分区或轨道电路区段），在每个线段内，只准许一列车运行，即前行列车和后续列车之间保持一定的距离运行。因此，空间间隔法比时间间隔法更安全可靠，正常情况下轨道交通采用空间间隔法行车，只是在特殊情况下，如一切电话中断时才准许采用时间间隔法，并且要有安全保证措施。

闭塞按实现方式，可分为自动闭塞、半自动闭塞、人工闭塞（电话闭塞法）。

1. 自动闭塞

自动闭塞就是根据列车运行及有关闭塞分区状态自动变换信号显示，而司机凭信号行车的闭塞方法。其特征为：把站间划分为若干闭塞分区，有分区占用检查设备，可以凭通过信号机的显示行车，也可凭机车信号或列车运行控制的车载信号行车；站间能实现列车追踪；办理发车进路时自动办理闭塞手续，自动变换信号显示。

（1）占用区间及发车凭证。采用 ATC 列车自动控制系统的自动闭塞法行车时，列车占用区间的凭证为列车收到的速度码，列车发车凭证为发车表示器显示的稳定白色灯光。

（2）对行车间隔的要求。采用 ATC 列车自动控制系统的自动闭塞法行车时，前后相邻列车之间的安全运行间隔由列车自动防护系统（ATP）自动实现。

（3）按区间线路是否划分固定的闭塞分区，自动闭塞信号系统分固定闭塞（含准移动闭塞）和移动闭塞两种。

固定闭塞将区间线路划分为若干个闭塞分区，一般由轨道电路或者计轴装置来划分闭塞分区，同时具有列车定位和占用轨道的检查功能。列车运行间隔为若干个闭塞分区，每个闭塞分区设定速度等级。列车制动的起点和终点总是在分界点位置，追踪目标点为前行列车所占用闭塞分区的始端，后行列车从最高速度开始制动的起始点（计算点）为要求开始减速的闭塞分区的始端，如图 1-75 所示，目标点和制动起始点相对固定，空间间隔的长度也固定。

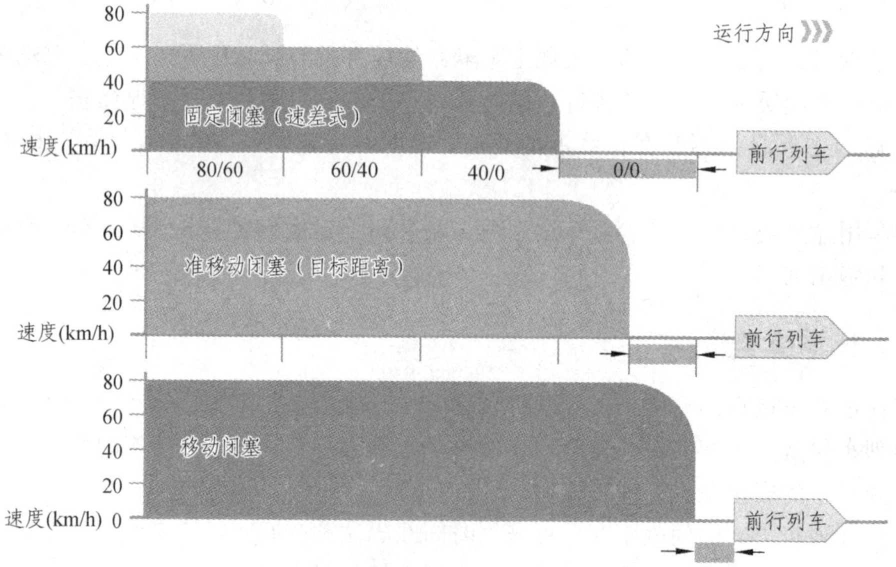

图 1-75　不同闭塞类型的列车追踪间隔

固定闭塞在列车运行速度控制方式上有速度码、目标速度和目标距离控制方式。通常所说的准移动闭塞主要指采用目标距离控制方式时的闭塞,但是由于它划分有固定的闭塞分区，所以还是划归为固定闭塞大类。列车运行间隔介于固定闭塞和移动闭塞之间，每个闭塞分区不设定速度等级，采用一次制动。追踪目标点为前行列车所占用闭塞分区的始端，并留有一定的安全距离，后行列车从最高速度开始制动的起始点（计算点）是根据目标距离、目标速度及列车本身的性能计算决定，如图 1-75 所示，目标点相对固定，但是制动的起始点随着线路参数和列车本身性能不同而变化，空间间隔的长度也不固定。

移动闭塞没有固定划分的闭塞分区，从闭塞概念上存在虚拟划分的闭塞分区，采用目标距离控制方式。列车运行间隔按后行列车制动距离加上安全防护距离控制，列车运行间隔是动态的，列车制动的起点和终点均无分界点位置限制。追踪目标点为前行列车的尾部，并留有一定的安全距离，后行列车从最高速度开始制动的起始点（计算点）是根据目标距离、目标速度及列车本身的性能计算决定，如图 1-75 所示，目标点随前行列车移动而移动，制动的起始点随着线路参数和列车本身性能不同而变化。一般采用无线通信和无线定位技术来实现。移动闭塞的列车追踪间隔是最小的，可以达到 80 s。

2. 半自动闭塞

半自动闭塞法是指在车站值班员参与下，设备确保一定范围的闭塞空间（如一站一区间、二站两区间）空闲的一种行车闭塞法。采用半自动闭塞法行车时，人工办理闭塞手续，列车凭出站信号机的开放显示作为列车占用区间的凭证，列车出发后出站信号机自动关闭，列车发车间隔达到设定范围的闭塞空间空闲的要求。发车站行车人员必须在办理好闭塞手续后才能开放出站信号机，列车出发后出站信号机自动关闭，列车到达接车站后，由行车人员确认列车完整到达后，办理解除闭塞手续，在未满足设定范围的闭塞空间空闲时，不能再办理闭塞手续，出站信号机不能再次开放。半自动闭塞是轨道交通建设过渡期间使用的一种人机结合办理闭塞的方式，目前使用较少。

3. 电话闭塞

电话闭塞法指无须专门的行车设备，由相邻两站（场、段）通过电话联系形式确认区间空闲，并以发出电话记录号码的方式办理闭塞的行车组织方法。电话闭塞法的启用、取消及实施区段根据行车调度发布的调度命令内容执行。办理电话闭塞法时通过发车站和接车站之间的电话联系，在证实区间空闲的前提下，由调度员向车站值班员下达书面命令启用，发车站值班员填写路票，并交与司机，列车司机根据路票的指令，运行至接车站；列车到达接车站后，司机将路票交还给接车站值班员，区间闭塞解除。这种闭塞方法，其交接凭证和检查区间空闲状态，都是依靠人来完成。

1）适用条件

地铁运营初期基本闭塞设备尚未安装到位或基本闭塞设备发生故障不能使用，或在夜间停营期间开行工程列车、轨道车或其他非规定制式列车，或在其他特殊情况时，为达到区间内只有一列车运行目的而采用的闭塞法。

2）占用区间凭证及发车凭证

采用电话闭塞法行车时，列车、轨道车、工程车站间行车[运行至下一车站（场、段）] 的凭证为路票，发车凭证为车站助理值班员的发车手信号。

3）对发车间隔的要求

采用电话闭塞法行车时，列车发车间隔必须达到“设定范围的闭塞空间”（终端站除外）的要求。

（三）联　锁

1. 联锁的定义及作用

联锁是信号、进路及道岔间相互依存，相互制约的关系，同时是保证列车在车站范围内行车安全及提高通过能力的方式。进路是指列车或者车列运行的路径，进路的排列涉及道岔位置的转换，道岔开通的位置决定了列车运行的进路，信号机起到防护列车运行进路的作用。

2. 联锁关系

1）进路的联锁要求

（1）建立进路。

所谓建立进路，就是把进路上的道岔扳到进路所要求的位置，开放防护该进路的信号机。进路的始端一般为信号机，进路包括信号机所防护的轨道区段和道岔，一架信号机同时可防护几条进路，即可作为几条进路的始端；进路的终端可以是信号机、站界标以及警冲标、股道终端。调车进路和列车进路一样，始端是由防护该调车进路的调车信号机和出站兼调车信号机开始，终端则视具体情况而定。进路分接车进路、发车进路、调车进路、通过进路。建立进路：按压进路始、终端按钮，使相应的进路电路工作（进路上道岔，由进路的终端至始端顺序动作），检查所选进路上道岔位置正确、进路空闲、敌对进路没有建立；锁闭所选进路上的所有道岔；取消敌对进路建立的可能性；开放相应的信号。

（2）进路锁闭与解锁。

进路的锁闭和解锁是指进路中的道岔区段的锁闭和解锁。为了保证行车安全，信号开放时，必须把进路上所有的道岔锁闭在规定的位置，并且把敌对信号机锁闭在未建立的状态，这种锁闭叫进路锁闭。解锁指列车通过所排列的进路，联锁设备自动解除道岔的电气锁闭，允许道岔动作。进路锁闭有 2 种：预先锁闭和完全锁闭。进路的解锁方式有 3 种：取消进路的解锁、正常解锁和人工解锁。

① 预先锁闭和解锁。当进路锁闭，且信号机开放后，列车尚未驶入接近区段，进路处于预先锁闭状态。如果此时关闭信号机，锁闭的进路可立即解锁。解除预先锁闭可以采用直接取消进路方式。

② 完全锁闭和解锁。当进路锁闭，且信号开放后，列车已驶入接近区段，进路已处于完全锁闭状态（接近锁闭），如果此时关闭信号，进路不允许立即解锁。完全锁闭有两种解锁方式：正常解锁和人工解锁（或称限时解锁）。

正常解锁指列车由进路始端进入，驶离进路终端后，进路自动解锁，可分为 1 次解锁和逐段解锁两种方式。1 次解锁指列车通过全部道岔区段以后，进路 1 次性解除锁闭。逐段解锁指列车每通过一段轨道区段就立即解锁一段，但逐段解锁必须进行 3 点检查：检查待解锁区段及其后方区段的占用和出清，以及待解锁区段前方区段的占用状态。

人工解锁指当列车驶入接近区段后，列车没有通过进路，而需要临时变更进路时，或者当列车通过进路而进路不能用正常解锁时，或者由于停电等非正常情况，引起区段锁闭时，为了使原有的进路解锁，而采用的进路非正常解锁方式。一般是车站值班员按压控制台或者计算机的总人工解锁按钮，并按压相应的道岔区段故障解锁按钮，一般有 30 s 或 1 min 的延时。人工解锁必须确认无车占用，在保证安全的情况下慎重使用。

③ 轨道电路。轨道电路主要可以检测列车所在的位置和向列车传输速度或距离信息。轨道电路可分为有绝缘轨道电路（设置绝缘节）和无绝缘轨道电路（设置“S”BOND 或阻抗连接器等）。

轨道电路可划分为：道岔区段轨道电路、无岔区段轨道电路、站内轨道电路和区间轨道电路等。轨道电路由送电端和受电端（轨道继电器）组成，具体原理如图 1-76 所示。

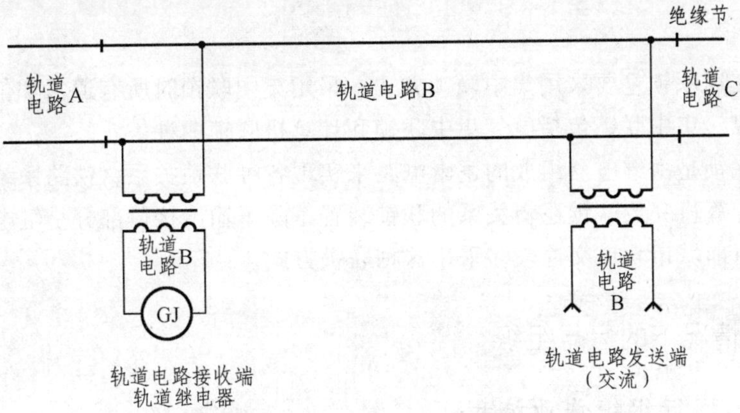

图 1-76　轨道电路原理图

当轨道电路内钢轨完整，且没有列车占用时，轨道电路继电器吸起，表示轨道电路空闲，没有列车占用。当列车进入轨道区段，轨道电路电流被列车轮对分路，导致轨道继电器落下，表示该轨道区段已被列车占用。

2）道岔的联锁要求

道岔根据建立进路的要求而自动转动，道岔转动必须满足：

（1）道岔区段空闲或者区段没有锁闭。

（2）进路在解锁状态，即进路没有锁闭。

（3）通过办理进路操纵（按压进路的始端和终端按钮）或单独操纵道岔（按压定位和反位操纵按钮）。

（4）道岔没有被单锁。

道岔转动一经启动，必须转到底，并锁在所处位置；道岔转不到底（有异物等）可以反转回原来位置，以防电机过载，不允许道岔处在四开状态；道岔转换结束，自动切断电机电路。如果道岔被挤，应有挤岔表示。

列车或者车辆通过道岔时，道岔不能转换；信号机开放后，该进路上的有关道岔不能扳动，其敌对信号机不能开放。

3）信号的联锁要求

根据联锁要求，信号机开放必须满足一定的条件：

（1）进路上的道岔，都已经处于进路所要求的位置并已经被锁闭。

（2）进路上所有的轨道区段都处于空闲状态。

（3）与所建立进路的敌对进路没有建立。

（4）除了自动信号与连续通过信号，不允许信号自动重复开放。

（5）进站信号机的红灯灯丝必须完好。

当进路上有关道岔开通位置不对或敌对信号机未关闭时，该信号机不能开放；列车进路向占用线路上开通时，有关信号机不能开放（引导信号除外）；被挤道岔未恢复前，有关信号机不能开放。

列车进入信号机内方后，信号自动关闭；进路取消或人工解锁时信号机关闭；道岔发生挤岔，防护该进路的信号机自动关闭。

3. 联锁设备

城市轨道交通联锁主要采用集中联锁方式，采用集中联锁时所有道岔和信号机都由车站值班员集中操纵。集中联锁包括电气集中联锁和计算机联锁两种。

电气集中联锁是由继电器组成的逻辑电路来实现各种联锁关系，铁路系统采用较多。计算机联锁是用计算机完成联锁逻辑关系的联锁装置，除了输出接口部分是继电器以外，都由计算机完成。目前城市轨道交通较多采用这种联锁方式。

二、正常情况下的运行组织

（一）列车运行组织作业流程

1. 运营开始前

1）控制中心

控制中心负责确认线路上所有施工检修作业已经完成、注销，线路空闲，无侵限，触网供电设备运行正常；根据运营计划，与场内行车人员核对运行图，并听取当日运用车使用情况汇报，建立或核对当日运用的时刻表（计划运行图），并检查时刻表内容无误；检查无线对讲系统，确认无干扰，通话质量良好；确认 CCTV、广播、电话等设备正常；确认 CATS 主机、通信机工作正常，工作站以行车调度口令登录，并处于在线联机状态，清除告警窗内所有无效的告警；确认中央工作站、显示屏显示正确、一致，所有集中站控制权按调度指令处于正常状态，线路无异常占用。运营前 30 min，对全线信号设备（道岔、信号机）进行测试，确认运行方向、道岔位置及信号机状态、进路显示正确；各终端站折返模式在主用状态或处于正常循环模式，系统的调整方式处于自动调整；以 CATS 系统时间为标准，与车站值班员、运转值班员校对时间。

2）车　站

车站负责确认车站管辖范围内所有施工检修作业已经完成、注销，线路空闲，无侵限，运营设备运行正常；并对本站信号设备（道岔、信号机）进行测试，道岔位置及信号机状态、进路显示正确；开启相关运营设备，打开车站出入口卷帘门。

3）信号楼/运转值班室

信号楼/运转值班室确认场内所有影响列车出库的检修施工已注销，出库进路空闲，无侵限，触网供电设备运行正常；确认场内信号设备（道岔、信号机）状态正常；确认电动列车投运列数符合当日运行计划要求，并就当日运用车使用情况向调度进行汇报；严格按列车时刻表做好列车发车工作，与行车调度校对以控制中心 ATS 钟点为准的钟表时间，负责列车司机在出乘前的钟表时间对校。

4）司　机

司机按规定对列车进行技术作业检查，确认列车无线电话和车厢广播使用功能良好，确认车载（ATC）设备正常、铅封良好，确认车辆设备良好，并在出乘前向运转值班室校对钟表时间。

2. 日常运营

控制中心以调令方式通知各行车岗位人员运营开始及当日运营计划，并监控列车的运行；信号楼/运转值班室根据运营计划进行发车作业；车站监视列车的运行，做好车站的客运组织作业；司机负责日常的列车驾驶。

1）出场作业

列车在转换轨一度停车，接收 ATP 信息，转换至规定的驾驶模式并确认允许的出场信号后方可动车进入正线，如超过一定的图定出场时间，信号机还未正常开放，应及时与行车调度联系。

2）区间运行

司机根据接收到的允许速度码及轨旁信号机的允许信号行车，行车期间必须做好瞭望工作，并按规定进行列车广播；遇紧急情况立即采取停车措施，汇报行车调度，按行车调度命令执行；行车调度对运营异常列车应及时询问，如有设备故障及时通知相关部门，并根据现场情况及时发布相应调度命令。

3）车站到达

司机进站前加强瞭望，并按规定广播；遇紧急情况必须立即采取停车措施，汇报行车调度。车站做好列车到达广播工作，维持站台秩序。

4）乘客乘降

列车到站停准后司机进行车门、屏蔽门的开启，监护乘客上下列车，确认发车表示器指令，待乘客乘降作业基本完毕，关闭车门、屏蔽门，确认无夹人、夹物后，进行出发作业。车站做好广播和站台秩序维护工作。

5）车站出发

司机确认收到允许速度码，防护信号机显示允许信号后动车。此时司机必须加强瞭望，并按规定进行广播。车站做好广播和站台秩序维护工作。

6）列车折返

列车在折返车站须进行清客作业，列车进出折返线按照“正线调车”规定执行。列车在折返线按规定位置停车后，司机进行操纵端转换作业。车站做好广播和站台秩序维护工作。

7）入场作业

入场列车不得携带乘客，车场行车人员负责根据运行图或调度命令，办理入场信号的开放，列车在转换轨处转换驾驶模式，退出正线系统。

3. 运营结束后

控制中心负责安排列车回库，待所有运营列车回库后，以调令方式通知各行车岗位运营结束。打印当日运行图，完成运营质量统计及各类记录的填记、汇总。根据施工计划安排施工作业。

车站关闭客运服务设备，清场完毕，关闭出入口和设备电源，车站工作人员对车站进行安全巡视。根据施工计划办理要点、登记和注销手续。

信号楼/运转值班室填记工作日报表，安排列车回库配合检修、洗车作业。根据施工、调试计划安排调车计划。

司机驾驶列车入场后，退出无线注册，完成运营情况记录单及相关报表并交运转值班员。

（二）列车运行调整

列车在行车过程中由于设备故障、乘降拥挤、途中运缓或作业延误等原因，发生列车延误时，需根据列车运行的实际情况及时进行调整，按恢复正点和行车安全兼顾的原则，尽可能在最短时间内使列车恢复正点运行。

在进行列车运行调整时，须考虑到列车运行调整后对运营的影响、服务的影响。正常情况下，当列车出现延误时调整方式主要有：扣车，调整终端站发点，降低运行等级（调整区间运行时分），调整停站时间，运休列车（收车），加开列车，列车替开，变更交路，载客通过等。

1. 扣　车

遇突发情况时，为防止列车可能在区间长时间停留或列车进入前方非安全区段，可采用扣车进行运行调整。扣车指通过将列车扣停于车站站台，增加列车在车站的停站时间，达到确保列车安全、实现运行调整的目的。因安全因素进行的扣车，必须在确认安全后方可取消扣车；因运行调整而进行的扣车作业，原则上单站扣车时间不大于 5 min。

2. 调整终端站发点

由于某种原因，实际列车上线数少于图定列车数或线路发生拥堵时，可采用调整终端站发点措施；遇早高峰时段，为避免列车晚点，也可采取终端站早发措施，但应控制在 2 min 内。

3. 改变列车运行等级（调整区间运行时分）

除线路故障造成的区间限速外，为减少或增加列车在区间的运行时分，可采用改变列车运行等级的措施进行运行调整。

4. 调整停站时间

通过扣车或更改车站停站时间，以缩短列车与前后列车的间隔。

5. 运休列车（收车）

由于设备故障等原因，造成线路拥堵严重，可采取安排列车回库、进存车线（折返线）停运的措施。

6. 加开列车

遇突发性客流增加或列车晚点造成客流积聚时，可进行备车的加开，达到增加运力、缓解客流压力的目的。

7. 列车替开

为减少列车晚点，可采用备车替开计划列车（换表）措施，恢复列车按图行车。

8. 变更交路

如前方区段异常，不允许列车进入或为均衡不同区段列车运能（大小交路列车密度的变更，上下行列车密度的变更），可采用变更列车终到目的地措施，进行运行调整。

9. 改变折返方式

当终端站具有 2 条及以上折返线时，在列车高密度到达的情况下，可采取 2 条折返线交替折返，以缓解车站的到达压力，有效及时地开通区间；当终端站具备站前站后折返模式时，在站后折返设备发生故障时（如道岔故障），可采用站前折返方式，有效降低故障影响。

10. 载客通过

在车站不具备乘客安全乘降条件以及列车晚点可能或已经造成后续列车发生拥堵时，可安排载客列车在部分车站通过，以达到恢复行车间隔，确保线路通畅和乘客人身安全的目的。载客通过是调整列车运行间隔，组织按图行车的重要手段，载客通过作业要求如下：

（1）广播故障的列车、车站不办理通过作业。

（2）在高峰时段，凡不影响后续列车正点运行及该车在始发站出发时间，不准客车通过。

（3）图定载客的首、末班车（对外公布承诺的首、末班车）不办理通过作业。

（4）与后续列车间隔大于 8 min（图定行车间隔大于 15 min 以上）的不办理通过作业。

（5）不允许办理连续 2 列车载客通过同一车站。

（6）原则上载客通过的列车一次通过车站不得超过 3 站。

（7）通过车站作业原则上在始发站乘客上车前安排，如必须在中途办理载客通过作业时，应提前 2 站通知有关车站、司机（危及行车、人身安全、公安指令等突发情况除外），由车站、司机做好广播宣传工作。

（8）载客通过车站时列车限速 45 km/h，有屏蔽门车站在屏蔽门关闭时限速 60 km/h（如列车速度码低于限速要求，按照速度码要求运行）。

（9）载客通过指令的下达，应首先通知车站，再布置列车执行。书面跳停命令，由始发车站交司机（书面跳停命令，针对有计划和长时间跳停的区段、车站，如节日期间车站按计划封站、新线开通等，临时跳停按口头命名执行）。

（10）载客通过执行的方式有：根据不同线路的信号特征及车辆特征，一般情况下可以分为列车设置、中央设置和车站设置 3 种。

（三）非运营列车作业

1. 调试列车

调试列车作业原则上在非运营期间执行，作业包括车辆调试、信号调试及其他需用列车完成的测试作业。司机负责调试列车车况检查，若车况不符合调试要求，应汇报行车调度，行车调度可取消调试计划；动车调试作业须由行车调度发布书面命令，司机根据调度命令规定的行车作业方式出入库、运行至规定车站，调试过程由调试负责人负责指挥调试作业。运营期间的调试作业，调试列车必须具备完备的信号系统，严禁安排调试列车进行载客作业。

试车线调试列车操作规定如下：

（1）所有参加试车作业的专业检修人员、试车负责人和试车司机应密切配合，各司其职，共同确保试车作业安全完成。

（2）有平交道道口的试车线，试车前运转值班员/车场 DCC 设备值班员在批复试车申请后，应及时通知道口管理部门做好防护，试车过程中试车司机须加强瞭望。

（3）同一时间，试车线上只准许一列试验列车进行试车作业，每列试验列车必须安排两名试车司机承担试车工作，两名试车司机必须分别处于两端司机室作业。

（4）试验列车进出试车线的调车作业过程中，如试验列车具备 ATP 保护功能，则严禁切除 ATP。其间，信号楼值班员、试车司机必须按照标准化作业的相关规定执行。

（5）试车过程中，对于无 ATP 防护的试验列车，试车司机应结合列车制动距离及试车线距离预告标，控制车速，及时采取相应制动措施；对于有 ATP 防护的试验列车，试车司机应依据速度码的限速行驶。

（6）试车过程中，试车速度不得超过本试车线最高限速；严禁试验列车运行端端部越过试车线尽头阻挡信号机或终端红牌。

（7）遇雨、雪天气，试车负责人应及时提醒司机充分考虑轮对打滑因素。试车司机应严格控制好试验列车与试车线终端的距离，放大余量，提前做好制动措施。若遇台风、大风、暴雨、暴雪及大雾恶劣天气或 800 MHz 无线通信不畅，则禁止试车作业。

（8）运转值班室/DCC 车场控制中心、试车单位应对试车相关单据进行汇总存档。

2. 施工列车、检测列车

工程车辆原则上在非运营期间开行，运营期间开行需经批准后方可执行。工程车辆在进入运营线路前，施工负责人必须对其技术状态进行全面检查，确保行车和设备安全；工程车辆进出运营线路必须办理施工计划，并由行车调度发布书面命令，列车根据调度命令规定的行车作业方式开行。工程车辆运行途中不得解编，推进运行时须由列车前部调车员进行引导。

3. 转线车辆

转线作业原则上在非运营期间执行，运营期间开行需经批准后方可执行。转线车辆在转线作业前，必须对其技术状态进行全面检查，确保行车和设备安全；转线作业必须由行车调度发布书面命令，列车根据调度命令规定的行车作业方式由车场运行至转线接口车站，两线接口车站间列车以电话闭塞法运行；转线车辆到达邻线接口车站后根据调度命令规定的行车作业方式运行至邻线车场。

三、非正常情况下的运行组织

非正常情况主要是指列车运行控制等设备出现故障，本线或其他线路发生突发事件，列车需降级运行或无法继续执行正常的计划。

（一）信号系统故障时的列车运行组织

1. ATC 系统故障

ATC 系统故障是指 ATP、ATS 和 ATO 3 个子系统发生故障，此时列车运行组织方法如下：

（1）ATO 发生故障，列车驾驶模式应降级为 ATP 人工驾驶，在 ATP 车载设备的监护下，按速度码显示运行。

（2）ATP 车载设备发生故障，列车接收不到速度码。故障列车行车闭塞方式由自动闭塞降级为人工闭塞，按照人工限速模式或切除 ATP 驾驶模式运行，并按照规定的速度运行至就近的存车线、折返线或出入库线退出运营。

（3）ATP 轨旁设备发生故障，ATO 车载设备接收不到速度码。此时如是小范围的设备故障，在确认故障区段无列车占用且闭塞条件满足行车安全条件后，列车可以按照人工限速或切除 ATP 的驾驶模式运行，并按照规定的速度通过故障区段；如是大范围的设备故障（两个及其以上站间区间），则停止使用自动闭塞法（ATC 自动闭塞）改为集中站人工控制，实施集中站间电话闭塞法行车。

（4）ATS 子系统自动功能发生故障，改为调度集中控制，由行车调度员人工排列列车进路和进行列车运行调整。在控制中心对所管辖的信号机或道岔失去控制作用或控制中心显示屏或显示器失去显示作用或不能正常显示时，由调度集中控制（中控）改为集中站局部控制（站控），由集中站行车值班员办理闭塞、排列进路、开闭信号和接发列车。

2. 集中站电气联锁故障或微机联锁故障

集中站电气联锁故障或微机联锁故障，进路无法排列，道岔失去联锁保护。必须安排扳道员至现场采取手摇道岔并加钩锁器确保列车进路安全。如果多个集中站发生故障，则改为电话闭塞法行车。

3. 手摇道岔接发车

发生信号或道岔故障，需以手摇道岔方式接发列车时，列车控制方式应由中控改为站控，由车站派出扳道员至现场，手摇道岔并加钩锁器确保进路安全，人工向列车发送手信号接发列车。

4. 列车切除 ATP

列车发生车辆或信号故障，必须切除 ATP 运行时，故障列车的行车闭塞方式由自动闭塞降级为人工闭塞，行车调度专人监控指挥确保列车安全，进路由人工预先办理，按照规定的速度运行至就近的存车线、折返线或出入库线退出运营。

一般，切除 ATP 的列车必须立即在最近的车站清客，运行时应确保切除 ATP 列车与前方列车至少保持一站一区间的安全距离，同一时段线路上切除 ATP 运行的列车数量原则上不超过 2 列。

（二）其他正常情况下的列车运行组织

1. 列车故障救援

运营列车故障需要救援时，行车调度指定救援列车，发布连挂列车行车方式、运行目的地及动车的救援命令，列车进路由人工预先排列，连挂列车按照规定的速度就近退出运营线路。

一般情况下，连挂列车运行时应确保切除 ATP 列车与前方列车至少保持一站一区间的安全距离；列车救援时遵循正向救援的原则，正向救援是指由故障车的后续列车担当救援列车实施救援。救援列车原则上应由非载客列车担任，救援列车和被救援列车在车站时必须先清客再执行救援作业。被救援列车在区间时救援作业完毕后必须在就近车站清客。特殊情况下也可由载客列车担任救援列车，在救援连挂完毕且在就近车站清客后，连挂列车才能退出运营。

2. 列车反向运行

当列车反向运行时，列车进路由人工排列，行车调度员下达列车运行方向、运行终点、运行方式和速度的调度命令。行车调度员安排专人对列车运行过程进行全程监控，并做好反向运行列车与对向列车的安全间隔防护。

一般情况下，具备反向 ATP 防护功能的，运行列车根据 ATP 指令速度运行；不具备 ATP 防护功能的，按照切除 ATP 的作业规定执行；反向运行列车与对向列车的安全间隔原则上至少保持一站一区间的空闲。

3. 列车退行

列车办理停站作业时越过规定停车位置，且列车冲出站台不超过 1 节车厢，后方列车距站台末端大于 100 m，方可组织列车退行，如不满足上述条件，列车在该站办理通过作业。

列车退行进路（含防护进路）上所有道岔位置锁闭于正确位置，由人工确认进路安全。司机得到允许退行的调度命令后，按照规定的驾驶模式、速度进行退行对位作业，列车退行对位必须得到调度命令授权，严禁擅自退行。

4. 屏蔽门/安全门故障

1）滑动门无法打开

当列车停稳，有 1～2 扇滑动门无法正常开启时，对应列车车门的乘降作业改由其他车门进行。门体故障无法排除时，对故障门体采取隔离措施停用。当多扇或全部滑动门无法正常打开时，车站先打开每节车厢对应的一扇滑动门办理上下客作业，若故障处理超过 5 min 仍无法排除时，则可安排列车在本站办理通过作业。

2）滑动门无法关闭

当列车车门关闭，有 1～2 扇滑动门不能正常关闭时，对故障门体采取隔离停用或互锁解除激活的措施处置。当多扇或全部滑动门不能正常关闭且故障无法排除时，可对故障门体采取隔离停用、激活互锁解除或单侧屏蔽门/安全门弃用的措施停用。

3）列车无速度码

当站台端控制盘显示屏蔽门关闭、车门关闭且状态良好，车载设备无故障，但列车无法收到速度码的情况时，在确认无夹人、夹物后，可采取激活互锁解除的措施处置，待列车驶离站台后将屏蔽门运行模式切换至手动控制模式。若后续列车在发车时故障仍无法排除，在采取激活互锁解除的措施处置后，采取单侧屏蔽门/安全门弃用的措施停用。

4）门体发生“打火”现象

当屏蔽门门体发生“打火”现象，应立即采取该侧屏蔽门/安全门停电弃用的措施，同时电力调度配合车站进行相应的电力操作。若故障仍未排除，在采取激活互锁解除的措施处置后，采取单侧屏蔽门/安全门弃用的措施停用。

5. 人车冲突

当发生人车冲突后，车站立即激活站台紧急关闭按钮，保护现场处置人员的安全，紧急关闭按钮需在下线路处置人员全部出清线路后方可恢复。

人车冲突发生在侧式站台的站线时，应及时封锁相邻线路的行车作业，必须将邻线后续列车扣在后方车站或令其站外停车；若站台区域邻线已经有车处于发车状态，可令列车确认安全后，手动驾驶限速通过。

现场处置过程中，行车调度员应与车站值班员、司机保持密切联系，在得到现场处置负责人的现场处置完毕且可以恢复行车的信息后，行车调度员才可令列车确认安全后，手动驾驶限速通过。

6. 外来人员进入区间

当发生人员进入区间后，事发区间立即打开区间照明，两端车站派出工作人员封堵两端站台出口。

行车调度通知车站派员登乘列车，列车以人工驾驶模式限速进人事发区间查看，发现擅闯人员应随时停车，并将人带上列车客室送至下一车站警务站处理。如果未能找到擅闯人员，则后续第二、第三列车应以人工驾驶模式限速继续查找，若仍未发现异常情况，可取消事发区间的列车限速，但相关车站仍应加强对该区间站台出口的巡视。如事发区间属于地面、高架线路或有旁通道时，行车调度员应对邻线做类似的安排和处置。

7. 冒进出站信号机

列车因故冒进出站信号机时，应根据冒进距离，采取改变列车驾驶模式，调整列车退到规定位置的措施处置。

8. 列车故障

列车故障应急处置工作应遵循“安全第一、快速处置、先通后复、降低影响”的原则。

1）前期确认

当发生列车故障时，各岗位应按以下要求做好前期确认工作：

（1）司机确认列车故障情况、列车位置信息，及时向 OCC 报告。

（2）OCC 接报列车故障、迫停信息后，立即扣停后续相关列车，令司机进行排故处置并把控排故时间节点，及时向车站和司机下达清客、救援、连挂车动车等指令，并报 COCC。

（3）COCC 根据现场故障情况及可能造成的影响，视情发布预警等级。

2）应急处置

（1）列车可以救援。进行故障列车救援时，各岗位应按以下要求做好应急处置工作：

① COCC 及时做好应急信息发布、线路运营调整动态监控工作，视情调配抢险抢修资源；

② OCC 应预判故障影响并通知全线车站，落实故障区段安全防护措施，制订列车救援方案，做好故障影响区段的行车组织调整工作。

③ 救援车/故障车司机应及时落实乘客信息告知与安抚工作，根据 OCC 指令做好列车清客及救援连挂作业；连挂完成后，根据 OCC 指令行至目的地退出运营。

④ 车站根据 OCC 指令配合做好列车清客作业及跟车监护工作，根据现场情况及时落实乘客信息告知、客运组织工作。

⑤ 根据列车故障及车站客流滞留情况，各岗位应按大客流处置等预案要求及时做好相关应急处置工作。

（2）列车需要抢修。进行故障列车抢修时，各岗位应按以下要求做好应急处置工作：

① COCC 及时做好应急信息发布、线路运营调整动态监控工作，视情调配抢险抢修资源或申请外部支援力量。

② OCC 应及时向车辆等相关单位发布抢修指令，预判故障影响并通知全线车站，做好相关区段的行车组织调整工作；封锁故障区段，落实本线及邻线安全防护措施，并做好第三轨线路断电工作。

③ 司机根据 OCC 指令行车，及时落实车上乘客信息告知与安抚工作，并根据现场需要做好抢修配合工作。

④ 车站及时落实乘客信息告知、客运组织工作，接应引导抢险抢修队伍并配合做好现场抢修工作。

⑤ 接到抢修指令后，相关专业抢险抢修队伍应立即赶赴现场，确定现场抢修总负责人，并根据现场抢修总负责人要求开展抢修作业。

⑥ 现场抢修总负责人应做好现场信息对接工作，制订列车故障抢修方案，组织落实安全防护措施，协调指挥现场抢修作业，必要时向相关单位/部门提出运营配合要求，并在抢修结束后明确动车条件及运营限制，组织做好设施设备测试及清场工作；

⑦ 根据故障影响、抢修进展及客流滞留情况，各岗位应视情按大客流处置、区间疏散等预案要求及时做好相关应急处置工作。

3）后期恢复

列车救援或抢修应急处置结束后，各岗位应按以下要求做好后期恢复工作：

（1）现场指挥应及时确认现场符合运营条件并报 OCC，故障列车或救援连挂车动车后，OCC 应及时组织做好运营恢复工作。

（2）COCC 根据现场处置及运营恢复情况视情解除预警。

（3）相关单位应及时做好列车故障原因分析、隐患风险辨识，落实相应的防护措施。

（4）相关单位应及时做好事件处置流程的评估、分析和总结工作，落实后续整改措施。

9. 恐怖袭击

1）前期确认

当接到公安可能发生恐怖袭击事件的通知时，各岗位应按以下要求做好前期确认工作：

（1）COCC 根据上级或公安部门的反恐防范指令通告，及时做好反恐防范勤务等级的发布、调整、取消工作，并根据预警信息视情向各单位发布反恐防范的工作要求或工作指令。

（2）各运营单位应及时加强领导带班值守工作，组织落实应急力量备战及防爆、防毒等应急物资的检查、补充、配置工作。

（3）各运营单位应组织做好车站站台、站厅、通道、风井等重点部位的反恐防范勤务措施（反恐防范勤务措施要求见附录 A），并根据现场情况可视情适当提高巡视检查频次。

（4）车站应加强公共安全宣传提示，严格按规定做好进站乘客携带物品的安全检查工作，重点关注反恐防范预警期间的运营安全，一旦发现可疑人员/物品或恐怖袭击事件应立即向公安部门报警，并报 OCC。

（5）列车司机应重点关注反恐防范预警期间的线路行车安全，一旦发现恐袭事件应立即向 OCC 报告。

2）应急处置

当突发恐怖袭击事件时，各岗位应按以下要求做好应急处置工作：

（1）COCC应立即向公安部门报警，及时做好应急信息发布、线路运营调整动态监控工作，视情申请外部支援力量，根据事件影响发布预警等级。

（2）OCC应立即进行即时处置，根据需要视情向消防部门报警、向相关单位发布抢修指令，并报COCC：

① 当事件发生在区间列车上且可以继续运行时，OCC应令事发列车司机到站处置，立即通知前方车站进行车站疏散、扣停全线其他列车、组织前方车站邻线列车离站，视情组织接近事发列车前方车站的其他列车退回至发车站。

② 当事发列车迫停区间，OCC应立即扣停全线其他列车，严禁其他列车进入事发区段，组织进入事发区段的列车退回至发车站；根据现场情况及时组织车上乘客进行区间疏散逃生，并提前做好第三轨断电等安全防护措施。

③ 当事件发生在停站列车上，OCC应立即通知事发车站进行车站疏散、扣停全线列车，视情组织接近事发车站的其他列车退回至发车站；若事发车站邻线列车未受影响，应立即组织该列车离站。

④ 当事件发生在车站，OCC应立即通知事发车站进行车站疏散、扣停全线列车，视情组织接近事发车站的列车退回至发车站；若事发车站列车未受影响，应立即组织列车离站。

（3）OCC应预判事件影响并通知全线车站，加强与车站、司机的信息互通，及时了解现场情况、事态发展及对运营组织的影响，根据事件影响及公安等部门要求及时落实现场安全防护及行车组织调整措施。

（4）司机应根据OCC指令行车，及时做好车上乘客的信息告知及安抚工作，必要时会同车站进行列车清客：

① 当事件发生在区间列车上且可以继续运行时，司机应维持列车运行至前方车站后，根据OCC指令或公安部门要求进行处置。

② 当事发列车迫停区间，司机应立即将迫停位置报OCC，根据指令做好乘客区间疏散逃生工作。

（5）车站应立即向公安、医疗等部门报警，并做好公安等外部支援力量的接应引导工作；配合进行运营调整，及时落实事发区域安全隔离、乘客信息告知、疏散引导、人员先期救助等工作，必要时会同司机进行列车清客、乘客区间疏散逃生。

（6）车站应密切关注现场情况、事态发展及影响，加强与公安等部门、OCC的信息互通，根据事件影响及公安等部门要求向OCC提出运营配合请求。

（7）待公安、医疗等外部支援力量到达后，现场指挥应及时移交指挥权，各岗位应配合公安、医疗部门做好现场处置、人员疏散与救助等工作。

（8）若事件发生在列车上且导致各岗位均无法与司机取得联系、列车行车异常或处于非受控状态，OCC与车站共同确认相邻列车安全间隔后，可视情采取措施迫停列车。

（9）当发生爆炸等恐怖袭击事件时，各岗位可参照车站火灾、列车火灾预案的相关要求开展应急处置工作。

（10）根据现场情况及事件影响，各岗位应视情按车站疏散、大客流处置等预案要求及时做好相关应急处置工作。

3）后期恢复

恐怖袭击事件应急处置结束后，各岗位应按以下要求做好后期恢复工作：

（1）相关单位、专业抢险抢修队伍应及时组织做好设施设备抢修及恢复工作，明确运营限制条件。

（2）恐怖袭击事件应急处置或设施设备抢修结束后，现场指挥应及时确认现场符合运营条件并报 OCC，OCC 应根据现场恢复情况或上级指令及时组织做好运营恢复工作。

（3）COCC 根据现场处置及运营恢复情况视情解除预警。

（4）相关单位根据需要协助公安等部门做好取证、资料收集、善后处理工作。

（5）相关单位应及时做好火灾原因分析、隐患风险辨识与巡视检查，落实相应的防护措施。

（6）相关单位应及时做好事件处置流程的评估、分析和总结工作，落实后续整改措施。

10. 恶劣天气

根据可能对地铁运营造成影响的气象条件，恶劣天气主要包括台风、大风、暴雨、雷电、暴雪、高温、寒潮、冰雹和大雾等气象现象。根据气象等级和对运营的影响程度，一般采取人工驾驶、限速运行、停运的措施处置。

1）台风、大风

当天气预报发布台风/大风蓝色或黄色预警时，可根据列车在区间的平稳情况，采取人工 ATP 驾驶模式、降低运行速度运行。

天气预报发布台风/大风红色、橙色预警时，可根据列车在区间的平稳情况，采取人工 ATP 驾驶模式、降低运行速度或停止运行的措施处置。

2）暴　雨

当发生暴雨天气时，根据暴雨天气下能见度具体条件，采取改变列车驾驶模式、调整列车运行速度的措施处置。

3）雷　电

当发生雷电天气时，应严密关注高架、地面区段列车的运行状况和设施设备运作情况，发现异常情况，合理组织排故。列车在高架、地面区段运行时，如遭遇雷击，司机应尽快将列车惰行至站台，合理排除故障，切勿臆测操作。

4）高　温

当发生高温天气时，应严密关注高温条件下高架、地面区段列车的运行状况和设施设备（道岔、钢轨）运作情况，发现异常情况，立刻启动相应的应急措施处置。

5）大　雾

当发生大雾天气时，根据能见度具体条件，采取改变列车驾驶模式、调整列车运行速度的措施处置。

6）暴雪、寒潮、冰雹

当发生暴雪、寒潮天气时，应严密关注低温条件下高架、地面区段列车的运行状况和设施设备（道岔、钢轨）运作、损坏情况，发现异常情况，立刻启动相应的应急措施处置。

第七节　全自动无人驾驶系统

世界上一些大城市经过几十年甚至上百年的建设，已形成了城市轨道交通网，城市轨道交通已成为市民出行的主要公共交通工具。

近十余年来，我国城市轨道交通发展速度明显加快，特别是北京、上海、广州等城市，正在加速新线建设并逐步形成城市轨道交通网络，这将从根本上解决城市的公交困难状况。随着科学技术的发展以及自动化程度的提高，世界上城市轨道交通系统的运行模式也在发生变化。

一、全自动无人驾驶系统概述

（一）发展阶段

近几十年中，驾驶系统的发展大致经历了 3 个阶段：

1. 人工驾驶模式阶段

列车司机根据运行图在独立的信号系统中驾驶列车运行，并得到 ATP（列车自动保护系统）的超速监控与保护。

2. 人工驾驶的自动化运行模式阶段

列车设司机，主要操作任务是为乘客上下车开、关车门，给出列车起动的控制信号；而列车的加速、惰行、制动以及停站，均通过 ATC（列车自动控制）信号系统与车辆控制系统的接口，经协调配合自动完成。

3. 全自动无人驾驶模式

列车的唤醒、起动、行驶、停站、开关车门、故障降级运行，以及列车出入停车场、洗车和休眠等都不需要司机操作，完全自动完成。

我国近几年建设的新线，多属于人工驾驶的自动化运行模式。但纵观当今世界，科学技术的进步正在使城市轨道交通技术发生着革命性的变化。借助于全新的设计理念，计算机网络控制技术的应用，集成电路、电子元器件和机电部件的可靠性提高，生产制造工艺技术的革新等，已使城市轨道交通系统的可靠性、安全性达到 99.99%；自动化程度的提高，使人工干预的内容越来越少，并已达到列车司机的职能完全由“自动化”系统来替代的程度。城市轨道交通技术正进入一个崭新的时期，即“全自动无人驾驶模式”的发展期。全自动无人驾驶系统作为先进的城市公共交通系统，代表了城市轨道交通领域的发展方向。

（二）基本概念

按照 IEC 62290 的定义，全自动无人驾驶有两个等级：DTO 和 UTO（统称为 FAO）。在正常运营情况下，由自动化设备取代司机自动驾驶列车在全线运行，其中，DTO（Driverless Train Operation）为无司机有人值守下的列车自动运行（自动化等级为 GOA3）；UTO（Unattended Train Operation）为无人值守下的列车自动运行（自动化等级为 GOA4）；此外，目前广泛应用的 CBTC 系统可以定义为 STO（Semi-automatic Train Operation），为有司机监督下的 ATO 驾驶。

1. 技术特点

全自动无人驾驶技术的主要特点和优势如下：

1）减少人为操作，提升运营安全性

人工操作易受主观和外界因素的干扰，因此在安全性方面存在不确定性和不稳定性，这也是导致轨道交通故障或事故的原因之一。据不完全统计，传统的城市轨道交通线中有 50%～60%的意外事件肇因是由于人的疏忽。

全自动无人驾驶系统运用现代设计理念，采用硬件和软件的冗余措施，利用高可靠性和安全性的信号系统（ATC），高可靠性、大容量的具有实时传输功能的通信系统，以及具有高度的牵引/制动控制精度、快速准确的故障诊断分析与排除功能和应急疏散声光电报警指示的车辆等，结合智能化和数字化的综合监控系统（ISCS）、运营控制中心（OCC），依靠人工监视与干预机制来确保高安全性和可靠性。

无人自动驾驶系统不仅考虑运行中的列车安全（防止追尾，正面、侧面冲撞，脱轨，障碍物碰撞），而且考虑乘客及运营人员的安全（上下车乘客、车厢内乘客、站台上乘客、维护人员）；实现列车运行全过程（除正线外，还包括车辆段、停车场）各种运行工况（正常和异常）的自动安全防护。

2）提升运营可靠性、可用性

无人自动驾驶系统的车辆控制、列车控制系统、通信网络等设备均采用冗余技术进行配置，冗余互备技术实现主、备系统的“无缝”切换；同时，增强车辆自检能力，保证上线列车的不间断正常持续运行；增强了综合监控系统、站台门系统等系统的可靠性、可用性。

3）提升运营组织的灵活性

实现无人驾驶，摆脱了有人驾驶系统司机配置和周转的制约；根据需要灵活调整运行间隔，减少因人工参与而对运营效率的影响，随时增、减列车，提高了系统对突发大客流（大型活动，如体育比赛）的响应能力，提升了运营组织的灵活性。

4）提供更高的服务质量

无人驾驶设备运用先进的 ATC 系统，实现对列车连续速度曲线控制和自动调整功能，可确保提供准时、准点、平稳舒适的自动行车；同时，通过增强列车上的视频监控和紧急对讲功能，提高应急处置能力。

全自动无人驾驶系统是高科技含量的轨道交通系统，需要有高的管理水平与之相适应。因此，要求管理人员有较高的素质，不仅要有较高的科技文化水平，能沉着、机灵应对突发事件，更要有极高的服务意识和责任感，使运营服务水准有明显的提高。

全自动无人驾驶系统的信号系统采用了基于无线通信技术的移动闭塞系统，通过与车辆的高精度控制系统的技术接口来实现列车精确定位、高速运行、实时跟踪和自动折返，有效地缩短了列车运行间隔，提高了行车密度和旅行速度，可适应大客流的需要，提供更高的服务质量。

5）优化人力资源配置

将司机从重复作业中解放出来，列车上可以配置乘务人员；提高了系统的自动化程度，增强了设备的自诊断功能，运营维护功能得到加强，降低了运营人员的劳动强度。

6）控制投资，降低运营成本

列车高密度运行，可减小列车编组、缩短车站长度；旅行速度的提高有利于减少车辆配置数量，使建设投资得到有效控制。全自动无人驾驶系统具有按客流自动调整运营策略和列车开行密度的功能，能灵活地适应高峰大客和低峰客流的运营需要，提高列车满载率。列车不设司机，使操作人员大幅度减少；车辆配属数的减少也使维修人员数减少，使整个维修成本下降。因此，从总体比较，全自动无人驾驶系统的生命周期成本（LCC）要比常规系统减少。

运营期间，通过加大列车行车密度来满足客流运输要求，大大提高了运输能力。减少维护、管理、车辆驾驶人员数量，以及人员培训等，有效降低了运营成本。

2. 国内外现状

国外1980年开始出现轨道交通无人驾驶系统，截至2016年7月，全球36个城市有56条全无人驾驶地铁线路，共789 km，比2014年增长了17%，预计到2025年将增加到2 200 km。

亚洲和欧洲是无人驾驶地铁的主要区域，合计占75%，其次是北美，占13%，而中东则显示了强劲的增长势头。

而全球无人地铁的一半分布在4个国家：法国、韩国、新加坡和阿联酋，而法国最多，占据了全球的16%，其次是韩国15%。据相关报道，我国目前只有上海地铁10号线以及北京机场线等采用了该技术，无人驾驶地铁线路最长的3个城市分别是新加坡（82 km）、迪拜（80 km）和温哥华（68 km）。

我国2008年7月开通的北京机场线，是国内首条按照全自动驾驶等级建设的线路；2010年4月开通的上海10号线，于2014年8月开始应用有人值守的全自动驾驶；上述两线目前均按 DTO 模式运营。此外，我国深圳、天津、广州、宁波等多个城市开展了全自动驾驶技术的研究和应用。

总体而言，全自动无人驾驶技术在国际上多个国家和城市已经有近30年的应用，但在我国的应用尚处于初级阶段，未来有广阔的应用空间。

二、全自动无人驾驶系统与传统的城市轨道交通系统的差异

相对于传统的城市轨道交通系统，全自动无人驾驶系统在运营模式和核心技术方面有较大的不同。

1. 运营模式的差异

全自动无人驾驶的行车控制采用控制中心一级控制模式。控制中心直接面向列车和乘客，直接服务乘客，指导乘客处理紧急事务。行车控制的大部分工作由计算机自动完成，调度员的工作主要是常规的监视以及必要的干预和确认，并且严格遵守“故障-安全”原则，服从先程序控制后人工干预。按照全自动无人驾驶“RAMS”（即可靠性、可用性，可维护性、安全性）的要求，控制中心具有集中的维护管理功能。为了防止控制中心发生意外，可能时建设备用控制中心。

全自动无人驾驶的停车场分有人区和无人区。无人区是全自动运行区域，也是正线的延伸，可实现列车自动唤醒、自动休眠、自动出入库、自动清洗等功能；有人区为非自动区域，与常规系统基本相同。

全自动无人驾驶系统的车站不具备行车控制功能，只在得到控制中心授权的情况下，协助处理相应区域的一部分工作。

2. 核心技术的差异

全自动无人驾驶系统的运营模式，要求一些核心技术必须与之相适应，以满足全自动无人驾驶的要求。

1）RAMS 要求高

全自动无人驾驶系统 RAMS 的多项指标要高于常规的系统，特别是在可靠性方面的指标更高。据有关文献记载，安全完善度为等级 4，可靠性指标要高于 99.99%。因此，车辆上一些设备的容量要考虑冗余，列车控制系统要有冗余。根据需要，应设置后备的司机操纵设备，ATO 系统应考虑双机冗余等。

2）建立大集成的综合监控系统

高度集成的综合监控系统（ISCS）对于全自动无人驾驶系统是至关重要的，它与传统系统有着显著的区别。ISCS 直接服务于运营管理及非常事件的处理，系统集成方式是根据各全自动无人驾驶系统的设计思想而异。比如，可以将电力监控系统（SCADA）、设备监控系统（BAS）、电视监控系统（CCTV）、乘客信息系统（PIS）、广播系统（PA）以及防灾报警系统（FAS）和门禁系统（ACS）等集成在 ISCS 中。

3）车　辆

车辆不设司机，只设一个简易的操纵台，以备应急时人工操作。冗余设计是全自动无人驾驶系统车辆的特点。车辆的客室还设摄像系统，实时传送至 OCC（运营控制中心）；在客室和主要设备柜设火灾报警系统的探测器，在客室还设应急疏散指示和报警器。车辆的故障信息能实时发送到 OCC 和车辆段。

4）信号系统

全自动无人驾驶系统的列车运行完全依靠信号控制，因此信号系统必须采用高可靠、高安全和冗余设计，需要更高的列车定位精度，以及实时的列车运行控制命令和设备状况报告，要求 ATC 车载与轨旁设备之间双向的高容量通信，所用信号系统必须采用基于无线通信技术的移动闭塞系统。

5）运营控制中心（OCC）

OCC 不但是对列车全自动运行、车站设备、电力供给、防灾报警和票务管理等实现统一调度指挥的监控中心，而且还是各类应急事件处理的指挥中心；它还是全线所有相关运营管理信息的集散地和交换枢纽。因此，OCC 的功能在很大程度上超出了传统系统的范畴。

3. 列车及系统的调试

传统的列车在完成型式试验后，将分别做车辆的限界试验，以及车辆与信号系统、通信系统和供电系统的技术接口等试验。全自动无人驾驶系统必须要确保整个系统安全、可靠、万无一失地运行。由于监控系统也高度集成，因此要进行车辆、信号、通信、供电、综合监控系统，以及救援、应急疏散等的联合调试；而后要进行长时间的不载客试运行，以考核车辆及各子系统的可靠性和安全性。

三、全自动无人驾驶系统总体结构

常规的全自动无人驾驶系统总体结构如图 1-77 所示。

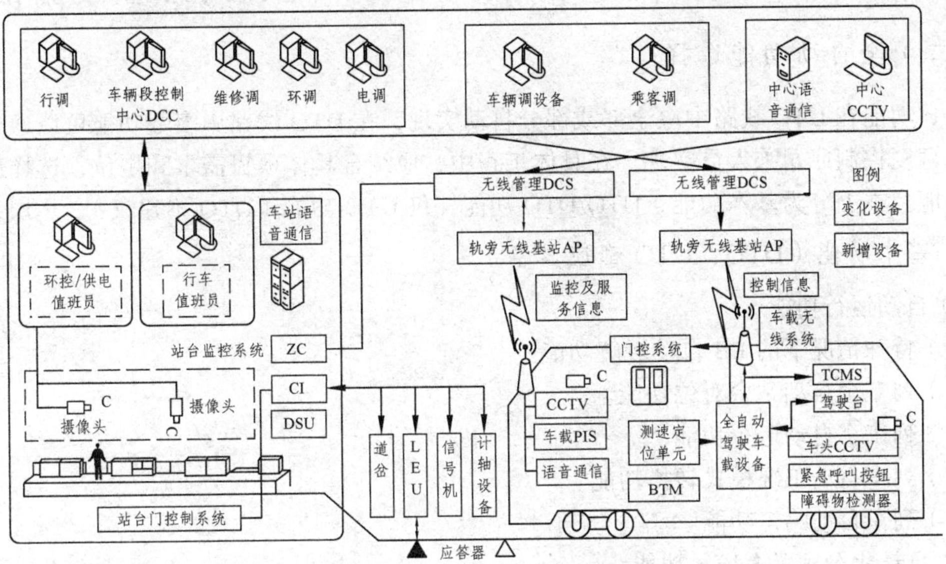

图 1-77　全自动无人驾驶系统总体结构示意图

全自动无人驾驶系统较以往系统相比，差异主要是地面新增了部分设备及车辆调度和乘客调度；车载新增了全自动驾驶车载设备、紧急呼叫按钮、障碍物探测器、车头 CCTV 等；同时，对于系统原有的行车调度及综合监控系统、车站站台门控制系统、通信系统、CCTV 等设备的功能进行增强。

其中，信号系统增设的设备主要包括：列车唤醒模块、选择性开关门 PSL、SPKS 作业封锁开关、智能化车辆段 ATC 设备等；同时，车载 TDMS（列车数据管理系统）和车载 ATO 设备均按冗余方式配置。

三、全自动无人驾驶功能分类和选择

与有人驾驶线路不同，对于无人驾驶的线路，原由司机完成的各项功能，需由设备系统完成。信号系统在 CBTC 系统的基础上需要增加（强）相关功能，在综合自动化系统和维护支持系统保障下，使信号系统能够控制列车，实现唤醒、自检、出段、区间运行、精确停车、开关车门/站台门、折返、回段和休眠等功能，同时保证列车运行安全、有序、快速和舒适。

（一）系统功能分类

全自动无人驾驶系统的功能按照技术角度进行分类，可以分为：

（1）列车控制技术。列车控制技术包括休眠唤醒、过冲回退、重新开关门、自动出入库、自动洗车、车辆管理和工程车管理等。

（2）监测系统联动技术。包括障碍物检测、屏蔽门防夹、工作人员防护、烟火报警联动、牵引供电联动等。

（3）故障管理技术。故障管理技术包括牵引制动故障、门故障处理、远程复位、蠕动模式、列车救援和备份 OCC 等。

（4）乘客监督和管理技术。乘客监督和管理技术包括乘客紧急手柄/紧急呼叫、逃生门控制等。

（二）全自动功能选择

上述功能在 UTO 线路中应全部或部分自动实现，在 DTO 线路中多数功能可以通过远程命令由调度控制或司乘人员实现。在具体工程中，应结合具体项目需求和定位，选择适宜的系统功能。本书分为基本功能、UTO/DTO 功能、仅 UTO 功能（DTO 不建议）3 个层级。

1. 基本功能（DTO、UTO 都应具备）

1）自动运行功能

（1）特殊情况下的 EB 自动缓解功能。

（2）列车全自动站台对位功能。

（3）列车全自动运行功能。

（4）列车自动工况模式转换功能。

（5）列车自动鸣笛功能。

2）自动化车辆段（场）功能

在无人驾驶的线路中均实现自动化车辆段（场）的相关功能，包括：

（1）休眠、唤醒功能。

（2）远程/现场启动列车蠕动模式功能。

（3）自动洗车功能。

（4）远程重启列车车载设备功能。

（5）车载设备自动重启。

（6）工作人员防护 SPKS。

在维护人员或车务人员进入自动化区域前通过激活 SPKS 开关，系统对自动化区域进行防护，禁止列车进入和在防护区域内动车。

3）后备 OCC

为了在 OCC 故障情况下尽快恢复正常运营，无人驾驶线路可以考虑增设后备 OCC 设备。

2. UTO/DTO 功能（UTO 必备、DTO 可选）

需要更加完善的中央远程监督控制功能及远程应急控制功能：

（1）过冲回退功能。信号系统判断停车过冲距离（一般小于 1.2 m），信号命令车辆低速点动回退；需要信号、车辆联动。

（2）重新开关车门。列车停站结束检测到车门或屏蔽门因乘客或物品导致无法关门，信号系统给出重新开关车门的指令。

（3）车辆管理。车载信号系统可以控制列车完成弓网转换、打开关闭空调和照明等车上设备，以及在正线通过无电区；控制列车（在库内动车或出入库时）鸣笛、闪亮头尾大灯；控制进行紧急制动动态性能检测等。

（4）工程车管理。工程车可以安装 VOBC，提供 ATP 功能。

（5）障碍物检测功能。车载探测设备在碰撞到障碍物时，通过车辆列车线向车载信号系统报告检测状态。

（6）牵引制动故障。当车辆制动力损失时，车辆通过通信网络将常用制动损失程度（损失的转向架个数）告知车辆维护中心。

（7）蠕动模式。在牵引制动系统故障无法自动恢复时进入的特殊控制模式，信号系统通过硬线固定限速的方式控制线路上的列车以小于 25 km/h 的速度运行。

3. 仅 UTO 功能（不建议 DTO 项目采用）

（1）屏蔽门防夹。用来检测在车门关好和屏蔽门关好后，车体和屏蔽门之间是否有乘客。

（2）烟火报警（分车上、站台）。烟火报警发生时，乘客疏散引导需要远程或本地人工介入；行调和环调根据 CCTV 监视和确认现场火灾状态。

（3）牵引供电联动。信号系统与 ISCS 接口获得 SCADA 供电区段状态信息，并控制列车通过无电区域或防止列车进入无电区域。

（4）车门、屏蔽门故障对位隔离。当单扇车门故障时，车载信号系统命令（通过 TCMS）对故障车门进行隔离，车门保持关闭状态，并在停靠站台时隔离对位的屏蔽门。

（5）远程复位。单套冗余设备故障后，设备应能自动进行复位以尝试清除故障。

（6）车辆救援。列车故障导致列车无法移动，有系统提供自动连挂救援功能。

四、全自动无人驾驶地铁的等级分类

目前，无人驾驶技术根据 5 个方面特征划分为 4 级，如图 1-78 所示，即从 GoAl 到 GoA4。这 5 个方面包括列车运行类型、行驶中调整列车、列车停车、关闭车门和干扰事件下运行，具体如下。

自动化等级	列车运行类型	定义	列车运行调整	列车停车	关门确认	车站发车	紧急情况的操作
GoA1	人工操作	ATP	司机	司机	司机	司机	司机
GoA2	自动操作	ATO	自动	自动	自动/司机	司机	司机
GoA3	无人驾驶	DTO	自动	自动	自动	自动	乘务员
GoA4	全自动无人驾驶	UTO	自动	自动	自动	自动	自动

图 1-78　无人驾驶等级分类

（1）GoA0：司机目视驾驶，类似于有轨电车。

（2）GoA1：在 ATP 防护下的完全人工驾驶，由司机控制列车的起动，停止，车门的开关，以及突发情况的处理。

（3）GoA2：半自动驾驶，车辆的起动、停止是自动运行，但是司机室配备一名司机开动车辆，控制车门的开关，以及应对紧急情况下列车的驾驶。大部分地铁 ATO 系统是这个级别；

（4）GoA3：无司机驾驶，列车的起动、停止是自动化的，但列车配备一名服务人员，列车服务人员控制列车车门的开关以及紧急情况下对列车的控制。

（5）GoA4：完全自动驾驶，列车唤醒、休眠、起动、停止、车门的开闭，以及紧急情况下的列车运行全部为自动驾驶，不需要任何一名工作人员参与。

五、全自动无人驾驶系统的体系管理

（一）无人驾驶系统的主要运营模式

根据无人驾驶线路的特点，需要将无人驾驶线路划分为以下 3 个系统运行状态（模式）。

1. 正常状态

控制中心（Operation Control Centre，OCC）为确保线路正常运营而计划并执行每日运营操作，下达运营指令。当列车故障时，列车可进入非紧急降级状态（模式）或紧急降级状态（模式），控制中心调度员根据具体情况，可发出退出运营的指令，命令车辆回库修理。运营模式状态和管理流程如图 1-79 所示。

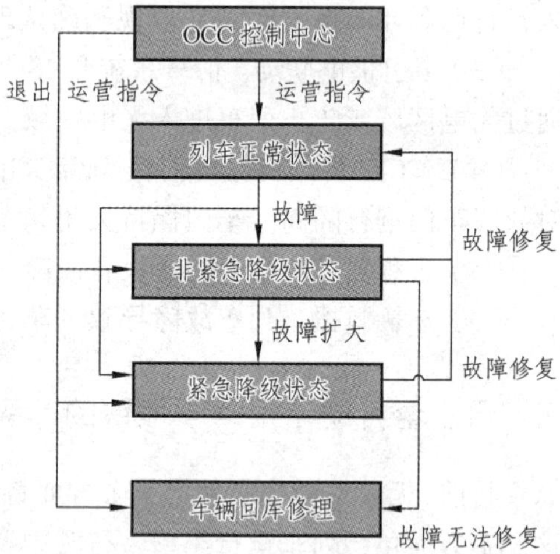

图 1-79　运营模式状态和管理流程图

2. 非紧急降级状态

系统设备出现异常，但是仍然可以维持运营，经处理后不会影响到列车的运行，也可根据控制中心指令退出运营。

3. 紧急降级状态

在此降级模式下，设备故障需要立即修复，控制中心调度员应做出快速的反应，避免情况进一步恶化，如不可修复，则需立即清客或救援并退出运营。

4. 配合无人驾驶管理的系统功能

车辆配备视频监控系统，控制中心可通过视频图像了解车内情况，对事件或故障做出正确反应，乘客可通过车载对讲系统与控制中心调度员通话交流。当需要有人驾驶车辆时，巡逻人员可打开驾驶台盖板，实施驾驶操作，此时车载系统设备自动将控制中心与乘客的通话权转换为控制中心直接与司机通话。司机与乘客对话的管理关系，控制中心调度员、乘客、司机和视频监控关系如图 1-80 所示。

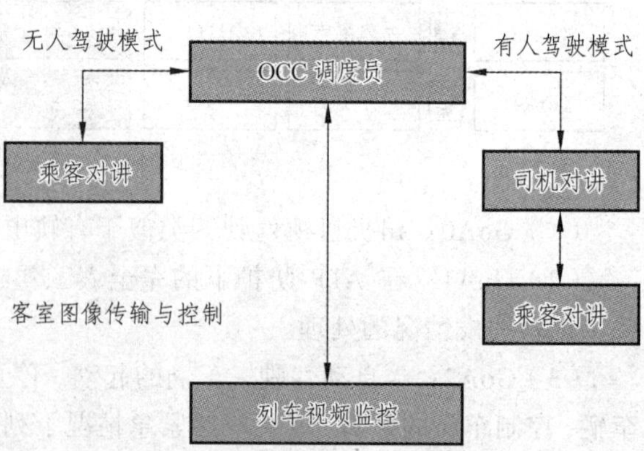

图 1-80　控制中心调度员、乘客、司机和视频监控关系图

（二）无人驾驶系统的运营管理

通过对线路运行状态的分析和定义，明确线路运营模式所应解决问题的需求及目标。针对上述 3 种模式，在运营体系和维修体系的岗位配置、职能上有如下主要内容。

1. 控制中心设备布置及作用

在无人驾驶线路中，控制中心作为线路运营的决策中心，管理正线和停车场的自动化区域，决定现场应该采取何种操作规程或救援措施。当需要现场干预时，控制中心调度员可要求车站值班员、站台操作员或多职能巡逻人员提供协助，并进行现场非正常情况的干预。

控制中心调度员通过控制中心的控制大厅系统设备控制整条线路的各个系统。线路状态数据、地面固定设备和列车的所有数据都将传输到控制中心的控制大厅。控制大厅可设置一个大型的线路地图（大屏幕）或各专业系统终端来监控所有的行车数据，行使运营指挥权。

控制中心在任何时候均可接收到列车运行情况的实时信息，以验证有没有异常报警活动。如果控制中心调度员认为必要，可派遣多职能巡逻人员至列车，对故障进行确认和详细说明，控制中心接到报告后，对故障做出反应。

当现场故障发生时，控制中心的调度员必须做出故障重要性的决定，该事件可能是非技术性的（如火灾/烟雾报警、炸弹恐怖袭击等），必须启动相应应急预案，处理此类事件。

控制中心的系统设备包括：行车系统设备、车站系统设备和列车车载系统设备。其中，行车系统设备包括：

（1）列车自动控制系统（Automatic Train Control，ATC）。

（2）列车监控系统（Automatic Train Supervision，ATS）。

（3）专用无线通信系统（Terrestrial Trunked Radio，TETRA）。

（4）综合监控系统（Integrated Supervision Control System，ISCS）。

（5）闭路电视系统（Close Circuit Television，CCTV）。

（6）乘客广播（Public Ad-ress，PA）。

（7）乘客信息系统（Passenger Information System，PIS）。

（8）电源设备（如主变、牵变和降变设备）。

（9）隧道通风（如隧道通风机）。

（10）隧道照明及隧道疏散引导照明系统等。

车站系统设备包括：车站通风空调系统设备、排水系统、扶梯、电梯、照明设备、方向标记等，站台屏蔽门（Platform Screen Doors，PSD），火灾报警设备（Fire Alarm System，FAS），楼宇自动化系统（Building Automatic System，BAS），自动售检票系统（Automatic Fare Collection，AFC），门禁系统（Access Control System，ACS）等。

由于无人驾驶系统具有高度集中管理的要求，调度员的专业分工更加细化，专业水平和系统设备运行管理的经验要求更高。除了设置基本的行车调度员、车辆场调度员、总调度员外，增设了乘客调度员和维护调度员。根据系统设备集成的特点，设置了综合监控系统调度员，负责电力、环控、防灾报警和电视监控等车站系统设备管理。该管理配置既适用于无人驾驶系统管理，也适用于有人驾驶系统管理，是对既有运营线路有人驾驶系统管理要求的提升和服务质量的提升。

OCC 调度大厅调度员的席位（岗位）布置如图 1-81 所示。

该岗位配置已应用于上海地铁 10 号线控制中心，控制中心物理位置选址在停车场内。根据对上海地铁 10 号线的近期、中期和远期客流的研究分析，该席位设置能基本满足运营调度指挥要求，如遇大客流提前到来或有进一步提升对乘客服务响应需求时，可启用备用行调或备用乘客调岗位灵活应对。

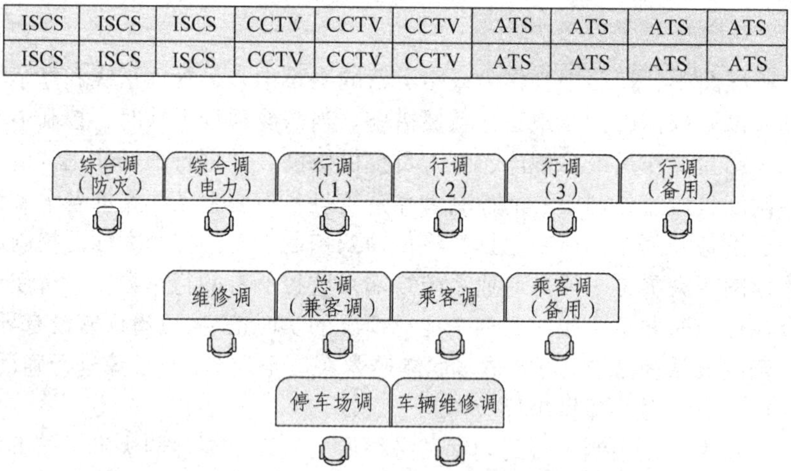

图 1-81　控制中心 OCC 调度大厅调度员席位布置图

2. 车站日常管理及应急管理

1）日常管理

由于无人驾驶系统的高度自动化，系统正常运营时，车站及轨旁值班员主要是管理车站的乘客服务，他们必须对乘客的要求做出快速反应，以确保实现对乘客的高质量服务。其中：车站值班员负责查看车站设备，回答和解决乘客的提问和要求，管理车站秩序；站台操作员主要负责帮助和引导乘客上下车，并及时处理车门或屏蔽门故障，以确保列车能正常载客；线路多职能巡逻人员在线路运营时主要是处理列车客室内与乘客相关的服务内容，当线路或列车出现故障的时，在控制中心调度员的指令下，处理现场故障。

2）应急管理

在系统出现故障降级运行时，车站及轨旁值班员必须配合控制中心调度员处理故障。当线路某个区段以中央控制模式运行时，车站值班员可以在紧急情况下不经过控制中心的授权，直接获取该线路区段的控制权；当车站获得该线路区段的控制权后，所有的进路应由车站值班员人工设置。必须强调的是正常和降级操作模式的活动都由控制中心调度员监控和协调。控制中心调度员可在任何时刻请求巡逻人员、车站的操作员在列车上、轨道上或是线路的其他任何地方给予帮助。车站值班员、站台操作员和巡逻人员只需负责按照控制中心调度员的命令或授权来处理本地降级模式。

（三）无人驾驶系统的维护管理

维护活动独立于运营活动，但这两个实体之间有着紧密的联系。在无人驾驶维护管理体系中，日常维护与有人驾驶管理体系要求基本一致，但在无人驾驶维护管理中应急维护显得尤为重要。具体表现在下面 3 个方面：

1. 设置控制中心维护调度

集中维护的信息管理能更加快速地响应和解决故障，并提供行车调、综合调和乘客调的决策支持。当故障被诊断为需要执行抢修预案，控制中心调度员可组织进行临时服务。

维护部门能根据控制中心维修调度员的要求进行干预排故，使运输网络恢复到完全可用的状态（如道岔电机故障等）。

2. 维护信息自动化无线传输功能

地面或车载设备故障报警信息，按重要性等级快速提供给控制中心维护终端，由维护调度按重要性下达维护指令；当列车进入自动化停车场后，通过专用车地通信无线系统，将车辆数据自动下载到地面维护信息数据库中，作为维护人员的数据分析和维护依据。

3. 系统提供了维护人员的防护功能

由于无人驾驶系统没有设置司机岗位，没有了瞭望防护的功能，故为了确保现场维护人员的人身安全，系统设计了封锁防护区域开关。当维护人员需要在轨行区作业时，启动该维护防护开关，使运行列车无法越行，解决了安全作业问题。

复习思考题

一、判断题

1. 钢轨依靠它本身的刚度和弹性把机车车辆荷载分布开来，传递给轨枕。（　　）

2. 轨枕是轨下基础部件之一。（　　）

3. 道床是铺设在路基之下，轨枕之上的结构层，它主要有承受并传递荷载，稳定轨道结构的作用。（　　）

4. 曲线是轨道的薄弱环节之一。（　　）

5. 限界是指列车沿固定的轨道安全运行时所需要的尺寸。（　　）

6. 城轨交通供电系统主变电站的 35 kV、10 kV 侧采用单母线。（　　）

7. 牵引变电所内 65 kV 两台整流变压器组接于同一段母线上。（　　）

8. 中心降压站是从主变电站的 35 kV I/II 段母线上各引入一路电源构成线路变压器组接线方式。（　　）

9. 接触悬挂的类型主要可分为简单接触悬挂和环形接触悬挂两种。（　　）

10. 正线接触轨一般布置在车辆行车方向的左侧，在道岔区等个别地段布置在车辆行车方向的右侧。（　　）

11. 转辙机是转辙装置的辅助设备。（　　）

12. 阻抗连接器不仅是轨道电路的分割设备，也是轨道电路的发送、接收相邻轨道区段设备。（　　）

13. 数字编码轨道电路为基础的 ATS 系统，是近阶段城轨交通 ATC 系统的主要制式。（　　）

14. 车载 ATP 子系统主要用于对列车驾驶进行防护，对与安全有关的设备或系统实行监控。（　　）

15. 数字轨道电路是 ATP 系统的关键设备，它的可靠工作是确保行车安全的前提。（　　）

二、单选题

1. 按单根钢轨的（　　），钢轨又可分为：标准轨、缩短轨、短尺轨等。

A. 强度　　B. 长度　　C. 材质　　D. 作用

2. 一般在地面线及车场道岔采用木枕或钢筋混凝土枕的（　　）道床。

A. 碎石　　B. 整体　　C. 混合　　D. 木结构

3. 限界主要分为车辆限界、设备限界、建筑限界、（　　）等。

A. 站台　　B. 电动机　　C. 车体　　D. 受电弓限界

4.（　　）的作用是固定钢轨，阻止钢轨纵向和横向位移，防止钢轨倾斜，并能提供适当的弹性，将钢轨承受的力传递给轨枕或道床承轨台。

A. 板块　　B. 支撑块　　C. 道床　　D. 扣件

5. 限界越大，安全度越（　　）。

A. 高　　B. 低　　C. 正常　　D. 不正常

6.（　　）馈线直接配电给牵引变电站、牵引降压混合站、降压变电站和中心降压变电站。

A. 30 kV　　B. 35 kV　　C. 40 kV　　D. 45 kV

7. 相邻两个牵引站的进线和联络线开关采用（　　）的供电模式，从而实现相邻两座牵引站的电源互相备用。

A. 三投四　　B. 五投四　　C. 四投三　　D. 四投五

8. 停车场的（　　）动力照明电源由场内专用降压变电站提供。

A. 高压　　B. 低压　　C. 平压　　D. 串压

9. 牵引变电所内 35 kV（　　）整流变压器组接于同一段母线上。

A. 一台　　B. 二台　　C. 三台　　D. 四台

10. 在城轨交通牵引供电系统中，直流（　　）供电一般采用第三轨。

A. 500 V　　B. 750 V　　C. 1 000 V　　D. 1 500 V

11. 转辙机按动作能源和（　　）分为：电动转辙机、电动-液压转辙机、电空转辙机。

A. 传动方式　　B. 功能　　C. 操作方法　　D. 用电性能

12.（　　）同时又是向列车传送“速度命令”的重要设备。

A. 电阻连接器　　B. 阻抗连接器　　C. 电容连接器　　D. 电瓶连接器

13. 数字轨道电路的频编为（　　）。

A. ±100 Hz　　B. ±200 Hz　　C. ±300 Hz　　D. ±400 Hz

14.（　　）/TWC 接收线圈，设于 A 型车第一个轮对前。

A. ATC　　B. ATP　　C. ATS　　D. ATO

15.（　　）的使用可使列车尽量保持最佳运行状态，避免了列车过于剧烈的加速和减速。

A. ATC　　B. ATP　　C. ATS　　D. ATO

三、简答题

1. 简述轨道线路的基本结构和作用。
2. 简述轨道电路的作用。
3. 什么是行车闭塞法?
4. 如何组织列车反向运行?
5. 简述全自动无人驾驶的基本概念。
6. 全自动无人驾驶有哪些技术特点?

第二章　城市轨道交通电动列车车辆

【学习目标】

1. 掌握车辆机械主要部件的名称、组成及作用；
2. 掌握车辆机械主要部件基本参数；
3. 掌握车辆制动系统的作用及基本工作原理；
4. 掌握车辆电气主要部件的名称、组成及作用；
5. 掌握车辆电气主要部件基本参数；
6. 掌握车辆电气主要部件的基本工作原理；
7. 掌握识读电动列车气路图。

【知识要求与技能要求】

1. 车体的分类及特征；
2. 车体主要参数；
3. 电动列车客室车门知识；
4. 车钩缓冲装置的类型及组成；
5. 转向架的组成及作用；
6. 电动列车制动系统知识；
7. 车辆空调装置的组成及特点；
8. 车辆电气部件的组成及工作原理。

第一节　车辆机械

城市轨道交通是以列车编组形式，运送相当规模客流量的城市公共交通方式。由于车辆通常是由电力驱动的，因此就直接称为电动列车。

电动列车在全封闭或部分封闭的专用轨道线路上依靠列车受流器从接触网获取电能，根据信号及预先编制的运行图在行车组织部门的指挥下有序行驶。所以，电动列车也是城市轨道交通系统中各专业技术成果的综合载体。由于电动列车是运载乘客的工具，还应满足乘客对乘车舒适、准时的要求，因此在城市轨道交通系统中有着至关重要的地位。

一、车　体

1. 车体的分类及特征

1）车体的分类

轨道交通车辆（见图 2-1）是用以运送乘客的运载工具，其供运送乘客及为乘客服务的部分称为车厢。车厢外壳按使用的材质可分为铝合金车、耐候钢车和不锈钢车。按制造工艺又可以分为焊接、铆接或混合连接结构。按承载方式分类，有底架承载、底架与侧壁共同承载和整体承载 3 种承载形式，轨道车辆的车体一般采用整体承载方式。

图 2-1　轨道交通车辆

2）车体的特征

与普通铁路客车相比，轨道交通车辆的车体具有以下特征：

（1）一般为动力分散型电动车组，有动车与拖车之分。

（2）车厢内的座位少、车门多且开度大，内部服务于乘客的设施较简单。

（3）重量限制较为严格，特别是高架轻轨，要求轴重较轻。故车体采用轻量化概念设计，车体材质一般采用大型中空铝合金挤压型材、高强度复合材料或不锈钢。车体其他辅助设施尽量采用轻型高科技新材料。

（4）车体的防火要求严格，故采用防火阻燃、低烟和低毒的材料。

（5）车辆的隔音和减噪有严格要求，以最大限度地降低车辆噪声。

（6）列车的外观造型和色彩与城市市容规划相协调。

2. 电动列车车体结构与内部设施

目前，电动列车为整体承载的封闭梯形结构，其材料均采用大型铝合金中空挤压型材，连接方式为焊接。

1）车体结构

列车车体结构主要由底架、侧墙、端墙、车顶通过焊接组成。车体底架通过心盘支承在转向架上，承受着作用在车体上的各种荷载，它是车体的基础，因此，车体的底架是车辆最重要的部件之一。车体底架由地板、侧梁、枕梁、小横梁和牵引梁组成；枕梁用于连接转向架，牵引梁设在底架的两端，用来安装车钩缓冲装置，图 2-2 所示为电动列车车体断面。

图 2-2　电动列车车体断面

车体的左右侧墙各有 5 扇车门和 4 个车窗，侧墙被分隔成 6 块，组装时分别与底架、车顶拼接，各块均为整体的挤压铝型材或焊接部件。

车顶两侧小圆弧部分，采用形状复杂的中空挤压铝型材，中部大圆弧部分也是带有纵向加强杆件的大截面挤压铝型材，车顶组装时仅留下几条与车顶等长的纵向长焊缝。

车体两端的端墙也为大截面挤压铝型材。

司机室为一整体，通过焊接与车体拼接。司机室地板下部设有数排椭圆孔，当车辆受到迎面意外撞击时，利用椭圆孔的塑性变形来吸收纵向冲击能量，以保护司机和乘客的安全，并避免车体的损坏。

2）内部设施

（1）地板。客室地板的底层是铝合金中空型材，在铝型材表面粘接的 PVC 塑料地板，具有耐磨、阻燃和防滑的性能。

（2）顶板。客室顶板由 3 部分组成，中间为平板，平板两侧为多孔的空调通风口，最外侧为客室照明灯的灯箱和门控驱动机构的弧形盖板。

（3）客室侧墙、端墙。侧墙、端墙的内侧（客室侧）都是阻燃的密胺树脂胶合板。组装后的侧墙、端墙其铝合金型材的内侧均喷涂了阻尼浆，并敷贴了隔音、隔热材料，所以侧墙、端墙都具有良好的隔音和隔热效果。

（4）客室车窗。客室每侧均匀布置 4 扇车窗，车窗采用中空玻璃，具有良好的隔热、隔音性能。玻璃用环型氯丁橡胶条嵌入装配在侧墙内。

（5）司机室挡风玻璃。驾驶台前挡风玻璃为约 12 mm 厚的安全挡风玻璃，玻璃内埋有电加热丝，在冬季可进行加热除霜；玻璃外侧装有刮雨器。

（6）司机座椅。司机座椅是按人机工程学原理专门为司机设计的专用座椅，司机可按个人需求对其进行上下和前后调节。

（7）客室座椅。为了适应城轨交通短途、大运量的特点，客室座椅采用靠侧墙纵向布置的方式，在每节车厢两侧车门之间设置有座椅，共 56 个座位。

（8）立柱、扶手。为了方便站立乘客的乘行，在客室内设有立柱及纵向扶手。在每节车厢的纵向中心线处，均匀设置了 13 根立柱。在座椅的端部也设有立柱以方便站立在车门区的乘客。同时在这些立柱上还装有纵向扶手。立柱与纵向扶手采用铝合金材料，表面进行阳极氧化处理。立柱的直径为 40 mm，扶手的直径为 35 mm。

（9）紧急疏散门。紧急疏散门设置在正、副驾驶台中间的前端墙上，供乘客在紧急情况下逃生用。

（10）贯通道。在车辆与车辆之间设有贯通道，贯通道为封闭的折棚，底部是用轧花铝合金制成的过渡板，不仅供乘客在车厢间自由走动，并增加车辆通过曲线时的灵活性。

二、车　门

（一）客室车门的结构形式

轨道交通电动列车客室车门数量多且操作频繁，车门状态的好坏将会直接影响运营品质，因此保证车辆客室车门的安全与可靠至关重要。

车门设计应满足以下要求：要确保乘客的安全；车门要均匀分布，以方便乘客上、下车；要有足够数量的车门，以使乘客上、下车时间满足运行密度的要求；要有足够的有效宽度；要具有较高的可靠性。

轨道交通电动列车的客室车门，按照驱动系统的动力来源分为电动式车门和气动式车门。电动式车门的动力来源是直流或交流电动机，气动式车门的动力来源是驱动气缸。按照车门的运动轨迹以及与车体的安装方式，客室车门主要可分为以下 3 种形式：

1. 内藏嵌入式移门

内藏嵌入式移门简称内藏门，车门开/关时，门叶在车辆侧墙的外墙板与内墙板之间的夹层内移动。传动系统设于车厢内侧车门的顶部，装有导轮的门叶可在导轨上移动，传动机构的钢丝绳、皮带或丝杠与门叶相连接，借助气缸或电动机驱动传动机构，从而实现门叶的往复动作。

2. 外挂式移门

外挂式移门与上述内藏嵌入式移门的工作原理完全相同，主要区别在于门叶和其悬挂机构处于侧墙的外侧。

3. 塞拉门

塞拉门在车门开启时，其门叶贴靠在侧墙的外侧；关闭时，其门叶外表面与车体外墙成一平面。这不仅使车辆外观美观，便于自动洗车装置对车体的清洗，而且也有利于减小列车高速行驶时的空气阻力和空气涡流产生的噪声。塞拉门开/关的平移动作是通过电动机驱动与门叶相连的传动机构，装有导轮的门叶沿着门叶上方的导轨滑移；其关门的塞拉动作可以是导轨的导向，也可以通过摆杆摆动来实现。

（二）电动列车客室车门

电动列车的客室车门是以电动门或者以压缩空气为动力的风动门，具有结构简单、容易控制、安全可靠、故障率低等优点。以下以风动门为例对客室车门的结构及工作原理进行介绍。

1. 风动门基本结构功能

以内藏嵌入式移门为例，压缩空气经过门控电磁阀的控制作用于驱动气缸，气缸活塞杆带动钢丝绳、绳轮、防跳轮、滚轮和导轨等组成的机械传动系统动作，使两车门同步反向移动，完成车门的开、关动作。

1）门叶和导轨。

如图 2-3 所示，车门上部装有由钢化玻璃及氯丁橡胶密封条组成的玻璃窗；车门的中心处可承受 90 kg 的横向荷载，而挠度不允许大于 6.2 mm。车门的两侧立边装有氯丁橡胶密封条；橡胶密封条在两车门的结合处呈凸凹状，保证车门关闭时有良好的密封效果，并可在车门关闭的瞬间起保护乘客免于被夹伤的作用，因此它又被称为护指橡胶条。在门另一立边的橡胶密封条主要起防尘、防风的作用。一般来讲，各型列车门叶结构基本与此相同。

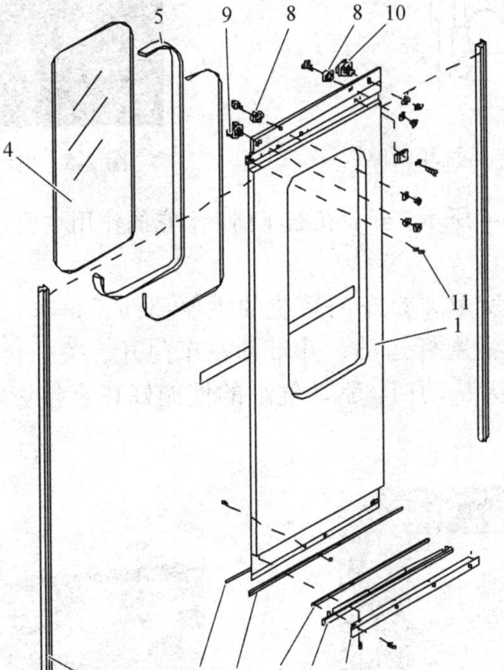

图 2-3　电动列车车门

1—门叶内部；2—护指橡胶条；3—橡胶条密封；4—窗玻璃；5—窗玻璃密封橡胶框；6—门下毛刷卡条；7—门下毛刷封条；8—偏心防跳轮；9—承载轮；10—偏心承载轮；11—锁销；12—内侧磨耗板；13—外侧磨耗板；14—门下毛刷

如图 2-4 所示，每扇车门的顶部装有两个尼龙防跳轮和两个尼龙滚轮。滚轮沿门上导轨滑动并承受门重荷载。

2）车门的机械传动系统

它的作用是将驱动气缸活塞杆的运动传递至两扇门叶，使车门产生开、关动作。由左门驱动架、右门钢丝绳架、驱动气缸、绳轮、钢丝绳和上下导轨等组成。

左门驱动架如图 2-5 所示，安装在左车门上，它的作用主要是将驱动气缸的活塞杆固定在左车门上，使左车门在活塞杆的带动下，随着活塞杆的伸缩而进行车门的开、关动作，因此左车门为主动门。左门驱动架与活塞杆的连接方式为球铰连接。

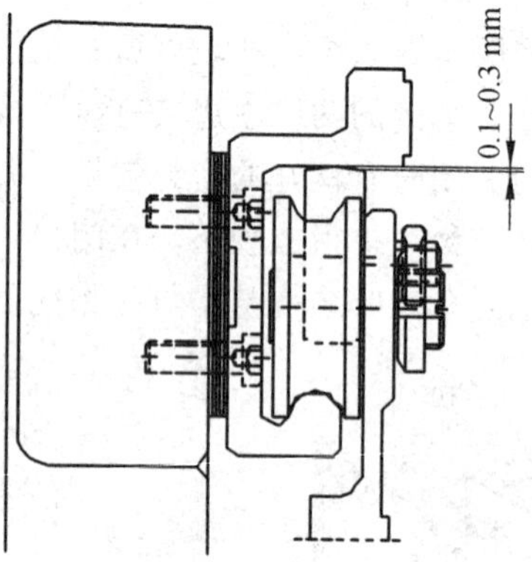

图 2-4　电动列车防跳轮间隙

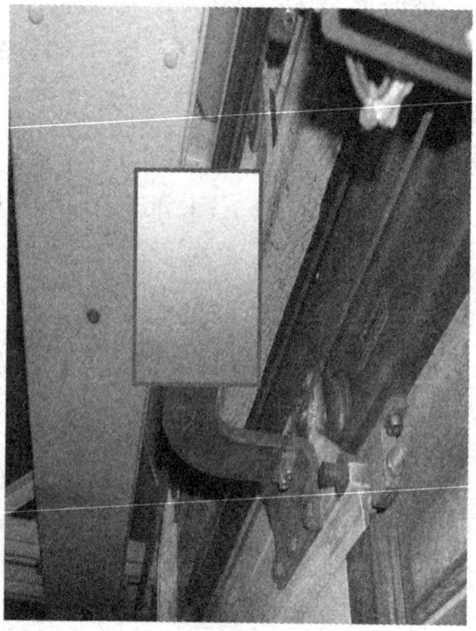

图 2-5　电动列车左门驱动架

右门钢丝绳架如图 2-6 所示，安装在右车门上，它的作用主要是将右车门与钢丝绳相连，使右车门与钢丝绳联动。

驱动气缸如图 2-7 所示，是车门系统的主要部件，是车门开、关门动作的执行元件，由压缩空气推动其活塞杆运动，并带动左车门开、关，再通过钢丝绳将动力传递至右车门，因此右车门为从动门。驱动气缸的性能好坏直接影响到车门的开/关动作是否可靠。

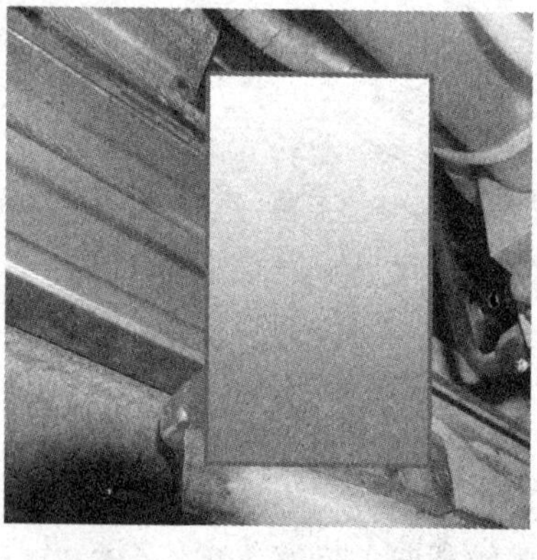

图 2-6　电动列车右门钢丝绳架

图 2-7　电动列车驱动气缸

钢丝绳在绕过 2 个绳轮并在通过左门驱动架，被左门驱动架上的钢丝绳夹板夹紧后，钢丝绳的 2 个端头在右门钢丝绳架上汇合。这样钢丝绳将左、右车门联系起来，实现了左、右车门的同步反向联动。图 2-8、图 2-9 所示为钢丝绳的安装情况。

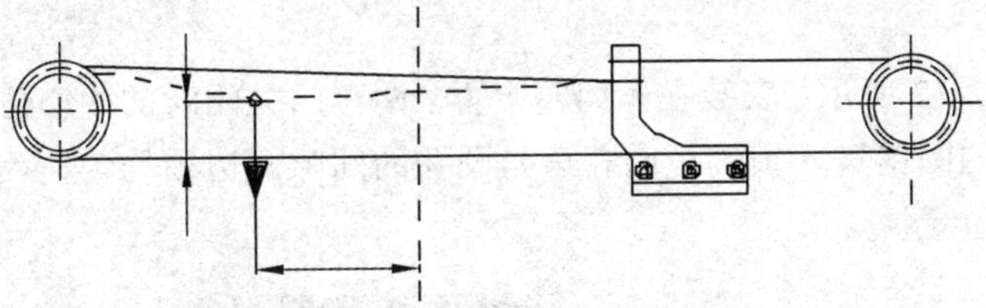

图 2-8　电动列车钢丝绳的安装

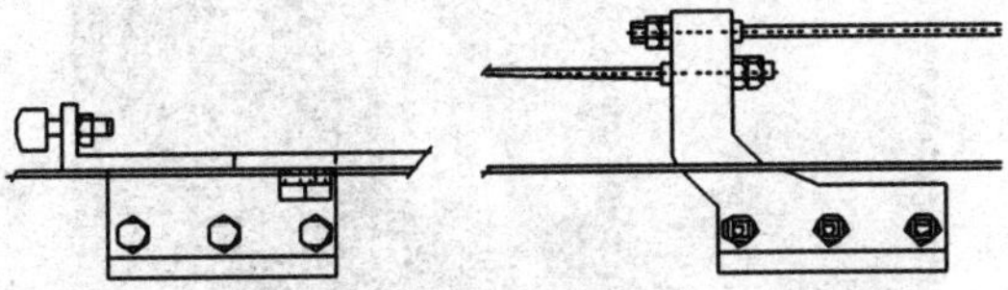

图 2-9　钢丝绳夹板及钢丝绳的安装

3）机械锁闭机构

机械闭锁机构如图 2-10 所示，安装在车门系统中心位置的上方，由车门锁钩组件、门上锁销和解锁气缸等组成。解锁气缸是执行门钩解锁动作的部件。锁钩板呈反 S 形，将车门上的圆销锁住后车门无法开启。扇形板在锁钩板打开时可将 S1 行程开关触发。复原弹簧的作用是使锁钩板复位。

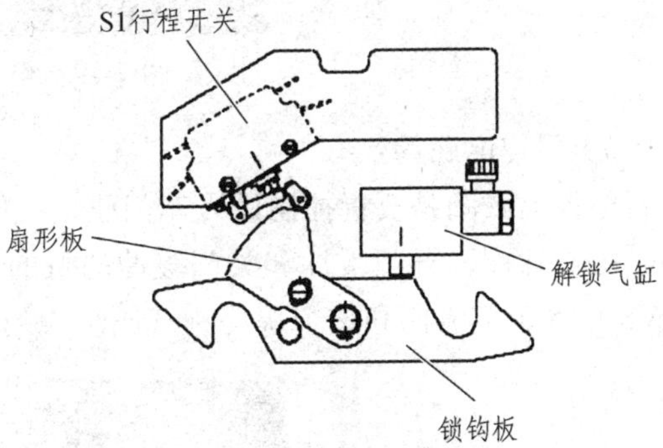

图 2-10　锁钩板

4）紧急解锁装置

红色紧急拉手如图 2-11 所示，安装在车门上方的正中，其上安装有 3 个行程开关，并附有紧急机构解锁和切除机构，便于遇到紧急情况时乘客使用或车门发生故障时乘务人员操作。

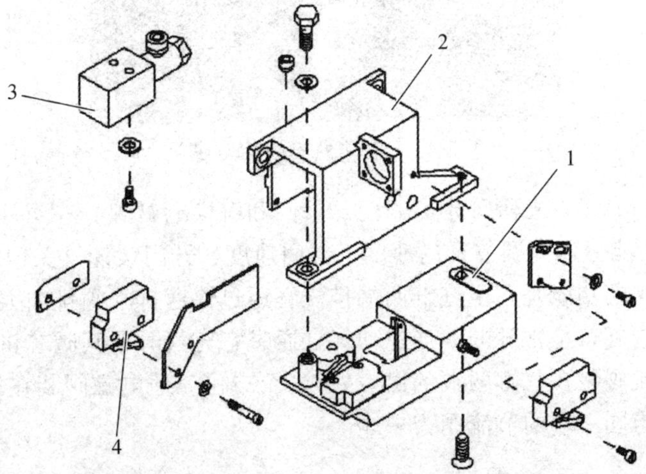

图 2-11　电动列车红色紧急拉手

1—紧急拉手总成；2—支架；3—解锁气缸；4—行程开关

5）关门止挡

关门止挡如图 2-12 所示，安装在车门左上方。两车门关闭时的中心位置须与门框的中心重合，且两车门上的圆销进入锁钩板圆孔后与圆孔的间隙两边须均匀，因此可通过关门止挡来调整车门关停的位置。

图 2-12　电动列车关门止挡

6）门控电磁阀

门控电磁阀是负责控制进入车门驱动气缸的压缩空气压力的大小，从而达到调节开门速度、关门速度、开门缓冲和关门缓冲的目的。它是由 3 个二位三通电磁阀（MV1、MV2、MV3）、5 个节流阀和 2 个快速排气阀组成的，如图 2-13 所示。

图 2-13　电动列车门控电磁阀

MV1、MV2 和 MV3 电磁阀分别为开门、关门和解锁电磁阀。

5 个节流阀的功能分别为调节开门速度、关门速度、开门缓冲、关门缓冲和解锁速度。

2 个快速排气阀的功能是：主气缸两端排气管通过快速排气阀排向大气。它相当于一个双向选择阀，它的排气口是常开的，当驱动气缸通过它充气时，其阀芯将排气口关闭。

电动列车的节流阀装在气缸两端的出口处；3 个二位三通电磁阀装在气缸的缸体中部；2 个快速排气阀分别与同一端的节流阀为一体。

7）行程开关

行程开关是反映车门开/关动作的限位开关，它把车门的机械动作变成电信号反映到车门的监控回路，使司机随时了解车门的开/关状态。S1、S2、S3、 S4 四个行程开关分别对门钩位置、关门行程、门控切除及紧急手柄位置进行监控和显示。

S1 为门钩位置行程开关，如图 2-14 所示，表示出门钩锁定与否的信息，为常闭的行程开关，装在红色紧急拉手上。当门钩锁定时，其 1/2 触点（为常闭触点）合上（在线路中将电路接通），3/4 触点（为常开触点）断开，反之则是门钩尚未锁定。

图 2-14　S1 门钩位置行程开关

图 2-15　S2 为关门行程开关

S2 为关门行程开关，如图 2-15 所示，表示出车门关闭与否的信息，为常开行程开关，固定在门导轨上部的一个安装架上。当车门关闭时，其 1/2 触点（常闭）断开，3/4 触点（常开）合上（在线路中将电路接通），反之则是车门尚未关闭。

S1 行程开关与 SII 行程开关为联锁作用，即同一侧 5 个门洞的所有 S1 与 S2 行程开关均为串联，若其中任意一个不闭合，司机室会显示故障，列车则无法起动。

S3 是车门紧急切除行程开关，如图 2-16 所示，为常闭的行程开关，装在红色紧急拉手上。在正常情况下，1/2 触点（常闭）闭合。当某扇车门由于故障而不能被正常使用时，使用方孔钥匙启动紧急拉手上的切除机构，S3 行程开关的 1/2 触点断开，3/4 触点合上，从而将该扇门的监控回路短接，排除在列车门控系统之外，使列车不因这扇门的故障而影响正常运营。

S4 为紧急开门行程开关，如图 2-17 所示，为常闭的行程开关，装在红色紧急拉手上。有以下两种情况：

图 2-16　车门紧急切除行程开关

图 2-17　紧急开门行程开关

（1）在 ATP 系统开通时，当客室内的紧急手柄被拉下时，S1 和 S4 两个行程开关同时动作，此时 S1 的 1/2 触点断开，使监控回路断开、司机室会显示故障，列车将自动紧急停车，同时 S4 的 1/2 触点断开使关门电磁阀也失电，且由于紧急手柄的动作使门锁也被打开，车门可由人工开启。另外，由于 S4 的 3/4 触点合上，则向司机报警，显示在客室里有异常情况发生，列车会自动停车。

（2）在 ATP 系统关闭时，当客室内的紧急手柄被拉下时，S4 的 3/4 触点合上，则向司机报警，客室有异常情况，但是列车不会自动停车。

2. 电动门基本结构功能

以电动塞拉门为例，车门各部分结构和组成如图 2-18 所示，由门叶、驱动单元组成。驱动单元包括：导向支撑杆、驱动螺杆、驱动转臂、上导轨、下导轨、稳定轮、上部导向滚轮、下部转臂滚轮、下部关门止挡销、紧急开门系统、门切除系统、电动马达及电子门控单元等部件。

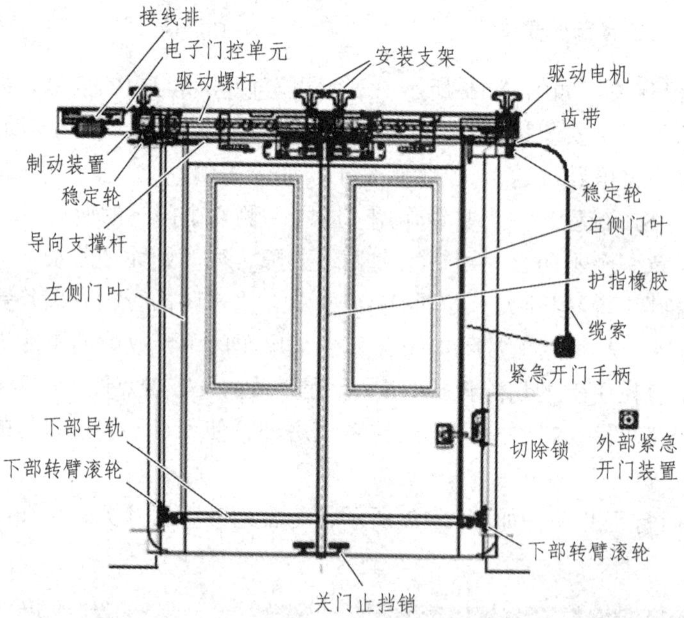

图 2-18 电动塞拉门的组成

1）门 叶

客室车门的门叶由铝合金框、铝蜂窝芯及内外铝合金面板组成。铝合金面板四周折边后与铝合金框配装；铝蜂窝芯置于铝合金内外面板之间，通过胶粘和热压后与铝合金内外面板及铝合金框成为一体。每扇门叶上装有门玻璃。门玻璃和门叶黏结固定，并与门叶表面平齐。每扇门叶四周装有密封橡胶条，可以起到与外界隔热、隔声的作用。门叶前边缘的密封橡胶条亦称为护指橡胶条，乘客一旦被夹时可保护其免受伤害。每扇门叶前边缘上部与车门的驱动转臂相连接和固定。每扇门叶上只有一个驱动转臂，因此门叶开关的运动轨迹不是纯粹的直线，具有回转的动作。

2）导向支撑杆

导向支撑杆的作用是承受驱动转臂和门叶的重量并导向门叶运动的纵向轨迹。

3）驱动螺杆

驱动螺杆的一端安装有棘轮，通过棘轮和齿带接收到马达的驱动力，并将此驱动力通过驱动转臂传递给 2 个门叶。

4）导轨和导向轮

上导轨固定在驱动单元的安装板上，位于车门顶部。两端的安装孔均为长圆孔，便于安装时沿车体横断面方向的调整。其安装后的横断面为倒 U 形。由于上部导向轮固定在门叶转臂上，从下方进入上导轨的倒 U 形槽内，并沿导轨的轨迹滚动，所以上导轨确定了驱动转臂的运动轨迹，从而确定了门叶的纵向运动和在即将关闭时刻横向的塞拉运动。下导轨和下部转臂滚轮的作用是从下部将门叶拉紧，给出门叶下部运动的轨迹，避免门叶下部向车外飘出。

5）稳定轮

在左右门框的上方均装有稳定轮，当车门关闭后稳定轮与门叶上面外端的凹槽相啮合，向下压住门叶，以控制门叶在列车运行过程中的跳动。

6）关门止挡销

每扇门叶前边缘下部装有关门止挡销，在门叶关闭时止挡销进入门槛凹槽内，当门叶受挤时关门止挡销抵在门槛上承受横向力。

7）紧急开门装置

紧急开门装置用于在地铁列车发生紧急状况时允许乘客扳动手柄紧急开门。其由内部紧急开门手柄、外部紧急开门装置、缆索、电磁制动单元组成。在紧急开门状况下，乘客手动操作紧急开门手柄，通过钢缆直接带动制动杠杆动作，导致两棘轮脱离，这时门从机械上被打开。

（1）内部紧急开门手柄安装在客室内、车门右边的侧墙板上，成人手可触及处。内部紧急开门手柄为手动旋转手柄，并设置了锁闭点。使用手柄前，必须拆下透明塑料盖。在紧急情况下，乘客顺时针旋转紧急手柄，紧急手柄通过钢缆带动制动杠杆，使电磁制动单元机械解锁。紧急手柄复位后，门的开关恢复正常操作。

（2）外部紧急开门装置。每节车的 9 号和 10 号车门外部各有 1 个外部紧急开门装置，在紧急状况下允许司机或维修人员在车外用方孔钥匙打开车门。

（3）缆索的中间芯部为钢丝、外圈为橡塑材质。缆索一端与内部紧急开门手柄、外部紧急开门装置相连，另一端与电磁制动单元的制动杠杆相连。

（4）制动装置用于车门关闭后的机械锁闭，其机械原理类似于离合器，但为两个棘轮的啮合，因此只在一个方向上限制相互之间产生的转动。

8）车门切除系统

每个车门均装有切除装置（切除锁）。地铁列车在运营过程中如果车门出现故障又一时无法解决，这时可使用车门切除装置将故障车门锁闭并旁路。

9）驱动电机

门动力来自带齿轮的直流驱动电机。驱动电机的转矩、电流、转速及转动方向由 EDCU 的微型控制器控制，其允许电机给出的是稳定的电流和电压，以保证车门稳定可靠运行。

10）电子门控单元 EDCU

每个客室门均装有电子门控制单元，其与列车控制系统接口，根据来自列车控制系统的信号（“开门控制回路”“关门控制回路”“零速控制回路”）和来自车门机构上 S1、S2、S3 行程开关的信号，处理与这个车门相关的全部指令，进行控制、监视和开关门。

3. 司机室侧门的基本结构

在司机室两侧各有一扇单叶的内藏式滑动门，用于司机安全出入。司机室侧门的开闭为手动，没有电气控制系统。司机室侧门可以确保司机室与外界进行物理、热量以及声音隔离。

司机室车门结构与客室车门类似。但车门上装有与门把手联动的锁板，并安装有门锁。车门的锁闭由司机掌握的钥匙操纵，车门由司机锁好后，任何人无法进入。在车门未锁时，进出车门须扳动门把手，由于门把手与司机室侧门上方的锁板为联动，因此锁板与门框上的锁销脱离，车门即可打开。

车门上的窗户可开启。门框上装有开关门止挡，可调整车门关停的位置。

4. 司机室通道门的基本结构

在司机室与客室之间有一扇单叶的推拉门，用合页安装在司机室与客室之间的隔墙上。车门下部装有百叶通风板。

通道门在司机室一侧有开门把手，客室一侧没有开门把手，乘客不能开启这扇门。但在门上方有一红色紧急拉手，在紧急情况下乘客可扳下紧急手柄开启通道门。

5. 紧急疏散门的基本结构

列车在隧道内运行一旦发生火灾或其他险性事故时，必须紧急疏散车上的乘客。这时司机可打开设在 2 个 Tc 车端头正中间的紧急疏散门，引导乘客通过紧急疏散门走向路轨中央，然后向两端的车站疏散。

门叶下部和地板之间用铰链连接，门叶上方装有门锁机构和锁门行程开关，一旦门锁开启车门能自动倒向路基，门板成为连接车体地板与地面的斜梯。

门的两侧各有一组由数个铝合金杆和气弹簧铰接在一起，一头与车端相连、一头与门板相连的拉杆机构，在门倒下的过程中起到缓冲作用，使倒下的速度不会过大，防止车门装置的损坏。门两侧的拉杆机构也是斜桥的栏杆和扶手。

门板由铝合金板型材制成，表面涂有防滑漆，防止乘客滑倒。

紧急疏散门有一个检查钢丝绳安放位置正确与否的行程开关，一个锁门行程开关和 2 个检查紧急疏散门是否关闭良好的行程开关，否则列车无法起动。图 2-19 所示为紧急疏散门打开后的状况。

图 2-19　电动列车紧急疏散门打开后成为斜梯

紧急疏散门打开方式分车上和车下 2 种。

（1）在车上开门方式。面对紧急疏散门，从挂在左侧副驾驶台侧面的钢丝绳收放筒内拿出开关门手柄，向下拉开门绳索，使门锁杆缩进即解锁；安装在逃生门右侧的开门阻尼顶杆弹出，顶开逃生门，门板缓缓落下；在落下的过程中，门板两侧的伸缩保护连杆将其拉住，其中的阻尼装置在门板落下过程中起到缓冲作用。

（2）在车下打开方式。开门手柄盒位于车头右下角（面向车头时），首先打开车下红色逃生门开门手柄盒，拉出开门手柄；用力拉手柄，这时通过钢丝绳使门锁杆缩进即解锁；开门阻尼顶杆弹出，顶开紧急疏散门。

（3）关闭紧急疏散门方式。须在司机室内操作时用力转动开关门手柄，通过钢丝绳收放筒把门拉上。关门时要有一定的冲力才能将门关紧，这时门锁杆弹出，锁住门叶。

三、车钩缓冲装置

1. 车钩缓冲装置的类型

车钩缓冲装置一般分为4种类型：全自动车钩、半自动车钩、半永久车钩和棒式车钩。

1）全自动车钩

连挂或解钩时其机械、气路和电路可以实现完全自动连接或分离，也可人工解钩，如图2-20所示。

图2-20　全自动车钩

图2-21　半自动车钩

2）半自动车钩

连挂或解钩时其机械和气路可以实现完全自动连接或分离，也可人工解钩，但其电路必须靠人工连接或分离，如图2-21所示。

3）半永久车钩

连挂或解钩时其机械和电路的连接或分离都需要人工操作，如图2-22所示。

图2-22　半永久车钩

4）棒式车钩

连挂或解钩时其机械部分都需要人工操作，无法进行电路连接。

2. 车钩缓冲装置的组成

1）车钩钩头的结构组成

车钩钩头由机械钩头、电气连接箱和气路连接器等部分组成。全自动车钩与半自动车钩的机械钩头基本相同，半永久车钩的机械钩头采用半环箍型联轴器连接，下面以全自动车钩为例加以简述：

全自动车钩机械钩头由壳体、心轴、钩舌板、钩舌板连杆、钩舌弹簧、钩舌板定位杆（或称棘爪）、弹簧、撞块和解钩气缸组成。

壳体的前部一半为钩头凸锥，另一半为钩头凹锥，车钩连挂时相邻两个车钩的钩头凸锥和钩头凹锥相互插入；钩舌板是车钩实现动作的关键零件，设有供连挂时定位和供解钩气缸活塞杆作用的凸舌，以及与钩舌板连杆连接的定位槽、钩嘴等，钩舌板固定在心轴上，可在钩舌板弹簧的作用下绕心轴转动，并带动钩舌板连杆动作；钩舌板连杆是车钩连挂的主要部件，其在连杆弹簧拉力的作用下使车钩可靠连接；钩舌板定位杆是控制车钩处于待挂或解钩状态的部件；撞块是车钩连挂时解开钩舌板定位杆与钩壳的锁定，使两车钩实现连挂的部件。

2）缓冲装置的类型及工作原理

缓冲装置分为可恢复缓冲器和不可恢复缓冲器两种类型，可恢复缓冲器又分为：双作用环弹簧缓冲器、橡胶缓冲器、液压缓冲器和气液缓冲器等 4 种类型，不可恢复缓冲器常用的有压溃管缓冲器。

电动列车车钩使用的缓冲器由压溃管（见图 2-23）和橡胶缓冲器（见图 2-24）组成。在列车相撞时，通过压溃管的变形来吸收冲击能量，压溃管属于免维修部件，当压溃管的变形部位超过规定的标准时必须进行更换。在列车正常的牵引和制动时，通过橡胶缓冲器的橡胶变形来吸收冲击能量。

图 2-23　压溃管

图 2-24　橡胶缓冲器

3）对中装置的分类及作用

车钩对中装置分为水平对中装置和垂向对中装置，如图 2-25 所示。水平对中装置一般简称为对中装置，可分为气动对中装置和机械对中装置。垂向对中装置一般称为垂向支承，通过调整该处的调节螺栓可以实现调节车钩端面中心线到轨道上表面的距离。

图 2-25　气动对中装置

电动列车车钩对中装置采用气动自动对中。其结构和对中原理是：在缓冲器的尾部下方左/右侧各设有一个对中气缸，它的活塞头部装有一个水平滚轮，当气缸冲气活塞杆向外伸出时，能自动嵌入固定在球铰座下方的一块呈桃子形凸轮板左、右两个缺口内，从而达到使车钩自动对中的目的，以便使两个钩头凸锥对准车钩的凹锥。车钩连挂后，为有利于列车顺利通过弯道，两列车连挂后对中气缸处于排气状态。

4）钩尾冲击座的功能和原理

缓冲器的尾部是通过一个球铰与车体底架相连，该球铰部分简称钩尾冲击座。这样的结构可使整个车钩缓冲装置在水平面内摆动 ± 40°，而在垂直面内摆动 ± 5°，满足车辆在水平曲线和竖曲线上运行的要求。

电动列车车钩钩尾冲击座的原理：钩尾冲击座通过鼓形过载保护螺栓与车体牵引梁紧密接合，当冲击荷载大于 800 kN 时鼓形结构被破坏，车钩与车体分离并沿着导轨向后移动，从而避免超过许用荷载的冲击力加载到车体底架上。

3. 全自动车钩的工作状态

1）待挂状态

待挂状态为车钩连接前的准备状态，这时钩舌定位杆外端的一个凸齿与钩壳啮合，钩舌板连杆弹簧处于拉伸状态，钩舌板连杆退至凸锥内，钩舌板上的钩嘴对正前方，如图 2-26 所示。

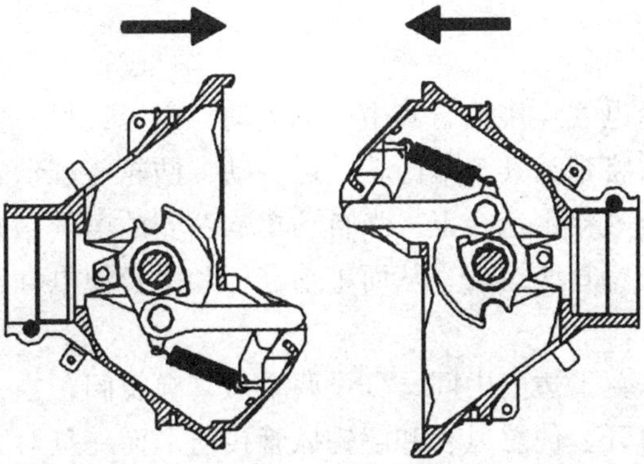

图 2-26　待挂状态

2）连挂状态

连挂状态:相邻两个车钩的凸锥嵌入对方车钩的凹锥并撞击对方的撞块使其顺时针转动，撞块转动时又撞击了定位杆使其原来与钩壳啮合的外齿脱钩，此时钩舌板在钩舌板连杆弹簧的作用下，使钩舌板产生逆时针转动，使钩舌板连杆伸进对方的钩头并嵌入对方钩舌板的钩嘴，完成两钩连挂锁闭，如图 2-27 所示。

3）解钩状态

解钩有气动解钩和人工解钩两种方式。

（1）气动解钩。解钩电磁阀得电，解钩气缸充气，活塞杆外伸使钩舌板顺时针转动，将钩舌板连杆与对方钩舌板脱离，同时又使钩舌板定位杆与撞块的爪啮合，这时两钩处于解钩状态。若对方钩头从凹锥中移出，撞块在弹簧的作用下产生逆时针转动，使撞块爪与钩舌板定位杆脱离，而定位杆又在它自己的弹簧作用下使其外爪与钩壳啮合，整个车钩又回复至待挂状态，如图 2-28 所示。

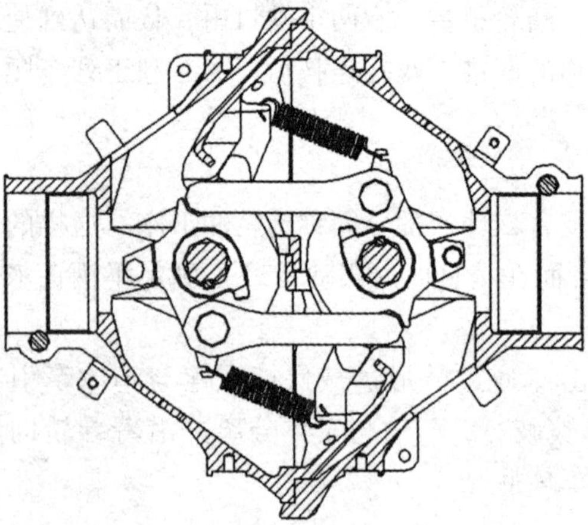

图 2-27　连挂状态

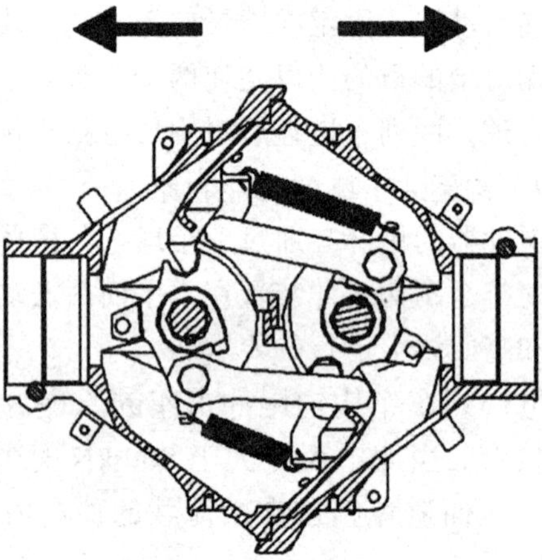

图 2-28　解钩状态

（2）人工解钩。操作者可通过拉动连接在心轴下端的钢丝绳，使钩舌板转动，达到与解钩气缸使钩舌板转动的同样效果。但要注意人工解钩需二位操作者同时拉动相邻两个车钩的钢丝绳，才能使钩舌板转动。

4. 车钩的连接

1）电气连接

在机械钩头的两侧为电气连接箱，其中一侧为动力电源，另一侧为信号电源。全自动车钩机械钩头的心轴转动时将带动其顶端凸轮一起转动，凸轮将推动二位五通阀动作，气缸活塞杆通过杠杆及弹簧使电气箱迅速合上。半自动车钩两侧的电气箱则是通过人工转动齿轮，然后再由齿轮带动齿条进行直线运动，从而带动杠杆和弹簧使电气箱合上。

2）气路连接

气路连接设在车钩法兰下边的中间，分设两个风管弹簧阀，当一方弹簧阀的阀芯管压迫另一方的阀芯时则阀被打开，使总风管和解钩风管接通。而一旦对方风管撤离，也就是两钩头的法兰面分离时，则阀芯又在弹簧力的作用下将阀关闭。

四、转向架

1. 转向架的组成

由于车辆的用途、运行条件、要求不同，使转向架的结构各异，类型很多。但它们的基本组成部分是相同的，一般转向架可以分为以下几个部分：

1）轮对与轴箱装置

轮对沿着钢轨滚动，除了传递车辆重量外，还传递轮轨之间的各种作用力，包括牵引力和制动力。轴箱与轴承装置是联系构架和轮对的活动关节，它将轮对的滚动转化为车体沿钢轨的平动。

2）弹性悬挂装置

为了减少线路不平顺和轮对运动对车体的各种动态影响（如垂向振动、横向振动和通过曲线等），在轮对与构架之间或者构架与车体之间，设有弹性悬挂装置，前者称为一系悬挂装置，后者称为二系悬挂装置。

3）构　架

构架是转向架的基础，它把转向架的零部件组成一个整体。它不仅仅承受和传递各种作用力及荷载，而且它的结构形状、尺寸和大小都应满足各零部件的结构、形状及组装的要求。

4）制动装置

为了使车辆在规定的距离内停车，车辆必须安装制动装置，其作用是将单元制动机制动缸产生的压力，通过闸瓦与轮对踏面或闸片与制动盘之间产生的转向架内摩擦力转换成轮轨之间的外摩擦（即制动力），从而使车辆前进受阻，产生制动效果。

5）中央牵引装置

中央牵引装置是车体与转向架的连接部分，其结构应能满足安全可靠地架承车体，并传递各种荷载和作用力，同时车体与转向架之间应能绕不变的旋转中心相对转动，以使车辆顺利通过曲线。

6）驱动系统

驱动系统是动车转向架所特有的，主要由牵引电动机、联轴器、齿轮箱、齿轮箱悬挂装置以及动力轮对等组成。该系统将牵引电动机的输出扭矩转化为轮对上的转矩，利用轮轨之间的黏着作用，驱动车辆沿着钢轨运行。

2. 转向架的作用

（1）保证在正常运动条件下，车体都能可靠地坐落在转向架上。通过轴承装置使车轮沿着钢轨的滚动转化为车体沿线路的平动。

（2）支承车体，承受并传递从车体至轮对或从轮对至车体之间的各种荷载及作用力，并使轴重均匀分配。

（3）保证车辆安全运行，能灵活地沿直线线路运行及顺利地通过线路水平曲线和竖曲线。

（4）便于弹簧及减振装置的安装。使车辆具有良好的减振特性，以缓和车辆和线路之间的相互作用，减小振动和冲击，减小动应力，提高车辆运行的平稳性、舒适性和安全性。

（5）通过安装在转向架上的牵引电动机及齿轮传动装置，传递牵引力和制动力，驱动车辆沿着钢轨运行。

3. 电动列车转向架的结构组成

转向架分为拖车转向架与动车转向架两种，两者的区别在于动车转向架装有两套驱动装置，其他部件都相同，并且完全可以互换。由于车辆的用途、运行条件与要求的不同，所采用的转向架的结构各异，类型很多。但它们的基本组成部分和主要功能是相同的，一般转向架由轮对轴箱装置、弹性悬挂装置、构架、中央牵引连接装置牵引传动装置和基础制动装置组成，如图 2-29 所示。

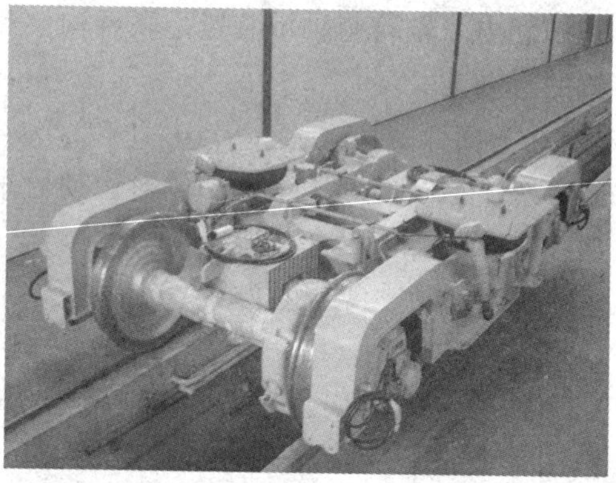

图 2-29　电动列车转向架

1）轮对轴箱装置

（1）轮对。轮对是由一根车轴和两个相同的车轮采用过盈配合使之牢固地结合在一起，轮对作用是承担从车体、钢轨传来的各种力的作用，引导车辆沿着钢轨运行，它是组成转向架的重要部件之一。轮对分为动车轮对和拖车轮对，区别在于动车轮对包含有齿轮箱。轮对的内侧距为（1 358 ± 1）mm。

（2）车轴。电动列车的车轴由优质碳素钢锻压成型，再经热处理和机械加工制成。

（3）车轮。电动列车车轮为整体辗钢轮，它由踏面、轮缘、辐板和轮毂组成，如图 2-30 所示。车轮与钢轨的接触面称为踏面，一侧沿着圆周突起的圆弧部分称为轮缘，是保持车辆沿钢轨运行，防止脱轨的重要部分。踏面沿径向的厚度部分称为轮辋；轮与轴互相配合的部分称为轮毂；轮辋与轮毂连接的部分称为辐板。

电动列车新车轮的轮径为 840 mm，允许车轮磨耗最小轮径为 770 mm，轮辋上刻有一沟槽作为轮径磨耗到限的警告标记。由于车轮踏面有斜度，各处直径不相同，根据国际铁路组织规定，在离轮缘内侧 70 mm 处测量所得的直径为名义直径（车轮的滚动圆直径）。

图 2-30　电动列车车轮

车轮踏面采用磨耗型踏面，如图 2-31 所示。由于锥形踏面车轮的初始形状在运行中将很快磨耗，当磨耗成一定形状后，车轮与钢轨的磨耗都变得缓慢，磨耗后踏面形状将相对稳定。磨耗形踏面可减小轮轨接触应力，提高车辆运行的横向稳定性和抗脱轨安全性。

（4）轴箱装置。轨道交通车辆运行中，车轴将承受变化着的静、动荷载作用，因此要求轴承具有承载能力大、强度高、耐冲击、寿命长等特点。电动列车采用圆柱滚动轴承装置。

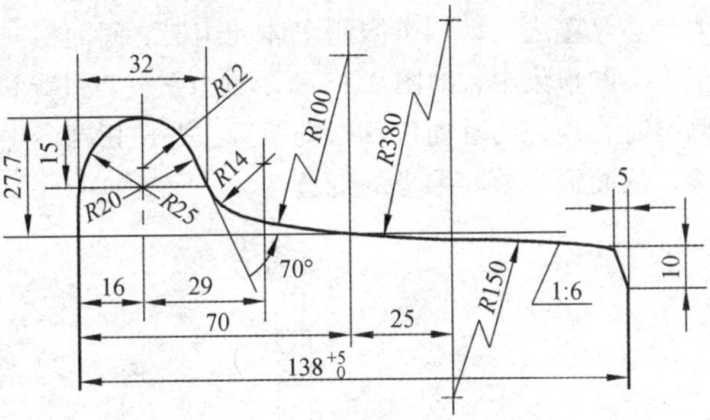

图 2-31　磨耗形踏面

轴箱采用铝合金材料制成，其作用是连接轮对与转向架构架，传递和承受车体和钢轨传来的垂向和侧向荷载，如图 2-32 所示。

2）弹性悬挂装置

（1）一系悬挂装置。它装设在构架与轮对之间，由 4 层橡胶、4 层钢板及 1 层铝合金板组合制成。由于动车和拖车的自重不同，所以动车刚度略大于拖车，如图 2-33 所示。

图 2-32　轴箱

图 2-33　一系悬挂

（2）二系悬挂装置。二系悬挂装置由空气弹簧、高度调整阀、垂向油压减振器、抗侧滚扭杆等组成，如图 2-34 所示。

空气弹簧由气囊和应急弹簧组成，当气囊失效时（气囊破裂、泄漏等），应急弹簧可承受车辆荷载，确保车辆行车安全。

高度控制阀安装在车体与转向架构架之间，根据载客量自动调节气囊内的压缩空气压力，来保证车辆地板面与轨面之间的距离不随载客量的变化而变化。

图 2-34　二系悬挂装置

电动列车每辆车的两个转向架分别仅设一个高度阀，即车体两点定位，转向架均衡性要求易满足，但地板面高度调整难度大。

2 个垂向液压减振器设在车体和转向架构架之间，在中心座（心盘）和构架之间设有 1 个横向液压减振器，分别用来衰减车辆垂向和横向的振动。

横向止挡设在构架与心盘座之间，用来限制车体和构架之间的横向位移。

抗侧滚扭杆横穿于构架的横梁中，如图 2-35 所示，由扭杆、扭臂和连杆组成，连杆与车体相连。当车体发生侧滚时，连杆的垂向位移带动扭臂，并使扭杆产生扭转变形，产生一对力偶，抑制车体的侧滚，从而提高乘客乘坐的舒适性。

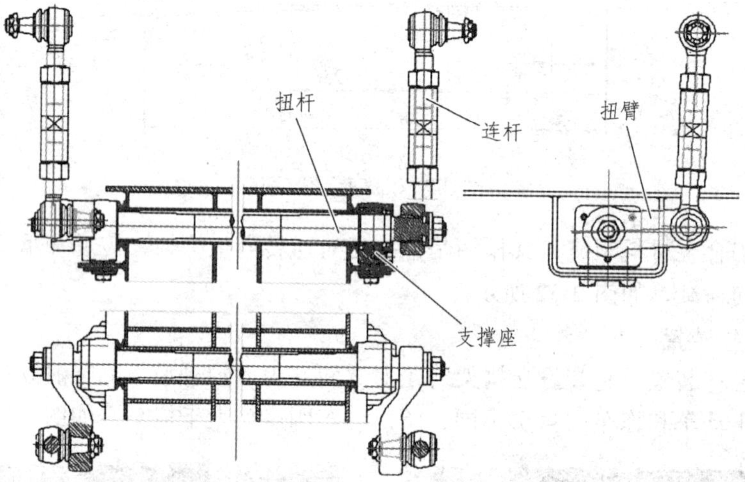

图 2-35　抗侧滚扭杆

3）构　架

构架由压制成型的钢板焊接成 H 形全封闭箱形结构，如图 2-36 所示，具有质量轻、强度高、寿命长的特点。

图 2-36　转向架构架

图 2-37　轴箱拉杆

构架用来安装及支承轮对与轴箱、一系悬挂、二系悬挂、单元制动机、牵引电动机、齿轮减速箱、心盘等部件，其作用是将车体与轮对连成一体，把车体经空气弹簧传来的垂向荷载传递给轮对，由轮对传递牵引力或制动力给车体。

在构架轮拱的下方装有轴箱拉杆，它一方面可增加轮拱强度，另一方面，在转向架吊运时起到托起轮对的作用，如图 2-37 所示。

4）中央牵引连接装置

中央牵引连接装置设于转向架的中部，如图 2-38 所示，它由中心销、上心盘、下心盘、复合橡胶衬套、碗形垫等组成，起着连接车体和转向架的作用，并通过牵引拉杆传递牵引力和制动力；为便于车辆通过曲线，转向架的下心盘和中心销之间可彼此相对转动。

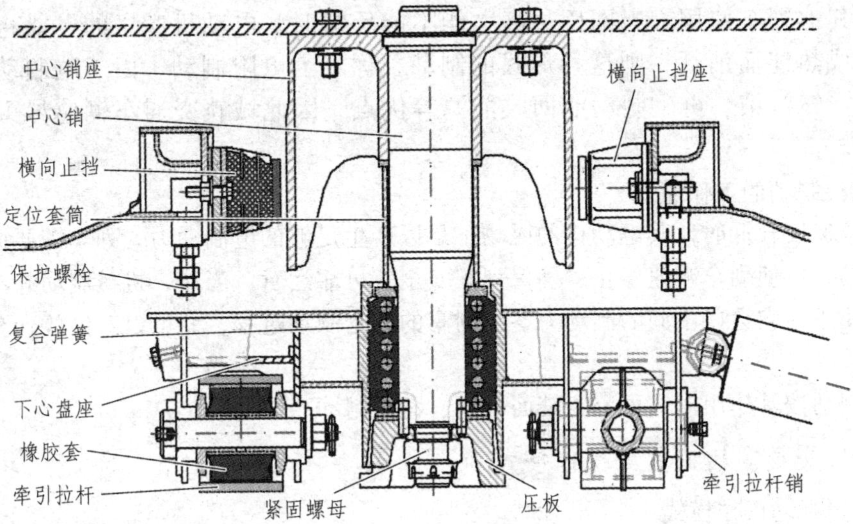

图 2-38　中央牵引连接装置

5）牵引传动装置

每个动车转向架上装有 2 台牵引电动机呈中心对称，吊挂在构架横梁的侧面，为全悬挂方式。电动列车采用交流牵引电动机。

由于电动列车交流电动机体积较小，给联轴器留出的空间较大，因此它可使用对同轴度和轴向窜动适应性较强的圆弧齿齿轮联轴器。

电动列车齿轮箱均为一级减速，由于采用了水平分箱面，不便于维修。另外，交流传动与直流传动两种齿轮箱的大、小齿轮齿数及减速比也不相同。

6）基础制动单元

电动列车采用的基础制动装置相同，均由克诺尔公司生产，基础制动装置采用踏面制动单元，安装在构架侧梁上，每台转向架上共有 4 个单元制动机，其中 2 个单元制动机带有停车制动功能，呈对角布置。

五、制动系统

1. 电动列车车辆的制动方式及工作原理

电动列车车辆制动按其动能转移方式可以分为：电制动和机械制动，机械制动又包含空气制动系统、液压制动系统和磁轨制动系统，城轨电动列车主要采用空气制动形式，低地板有轨电车主要采用液压制动系统和磁轨制动系统。

1）电制动的工作原理

电动列车为电传动客车，其动力一般分散至多个车辆，动车装有4台牵引电动机。列车牵引时，电动机消耗电能，产生使列车前进的转动力矩；制动时，通过电路转接，使牵引电动机转为发电机，产生与列车前进方向相反的转动力矩，使列车减速停止，牵引电动机将列车的动能转换成电能，这种制动方式，我们称之为电制动。

电制动有再生制动和电阻制动两种。再生制动是将牵引电动机产生的电能反馈至电网，供其他列车使用。当网压过高电能不能反馈时，电动机产生的电能将通过制动电阻转变成热能而消耗，则这种形式的制动，称之为电阻制动。由于电制动有无机械磨损、无空气污染、再生制动能回收能源等优点，因此城轨交通车辆应尽可能充分利用电制动。

2）机械制动的工作原理

当列车速度较低时，其电动机的磁场不足以产生足够的电制动力，列车需要通过机械制动加以辅助，以使列车减速停止，确保列车安全、可靠运营。当然，机械制动并不是仅在列车低速时使用，它会以不同的制动力参与列车的整个制动过程，并可以对停放列车施加停放制动。

机械制动按其作用形式可分为踏面制动、盘式制动。

2. 城轨交通车辆的制动操作模式

1）常用制动操作模式

常用制动应首先充分利用电制动，若电制动力不能满足制动需求，则需要空气制动系统加以补偿，以满足列车制动需求。我们称这种制动方式为混合制动，其制动力的混合比例及空气制动的介入点的控制过程，称之为程序制动。

2）紧急制动操作模式

紧急制动是用于列车紧急停车时采用的，它的制动力完全由空气制动系统提供，在相同的荷载情况下，其制动力高于常用制动。列车一旦施加紧急制动，其制动指令将执行至列车停止，中途是不可撤销的。

3）快速制动操作模式

快速制动的制动力与紧急制动的一样，但与紧急制动不同的是，列车制动过程中，司机可以在任何时候撤销快速制动指令，恢复列车的运行。

4）停放制动操作模式

列车静止停放时为防止停放列车溜车所施加的制动称之为停放制动，其制动力由弹簧力提供。

3. 电动列车制动系统

城轨交通制动系统具有电制动与机械制动系统两大部分，本节仅对机械制动系统加以介绍。

1）空气制动系统的组成

电动列车的空气制动系统由供气部分、控制部分和执行部分组成，气路图如图2-39、图2-40所示。

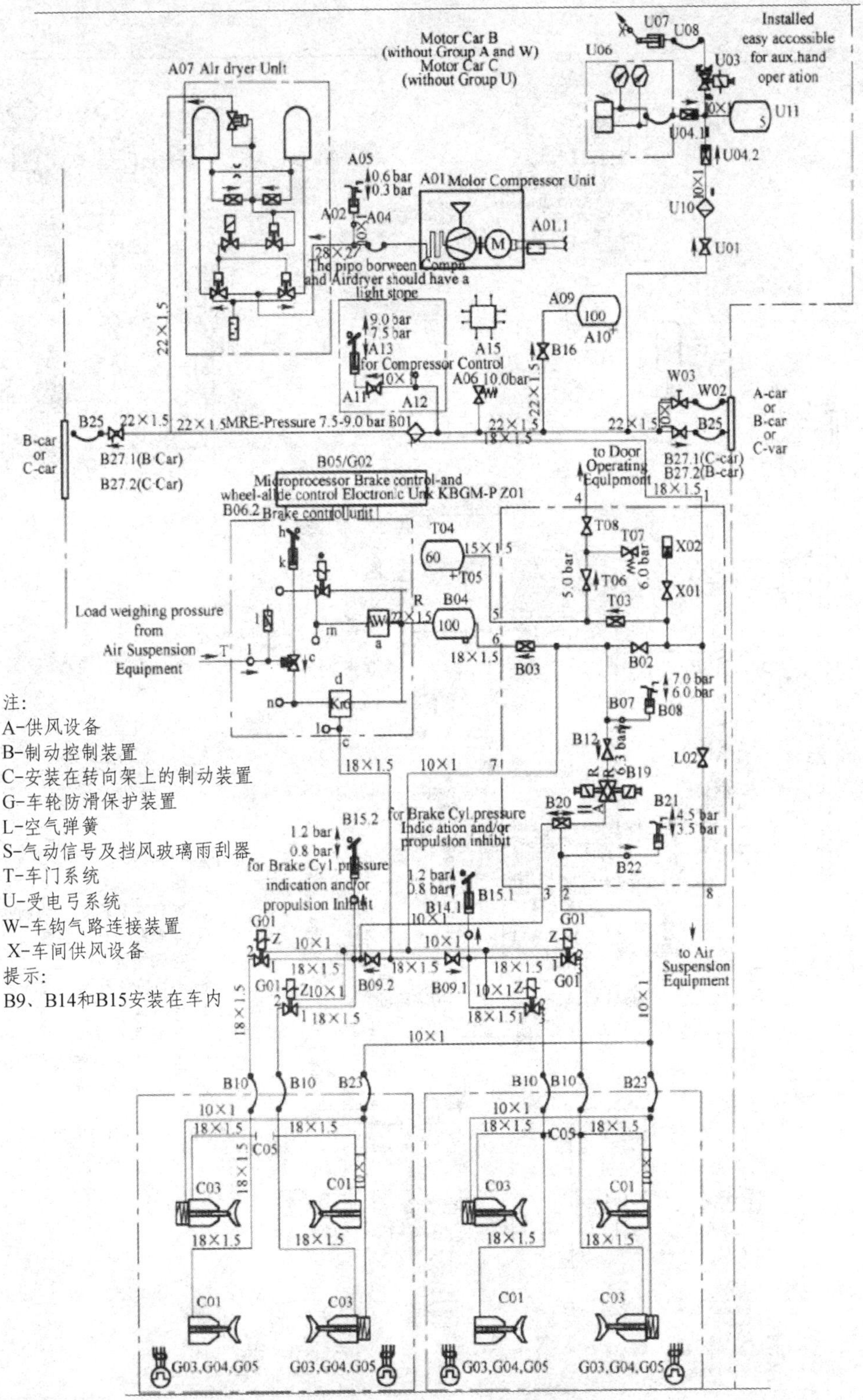

注:
A-供风设备
B-制动控制装置
C-安装在转向架上的制动装置
G-车轮防滑保护装置
L-空气弹簧
S-气动信号及挡风玻璃雨刮器
T-车门系统
U-受电弓系统
W-车钩气路连接装置
X-车间供风设备
提示:
B9、B14和B15安装在车内

图 2-39　动车气动系统管路图

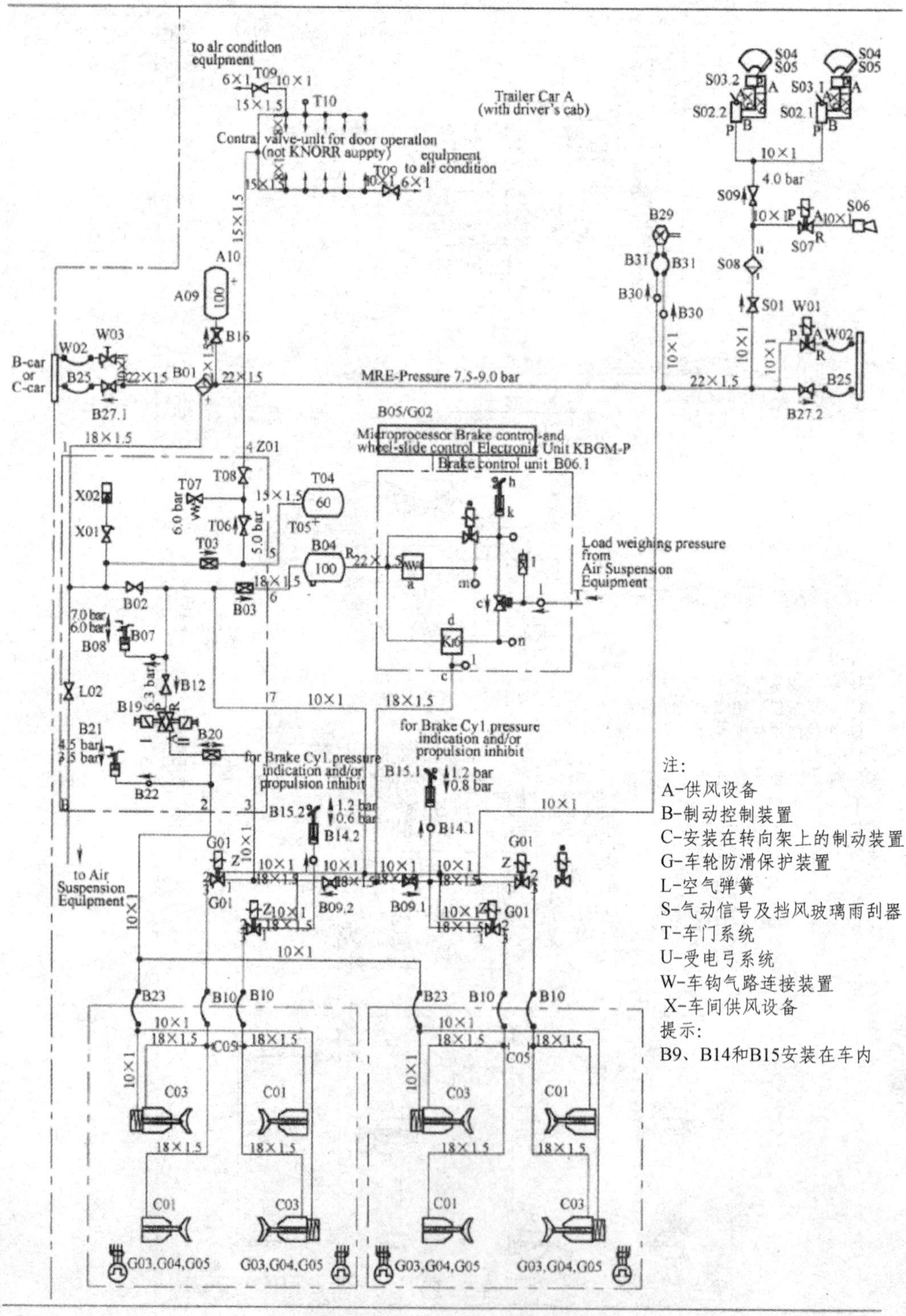

图 2-40　拖车气动系统管路图

2）空气压缩机的工作原理

电动列车在设计时，以 Tc、Mp、M 3 辆车为 1 个单元，每 1 个单元设置 1 套空气压缩机组，机组安装在车体底架上，它包括驱动电动机、压缩机、干燥器、主风缸和压力控制开关等。

空气压缩机组除了为空气制动系统提供压缩空气外，也为车门驱动系统、二系悬挂系统、气动喇叭、刮雨器、受电弓气动控制设备、车钩气动控制设备等提供压缩空气。

电动列车空压机组驱动电动机是 1 500 V 直流电动机，但空压机的排量较小，如图 2-41 所示。其主要技术参数见表 2-1。

图 2-41　电动列车空压机组

表 2-1　电动列车空压机组主要技术参数

参考指标	技术参数
电动机转速	1 500 r/min
电动机电流	5.0 A
功率	6.5 kW
排量	1 500 L/min
工作压力	1 000 kPa

此压缩机为三缸压缩机，其中 2 个缸为低压缸，1 个为高压缸。另外，其所采用的吸入空气过滤器与直流型电动列车的压缩机也不相同，它采用过滤纸过滤，效果较油浴式过滤器好，但应用成本较高。冷却风扇的叶片不直接安装在曲轴端头，是通过温控液力联轴器连接的。在温度较低时，联轴器内的液体黏度很低，不传递转矩，只有当联轴器内的液体达到一定温度时，它的黏度随温度上升，才能传递转矩。使用这种联轴器可节约空压机的能源。

3）空气干燥器的工作原理

由于空压机输出的高压压缩空气中含有较高的水分和油分，必须经过空气干燥器将其中的水分和油分滤去，才能达到车辆上各用气系统对压缩空气的要求。

电动列车空压机的排气量较小，双塔式干燥器采取轮换工作的方法，即一个塔对进入塔内的压缩空气进行去油脱水，另一个塔则进行再生，过一定时间后两个塔的功能进行对换，以达到压缩机输出的压缩空气连续进行去油脱水的目的。

双塔式干燥器设有一个定时脉冲发生器以使两个干燥塔的电磁阀定时地轮换开、关，以使两个塔的功能定时进行轮换，如图 2-42 所示。

图 2-42　双塔式干燥器

4）风缸的状态

电动列车每辆车设有 1 个 100 L 的主风缸，1 个用于制动系统的 100 L 风缸，1 个用于车门驱动的 60 L 风缸，1 个 100 L 空气悬挂系统风缸，此外，Mp 车还增加 1 个用于升弓操作的 5 L 风缸。

5）气制动控制单元的工作原理

制动控制单元是气制动的核心，它接受制动系统电脑（EBCU）的指令，然后再指示制动执行部件动作。其组成部分主要有：模拟转换阀、紧急阀、称重阀、均衡阀等。这些部件都安装在 1 块铝合金的气路板上，犹如电子分立元件安装在印刷线路板上一样，实现了集成化、模块化，其优点在于部件安装紧凑，避免了管道连接造成的容易泄漏。另外，该模块上还设置了一些测试接口，以便于该控制单元的调试、检测和维修工作的实施。

制动控制单元的工作原理如图 2-43 所示，当压力空气从制动储风缸 B4 进入制动控制单元 B6 后，分成 3 路，1 路进入模拟阀转换阀 a，1 路进入紧急阀 e，另 1 路直接进入均衡阀 d，其流程如图 2-44 所示。

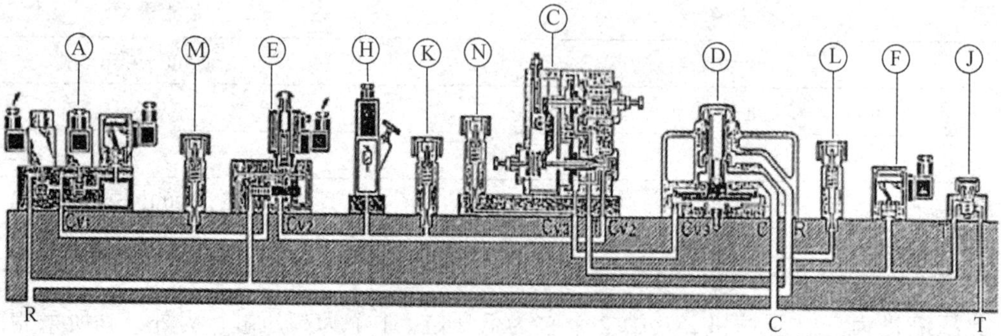

图 2-43　制动控制单元的工作原理

R—压力空气进口；C—载荷信号；T—载荷信号；Ⓐ—模拟阀；Ⓔ—紧急电磁阀；Ⓒ—称重阀；Ⓕ—气/电转换；Ⓙ Ⓚ Ⓛ Ⓜ Ⓝ—压力检测口；Ⓓ—均衡阀；Ⓗ—压力开关

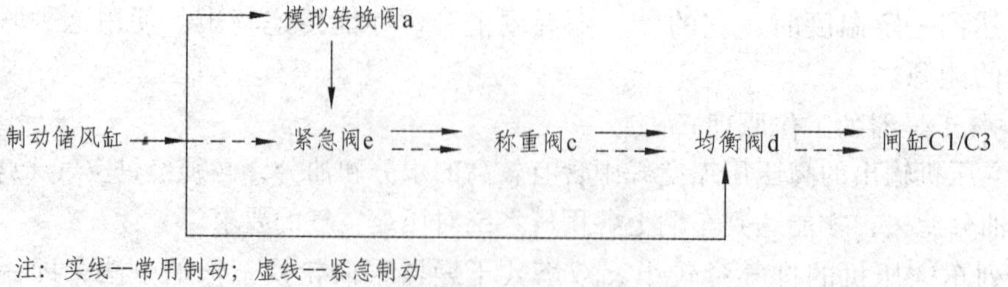

注：实线--常用制动；虚线--紧急制动

图 2-44　制动控制单元压力空气流程图

模拟转换阀由 3 部分组成：比例阀——将电信号转换成气压信号的电磁阀；排气电磁阀和气电转换器——将气压信号转换成电信号。当比例阀收到制动系统电脑（EBCU）的指令后，按其要求将阀芯打开，使制动储风缸的压力空气通过比例阀转变成预控制压力 Cv1 并送向紧急阀 e，并同时送至气电转换器和排气阀；气电转换器将压力信号转换成相对应的电信号，馈送回 EBCU，供其进行比较分析。当馈送信号大于或小于制动指令时，EBCU 将发出继续增大或关小比例阀开口的指令，直至预控制压力 Cv1 达到制动指令的要求为止。

紧急阀是一个二位三通电磁阀，它的 3 个通道分别与模拟阀输出口、制动储风缸和称重限制阀相连接。常用制动时，紧急阀得电，使模拟阀与称重限制阀相通；紧急制动时，紧急阀失电，使制动储风缸与称重限制阀直接相通。通过紧急阀后输出的预控制压力被称为 Cv2，并通过管路板进入称重限制阀。

称重限制阀是利用来自空气簧的压力对 Cv2 进行调整和限制，经调整和限制的预控制压力被称为 Cv3，并通过管路板进入均衡阀。

正常情况下，列车实施常用制动时，由于 EBCU 对模拟阀输出的预控制压力 Cv1 的监控，故经紧急阀输出的 Cv2 不会超出在相应荷载下的最大制动力，只有在监控失效或列车实施紧急制动时，此时称重阀将调整和限制其输出压力 Cv3，使 Cv3 不超出相应荷载下允许的最大制动力。

均衡阀犹如电子技术中的一个电流放大器，它利用经调整、控制后的预控制压力 Cv3 来推动其内部的执行机构，打开制动储风缸与单元制动机闸缸间的通道，一方面使进入单元制动机闸缸的空气压力与 Cv3 相等，另一方面使制动储风缸的压力空气能迅速对单元制动机闸缸进行充气，达到使列车制动的目的。

同样，列车制动缓解指令也是由制动电脑系统 EBCU 发出的。当模拟转换阀接到缓解指令后，将其排气阀打开，使制动控制单元 BCU 中的预控制压力 Cv1、Cv2、Cv3 通过模拟阀中的排气阀排出，从而使均衡阀的进气阀关闭，排气阀开启；而制动单元闸缸中的压力空气通过均衡阀的排气阀排入大气，使列车制动得以缓解。

6）气制动单元制动机的作用

电动列车每个转向架上装有两种型号的单元制动机，一种为不带有停放制动装置的单元制动机（见图 2-45），另一种为带有停放制动装置的单元制动机（见图 2-46）。

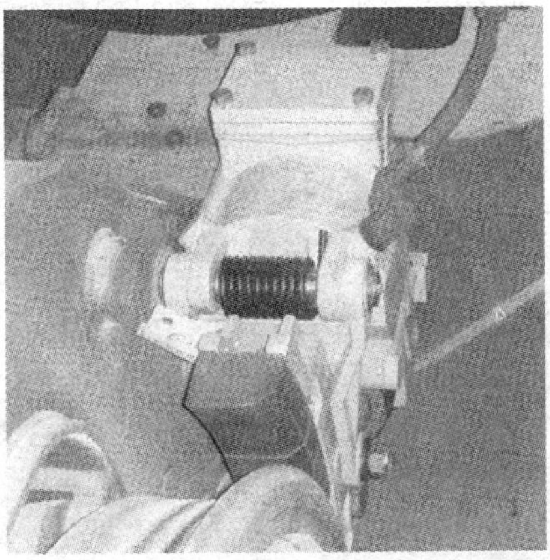

图 2-45　不带有停放制动装置的单元制动机

图 2-46　带有停放制动装置的单元制动机

单元制动机是制动系统的执行部件，它由闸缸、活塞、增力杠杆、活塞弹簧、闸瓦间隙调整器、吊杆、扭簧、闸瓦托、闸瓦、壳体等组成。

停放制动装置是用于车辆在无气情况下长时间停放的，它利用弹簧释放储存的弹力来推动活塞，从而带动二级杠杆使闸瓦贴紧车轮踏面达到制动目的。停放制动施加和缓解可在驾驶室通过操作停放制动施加和缓解按钮来实现。需要指出的是：当列车供风压力较低时，停放制动缓解可通过人工拔出停放制动顶部的缓解销来实施机械缓解。

7）液压制动和磁轨制动

目前新型低地板有轨电车（见图 2-47）机械制动系统主要由液压制动和磁轨制动组成。液压制动系统具有工作压力高、结构紧凑、空间占用小，便于集中安装在低地板有轨电车的转向架上。磁轨制动系统可以不受轮轨黏着条件的影响，是用于有轨电车车辆紧急制动时的辅助制动装置，在增大制动力的同时减少制动距离，是液压制动的补充。

图 2-47　低地板有轨电车

电制动是有轨电车的第一制动方式。液压制动是有轨电车的第二制动方式，它是一种采用摩擦制动的盘型制动装置，采用液压驱动。有轨电车动车采用被动式电子液压制动系统，主要由液压控制模块、电子液压单元、被动式弹簧制动夹钳机构（见图 2-48）、轴装式制动盘等部件组成。拖车采用主动式电子液压制动系统，主要由电子制动防滑模块、电子液压单元、主动式弹簧制动夹钳机构（见图 2-49）、轮装式制动盘等部件组成。磁轨制动是有轨电车的第三制动方式，其工作原理是使电磁铁磨耗板与钢轨接触摩擦产生制动力（见图 2-50）。

图 2-48　被动式弹簧制动夹钳机构

图 2-49　主动式弹簧制动夹钳机构

图 2-50　磁轨制动器

通常情况下，有轨电车在中高速制动时采用电制动，当电制动力不能满足需要时，由液压制动介入工作补偿制动力，若制动力仍然不能满足制动需求时，磁轨制动工作，在不依赖轮轨状态的前提下提升制动力，满足制动要求。

8）识读电动列车气路图

根据电动列车气路原理图，列车司机能够了解气路逻辑，明白每一个元器件在气路回路中的作用。气路原理图是列车司机排查气路故障的依据。气路原理图必须包括各个气路元件的符号、气路的走向，方便列车司机读图。

气路图常用符号如图 2-51 所示。

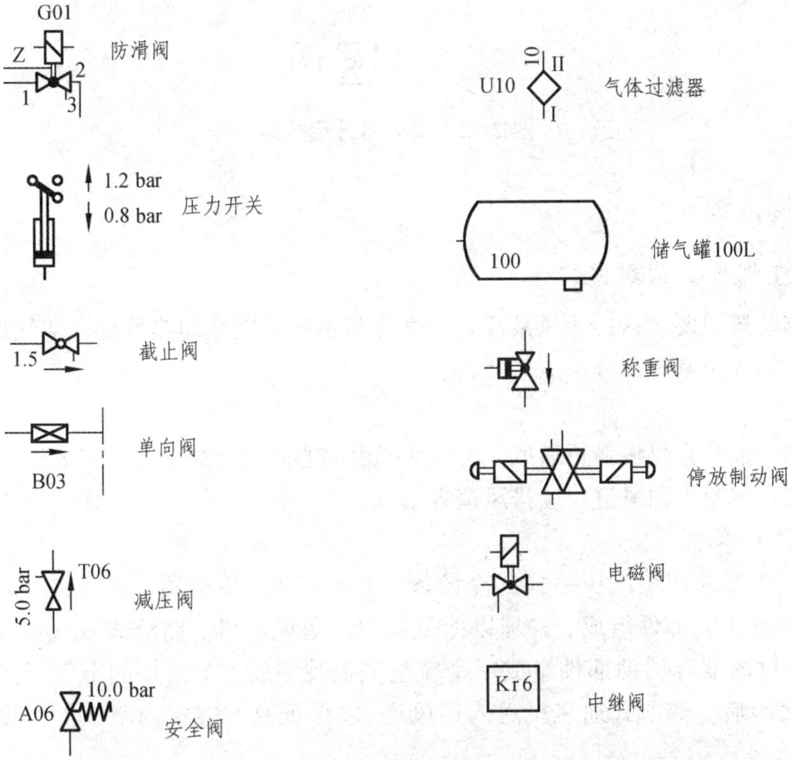

图 2-51　气路图常用符号

以电动列车受电弓升弓气路为例，如图 2-52 所示，图中的 U01 为截止阀，可以将受电弓回路与主气路截断；U10 为过滤器，保证受电弓回路气体质量；U04.1、U04.2 为单向阀，保证供气时单向供气；U11 为储风缸，作用为在主风压力过低时能够升弓，如没有 U04.2 单向阀，储风缸也失去了意义；U03 为升弓电磁阀，P 为进气口，A 为出气口，R 为排气口；U07 为受电弓。

整个回路的气路流向：

正常供气：U01—U10—U04.2—U03（P 到 A）—U07（受电弓）

脚踏泵供气：脚踏泵—U04.1—U03（P 到 A）—U07（受电弓）

注：U11 为储风缸，正常情况下不会低于主风缸气压。

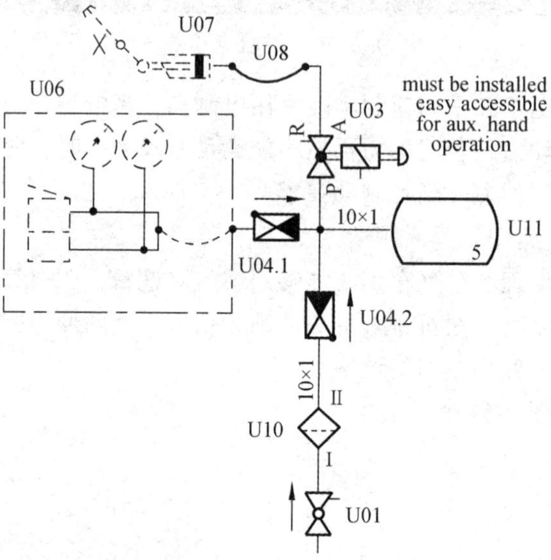

图 2-52　受电弓升弓气路

六、空调系统

1. 车辆空调装置的组成

车辆空调装置主要包括：通风系统、空气冷却系统、空气加热系统、空气加湿系统、调节和控制系统等 5 个基本部分。

1）通风系统

通风系统一般是指机械强迫通风。通风系统由离心式通风机、可调式进风口、滤尘装置、主送风道、支送风道、回风道、废排风道等组成。

2）空气冷却系统

车辆空调主要采用蒸汽压缩式制冷设备，由压缩机、冷凝器、蒸发器、膨胀节流阀或毛细管节流装置 4 大部件组成，并辅以冷凝风机、送风风机、储液筒或气液分离器、压力继电器、干燥过滤器等辅助部件组成一个完整的制冷系统。车内外的空气经过制冷机组的蒸发器降温除湿后由离心式通风机送入送风道，以保证夏季客室内空气的温度达到指定的范围。

由于空气冷却系统的表面温度通常低于空气的露点温度，因此，空气在通过空气冷却器冷却过程的同时也得到了减湿处理，从而保证了夏季客室内空气的相对湿度也在要求的范围内。

3）空气加热系统

空气加热系统一般包括对进入车内的空气进行预热和对客室内的热损失进行补偿。在冬季，由通风机吸入车内的空气必须经过预热处理，而且由于冬季的客室内热损失较大，所以必须加设取暖装置，以补偿客室内的热损失，从而保证冬季车内空气的温度达到指定的要求范围。目前大多数车辆空调中采用的加热装置为电加热器。

4）空气加湿系统

空气加湿系统用来调节客室内空气的相对湿度。

5）调节和控制系统

为使上述设备运行达到规定的要求，在车内设置了控制调节系统，可以人工控制、自动控制和集中统一控制。

2. 车辆空调装置的特点

（1）因受车辆限界的约束，要求空调机组小型化。

（2）因车辆整体轻量化设计的要求，空调机组应尽可能降低自重。

（3）车辆运行时，伴随有振动、冲击等恶劣条件，因此要求空调装置应具有良好性能和较高的可靠性。

第二节　车辆电气

一、车辆电动机

城轨交通车辆上应用最广泛的牵引电动机是直流牵引电动机和交流异步牵引电动机。

多年来，直流串励牵引电动机（简称直流牵引电动机或直流电动机，下同）一直作为各种铁道交通车辆的主要牵引动力。因为它具有起动性能好、调速范围宽、过载能力强、功率利用充分、运行较可靠且控制简单等优点。但由于直流电动机必须通过换向器才能工作，除结构较复杂、质量大外，它的维修工作量也较大，因此直流牵引电动机的发展和使用受到了很大限制。

20 世纪 80 年代开始，随着电力电子技术和计算机技术的迅猛发展，特别是采用了大功率自关断电力电子器件（GTO）和微机模块化控制后，使交流电动机调压调频（VVVF）控制得以实现。这就为具有结构简单、牢固，单位功率的体积小，质量轻及制造成本低且少维修等一系列优点的三相异步牵引电动机（简称交流牵引电动机或交流电动机，下同）在轨道交通车辆上获得了广泛的应用。

（一）直流牵引电动机

1. 直流牵引电动机的特点

直流牵引电动机的基本结构和普通电动机是相似的，但由于其工作条件特殊，因此它具有以下一些特点：

（1）直流牵引电动机被悬挂在地铁车辆转向架构架上，并借助于传动装置驱动车辆运行，因此牵引电动机在结构上必须考虑传动机构和悬挂两方面的问题。

直流牵引电动机的安装尺寸受到很大的限制，径向尺寸受到轮对直径限制，轴向尺寸受到轨距的限制，故要求其结构必须紧凑。为此，牵引电动机都采用较高等级的绝缘材料和性能较好的导磁材料。

（2）车辆运行时，钢轨对车辆的一切动力影响都会传给直流牵引电动机，使直流牵引电动机承受很大的冲击和振动。动力作用除造成电动机工作情况恶化外，易使电动机的零部件损坏。因此，要求直流牵引电动机的零部件必须具备较高的机械强度。

（3）牵引电动机的使用环境恶劣，被挂在车体下面的转向架构架上，很容易受潮、受污，还经常受到温度、湿度的影响。因此，牵引电动机的绝缘材料和绝缘结构应具有较好的防尘、防潮能力并要求直流牵引电动机有良好的通风条件。

（4）直流牵引电动机换向条件比普通直流电动机要困难得多，除受机械动力方面的影响外，还需经常性地承受起动、过载、制动，以及在磁场削弱条件下运行，这些情况都会使直流牵引电动机换向器产生火花，甚至形成环火，因此直流牵引电动机在结构上和设计方面必须对换向器给予特别注意。

2. 直流牵引电动机的基本构造

直流牵引电动机主要由静止的定子和旋转的电枢（转子）两大部分组成。定子的作用是产生磁场、提供磁路和作为电动机的机械支撑，它由主磁极、换向极、机座、端盖等部分组成。电枢是用来产生感应电势和电磁转矩而实现能量转换的主要部件，它的组成部分有：电枢铁心、电枢绕组、换向器和转轴等。电枢通过轴承与定子保持相对位置，使两者之间有一个空气隙。此外，直流牵引电动机还有一套电刷装置，电刷和换向器接触，使电枢电路和外电路相连。

3. 直流牵引电动机的励磁方式

直流电动机的性能与它的励磁方式有密切的关系，励磁方式是指对主磁极励磁绕组的供电方式。按励磁绕组与电枢绕组连接方式的不同，可分为他激、串激、并激和复激等。

4. 直流牵引电动机的工作原理

直流电动机里边固定有环状永磁体，电流通过转子上的线圈产生安培力，当转子上的线圈与磁场平行时，再继续转受到的磁场方向将改变，因此此时转子末端的电刷跟转换片交替接触，从而线圈上的电流方向也改变，产生的洛伦兹力方向不变，所以电动机能保持一个方向转动。

直流发电机的工作原理就是把电枢线圈中感应的交变电动势，靠换向器配合电刷的换向作用，使之从电刷端引出时变为直流电动势。

感应电动势的方向按右手定则确定（磁感线指向手心，大拇指指向导体运动方向，其他 4 指的指向就是导体中感应电动势的方向）。

导体受力的方向用左手定则确定。这一对电磁力形成了作用于电枢的一个力矩，这个力矩在旋转电动机里称为电磁转矩，转矩的方向是逆时针方向，企图使电枢逆时针方向转动。如果此电磁转矩能够克服电枢上的阻转矩（例如由摩擦引起的阻转矩以及其他负载转矩），电枢就能按逆时针方向旋转起来。

（二）交流牵引电动机

1. 交流牵引电动机的特点

交流异步电动机是基于定子旋转磁场与转子绕组中感应电流相互作用产生电磁转矩，从而实现能量转换的一种交流电动机，主要作为电动机使用。与直流牵引电动机相比，其最大的优点是结构简单。由于没有直流牵引电动机的换向器和刷握等装置，因此维修工作量大大减少。交流电动机由于电力电子元件和控制技术的发展，其调速性能已达到并超过了直流电动机。现已广泛用于地铁和城轨交通车辆。

交流异步电动机与同步电动机不同，其转速和旋转磁场速度间存在一定差异（即所谓异步），这是它产生转矩的必要条件。由于转子绕组电流是感应产生的，所以异步电动机也称感应电动机。

交流异步电动机区别于其他类型电动机，在于其转子绕组不需与其他电源相连接，而其定子电流直接取自输入电源。上海轨道交通架空接触网为直流 1 500 V，经车辆牵引逆变器输出三相交流电源提供给交流牵引电动机。它与其他电动机相比，除了结构简单、运行可靠外，使用和维护方便及质量较轻，它与直流牵引电动机相比，具有质量轻一半、成本较低等特点。它具有较高的效率和较好的工作特性，有与并励直流电动机类似的接近恒速的负载特性，能满足城轨交通车辆的牵引要求。此外，交流牵引电动机还有较好的防护形式，以适应城轨交通环境条件的需要。

2. 交流牵引电动机的基本构造

电动列车交流牵引电动机结构如图 2-53 所示。

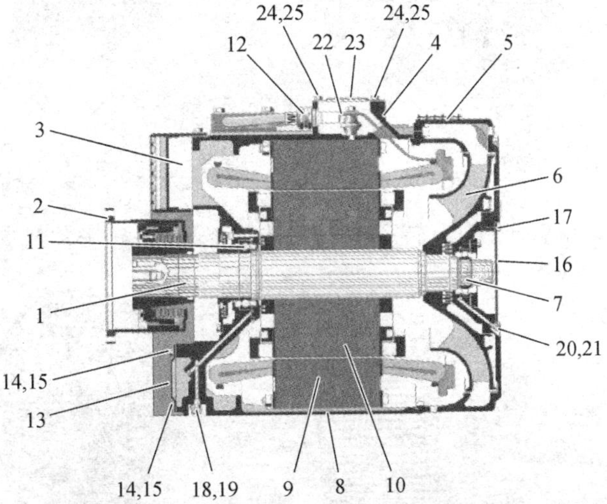

图 2-53　电动列车交流牵引电动机结构图

1—轴；2—电机侧半联轴节；3—进气口盖；4—接线盒；5—出气口网罩；6—轴承保护罩；7—圆柱滚子轴承（N 端）；8—定子外壳；9—定子；10—转子；11—深沟球轴承（D 端）；12—电缆密封管；13，16—盖板；14，17，24—六角头螺钉；15，25—张力垫圈；18，20—油脂喷嘴盖；19，21—锥形油脂喷嘴；22—连接线；23—接线盒盖异步电动机主要由两部分组成，固定部分称为定子，旋转部分称为转子。定子和转子之间有一很小的间隙称为气隙。定子的两端还有端盖。

3. 交流牵引电动机的定子、转子及气隙的作用

1）异步电动机的定子

异步电动机的定子由定子铁心、定子绕组和机座 3 部分构成。定子与机座剖面如图 2-54 所示。

定子铁心的作用是作为电动机中磁路的一部分和放置定子绕组，为了减少旋转磁场在铁心中引起的损耗，铁心一般用导磁性好的电工硅钢片叠成。

在定子铁心内圆周表面冲出许多形状相同的槽，用于嵌放定子绕组，定子绕组是电动机的电路部分，主要作用是产生旋转磁场，以实现机电能量转换。

机座的作用主要是固定和支撑定子铁心，要求有足够的机械强度和刚度。定子、机座、端盖外观如图 2-55 所示。

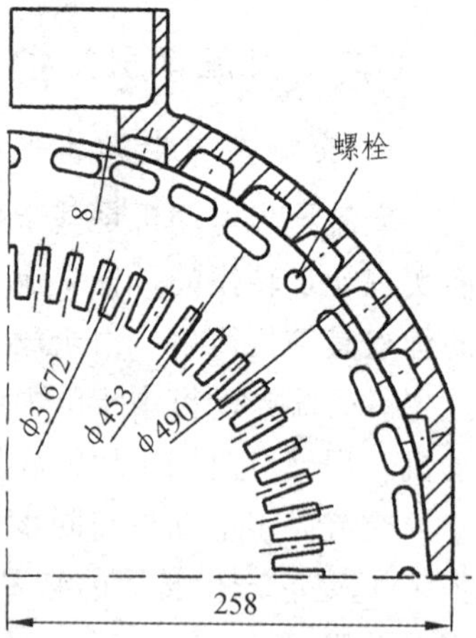

图 2-54　定子与机座剖面

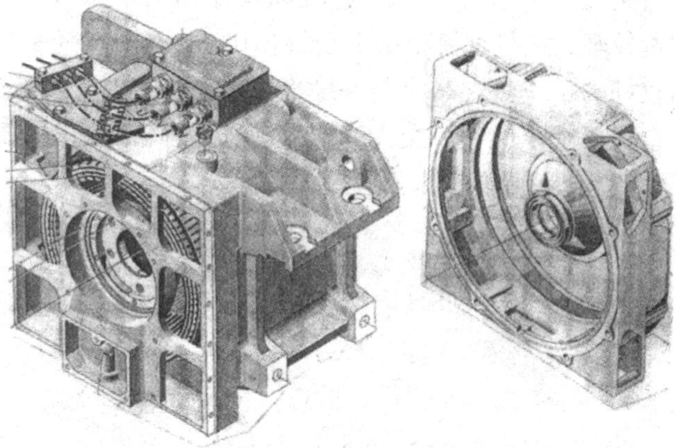
图 2-55　定子与端盖

2）电动机的转子

异步电动机的转子由转子铁心、转子绕组和转轴等组成，转子与风扇外观如图 2-56 所示。

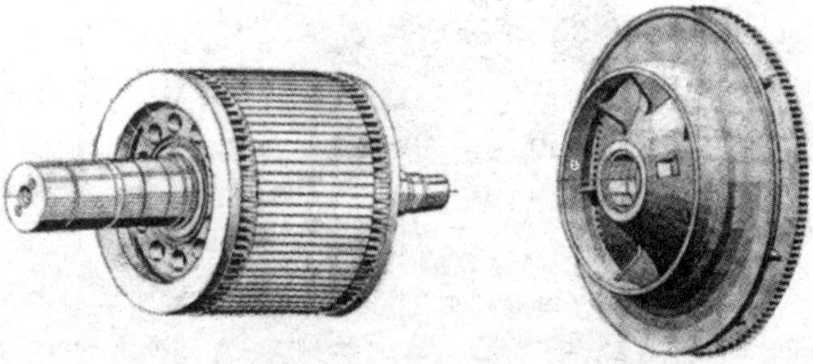
图 2-56　转子与风扇

转子铁心也是作为电动机磁路的一部分，一般由硅钢片叠成。铁心安装在转轴上。转子

铁心上开有槽，以供放置或浇注转子绕组之用。

转子绕组的作用是产生感应电势，流过电流和产生电磁转矩，其结构有鼠笼式和绕线式两种。

异步电动机的转子绕组不必由外界电源供电，可以自行闭合而构成短路绕组，工艺简单。每个转子槽中插入一根导条，在伸出铁心两端的槽口处，用两个端环分别把所有导条连接起来。如果去掉铁心，整个绕组外形就像是一个“鼠笼”，所以称为鼠笼式转子。

3）异步电动机的气隙

和其他电动机一样，异步电动机的定子和转子之间有一气隙。异步电动机的特点在于它的气隙很小。

气隙大小对异步电动机性能有很大的影响。一方面，为了降低电动机的空载电流和提高电动机的功率因数，气隙应尽可能地小；而另一方面，为了装配方便和运行可靠，以及削弱磁场脉振所引起的附加损耗等，气隙稍大是有利的。

4. 交流牵引电动机的工作原理

转子绕组在定子旋转磁场作用下产生电动势。转子电动势在转子绕组的自我闭合回路中产生电流。转子电流与气隙中基波磁场相互作用产生电磁转矩，使转子拖动机械负载旋转。电动机能量的传递是以气隙磁场为媒介的，在能量传递过程中将会产生各种损耗。转子绕组和气隙磁场之间相对运动是异步电动机产生转矩进行能量转换的必要条件，故转子转速不可能达到基波磁场转速（即同步转速）。

异步电动机的定子三相绕组施加三相交流电流时，在气隙中产生旋转磁场。旋转磁场切割定、转子绕组磁动势，除在气隙中产生起主要作用的基波磁场（主磁场）外，还在绕组槽部、端部产生漏磁场，在气隙中产生高次谐波磁场。与这些漏磁场和谐波磁场相对应的漏抗以及绕组电阻与电动机运行、起动性能有密切关系。气隙中高次谐波磁场在一定条件下将产生附加转矩，影响电动机的转矩特性，还可能引起电磁噪声和振动。

那么，旋转磁场是怎样产生的呢？

在三相对称绕组中（三相绕组在空间位置互差 120°电角度），流过对称的三相电流（3 个相的电流振幅、频率相同，相位互差 120° 电角度）就会产生旋转磁场。

二、车辆电器

1. 司机控制器

司机控制器控制主电路，它实际上是一组转换开关，通过搬动两根不同的轴，控制凸轮与之组合开关相应的触点分合来控制列车的运行方向，实现列车牵引、制动和惰行工况的转换，如图 2-57 所示。

图 2-57　电动列车司机控制器

司机控制器主要由主控制手柄、方式/方向手柄、组合开关、凸轮、转动轴、蘑菇按钮、钥匙开关、电位器电阻等部件组成。

2. 列车 TMS 设备

TMS（Train Management System）是一种在控制列车的牵引与制动、母线断路器和受供电装置等重要设备、空调装置和 PIDS 等服务设备的同时，监控各种车载设备的状态、显示故障发生时的引导、记录累计行驶里程等各种信息的系统（见图 2-58）。

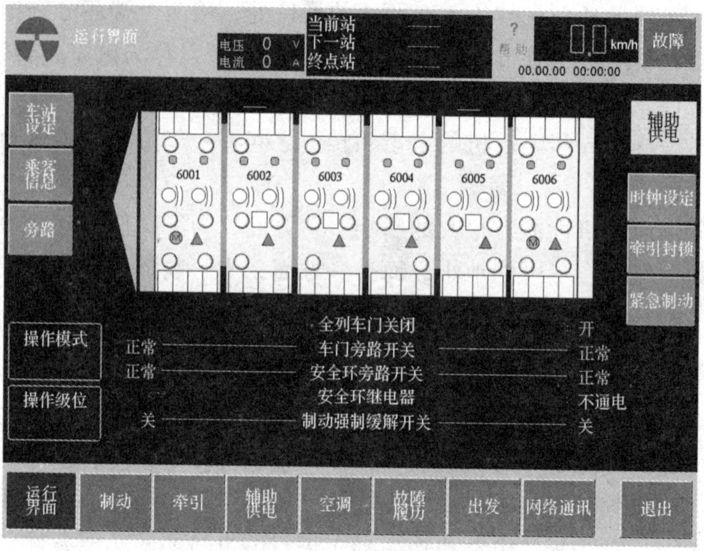

图 2-58　TMS 设备

3. 列车 DMI 设备

DMI（Driver Monitor Interface）驾驶室显示屏是一种人机交互设备，能提供列车司机在行车时所必需的各类信息，包括速度指示、目标速度/目标距离、驾驶模式、折返和调停请求、制动命令、制动信息、发车表示器状态、扣车、停站时间、停车对位情况、车门与屏蔽门的状态等信息，列车司机通过菜单界面选择所需了解的各类信息（见图 2-59）。

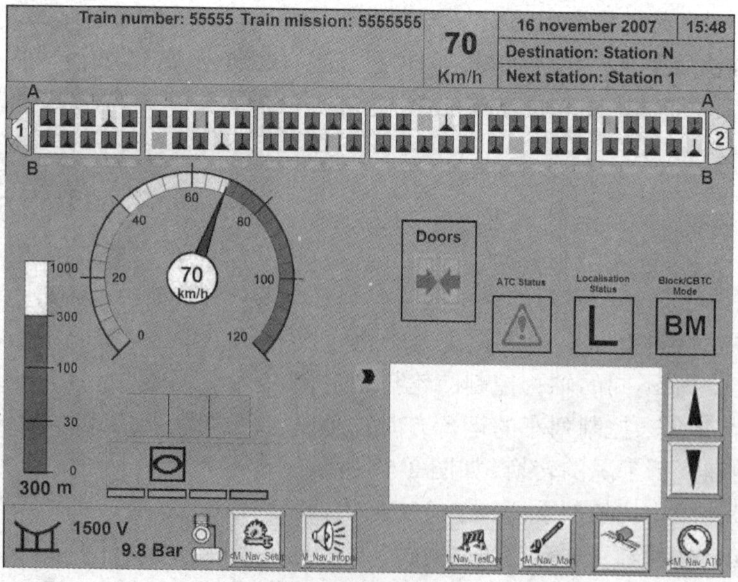

图 2-59　DMI 设备

4. 乘客信息系统（PIS）

乘客信息系统（PIS）是一个实现列车广播、信息显示、媒体播放和视频监控等功能的综合性平台系统，该系统包含了列车广播系统（PA）、乘客信息显示系统（PIDS）、视频监控系统（CCTV）3 个子系统。

5. 辅助系统设备

1）辅助系统设备组成

电动列车辅助系统设备主要包括以下部分：辅助逆变器、空压机、客室照明、列车空调、通风冷却装置、电子电气设备、蓄电池等。整个辅助系统就是为这些设备的正常运作提供电源的。辅助逆变器与辅助系统与运营质量、运营能力以及乘客感受到的舒适性密切相关，是很重要的一个系统。

2）辅助逆变器的工作原理

三相逆变器包括 6 只静态开关，用来将直流电压转换为交流电压。

PWM（脉宽调制）逆变器：为了直接从一个未经调整的直流输入电压同时获得一个固定频率的固定交流（AC）输出，在这一次的转换步骤中，逆变器是用"PWM"（脉冲宽度调制）方法来控制，其结果是成为一台非常简单的逆变器。三相 AC 输出滤波器用来使矩形波 PWM 电压平滑为正弦波，如图 2-60 所示。

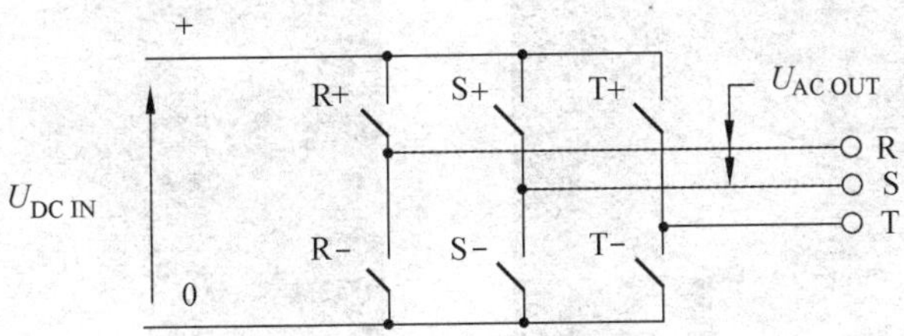

图 2-60 三相逆变器原理图

6. 受流器（受电弓）的作用

城轨交通车辆一般使用的是单臂受电弓，它安装在 Mp 车车顶上，如图 2-61 所示。升起后 4 根（或 2 根）碳滑板与架空导线接触，将直流电源引入电动车辆内。车辆运行时，滑板沿架空导线滑动并保持良好接触。受电弓的受电性能在很大程度上取决于接触压力。若压力太小，则接触电阻增大且易跳动，导致接触不良产生电弧；但压力太大，则摩擦加大，增加滑板和导线磨损。因此要求受电弓的机械结构能保证滑板在工作高度范围内具有相同的接触压力。受电弓各关节的阻力对接触压力也有影响，当受电弓降低时阻力使压力增加；当受电弓升高时阻力又使压力减小。因此，为使上升压力同下降压力之差尽可能小，必须采取措施减小摩擦力。在静止状态下，接触压力与受电弓之间的关系称为受电弓的静特性。

图 2-61 受电弓

车辆运行时，受电弓随着架空接触导线高度的变化而上下运动，因此，接触压力与受电弓的静特性有关，而且与受电弓上下运动时的惯性力即受电弓的动特性也有关。此外，传动装置还应使升降弓过程中初始运动迅速，运动终了比较缓慢。即在降弓时可使受电弓很快断弧，升弓时可防止受电弓对接触网和受电弓底架有过大的机械冲击。

7. 电动列车高速开关

1）电动列车高速开关的组成

电动列车高速开关包括基架、短路快速跳闸装置、过载跳闸装置、合闸装置、灭弧栅。

2）电动列车高速开关的安装位置

电动列车高速开关一般安装于 Mp 车上，每两辆动车配备一台高速断路器，如图 2-62 所示。由于电动车辆车下安装空间有限，要求高速开关必须结构紧凑。

8. 制动电阻器

1）制动电阻的作用

制动电阻用于城轨交通车辆的电阻制动，承担电动机电流中不能再生的那部分制动电流，该电阻应有足够的容量来承受持续 100%的制动负载，直到电动机电压升到极限，如图 2-63 所示。

图 2-62　高速开关

图 2-63　制动电阻

2）制动电阻的冷却方式

制动电阻箱悬挂安装于车辆底架下方，制动电阻冷却方式为强迫风冷（卧式通风），带状电阻条通过制动电流以发热的方式把能量传递出去。根据这一原理，除要求有良好的热容量，耐振动外，还要求能防腐蚀，在高温下不生成氧化层，特别要注意在正常使用寿命内不断裂。

9. 速度传感器

1）速度传感器的作用

速度传感器是一种将列车速度（车轴、电动机的转速）信号转换为电信号的部件。

2）速度传感器的工作原理

速度传感器安装于轮轴上，它将选取、转换后的信号传输提供给控制系统，如图 2-64 所示。

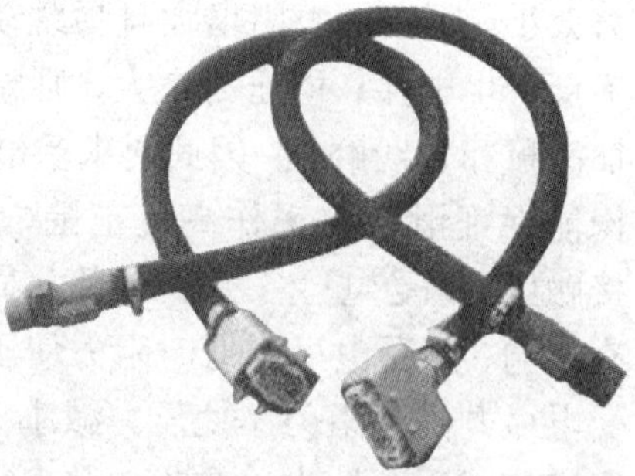

图 2-64　速度传感器

微电子技术和微处理技术的发展，使传感器出现了新的突破，从实时处理进而发展到将获得的信息储存、数据处理和控制。

城轨交通车辆使用的速度传感器分为单信道速度传感器和双信道速度传感器 2 种。它们安装于轴箱内，要求性能可靠、精度高、抗干扰性强。

3）速度传感器的分类

电动列车的速度传感器有电动机速度传感器和车轴速度传感器 2 种。

10. 避雷器的作用

雷电过电压和操作过电压的电压等级较高，单纯依靠提高设备绝缘水平来承受这两种过电压，不但在经济上是不合理的，而且在技术上往往也是不可能的。积极的办法是采用专门限制过电压的电器，将过电压限制在一个合理的水平上，然后按此选用相应绝缘水平的设备。避雷器是其中最主要的一种限制过电压的电器。避雷器的保护特性（避雷器在过电压作用下的残压值）是被保护设备绝缘配合的基础，改善避雷器的保护特性，可以提高被保护设备运行的安全可靠性，也可以降低设备的绝缘水平，从而降低造价。

避雷器是一种能吸收过电压能量、限制过电压幅值的保护设备，使用时将避雷器安装在被保护设备附近，与被保护设备并联，利用电阻片优异的非线性伏安特性（低电压时呈高阻态，高电压时呈低阻态）来实现过电压保护，如图 2-65 所示。在正常情况下避雷器不动作，当作用在避雷器上的电压达到避雷器动作电压时，避雷器导通，通过大电流，吸收过电压能量，并将过电压限制在一定的水平，保护列车电器设备。在释放过电压能量后避雷器会自动恢复到不导通的正常工作状态。

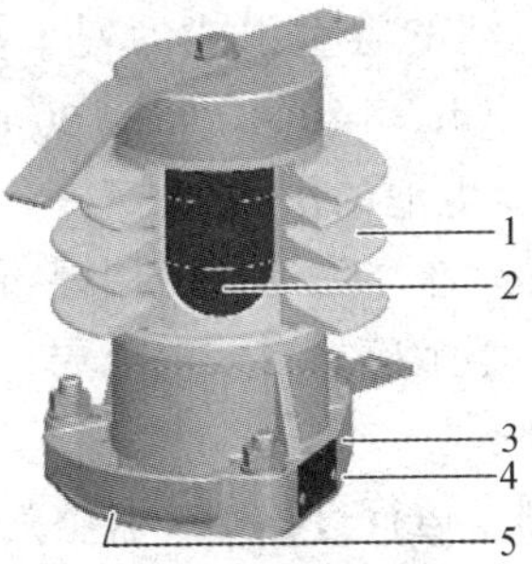

图 2-65 避雷器的结构

1—聚合物复合壳体；2—非线性金属氧化物电阻；3—带瓦斯分流器的法兰；4—过渡板；5—灭弧孔

11. 牵引逆变器

1）牵引逆变器的作用

牵引变流器的功能是转换直流制和交流制间的电能量，并对牵引电动机起控制和调节作用，从而控制机车的运行。

2）牵引逆变器的安装位置

牵引逆变器是城轨交通车辆上重要的电气设备，安装在电动列车动车车底部，其主要功能是为两个动车转向架上的 4 个牵引交流电动机提供电源。列车牵引逆变器由主逆变器和制动电阻组成，如图 2-66 所示。

12. 蓄电池

1）蓄电池的组成

电动列车的主蓄电池由 1.2 V DC 镍镉可充电电池单体相互串联组成 110 V DC 电源，一般由 80 只或 84 只单体组成一组电池组，它的主要缺点是单个电池的电压较低，仅 1 V 多。由车辆静止逆变器提供的 110 V DC 电源对蓄电池组充电，并向低压电器供电，如图 2-67 所示。

图 2-66　牵引逆变器

图 2-67　蓄电池

蓄电池的电能主要利用电解液化学能与电能的相互转化获得。镍镉电池是用氧化镍作正极、镉作负极的一种电池，正负极之间充有碱性电解液。

蓄电池的容量由能为列车提供应急负载供电 45 min 来决定，目前使用的蓄电池容量有 120 A · h、140 A · h、160 A · h 等。

2）蓄电池的作用

电动列车车辆通常使用镍-镉蓄电池，其能承受较大的电流，耐振动、耐冲击，对过充电和欠充电不敏感，自放电极弱，内阻极小，允许大电流放电，而且在使用过程中电压稳定、使用寿命长。

在列车运行过程中，若整列车失去高压电源时，主蓄电池的容量能保证向紧急照明、列车控制和监视设备、通信设备、头灯及尾灯、紧急通风负载提供 45 min 的电能。

在为以上负载提供 45 min 的电能外，还要求能打开或关闭车门一次。这样列车在失去高压的紧急状况下，主蓄电池保证了列车上的必要设备能继续工作，保障了列车的安全性能。

三、主回路

1. 主回路的组成器件

城轨交通车辆主回路的作用是接受控制回路发出的牵引和制动指令，完成城轨交通列车的牵引和制动任务。主回路主要组成器件有：受电弓、高速开关、牵引箱、牵引电动机、制动电阻等。

2. 主回路的工作原理

以电动列车为例，在牵引时，由受电弓从供电接触网上接收直流 1 500 V 电源，经过牵引箱的逆变作用，将直流 1 500 V 转变为从 0 ~ 1 050 V 可调的三相交流电，继而驱动交流电动机，完成电能向机械能的转换，达到牵引列车的目的。在进行牵引控制时，牵引箱输出的交流电是受控制单元发出的牵引指令控制的，如果牵引指令发生改变，那么输出的电压和频率也会相应地改变，这种控制方式叫作变压变频控制（VVVF）。

在制动时，将牵引电动机绕组快速旋转产生的交流电经过牵引箱变换为直流电，再将输出的直流电反向向触网供电或消耗在制动电阻上，从而完成机械能向电能或热能的转换，达到制动的目的。从上面的介绍中可以看出，电动列车电制动的方法有两种：向供电接触网供电和将直流电消耗在制动电阻上。对于前一种制动方式我们称之为再生制动（反馈制动），而对于后一种制动方式我们称之为电阻制动。

四、列车自动控制

1. 电动列车牵引控制单元

1）牵引控制单元的安装位置

TCU 的全称为牵引控制单元（Traction Control Unit），它安装在每个牵引箱内，用于监控和控制 PWM 逆变器。

2）牵引控制单元的作用

TCU 系统是一个控制电子牵引的设备，它能进行完整的闭环牵引控制和电流、电压及温度实际状态的监控，主要功能是控制牵引和制动力。

牵引/制动的控制信号为数字信号，由 TCU 读取，调幅（导通角）和频率是连续变化的，在门极单元中将这两个参数的组合来作为脉冲形式。门极单元产生触发脉冲，然后由放大器将其传送给 GTO 模块，同时从模块处发生的检查返回信号表示导通指令已被确认，从而驱动电动机工作。

TCU 的保护功能有电压监控、电流监控、温度监控和牵引箱内设备风机的监控。其中电压监控是 TCU 在直流连接电路中对牵引逆变器进行过压保护；除了闭环电流控制器外，TCU 还包括一个模块实施三级过流保护；温度传感器用于监控温度，TCU 将其测得的实际值与存储的极限值进行比较，如果超过极限值，则产生相应的反应；TCU 检查数据来确认设备风扇是否损坏。

2. 中央控制单元

1）中央控制单元的安装位置

CCU 的全称为中央控制单元（Central Control Unit），具有对运行的列车和车载部件实施控制、监测的功能，它位于每节 Mp 车的电子柜内。6 节编组列车共有 2 个 CCU。

2）中央控制单元的作用

列车故障数据将通过总线送至 CCU 后被记录，包括记录 CCU 的内部故障，读取故障。

中央控制单元的功能分别是负载管理、数据记录功能、发出故障信息和控制子系统。分别如下：

（1）以故障发生顺序记录故障及其相应的时间和环境，且向显示器发送，并做出故障等级评估。评估等级如下：

1 级（严重故障）：乘客必须在下一站下车。

2 级（中级故障）：影响运营的故障，列车应在线路的终点退出运营，即运营一圈后回至车辆段。

3 级（小故障）：不影响运营的故障，在下次日检时，列车应在车辆段进行检查。

（2）通过显示器和显示器内部的蜂鸣器向司机报告故障，司机可用屏幕上的按钮确认出现的故障。

（3）如果此 CCU 位于编辑列车中操作端的三节车单元中，应自动执行主控任务。

（4）监测指定的车辆部件（以维护和调试为目的）。

（5）当司机控制台得电，在此控制台上的显示器即处于工作状态。

（6）对列车总线、车辆总线具有主控功能。

3. 电子制动单元

1）电子制动单元的安装位置

每节车辆装有一个 BECU（制动电子控制单元），该单元提供制动力指令和防滑的部分控制。

每一个 BECU 由 19” 的电子机架组成，其包括下列插件板：中央处理单元插件板；诊断器插件板；电源插件板；串行接口插件板；9 个插件板接口。

2）电子制动单元的作用

中央处理单元（CPU）插件板控制所有的制动控制的信号处理及防滑系统的信号处理，根据输入信号，CPU 计算制动力指令值，并将其传给电子——气动模拟转换器。模拟转换器将制动力指令值转换成带有冲击限制及负荷控制的预控压力，由位于模拟转换器内的压力传感器提供反馈，用闭环控制来控制输出压力。

BECU 包括干扰和瞬态保护，形成电子电路所需的各种电压的电压模块，用于电磁线圈的施加和释放及故障监控的控制模块的操作。

负载校正（负载重量）是由气制动指令信号乘以负载正比系数而得到，而负载正比系数是通过测量实际的常用空气弹簧压力和将该压力转换成相应的电信号得到。负载压力从气垫处得到，并传给负载——压力限定阀及压力传感器，这个压力传感器产生正比于负载的电压信号，将其传给 BECU。

上述的监控由插件板的诊断部分来完成。该插件板上有一个 2 位数字的显示屏，输入电路、信号处理、输出电路及 CPU 自诊断的故障信号均被存储显示在 2 位数字的显示器上。如果存在几个故障，当钥匙打开后，则全部故障按照 3 s 一个的顺序来显示。如果中断电源，故障仍然存储着。故障显示器可以进行快速诊断并确认任何故障，所有的故障同时也通过 CCU 传给司机室内的彩色显示屏，在彩色显示屏上，它是以故障文字形式显示，且有针对司机的相关的建议处理方法。

4. 中央故障存储单元

1）中央故障存储单元的安装位置

在每节 Mp 车的中央控制单元 CCU 中包含一个中央故障存储单元。

2）中央故障存储单元的作用

（1）以故障发生顺序记录故障及其相应的时间和环境，且向显示器发送。

（2）通过显示器内部的蜂鸣器向司机报告。司机可用屏幕上的按钮确认出现的故障。

（3）如果此 CCU 位于 6 辆编组列车中操纵端的 3 节车单元中，应自动地执行主控功能。

（4）监控指定的车辆部件（以维护和调试为目的）。

（5）当司机控制台得电，在此控制台上的显示器即处于工作状态。

（6）对列车和车辆总线具有主控功能。

五、列车照明系统

1. 外部照明系统

城轨交通列车外部照明系统由头灯、尾灯、运营灯及侧墙信息灯等构成。这些外部照明是列车正常运营中至关重要的照明灯具，它显示列车的车次、目的地、前进、后退、停放、ATC 运营方式、制动施加和缓解等重要信息，它们是列车安全、正点运营的保证。

1）头灯的显示及作用

头灯用于列车运营过程中前进方向的照明，供司机对前方路况及信息进行观察。头灯通常安装于列车前端的端墙下方左右两侧对称的位置，并有“亮”和“暗”两种照明强度。其中，要求在“亮”照明强度工况下，在距离列车 215 m 处照度达到 1.6LUX（该照度的外界条件是视觉清晰的天气情况下，且无其他外界照明）。这是因为当列车在最高时速（80 km）时，其紧急制动的正常制动距离为 190 ×（1 ± 5%）m。这样 215 m 的照度距离保证了司机在操作时，一旦发生异常情况能有效采取紧急制动措施，确保列车运营安全，避免造成对列车或阻挡物（人、设备等）的不必要损坏。

头灯灯具由 3 部分组成：TVG 型电子镇流器、灯具和灯泡。

2）尾灯的显示及作用

尾灯的作用是显示列车尾部所在位置。尾灯安装于头灯相邻位置，其形状大小与头灯类似。照度要求在 215 m 处能见到尾灯亮。尾灯为红色。

尾灯灯具形状大小及安装位置与头灯接近。尾灯灯罩为红色，灯泡为 25 ~ 60 W 白炽灯。

3）运行灯的显示及作用

电动列车的运行灯是用来显示列车运行状态的指示灯，其显示方式与头、尾灯相似。红色灯亮表示本车为列车尾端或本车反向行驶。白色灯亮表示本车为列车前进方向或为主控制室端。

运行灯由两组不同颜色的不聚光灯组成，分别安装于列车前后端墙上近车顶的左右两侧。一般两组灯具的颜色分别为红色和白色，且红色灯安装在外侧，白色灯安装于内侧。

2. 内部照明系统

1）客室照明系统的功能

列车的客室照明是用于列车在运营过程中为乘客提供舒适的视觉照明。客室照明系统具有正常及紧急照明两种功能。

2）工作照明系统的功能

列车配备了供司机及维修人员作业过程所必需的工作照明系统。它们包括：司机室照明、司机阅读灯、设备柜照明及信息照明等。

复习思考题

一、判断题（将判断结果填入括号中。正确的填“√”，错误的填“×”）

1. 西门子 A 型电动列车 C 车设备柜中本车逆变器切除开关应在 1 位。（　　）
2. 西门子 A 型电动列车在车辆与车辆之间设有贯通道。（　　）
3. 电动列车驱动气缸安装是处于浮动状态，不会因车体变形而产生活塞杆在气缸内卡死现象。（　　）
4. 全自动车钩人工解钩时，操作者可通过拉动连接在心轴下端的钢丝绳，使钩舌板转动，达到与解钩气缸使钩舌板转动的同样效果。（　　）
5. 西门子 A 型电动列车模拟转换阀由两部分组成。（　　）
6. 直流牵引电动机的主磁极简称主极。（　　）
7. 直流牵引电动机的传动方式可分为个别传动和组合传动。（　　）
8. 异步电动机的定子由定子铁心、定子绕组和机座 3 部分构成。（　　）
9. 电动列车辅助系统设备主要包括以下部分：通风冷却装置、电子电气设备。（　　）
10. 高速开关用来接通和分断电动列车的低压电路。（　　）

二、单项选择题（选择一个正确的答案，将相应的字母填入题内的括号中）

1. 西门子 A 型电动列车排气电磁阀和气电转换器是将气压信号转换成（　　）。
   A. 电信号　B. 气压信号　C. 磁力信号　D. 感应信号
2. 半永久车钩的机械钩头采用（　　）联轴器连接。
   A. 半环箍型　B. 全环箍型　C. 半环筐型　D. 全环筐型
3. 电动列车门控电磁阀中有（　　）个节流阀。
   A. 4　B. 5　C. 6　D. 7
4. 西门子 A 型电动列车右门钢丝绳架安装在右车门上，它的作用主要是将右车门与钢丝绳相连，使右车门与钢丝绳（　　）。
   A. 交叉移动　B. 互动　C. 联动　D. 半移动
5. 西门子 A 型电动列车（　　）装置是用于车辆在无气情况下长时间停放时用的。
   A. 电制动　B. 紧急制动　C. 常用制动　D. 停放制动
6. 交流牵引电动机（　　）铁心的作用是作为电动机中磁路的一部分和放置定子绕组。
   A. 转子　B. 定子　C. 电流　D. 电磁
7. （　　）与运营质量、运营能力以及乘客感受到的舒适性密切相关，是很重要的一个系统。
   A. 牵引系统　B. 制动系统　C. 主回路　D. 辅助系统
8. 电动列车辅助系统设备主要包括以下部分：辅助逆变器、空压机、（　　）、列车空调等。
   A. 客室座椅　B. 灭火器　C. 客室照明　D. 扶手
9. 电动列车制动电阻冷却方式为（　　），带状电阻条通过制动电流以发热的方式把能量传递出去。
   A. 强迫风冷　B. 快速风冷　C. 中速风冷　D. 低速风冷
10. 电动列车牵引逆变器安装在动车（　　）。
    A. 设备柜内　B. 电子柜内　C. 客室内　D. 车底部

第三章　城市轨道交通运营安全

【学习目标】

1. 掌握城市轨道交通运营安全的特点；
2. 掌握城市轨道交通运营安全的影响因素和控制方法；
3. 掌握行车管理的基本概念；
4. 掌握违章行车及行车事故的危害性；
5. 掌握行车事故的定义及分类；
6. 掌握乘务工作的性质与环境对司机心理状态的影响；
7. 掌握司机心理状态的因果关系；
8. 掌握轨道交通乘客的心理特点；
9. 掌握危险源的概念；
10. 掌握危险源的辨别和控制方法；
11. 掌握安全标志、安全色和安全线的概念；
12. 掌握应急处置的基本原则；
13. 能够进行线路故障的应急处置；
14. 能够进行供电故障应急处置。

【知识要求与技能要求】

1. 城市轨道交通运营安全的影响因素和控制方法；
2. 违章行车的基本分类与危害性；
3. 行车事故的危害性；
4. 影响行车安全的主要因素；
5. 行车事故的分类及规则；
6. 城市轨道交通运输行车事故的内容；
7. 运营事故案例与分析；
8. 乘务人员心理分析；
9. 轨道交通乘客心理分析；
10. 危险源的辨别和控制方法；
11. 线路故障的应急处置；
12. 供电故障应急处置。

第一节　轨道交通行车安全

一、城市轨道交通运营安全特性

城市轨道交通是靠通过乘客的位移来完成的，而乘客的位移又是在多部门、多工种共同配合下，在列车的运行中实现的。所以，城市轨道交通运营管理的安全工作，一方面，与其他行业有着共同的要求，即在运营管理过程中，防止和消除人身伤亡事故和设备损毁事故，变危险为安全，变有害为无害；另一方面，由于城市轨道交通本身的特点，决定了城市轨道交通运营管理在安全上有其自己的特点。其特点主要体现在以下几个方面。

1. 城市轨道交通是大型联动机，安全工作涉及面广泛

城市轨道交通运营都是在地下、地面、高架等复杂的运行条件下进行，外界自然环境、社会环境以及城市轨道交通运营系统内部环境等多方面的因素对运营安全的干扰和影响较大。城市轨道交通运营是由车辆、车站、工务、电务等多部门组成的一架巨大联动机，每个工作环节必须紧密联系、协同动作，才能确保安全运营。否则，一个部门、一个环节出了问题都会影响其运营安全。特别是行车安全方面更为突出。如果一个地方发生行车重特大事故，就会影响一线、一片，甚至波及整个企业的运营。

2. 城市轨道交通运营过程复杂，安全工作贯穿始终

城市轨道交通运送乘客，要经过若干工序、若干人员的共同劳动才能实现乘客的位移，将其运送到目的地。安全工作贯穿运营管理过程的始终，涉及运营管理环节中的每一道工序、每一个人。因此，在城市轨道交通运营过程中，各个工作环节都必须严格遵章守纪。只有这样，才能确保乘客的安全。

3. 城市轨道交通运营安全受外界自然环境影响大

城市轨道交通运营受外界自然环境变化的影响大。如天阴、下雨、刮风、下雪、下雾等，会影响司机砉望信号和观察线路情况，稍不注意就可能发生事故；一到防洪季节，就可能发生塌方落石，或线路、桥梁被毁坏，影响行车安全；一到寒冷季节，就可能造成运营设备冻坏，影响安全运营；强烈的雷电，有可能毁坏或干扰通信、信号设备，也可能影响行车安全等。

4. 城市轨道交通线网覆盖整个城市，安全工作受社会环境影响大

城市轨道交通运送乘客是在复杂的城市轨道交通线上完成的。因此，社会治安秩序的好坏，沿线人民群众对城市轨道交通安全知识的了解，或一些乘客违章携带危险品、易燃和易爆品上车等，都将影响城市轨道交通的安全。

5. 城市轨道交通是城市现代化交通工具，技术性强

城市轨道交通是城市现代化的交通工具，设备先进、结构复杂，因而，技术性很强。各种车辆、车站设备、调度设备、通信设备、养路机械、修车设备等结构复杂，要求有相应的安全技术措施和有关的技术知识。因此，各类操作人员都必须经过技能培训并严格考试考核合格后才能任职。只有这样，才能确保运营安全。

6. 城市轨道交通运营是动态的，时间因素对安全影响大

城市轨道交通运营是通过列车使乘客发生位移，把他们运送到目的地。由于行车的密度大，列车运行间隔时间短，因此，在运营时要求有关人员特别注意时间因素，要做到分秒不差、准确无误，才能确保运营安全。否则，一分一秒之差，可能导致重特大事故，造成不可挽回的损失。

二、城市轨道交通运营安全影响因素

（一）运营安全因素分类

城市轨道交通运营系统是一个在时间、空间上分布很广的开放的动态系统，运营安全影响因素错综复杂，涉及很广，从系统论的观点出发，与运营安全有关的因素可以划分为 4 类，即人、机器、环境和管理。这种分类具有下述优点：

（1）它是从构成运营系统的最基本元素出发，从事故的最基本原因着手，具有普遍意义。

（2）充分体现安全是一项全员、全要素、全过程的活动。因为，系统中的“人”是指作为工作主体的人；“机”是指人所控制的一切对象的总称（包括固定设备和移动设备）；“环境”是指人、机共处的特定的工作条件（包括内部环境和外部环境）。

（3）考虑了人、机、环境对安全的影响，尤其考虑了三者之间的相互作用，包括：人-人、人-机、机-机、机-环境、人-环境、人-机-环境之间对安全的影响和相互作用等。

（4）以管理作为控制、协调手段，协调人、机、环境之间的相互关系，并通过反馈作用将系统状态的信息反馈给管理系统，从而改进安全管理方法，最终得到更为安全的系统。城市轨道交通运营安全影响因素之间的关系，如图 3-1 所示。

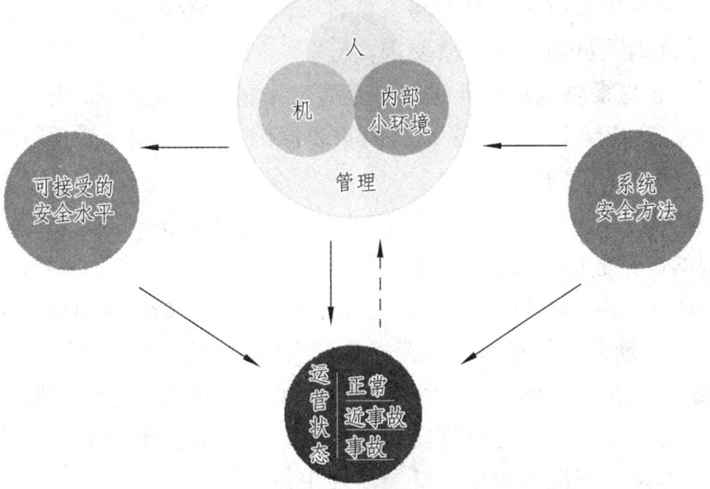

图 3-1　城市轨道交通运营安全影响因素之间的关系

（二）单因素影响分析

1. 人员因素影响分析

1）人在保障运营安全方面的重要性

随着自动化程度的不断提高，表面上看起来似乎系统对人的依赖程度减少了，但在系统设计、

生产和使用阶段，人扮演着重要角色。根据 Meisterde 的研究表明，人为差错占所有设备故障的 20%～50%。人为差错或失控产生的因素是多方面的，如操作者负担过重、疲劳及其综合素质等。

在安全问题中，人是矛盾的主要方面，因为即使是高度自动化的系统也不可能完全避免人的介入，不可能完全不受人的操纵和控制。安全专家库尔曼认为，人是一种安全因素和防护对象，机器只是一种安全因素，环境也只是一种安全因素和应予以保护的财富。在人-机-环境系统中，只有人才能向安全问题提出挑战，一个掌握足够技能和装备的人能够发现并纠正系统故障，并且使其恢复到正常状态。不幸的是，绝大多数事故的发生均与人的不安全行为有关。众所周知，韩国大邱地铁火灾事故与伦敦发生的地铁列车脱轨事故均与人的差错有关。

城市轨道交通运营安全与许多活动有关，所有各项活动都依赖于高效、安全和可靠的人的行为。在城市轨道运营工作的每一个环节、每一项作业中，都是由人来参与并处于主导地位的。人操纵、控制、监督各项设备，完成各项作业，与环境进行信息交流，与其他作业协调一致。正是由于人在运营工作中的重要地位，使得人的因素在运营安全中起着关键性作用。

人对运营安全的特殊作用，可归纳为下述 3 点：

（1）人的主导性。在人和设备的有机结合体中，人是主导方面。设备必须由人来设计、制造、使用和维护，即使是技术状态良好的安全设备，也只有通过人的正确使用才能发挥它的作用。

（2）人的主观能动性。当情况突然变化时，人能立即采取相应的措施，排除故障等不安全因素，使系统恢复正常运转。只有人，才具有主观能动性，从而具有合理处置意外情况的能力。

（3）人的创造性。人能够通过研究和学习，不断提高和改进现有系统的安全水平。

2）运营安全对人员的素质要求

影响交通运营安全的人的因素，是指上述人员的安全素质，包括思想素质、技术业务水平、生理素质，以及群体素质，且对不同人员有不同的素质要求。

（1）对运营系统内人员的安全素质要求。

① 思想素质。思想素质包括职业道德、劳动纪律和安全观念等。安全思想素质差，责任心不强，是导致“违章违纪”等不安全行为的重要原因。“安全第一、预防为主”的思想树立不牢，往往会制约一个单位的安全状况。

② 技术业务素质。技术业务素质包括业务知识、文化素养、安全法律知识和安全技能，以及处理各种非正常情况的作业能力等。由于城市轨道交通运营作业经常可能面临各种意外情况，所以工作人员的应变能力非常重要。此外，对安全管理人员而言，还应具备相应的安全管理知识和能力。

③ 生理素质。生理素质是指影响运营安全的人体生命活动，包括身体条件及生理状况，主要有年龄、性别、记忆力、体力、耐力、血型、视力、视觉（色觉、形觉、光觉）、听觉、动作反应时间和疲劳强度等，均与城市轨道交通运营安全有着十分密切的关系。例如，司机的视觉功能障碍，如果不能准确瞭望，就极易发生行车事故。

④ 心理素质。心理素质是指影响运营安全的人的心理过程及个性心理特征，主要包括个体的气质、能力、性格、情绪、需要、动机、态度、爱好、兴趣、意志等各个方面。例如，在气质方面，胆汁质的人往往容易冲动，表现为性急而粗心，多血质的人注意力容易转移，缺乏耐性，都可能成为引发事故的条件；黏液质的人表现为稳定、细心、工作有持久性，比较适合于在安全和要害部门工作。在性格方面，表现为勤劳、认真、细致、具有自信心和控制能力的人，以及富有稳定和持久的情绪特征的人，都有利于做好各项安全工作。因此，正

确判断员工的气质，培养他们良好的性格和其他心理特征，是保障安全运营的重要前提。

⑤ 群体素质。群体是个体的集合，群体素质是指影响运营安全的群体特征，包括群体目标、群体内聚力、群体的信息沟通、群体的人际关系等。由于城市轨道交通运营工作要求所有工种协同动作，涉及多个环节，因而它对于运营系统内部与部门之间、部门内人员之间以及同一作业的操作者之间的协调性要求很高，这就使群体的作用变得十分突出。群体对运营安全的影响，主要表现在群体意志影响其成员的行为，包括社会从众作用、群体助长作用和群体规范作用。

（2）对运营系统外人员的安全素质要求。

运营系统外人员不直接从事运营活动，因此，对他们的安全素质要求主要体现在：要严格遵守交通安全法规有关规定，具备城市轨道交通安全常识，同时具有较强的安全意识和一定的安全技能。运营安全对不同人员的素质要求，如图 3-2 所示。

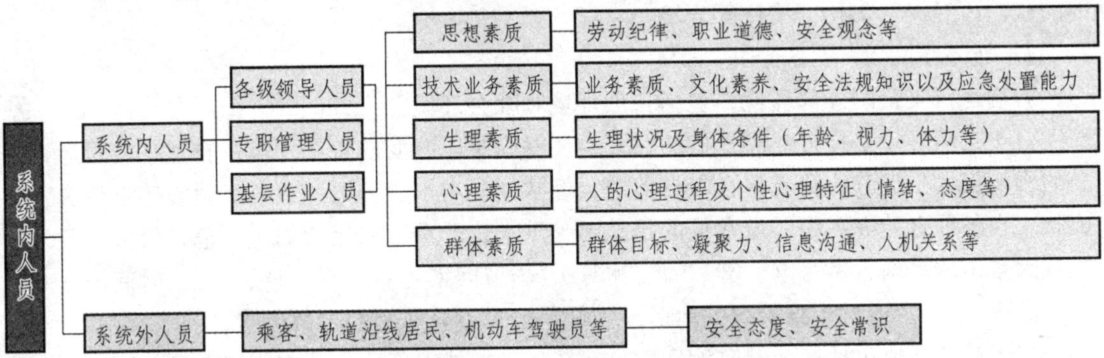

图 3-2　运营安全对不同人员的素质要求

2. 设备因素影响分析

城市轨道交通运营设备，是除人之外影响运营安全的另一个重要因素。质量良好的设备，既是运营的物质基础，又是运营安全的重要保证。

与运营安全有关的设备类型，包括以下两个方面：

1）运营基础设备

运营基础设备，包括固定设备和移动设备。

（1）固定设备——线路（路基路面、桥隧建筑物、轨道）、车站、信号设备（交通信号、联锁设备、闭塞设备）等。

（2）移动设备——电动车辆、通信设备（各种业务电话、电报）等。

2）运营安全技术设备

运营安全技术设备，包括安全监控设备、安全检测设备、自然灾害预报与防治设备、事故救援设备。

（1）安全监控设备——对运营系统员工操作正确性进行监督，防止在实际运营作业过程中由于人的精力和体力出现不适应而造成行车事故。

（2）安全检测设备——对各种运营基础设备的技术状态进行检测。

（3）自然灾害预报与防治设备，如塌方报警装置、地震报警系统、火灾报警系统等。

（4）事故救援设备，如消防、抢修、排障等设备。

3. 环境因素影响分析

影响运营安全的环境条件，包括内部环境和外部环境两部分。

1）内部环境

对于一般微观的人-机-环境系统而言，内部环境通常是指作业环境，即作业场所人为形成的环境条件，包括周围的空间和一切运营设施所构成的人工环境。然而，运营系统是一个非常复杂的宏观大系统，它是由系统硬件（运营基础设备和运营安全技术设备）、系统工作人员（运营系统内的各级管理人员和作业人员）、组织机构（管理、运行机构，维修机构等）以及社会经济因素（政治、经济、文化、法律等）等互相作用而构成的社会-技术系统。因此，影响运营安全的内部环境绝非仅是作业环境，它还包括通过管理所营造的运营系统内部的社会环境，即运营系统外部社会环境因素在运营系统内的反映，它涉及面广，包括运营系统内部的政治、经济、文化、法律等环境。

2）外部环境

影响运营安全的外部环境，包括自然环境和社会环境。

（1）自然环境是指自然界提供的、人类一时尚难以改变的生产环境。自然环境对运营安全的影响很大。运营线路暴露在大自然中，经常遭受洪水、雷电、台风、地震等自然灾害的威胁。在各种自然灾害中，最常见的是暴雨、洪水，严重影响运营安全，危害极大。此外，气候因素（风、雨、雷、电、雾、雪、冰等）、季节因素（春、夏、秋、冬）、时间因素（白天、黑夜），以及运营线路沿线的地形地貌等，也是不容忽视的事故因素。

（2）社会环境包括社会的政治环境、经济环境、技术环境、管理环境、法律环境，以及社会风气、家庭环境等，它们对运营安全均有不同程度的影响，较为直接的是运营线路沿线治安和站场秩序状况。

影响运营安全的环境因素，如图 3-3 所示。

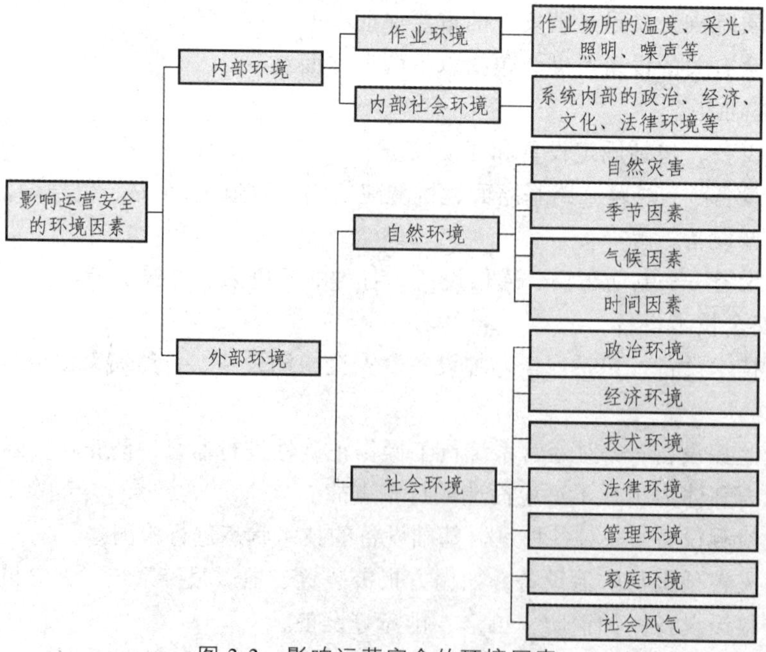

图 3-3　影响运营安全的环境因素

（三）各种因素相互影响分析

人、机、环境三者之间相互作用的方式有以下 4 种。

1.“人-人”之间

城市轨道交通运营是由多部门、多层次人员分工与协作来实现的。人与人之间相互作用、相互影响、相互依赖、相互制约，必须协调配合，才能有效保证运营的顺利进行。如果人与人之间的协调配合不好，就会造成事故隐患乃至发生运营事故。

2.“人-机”之间

在“人”与“机”的关系中，“人”是行为的主体，由人操纵“机”运转，人的劳动能力、劳动态度直接影响“机”的运转状况。同时，自动化“机”可以部分地监督人的行为，减少人为偏差。所以“人- 机”之间是相互作用和相互影响的关系。

3.“人-环境”之间

人的活动是在一定的环境中进行的，受环境的影响和制约。一方面，人从环境中获取物质、能量和信息，可以创造、改造环境；另一方面，环境反作用于人，使人必须适应环境。

4.“人-机-环境”之间

“人-机-环境”构成运营安全保障系统最基本的组成要素，根据系统的整体性思想，单纯一个要素的良好状态并不能保证系统的优化，为充分发挥系统的整体功能，必须有效地组合与协调三者之间的关系。

（四）管理因素影响分析

城市轨道交通运营安全管理，是指管理者按照安全运营的客观规律，对运营系统的人、财、物、信息等资源进行计划、组织、指挥、协调和控制，以达到减少或避免交通运营事故的目的。换言之，城市轨道交通运营安全管理，是指为了有效地减少运营事故及由运营事故所引起的人和物的损失而进行危险控制的一切活动。

城市轨道交通运营安全管理，包含以下 5 个方面的含义：

（1）其目的是消灭和减少运营事故及其损失。

（2）其主体是运营系统的各级管理人员。

（3）其对象是人（基层作业人员）、财（安全技术措施经费等）、物（运营基础设备和运营安全技术设备等）、信息（安全信息）等。

（4）其方法是计划、组织、指挥、协调和控制。

（5）其本质是充分发挥人的积极性和创造性，调动一切积极因素，促使各种矛盾向有利于运营安全的方面转化。

管理具有计划、组织、指挥、协调、控制的职能，管理使人、机械组成一个能够有效实现预期目标的系统。虽然人、机、环境往往是造成事故的直接原因，而管理看似间接原因，但追根溯源的确是根本的、本质的原因。这是因为前者都是受后者“管理”要素支配的，所以安全工作的关键是管理。

管理对运营安全的重要性，主要体现在以下 3 个方面：

（1）管理有助于提高运营系统内人员、设备和环境的安全性，如进行人员教育与培训等。

（2）管理具有协调运营系统内人、机、环境之间关系的功能，包括人-人关系、人-机关系、人-环境关系、人-机-环境关系。

（3）管理具有优化运营系统人-机-环境整体安全功能的能力，亦即管理具有运筹、组合、总体优化的作用。

影响城市轨道交通运营安全管理的因素较多，主要有安全组织、安全法制、安全信息、安全技术、安全教育和安全资金，如图 3-4 所示。

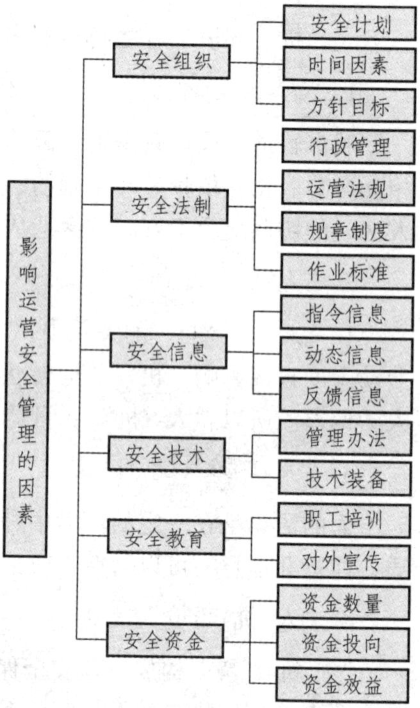

图 3-4　影响城市轨道交通运营安全管理的因素

（五）城市轨道交通影响行车安全的重要因素

在城市轨道交通运营过程中，行车安全直接关系到人民生活财产、国家财产、社会安定等十分重要的内容。因此分析和研究影响行车安全的主要因素以及确保安全行车、进行安全管理是紧迫而长期的任务。

1. 违章行车的基本分类与危害性

违章行车是指司机在值乘、出勤或操纵电动列车运行过程中与有关安全规定、运行规定、行车纪律等的要求相悖的行为。

1）违章行车的分类

（1）按照违章行车实施时的意识倾向可以把违章分为有意识的和无意识的违章。

① 有意识的违章一般是指司机在明知其行为触犯有关规定的情况下，存在着侥幸心理而实施的违章。

② 无意识的违章一般是指司机由于在技术业务上或经验上的缺陷而产生的其没有知觉的违章。

（2）按照违章行车的后果和程度可以把违章分为严重违章和一般违章。

① 严重违章是指在违章行为的实施过程中，可能或者已经对行车安全构成威胁和影响的违章。

② 一般违章是指在违章行为的实施过程中，没有对行车安全产生直接威胁和影响并且情节比较轻微的违章。

（3）按照司机值乘列车的过程可以把违章分为值乘准备阶段违章、操纵列车阶段违章和退勤阶段违章。

① 值乘准备阶段的违章是指司机在出勤后至列车动车前进行各种值乘准备过程中产生的违章行为。

② 操纵列车阶段违章是指司机在操纵列车运行过程中产生的违章行为。

③ 退勤收车阶段违章是指司机在退出列车运行进行各项退勤以及收车辅助工作时产生的违章行为。

2）违章行车的危害性

违章行车无论是何种类型、何种表现形式，从一开始产生就会造成不良后果与危害，所不同的只是这种不良后果与危害的程度以及损害的客体有区别。其危害性主要有以下几个方面：

（1）违章行车是行车事故的源头，是行车事故的隐患、恶疾，是行车事故发生的先兆。

（2）违章行车使操纵者对行车事故的后果失去应有的警惕，一次违章可能不会立即产生事故，但是在每一次行车事故中都隐藏着违章行车的痕迹。

（3）违章行车会给城轨交通运输正常的运行秩序造成紊乱，给市民的出行造成不便。

（4）违章行车给企业以及轨道交通运输的形象造成伤害。

2. 行车事故的危害性

行车事故的发生，必然会产生相应的后果，而这种后果由于受环境影响，受事故性质的作用，从事故产生的一开始就不以人的意志、愿望而变化或终止，具有十分严重的不可预测性和危害性。

（1）造成人民生命财产的损失与伤害。

（2）造成国家和人民财产的严重损失，给企业的经济效益造成损失。

（3）给城轨交通运输的正常秩序造成紊乱，严重影响乘客出行。

（4）严重的行车事故将会给城轨交通的形象以及社会造成十分恶劣的负面影响。

2. 影响行车安全的主要因素

（1）行车纪律松弛、制度执行不严。纪律松弛，出乘标准化作业不落实，责任制贯彻不力，是影响安全行车的一大顽症。

（2）疲劳行车、情绪开车。睡眠不足及受外界环境影响产生的情绪带入运行作业中，使司机产生生理、心理的疲劳，使操纵者精力不济，精神不能集中，给安全行车造成事故隐患。

（3）业务素质不高。由于技术培训问题及学习不够，司机业务水平不精，不能及时处理运行中的突发事件和故障。

（4）安全意识不强。司机思想波动大、情绪不稳定、责任心不强、行车纪律观念淡薄、臆测行车是造成行车事故发生的重要原因。

（5）行车技术设备不完善。行车设备老化，技术设备结构的不合理使之不能适应实际行车的需要。

（6）风、雪、雷、电等恶劣气候及环境的影响。风、雪、雷、电等恶劣气候对安全运行的影响是不可低估的。司机对气候环境变化，突发事件的适应与处置直接影响城轨交通运输的安全。

（7）安全管理以及制度、规章的适应性存在缺陷。安全管理归根结底是对人的管理，而各项制度的健全和完善是行车安全的基础，是行车安全的依据，没有完整有效的制度与规定是制约安全行车的重要因素。

三、城市轨道交通人员安全管理

（一）心理现象与城市轨道交通运营安全的关系

在人-机-环境系统中，人的心理现象及其规律性与城市轨道交通运营安全密切相关，因此，研究和揭示运输生产过程中人的心理现象及其规律性，已越来越受到国内外城市轨道交通运营安全管理部门和专家学者的覊度重视。

按照心理学原理，心理现象是人的大脑对客观现实的反映，包括心理过程和个性心理特征两个互相联系又相互制约的方面，且各自都包含一些复杂的心理要素和具体表现形式。影响城市轨道交通运营安全的心理要素主要有感觉、知觉、记忆、思维、注意、情绪、能力、疲劳、需要、动机、意识、气质和性格等。

在运输生产活动中，人的操作过程主要有 3 个环节，即辨认接收信息、操纵控制设备、观察调整运作，所有这些行为均受心理现象影响。当人的心理现象处于积极状态时，感知快速，思维敏捷，动作可靠，能保证系统正常运转。否则，人的感知觉、思维和反应机能就不能正常发挥，差错增多，导致事故发生的可能性就很大。因此，积极的心理现象是保证城市轨道交通运营安全的内在依据，消极的心理现象及由此产生的侥幸、麻痹、惰性、烦闷、自满和好奇等心理倾向，是人的差错（辨认不清、主观臆测、理解不当、判断失误等）引发事故的深层次原因。人的心理现象状态及其转变程度，成为运输生产中事故与安全相互转化的制约因素，城市轨道交通运营安全的心理保障关键就在于采取各种有效的手段和措施以提高人的心理素质。

（二）心理要素与城市轨道交通运营安全

1. 感觉和知觉与城市轨道交通运营安全

感觉是人通过感觉器官对客观事物个别属性的直接反映。知觉是客观事物的各种表面现象和诸多属性通过人的各种感官在大脑中的综合反映。知觉不仅依赖现实的感觉，而且也依赖于以往感觉经验的积累。感觉和知觉二者密不可分，通常将这两种心理现象称之为感知或感知觉。

在运输生产过程中，有些事故是由于人的感知觉发生错误（如误认信号、误听或误传命令等）而造成的。引起错觉的原因很复杂，既有心理因素，也有生理因素。错觉现象也很多，其中，视觉错误对城市轨道交通运营安全的影响较大。

2. 记忆和思维与城市轨道交通运营安全

记忆是人脑对所经历过的人和事的识记、保持和重现。思维是大脑在感知和记忆的基础上，对客观信息进行分析、综合、判断和推理的心理过程。如在运输工作中，运输指挥人员忘记将计划变更内容及时准确地通知作业人员，或因情况变化，不能立即分析判断，采取对策，就会因贻误时机而直接危及城市轨道交通运营安全。

记忆和思维是铁路员工重要的心理要素，没有较好的记忆能力，就不能很好地按章办事，执行计划。没有较强的思维能力就难以对非正常情况下的各种作业进行妥善处理。

3. 注意与城市轨道交通运营安全

注意是一种心理活动状态，按其作用或功能分为 3 种情况：一是注意力集中，即把心理活动重点指向特定对象，对其他无关的心理活动进行抑制，不因无关刺激源的干扰而分散精力；二是注意分配，即在同时进行两种及其以上活动时，把注意有目的地指向不同对象；三是注意转移，即根据活动需要，主动有序地把注意从一个对象转移到另一个对象上。

注意是保证城市轨道交通运营安全的基本心理条件。任何一项工作都是由多个作业环节组成的，如果作业人员的注意不集中，或过分集中而不能及时转移，或注意分配不当等，都有可能导致运输事故发生。

4. 情绪与城市轨道交通运营安全

情绪是人对客观事物是否满足自身需要，或是否符合自己的愿望和观点而表现出来的肯定（满意、愉快、高兴等）或否定（不满、不快、憎恨等）的态度体验。按其程度不同，情绪可分为心境、激情和热情 3 种状态。心境是一种比较平静而持久的情感体验；激情是一种迅速、强烈爆发出的短暂情感状态；热情是属于富有理性、稳定而深厚的情感表现。情绪和情感状态有积极和消极之分，良好的情绪和情感是保证城市轨道交通运营安全的充分必要条件；情绪不稳、心境不佳则是发生事故的重要原因。

5. 气质和性格与城市轨道交通运营安全

气质系指人的心理过程在强度、速度、灵活性和稳定性等方面的心理动力特征；性格是人对周围人和事的稳定态度和行为方式的心理特征。二者互相渗透、相互影响。

因为气质和性格的外在表现都是围绕着“做什么”（表现为对现实的态度）、“怎样做”（表现为行为方式）展开的，因此，从事运输生产人员的性格和气质与城市轨道交通运营安全直接相关。良好的气质和性格是作业人员实现自控的心理保证。而气质较差、性格有缺陷的职工，因客观存在的心理障碍而导致自控能力较差的问题，应通过各种安全管理手段促使矛盾向有利于安全的方面转化。

6. 能力与城市轨道交通运营安全

能力是完成某种活动所必需的并直接影响活动效率的身心发展的基本品质，是个性心理的重要特征之一。能力可分为一般能力和特殊能力，观察力、记忆力、注意力、思维能力和想象力等属于一般能力范畴，它们适应于广泛的范围，为人们认识客观事物，掌握科学文化知识提供了智力保证。诸如色彩鉴别力、音响辨别力、图像识别力等均系特殊能力，只能在特定范围和条件下发生作用。例如在列车技术作业过程中，列检所车辆检修人员通过锤敲耳听就能探测出车辆部件或零件的故障或隐患所在，这就是一种特殊能力。运输职工能力强弱直接关系到运输生产的安危，如细心观察、牢靠记忆、沉着应变、敏捷思维、准确判断及清楚表达等能力是广大职工安全高效地完成运输生产任务的重要保证。反之，观察不细、记忆不好、判断不准、表达不清和反应迟缓等，就会使运输事故发生的可能性增加。

7. 疲劳与城市轨道交通运营安全

疲劳是人在连续工作一定时间后，体力和精力消耗超过正常限度所出现的生理、心理机能衰退的现象，其表现是：生理机能下降，肌肉酸痛，身体困乏，头痛头晕，视觉模糊，呼吸急促，心率加快，血压升高等。心理机能下降，则注意力分散，感知觉失调，记忆和思维减退，反应迟缓。疲劳在生理上“不能再干下去”和心理上“不想再干下去”的综合影响，轻则使工作效率降低，重则因判断失误或操作不当而导致事故发生。

铁路运输工作中，客货列车运行速度高，噪声大，露天作业自然环境条件差，职工连续工作时间长，加之安全正点要求高，使生产和管理人员心理压力大，耗费的身心能量多。因此，研究和减轻疲劳，对保证城市轨道交通运营安全有重要意义。

8. 需要和动机与城市轨道交通运营安全

需要是人为了生存发展而产生的生理需求和对社会的需求在大脑中的反映；动机是人由于某种需要或愿望而引起的一种心理活动，是激励人们以行为达到目的的内因和动力。按照心理学揭示的一般规律，需要产生动机，动机支配行为。

人对安全的需要是马斯洛“需要层次理论”的重要组成部分。来自安全需要的安全动机有两方面的含义：一方面是保护自身不受伤害的动机；另一方面是保护他人、财产和设备等不被伤害和损坏的动机。前者是人的本能，一般情况下人不可能做出有意伤害自身的事情，这种自卫的动机基本上不需要培养和激励，但应经常告诫和提醒。而后者涉及他人、集体和国家利益，需要加强培养和激励。人的安全行为是在一定条件下，受安全动机指使的主观努力的结果，城市轨道交通运营安全心理保障所要研究解决的核心问题，就是如何强化人的安全意识和动机，助长遵章守纪、按标准化作业的安全行为，最大限度地减少消极心态对安全生产的不良影响。

（三）市轨道交通运营安全心理的保障条件

1. 增强安全意识

意识是人对客观事物的认识、思维和需求等心理活动发展到高级阶段时的心理沉淀，人的意识来自实践，并在实践中得到发展。意识的自觉性和能动性，具有改变客观现实的作用。

牢固的安全意识是城市轨道交通运营安全的重要前提和保证，是广大干部和职工对城市轨道交通运营安全的认识、情感和态度发展到严于律己时的思维定式，是形成安全动机和行为的先决条件。增强个人安全意识可确保安全自控，增强群体安全意识可实现安全互控和联控。其主要途径如下：

（1）坚持正面教育。不断进行安全教育和定期培训，使广大职工正确认识并处理好安全与效率、效益的关系；安全与国家、集体、个人之间的关系；安全与自控、互控、联控之间的关系，使安全意识的能动性得到充分发挥。

（2）强化3种安全管理意识。一是人本意识，人是安全生产中最富有主观能动性、创造性和积极性的要素。二是长远意识，警钟长鸣，长治久安是安全运输的根本所在，来不得半点松懈和麻痹。三是辩证意识，硬性制度、严格检查和加大奖惩力度是必要的，但更需要在提高职工队伍综合素质及促进安全习惯行为的养成上下功夫。

（3）树立典型示范员工。通过树立典型示范员工，使班组成员学比有榜样，赶超有对象，牢固树立“安全生产光荣，违章违纪可耻”的观念，自觉为安全生产多做贡献。

（4）利用从众心理。充分发挥班组优良作风和集体荣誉的作用，加大制度和纪律的约束力，增强群体一致向上的凝聚力，形成“要我安全变成我要安全”的氛围。

2. 激励安全动机

激励是指运用精神和物质手段去激发人的动机的心理过程。一个人有多种多样的动机，各种动机因强度不同，对人的行为所起的支配作用也不同，城市轨道交通运营安全管理必须通过强有力的激励措施，使安全动机在职工心理上占有主导地位。对安全生产进行激励的目的是通过激励引导职工的安全需要，强化安全动机，促成安全行为。在职工角色定位（职责、任务等）和一定思想业务素质条件下，运用激励手段，鼓励他们忠于职守，努力工作，在安全生产上取得成绩，并获得应有的奖励，从而使他们在精神和物质上得到暂时的满足。如果因违章违纪造成事故损失受到惩罚后，通过认真总结经验教训，避免事故再次发生。然而，不论是暂时满足还是吸取教训，都会使职工面对新的机遇和挑战，应调整自己的行为。

随着经济和社会发展，激励的手段和方法呈多元化趋势，主要有奖励与惩罚、竞赛与升级、职工参加民主管理和对管理行为实施监督等。城市轨道交通运营安全生产的长期实践证明，竞赛与奖励相结合的方法是激励广大干部和职工提高安全生产积极性的有效途径。

应该指出的是，在激励安全动机的同时，还要注意遏制不安全的动机。如少数职工为图省事而简化作业程序，为逞强好胜而故意违章违纪，为逃避事故惩罚而推卸责任或隐瞒事故等。消除这些消极心态，对防患于未然是十分重要的。

3. 提高技术业务能力

能力是一个人比较稳定的心理特征，与知识、技能关系密切。知识是人类历史经验的总结和概括，对个人来说是学习的结果；技能是实际的操作技术，是训练的结果。知识和技能是人的能力形成的基础，并能促进能力的发展。为了提高职工的技术业务能力，必须坚持教育和实践。

（1）持续开展全员业务知识、安全知识和安全技能教育，尤其要将新职工、班组长作为培训重点，强化非正常情况下的作业应变能力，进行系统超前培训，严格“先培训、后上岗”制度。

（2）对职工教育应坚持重现场需要、重实际操作、重实际成效的原则，大力改进培训方式、方法。借鉴国际劳工组织推出的先进的模块式技能培训方式（MES 法），结合实际，把城市轨道交通运营运输各业务工种的实际操作技能分解成单项模块式教学内容，进行组合式培训。

（3）经常性地开展学标、对标、达标活动。本着干什么学什么的原则，组织各工种所有在岗职工按照作业标准，反复学、反复教、反复练，直到熟知熟练为止。

4. 改善城市轨道交通运营安全环境

（1）城市轨道交通运营安全的工作环境。一定的工作环境会使人们产生一定的心理状态，而心理状态决定人们工作的竞技状态。良好的工作环境，能使人们以饱满的热情，充沛的精力投入安全生产。如果室温不宜、噪声严重超标、照明太亮或过暗，就会使人感到烦躁或因疲劳导致操作失误。因此，应根据人的感知、注意、记忆、思维、反应能力在不同环境因素下的变化规律，对不同作业场所的照明、色彩、温度、湿度、粉尘、布局等，从对人的心理产生积极影响的效果出发进行设计和安排。

（2）城市轨道交通运营安全的内部社会环境。在运输生产过程中，除了人与自然的关系即工作环境外，还有人与人之间的关系或称人际关系，即运输系统内部的社会环境问题。不同的人际关系会引起不同的情绪体验，产生不同的安全生产效果。融洽的人际关系，良好的内部社会环境是保证城市轨道交通运营安全的重要条件。这除了与职工个人修养有直接关系外，主要取决于领导的管理行为所营造的宽松环境。

在运输生产过程中，各级组织对安全工作的领导必须坚持严字当头、严格要求、严肃管理，但同时也要正确处理好人与人之间的关系，包括领导、干部与职工之间的关系。协调干群关系的关键在于要树立廉洁奉公的干部形象，切实转变干部作风，重点解决好作风不实、工作飘浮、官僚主义、形式主义和好人主义的问题，真心实意地关心职工生活，满腔热情地体察职工的思想、情感和困难，尽最大努力满足他们多层次的需要，帮助他们解除后顾之忧，使广大职工身体健壮、精力充沛、情绪饱满地投身到运输生产中去。

（四）团队合作

1. 团队合作的意义

在现代城市轨道交通运营管理中，团队合作是十分重要的问题。良好的团队合作对组织的每个成员都有激励和约束作用。在城市轨道交通运营运输的各个系统中，都要求团队发挥整体的工作效能，由此形成了各种作业“班组”的概念。随着城市轨道交通运营运输系统变得越来越复杂，自动化程度越来越高，分工越来越细，反过来抑制了团队工作和信息交流。城市轨道交通运营作业本身涉及多方面的知识和技能，例如，航空运输中，完成起落架维修可能涉及多个专业，包括液压、电气和装配技能，班组正是为适应这种要求建立的。一个作业班组（如航空器维修班组）具有为完成某个工作目标包含的大量任务所必需的各种技能，小组成员间需要不断相互支持和进行信息沟通，从而激发思考能力和创新能力。

通常在小组成员间还存在一定的竞争以获得领导地位，这可成为改善小组表现的积极动力。在团队合作中，强调信息沟通、领导能力、判断和决策以及应激管理等，这对改善工作质量，调动小组成员的主观能动性、积极性和创造性，使他们认识到工作的重要性和价值，并参与决策，想方设法完成工作具有重要的作用。

2. 班组资源管理

1）班组成员的搭配

人是万物之灵，又有千差万别。任何两名工作人员，无论个人性格、工作经验、业务技能、调配习惯、工作作风都是不尽相同的。每名工作人员都有自身的优点，也有各自的缺点。在工作实践中发现，好的班组能分工合作、协调配合、相互提醒、相互弥补，从而使班组形成多层次安全防护系统；而不好的班组互相冲突、互相制约，即使每个人员都极其优秀，班组依然十分脆弱。加强对班组成员的合理搭配，可从以下方面人手：

（1）性格互补。每名工作人员都有自己不同的个性，气质不同，性格也不同。有的性格粗犷，有的温和雅致；有的内向，有的外向；有的急躁冲动、性情激烈；有的处事冷静、不温不火。假如班组成员都是急性子，躁脾气，必然很难相处；同样，班组成员都性格内向，则很难沟通，久而久之势必难以配合。班组中，各成员的性格会相互作用，相互影响，有的相互促进，有的相互妨碍，互补搭配应是一种较好的配置。

（2）能力互补。不同的人员在能力上有各自的特点。有的理论知识扎实，有的特殊情况处置经验丰富。建立一个智能互补型的班组，有利于人员之间的知识互用，优势能力互补，扬长避短，有利于整个班组发挥整体效能。

（3）能形成团结的班组气氛。两名工作人员在生活中有了矛盾，在矛盾化解之前，如果安排他们搭配工作，结果势必是 1+1 < 1。这就是说，对班组成员的搭配，必须事先做出调查分析，了解人员之间的人际关系，考虑人员搭配在一起是互相猜测、挑剔、妒忌、怨恨、拆台，还是互相帮助、体贴、关心，能否形成和谐、融洽、宽松、团结、谦和的工作环境。

（4）年龄、性别互补。年龄、性别不同的成员，不仅身体状况、心理状况、工作资历、人生经历不同，而且智力、体力、能力、作用也不一样。而同一年龄段、同一性别的人员又常常表现出相同的特点。班组的组建以老、中、青相互搭配的年龄结构比较理想。

（5）职位、资历、能力成梯度搭配。对于职位、资历、能力而言，有的人员高，有的人员低。当高者与低者落差相当大时，即使高者的指令不当，低者慑于高者的威望，一般不敢提出自己的主张，达不到交叉监视和检查的目的。而低者在指挥过程中，往往畏畏缩缩，没有自信心，时刻担心出错，心理压力很大。过于平坦的搭配，有可能互相挑剔，谁也不服谁，产生逆反心理，反其道而行之。不合理的梯度使工作人员产生微妙的心理效应，干扰班组成员正常的交流协作，合理的匹配应使工作人员之间有一定的梯度，但不能过于陡峭或平坦，班组长应是资历和能力综合素质的最高者。

2）班组资源的实施

班组资源管理体现了集体的智慧和力量。避免和减少人员差错最有效的办法就是组建协调默契的班组。虽然个人会犯错误，但集体的力量、团队和班组的行为可以弥补个人的失误，班组资源的优点在于 1+1 > 2。

职工的个人素质是城市轨道交通运营安全管理的基础，也是班组资源的基础。班组的建设和班组资源是降低城市轨道交通运营事故率和保证安全的关键。不同的职工，其知识和技能不尽相同，且对信息的获取及情况的判断难免有偏差失误，长时间的工作难免有疏漏，处置特殊情况也难免顾此失彼。只有班组分工合作、协调配合、相互提醒、取长补短、相互弥补，才能发挥班组整体强有力的安全堡垒作用。所以安全系于班组整体，而不是个别成员。

加强班组资源管理，首先必须明确，班组成员之间保证安全的责任完全相同，发生城市轨道交通运营事故、差错时承担的责任完全相同，立功受奖人人相同。只有这种责任共担的制度才能消除各人管各人的现象，才能保证组员之间形成既有分工、又有合作的局面。

沟通是班组成员之间的交流和联络，也是配合协作的先决条件。沟通对于班组无异于血液循环对于生命有机体，沟通能确保班组成员获得的信息得到共享，增进合作。沟通应注意时效问题（例如，城市轨道交通运营管制、铁路行车调度指挥等工作具有较强的时效性），信息的发出一定要及时，并与对方接收的信息在内容上完全一致。如果不能达到正确的理解，则意味着信息沟通发生了障碍。工作人员之间的沟通包括态度、情感、思想、观念、意图的交流。

（1）切忌固执己见。城市轨道交通运营管理工作虽然有分工，但目标是一致的，即保证城市轨道交通运营安全。必须明确在具体城市轨道交通运营管理工作中，有的人员不愿意接纳他人正确的意见，不仅会造成管理失误，还会影响班组的团结。

（2）大胆陈述自己的观点和疑问。城市轨道交通运营管理过程中，当我们对城市轨道交通运营动态和组员的调配存在疑问或者有好的建议时，应坦诚、公开、及时地提出来，供大家商讨和参考。

（3）先接受补救措施，再追究个人失误原因。对于其他人员提出的安全隐患、事故苗头，主管应无条件，不带半点情绪和侥幸心理，立刻做出反应，挽回局面，至于查找个人失误原因则在其次。

（4）不过分干涉组员力所能及的工作，多建议，少命令和指责。鼓励组员公开讲明自己的意图，形成透明的工作环境，以便于组内监督和配合。

（5）鼓励组员在模棱两可的情况下，执行建议者的指挥意图。无论是接受建议还是向别人建议，努力做到减少个人情感的参与。谁是正确的并不重要，重要的是什么是正确的。

（五）安全教育与培训

1. 安全教育的意义

安全教育是事故预防与控制的重要手段之一。根据事故致因理论，要想控制事故，首先是通过技术手段（如报警装置等）、通过某种信息交流方式告知人们危险的存在或发生；其次则是要求人在感知到有关信息后，正确理解信息的意义，即何种危险发生或存在，该危险对人会有何种伤害，以及有无必要采取措施和应采取何种应对措施等。而上述过程中有关人员对信息的理解认识和反应的部分均是通过安全教育的手段实现的。

诚然，用安全技术手段消除或控制事故是解决安全问题的最佳选择。但在科学技术较为发达的今天，即使人们已经采取了较好的技术措施对事故进行预防和控制，人的行为仍要受到某种程度的制约。相对于用制度和法规对人的制约，安全教育是采用一种和缓的说服、诱导的方式，授人以改造、改善和控制危险的手段和指明通往安全稳定境界的途径，因而更容易为大多数人所接受，更能从根本上起到消除和控制事故的作用；而且通过接受安全教育，人们会逐渐提高安全素质，使得其在面对新环境、新条件时，仍有一定的保证安全的能力和手段。

所谓安全教育，实际上包括安全教育和安全培训两大部分。安全教育是通过各种形式，包括学校的教育、媒体宣传、政策导向等，努力提高人的安全意识和素质，学会从安全的角度观察和理解要从事的活动和面临的形势，用安全的观点解释和处理自己遇到的新问题。安全教育主要是一种意识的培养，是长时期的甚至是贯穿于人的一生的，并在人的所有行为中体现出来，而与其所从事的职业并无直接关系。而安全培训虽然也包含有关教育的内容，但其内容相对于安全教育要具体得多，范围要小得多，主要是一种技能的培训。安全培训的主要目的是使人掌握在某种特定的作业或环境下正确并安全地完成其应完成的任务，故也有人称在生产领域的安全培训为安全生产教育。

安全教育的内容非常广泛，学校教育是最主要的教育途径之一。无论是小学、中学，还是大学，都应通过各种形式对学生进行安全意识的培养，包括组织活动，开设有关课程等。在高等教育中，国外一般均采用两种方式进行安全教育：一是培养安全专业人才的专业教育，二是对所有大学生的普及教育，包括开设辅修专业或选修、必修课程等。我国基本上也采用了这种模式。目前，已有近 5 0 所高等院校培养安全工程及相关专业的本科生，近 30 所院校招收硕士研究生，并通过函授进修等方式对在职安全技术干部进行教育培训，努力提高其安全素质和专业知识水平。另外，部分院校也采用开设选修课程等方式进行安全教育。但总的说来，由于观念上的差异及学时、师资等方面的限制，高校中对非安全类专业学生的安全教育迄今尚停留在较低的水平上，这也使得在培养了极少量的专业安全人才的同时，却输出了一大批不具备基本的安全素质的工程技术人才和管理人才。实际上这也成为近年来恶性事故频发、安全类诉讼急升的间接原因。

安全培训，亦称安全生产教育，主要是指企业为提高职工安全技术水平和防范事故能力而进行的教育培训工作，也是企业安全管理的主要内容。它与消除事故隐患、创造良好的劳动条件相辅相成，二者缺一不可。

开展安全教育既是企业安全管理的需要，也是国家法律法规的要求。新中国成立至今，党和国家先后对安全教育工作做出了多次具体规定，颁布了多项法律、法规，明确提出要加强安全教育。同时，在重大事故调查过程中，是否对劳动者进行安全教育也是影响事故处理决策的主要因素之一。

另外，开展安全教育，是企业发展经济的需要，是适应企业人员结构变化的需要，是发展、弘扬企业安全文化的需要，是安全生产向广度和深度发展的需要，也是做好安全管理的基础性工作，是掌握各种安全知识、避免职业危害的主要途径。

2. 安全教育的内容

安全教育的内容可概括为 3 个方面，即安全态度教育、安全知识教育和安全技能教育。

1）安全态度教育

要想增强人的安全意识，首先应使之对安全有一个正确的态度。安全态度教育包括两个方面，即思想教育和态度教育。

思想教育包括安全意识教育、安全生产方针政策教育和法纪教育。

安全意识是人们在长期生产、生活等各项活动中逐渐形成的。由于人们实践活动经验的不同和自身素质的差异，对安全的认识程度不同，安全意识就会出现差别。安全意识的高低将直接影响安全效果。因此，在生产和社会活动中，要通过实践活动加强对安全问题的认识并使其逐步深化，形成科学的安全观，这就是安全意识教育的主要目的。

安全生产方针政策教育是指对企业的各级领导和广大职工进行党和政府有关安全生产的方针、政策的宣传教育。党和政府有关安全生产的方针、政策是为适应生产发展的需要，结合我国的具体情况而制定的，是安全生产先进经验的总结。不论是实施安全生产的技术措施，还是组织措施，都是在贯彻安全生产的方针、政策。只有安全生产的方针、政策被各级领导和工人群众理解和掌握，并得到贯彻执行，安全生产才有保证。在此项教育中要特别认真开展的是“安全第一，预防为主”这一安全生产方针的教育。只有充分认识、深刻理解其含义，才能在实践中处理好安全与生产的关系。特别是安全与生产发生矛盾时，要首先解决好安全问题，切实把安全工作提高到关系全局及稳定的高度来认识，把安全视作企业头等大事来抓，从而提高安全生产的责任感与自觉性。

法纪教育的内容包括安全法规、安全规章制度、劳动纪律等。安全生产法律、法规是方针、政策的具体化和法制化。通过法纪教育，使人们懂得安全法规和安全规章制度是实践经验的总结，它们反映安全生产的客观规律；自觉地遵章守法，安全生产就有了基本保证。同时，通过法纪教育还要使人们懂得，法律带有强制的性质，如果违章违法，造成了严重的事故后果，就要受到法律的制裁。企业的安全规章制度和劳动纪律是劳动者进行共同劳动时必须遵守的规则和程序，遵守劳动纪律是劳动者的义务，也是国家法律对劳动者的基本要求。加强劳动纪律教育，不仅是提高企业管理水平，合理组织劳动，提高劳动生产率的主要保证，也是减少或避免伤亡事故和职业危害，保证安全生产的必要前提。据统计，我国因职工违反操作规程，不遵守劳动纪律而造成的工伤事故占事故总数的 60% ~ 70%。为此，全国总工会提出要贯彻“一遵二反三落实”，即教育职工遵守劳动纪律，反对违章指挥、违章作业，监督与协助企业行政部门落实各级安全生产责任制，落实预防伤亡事故的各种措施，组织落实“人人为安全生产和劳动保护做一件好事”活动。这些，对于加强劳动纪律教育，认真执行安全生产规章制度，确保安全生产具有重大意义。

2）安全知识教育

安全知识教育包括安全管理知识教育和安全技术知识教育。对于带有潜藏的只凭人的感觉不能直接感知其危险性的危险因素的操作，安全知识教育尤其重要。

（1）安全管理知识教育。安全管理知识教育的内容包括对安全管理组织结构、管理体制、基本安全管理方法及安全心理学、安全人机工程学、系统安全工程等方面的知识。通过对这些知识的学习，可使各级领导和职工真正从理论到实践上认清事故是可以预防的；避免事故发生的管理措施和技术措施要符合人的生理和心理特点；安全管理是科学的管理，是科学性与艺术性的高度结合。

（2）安全技术知识教育。安全技术知识教育的主要内容包括：一般生产技术知识、一般安全技术知识和城市轨道交通安全技术知识。

一般生产技术知识教育主要包括：企业的基本生产概况，生产技术过程，作业方式或工艺流程，与生产过程和作业方法相适应的各种机器设备的性能和有关知识，工人在生产中积累的生产操作技能和经验及产品的构造、性能、质量和规格等。一般安全技术知识是企业所有职工都必须具备的安全技术知识，主要包括：企业内危险设备所在的区域及其安全防护的基本知识和注意事项，有关电气设备（动力及照明）的基本安全知识，起重机械和厂内运输的有关安全知识，生产中使用的有毒有害原材料或可能散发的有毒有害物质的安全防护基本知识，企业中一般消防制度和规划，个人防护用品的正确使用以及伤亡事故报告方法等。

城市轨道交通企业安全技术知识是指从事城市轨道交通企业某一岗位的职工必须具备的安全技术知识。专业安全技术知识比较专业和深入，其中包括运营安全技术知识、安全卫生技术知识以及根据这些技术知识和经验制订的各种安全操作技术规程等。其内容涉及城市轨道交通运营各个方面。

3. 安全技能教育

1）安全技能培训和安全技能的形成

仅有了安全技术知识，并不等于能够安全地从事操作，还必须把安全技术知识变成进行安全操作的本领，才能取得预期的安全效果。要实现从“知道”到“会做”的过程，就要借助于安全技能培训。

技能是人为了完成具有一定意义的任务，经过训练而获得的完善化、自动化的行为方式。技能达到一定的熟练程度，具有高度的自动化和精密的准确性，便称为技巧。技能是个人全部行为的组成部分，是行为自动化的一部分，是经过练习逐渐形成的。

安全技能培训包括正常作业的安全技能培训、异常情况处理的技能培训。

安全技能培训应按照标准化作业要求来进行，预先制订作业标准或异常情况时的处理标准，有计划、有步骤地进行培训。

安全技能的形成是有阶段性的，不同阶段显示出不同的特征。一般来说，安全技能的形成可以分为3个阶段，即掌握局部动作的阶段、初步掌握完整动作阶段、动作的协调和完善阶段。在技能形成过程中，各个阶段的变化主要表现在行为结构的改变，行为速度和品质的提高及行为调节能力的增强3个方面。

行为结构的改变主要体现在动作技能的形成，表现为许多局部动作联系为完整的动作系统，动作之间的互相干扰以及多余动作的逐渐减少；智力技能的形成表现为智力活动的多个环节逐渐联系成一个整体，概念之间的混淆现象逐渐减少以至消失，内部趋于概括化和简单化，在解决问题时由开展性的推理转化为“简缩推理”。

行为速度和品质的提高主要体现在动作技能的形成，表现为动作速度的加快和动作的准确性、协调性、稳定性、灵活性的提高；智力技能的形成则表现为思维的敏捷性与灵活性、思维的广度与深度、思维的独立性等品质的提高，掌握新知识的速度和水平是智力技能的重要标志。

行为调节能力的增加主要体现在一般动作技能的形成，表现为视觉控制的减弱与动作控制的增强以及动作的紧张性的消失；智力技能则表现为智力活动的熟练化、大脑劳动的消耗减少等。

2）安全技能培训计划

在制订安全技能培训计划时，一般要考虑以下几个方面的问题：

（1）要循序渐进。对于一些较困难、较复杂的技能，可以将其划分成若干简单的局部的成分，有步骤地进行练习。在掌握了这些局部成分以后，再过渡到比较复杂的、完整的操作。

（2）正确掌握练习的速度和质量的要求。在开始练习的阶段可以要求慢一些，而对操作的准确性则要严格要求，使之打下一个良好的基础。随着练习的进展，要适当地增加速度，逐步提高效率。

（3）正确安排练习时间。一般来说，在开始阶段，每次练习的时间不宜过长，各次练习之间的间隔可以短一些。随着技能的掌握，可以适当地延长各次练习之间的间隔，每次练习的时间也可延长一些。

（4）练习方式要多样化。多样化的练习可以提高兴趣，促进练习的积极性，保持高度的注意力。练习方式的多样化还可以培养人们灵活运用知识的技能。当然，方式过多、变化过于频繁也会导致相反的结果，即影响技能的形成。

在安全教育中，第一阶段应该进行安全知识教育，使操作者了解生产操作过程中潜在的危险因素及防范措施等，即解决“知”的问题；第二阶段为安全技能训练，掌握和提高熟练程度，即解决“会”的问题；第三阶段为安全态度教育，使操作者尽可能地使用安全技能。3个阶段相辅相成，缺一不可。只有将这3种教育有机地结合在一起，才能取得较好的安全教育效果。在思想上有了强烈的安全要求，又具备了必要的安全技术知识，掌握了熟练的安全操作技能，才能取得安全的结果，避免事故和伤害的发生。

4. 管理岗位和生产岗位的安全教育

按照教育的对象，可把安全教育分为对管理岗位的安全教育和对生产岗位职工的安全教育两大部分。

1）各级管理岗位的安全教育

管理人员安全教育是指对企业管理人员、工程技术人员的安全教育。

企业管理人员，特别是上层管理人员对企业的影响是重大的，他们既是企业的计划者、经营者、控制者，又是决策者。其管理水平的高低、安全意识的强弱、对国家安全生产方针政策理解的深浅、对安全生产的重视与否、对安全知识掌握的多少，直接决定了企业的安全状态。因此，加强对管理人员的安全教育是十分必要的。为此，原劳动部于1990年颁发了《厂长、经理职业安全卫生管理资格认证规定》《厂长、经理职业安全卫生管理知识培训大纲》，对企业厂长、经理安全教育的内容、目标考核等做了详细的规定。1995年，原劳动部颁发的《企业职工劳动安全卫生教育管理规定》，对各级管理人员的安全教育内容、教育时间及组织管理做了详细规定。

（1）高层管理人员的安全教育。

本着“管生产必须管安全”的原则，高层管理人员是本单位安全生产的第一责任者，对本单位的安全生产负全面领导责任。高层管理人员的安全教育实行资格认证制度，只有通过相应劳动安全管理部门的培训，获得资格认证，才可对本企业实施劳动安全卫生管理。高层管理人员取得《安全管理资格证书》后，每隔4年需进行1次培训考核，考核情况记入证书中。调动工作时，到新单位仍任高层管理职务者，应在到任1 0天内（遇有特殊情况最迟不超过3 0 天），持发证部门的培训、考核、认证登记表到调入地区的考核发证部门验证。

鬻层管理人员劳动安全卫生管理知识培训目标是：树立“安全第一，预防为主”的思想，熟悉国家安全生产方针、政策、法规、标准，增强安全意识和法制观念，掌握劳动安全卫生基本知识，具有一定的管理本企业安全生产工作和安全决策的能力。

（2）一般管理人员的安全教育。

一般管理人员安全教育的培训要求如下：

① 熟悉国家安全生产的方针、政策、法规、制度及不执行上述内容应承担的责任。

② 懂得一般安全技术、工业卫生知识，并能针对本单位情况提出改进措施。

③ 懂得怎样支持专、兼职技术安全人员做好安全生产工作。

④ 明确本岗位安全生产责任。

（3）企业安全卫生管理人员的安全教育。

企业安全卫生管理人员的安全教育要求如下：

① 企业安全卫生管理人员必须经过安全教育并经考核合格后方能任职，安全教育时间不得少于120学时。

② 安全教育内容包括：国家有关的劳动安全卫生方针政策、法律、法规和标准，企业安全生产管理、安全技术、劳动卫生、安全文化、工伤保险等方面的知识，职工伤亡事故和职业病统计报告及事故调查处理程序，有关事故案例及事故应急处理措施等。

（4）企业职能部门、车间负责人、工程技术人员的安全教育。

企业职能部门、车间负责人、工程技术人员的安全教育要求如下：

① 企业职能部门、车间负责人、工程技术人员的安全教育由企业安全卫生管理部门负责实施，安全教育时间不少于24学时。

② 安全教育内容包括：劳动安全卫生法律、法规及本部门、本岗位安全生产职责，安全技术、劳动卫生和安全文化的知识，有关事故案例及事故应急处理措施等。

2）生产岗位职工的安全教育

生产岗位职工的安全教育一般包括：三级安全教育，特种作业人员安全教育，经常性安全教育，"五新"作业安全教育，复工、调岗安全教育等。

（1）三级安全教育。

三级安全教育制度是厂矿企业必须坚持的基本安全教育制度和主要构成，包括厂级教育、车间教育和班组教育。教育时间不得少于40学时。

厂级安全教育是对新入厂工人（包括到工厂参观、生产实习的人员和参加劳动的学生以及外单位调动工作来厂的工人）的厂一级的安全教育，由企业主管厂长负责，企业安全卫生管理部门会同有关部门组织实施。厂级安全教育应包括劳动安全卫生法律法规、通用安全技术、劳动卫生和安全文化的基本知识、本企业劳动安全卫生规章制度及状况、劳动纪律和有关事故案例等项内容。

车间教育是新工人或调动工作的工人被分配到车间后所进行的车间一级的安全教育，由车间负责人组织实施。教育内容包括本车间劳动安全卫生状况和规章制度，主要危险、危害因素及注意事项，预防工伤事故和职业病的主要措施，典型事故案例，事故应急处理措施等项内容。

班组安全教育是新工人或调动工作的人到达生产班组之前的安全教育，由班组长组织实施。班组安全教育内容应包括遵章守纪，岗位安全操作规程，岗位间工作衔接配合的安全卫生注意事项，典型事故案例，劳动防护用品的性能及正确使用方法等内容。企业新职工应按规定通过"三级安全教育"并考核合格后方可上岗。考核情况要记录在案，6 个月后一般还应进行复训教育，考试成绩要记录。

（2）特种作业人员安全教育。

特种作业是指容易发生人员伤亡事故，对操作者本人、他人及周围设施的安全有重大危害的作业。直接从事特种作业的人员为特种作业人员。

1999 年 7 月原国家经济贸易委员会颁布了《特种作业人员安全技术培训考核管理办法》，该办法中所称特种作业包括：电工作业、金属焊接切割作业、起重机械（含电梯）作业、企业内机动车辆驾驶、登高架设作业、锅炉作业（含水质化验）、压力容器操作、制冷作业、爆破作业、矿山通风作业（含瓦斯检验）、矿山排水作业（含尾矿坝作业）及由省、自治区、直辖市安全生产综合管理部门或国务院行业主管部门提出并经原国家经济贸易委员会批准的其他作业。

特种作业人员在独立上岗作业前，必须进行与本工种相适应的、专门的安全技术理论学习和实际操作训练。培训内容和要求按原劳动部颁布的《特种作业人员安全技术培训大纲》执行，培训教材由省级安全监察部门统一指定。特种作业人员培训单位的资格需经地市级安全监察部门考核认可。特种作业人员的考核与发证工作，由特种作业所在单位负责按规定申报，地市级安全监察部门负责组织实施，安全监察部门对特种作业人员的安全技术考核与发证实施国家监察。取得“特种作业人员操作证”者，每两年进行一次复审；未按期复审或复审不合格者，其操作证自行失效。离开特种作业岗位1年以上的特种作业人员，须重新进行技术考核，合格者方可从事原工作。

锅炉司炉、压力容器操作、电工作业、金属焊接（气割）作业、建筑登高架设作业和企业内的机动车辆驾驶等人员，由市劳动行政部门或其指定的单位考核发证。其他特种作业人员分别由公安（对爆破作业人员）、铁路（对铁路机车驾驶人员）、煤炭（对煤矿井下瓦斯检验人员）、电业（对电业系统的电工作业人员）等部门考核发证。

（3）经常性安全教育。

由于企业的生产方法、环境、机械设备的使用状态及人的心理状态都处于变化之中，因此安全教育不可能一劳永逸。对于人来说，由于其大部分安全技术知识与技能均为短期记忆，必然随时间而衰减，因而必须开展经常性的安全教育，进一步强化人的安全意识与知识技能。经常性安全教育的形式多种多样，如班前班后会、安全活动月、安全会议、安全技术交流、安全水平考试、安全知识竞赛、安全演讲等。不论采取哪种形式都应该切实结合企业安全生产情况，有的放矢，以加强教育效果。

在安全教育中，安全思想、安全态度教育最重要。进行安全思想、安全态度教育，要采取多种多样的形式，通过各种安全工作，激发职工进行安全生产的积极性，使全体职工重视和真正实现安全生产。在企业的安全工作中，一项重要内容就是开展各种安全活动，推动安全工作深入发展。安全活动是在企业广大职工群众中开展的、旨在促进安全生产的工作。这些安全活动最重要的作用，就是提高职工的安全意识。

当开展某项安全活动取得了一定安全效果后，无论该项活动多么有效，如果把它作为最好的方法继续使用，就不会继续取得良好的效果。这是因为人们有适应外界刺激的倾向。尽管一项活动开始时对每个职工都有一定的刺激作用，但长期继续下去，人们对刺激的敏感性会降低，反应迟钝，直至最后刺激不起作用。当出现这种情况时，就应根据企业的安全状况，有目的地、间断地改变刺激方式，以新的刺激唤起人们对安全的关心。

（4）“五新”作业安全教育。

“五新”作业安全教育是指凡采用新技术、新工艺、新材料、新产品、新设备，即进行“五新”作业时，由于其未知因素多，变化较大，且根据变化分析的观点，与变化相关联的失误是导致事故的原因，因而“五新”作业中极可能潜藏着不为人知的危险性，并且操作者失误的可能性也要比通常进行的作业更大。故在作业前，应尽可能应用危险分析、风险评价等方法找出存在的危险，应用人机工程学等方法研究操作者失误的可能性和预防方法，并在试验研究的基础之上制订出安全操作规程，对操作者及有关人员进行专门的教育和培训，包括安全操作知识和技能培训及应急措施的应用等。这是“五新”作业教育的目的所在，也是我国安全工作者在几十年的工作实践中总结出的防止重大事故的有效方法之一。

（5）复工、调岗安全教育。

“复工”安全教育，是针对离开操作岗位较长时间的工人进行的安全教育。离岗 1 年以上重新上岗的工人，必须进行相应的车间级或班组级安全教育。

“调岗”安全教育，是指工人在本车间临时调动工种和调往其他单位临时帮助工作的，由接受单位进行所担任工种的安全教育。

5. 安全教育的方式

安全教育应利用各种教育形式和教育手段，以生动活泼的方式，来实现安全生产这一严肃的课题。

安全教育方式大体可分为以下 7 种：

（1）广告式，包括安全广告、标语、宣传画、标志、展览、黑板报等形式，以精练的语言，醒目的方式，在醒目的地方展示，提醒人们注意安全和怎样才能安全。

（2）演讲式，包括教学、讲座的讲演，经验介绍，现身说法，演讲比赛等。这种教育形式可以是系统教学，也可以专题论证、讨论，用以丰富人们的安全知识，提高对安全生产的重视程度。

（3）会议讨论式，包括事故现场分析会、班前班后会、专题研讨会等，以集体讨论的形式，使与会者在参与过程中进行自我教育。

（4）竞赛式，包括口头、笔头知识竞赛，安全、消防技能竞赛，以及其他各种安全教育活动评比等，以激发人们学安全、懂安全、会安全的积极性，促进职工在竞赛活动中树立安全第一的思想，丰富安全知识，掌握安全技能。

（5）声像式，即用声像等现代艺术手段，使安全教育寓教于乐，主要有安全宣传广播、电影、电视、录像等。

（6）文艺演出式，即以安全为题材编写和演出的相声、小品、话剧等文艺演出的教育形式。

（7）学校正规教学，利用国家或企业办的大学、中专、技校，开办安全工程专业，或穿插渗透于其他专业的安全课程。

6. 安全教育效果

在进行安全教育过程中，为提高安全教育效果，应注意以下 5 个方面。

1）领导者要重视安全教育

企业安全教育制度的建立、安全教育计划的制订、所需资金的保证及安全教育的责任均由企业领导者负责。因此，企业领导者对安全教育的重视程度决定了企业安全教育开展的广泛与深入程度，决定了安全教育的效果。

2）安全教育要注重效果

安全教育要想取得良好的效果，应注意以下 4 点：

（1）教育形式要多样化。安全教育形式要因地制宜，因人而异，灵活多样，采取符合人们认识特点的、感兴趣的、易于接受的方法。

（2）教育内容要规范化。安全教育的教学大纲、教学计划、教学内容及教材要规范化，使受教育者受到系统、全面的安全教育，避免由于任务紧张等原因在安全教育实施中走过场。

（3）教育要有针对性。要针对不同年龄、工种、作业时间、工作环境、季节、气候等进行预防性教育，及时掌握现场环境和设备状态及职工思想动态，分析事故苗头并及时有效地处理，避免问题累积扩大。

（4）充分调动职工积极性。应深入群众，了解工人所需、所想，并启发工人提出合理化建议，使之感到自己不仅仅是受教育者，同时也在为安全教育的实施和完善做贡献，从而充分调动他们的积极性。

3）要重视初始印象对学习者的重要性

对学习者来说，初始获得的印象非常重要。如果最初留下的印象是正确的、深刻的，他将会牢牢记住，时刻注意；如果最初的印象是错误的、不重要的，他也将会错下去，并对自己的错误行为不以为意。例如，在对刚入厂的新工人进行安全教育时，如果使他认为不仅操作规程重要，所有的安全技术措施、安全操作规程也同样重要，他对安全会非常重视；反之，如果教新工人学习操作技术，第一次教授的操作方法不正确，再让他改正就很困难。因此，必须严密组织安全技能培训和安全知识教育工作，为提高操作者安全素质奠定基础。

4）要注意巩固学习成果

多年的实践表明，进行安全教育，不仅应注重学习效果，更应注重巩固学习所获得的成果，使学习的内容更好地为学习者所掌握，安全教育也是如此。因而，在安全教育工作中，应注意以下 3 个问题：

（1）要让学习者了解自己的学习成果。每一个人都愿意知道其所从事的工作收效如何，学习也是如此。因此，将学习者的进展、成果、成绩与不足告知他们，就会增强其信心，明确方向，有的放矢地、稳步地使自己各方面都得到改善。此外，人在学习过程中有时会出现停滞时期，有些人往往在这时丧失勇气，使学习受到影响。如使其了解学习的成果和进步，同时说明出现这种情况在学习过程中是正常情况，也会起到鼓励人们树立信心、坚持学习的作用。

（2）实践是巩固学习成果的重要手段。当通过反复实践形成了使用安全操作方法的习惯之后，工作起来就会得心应手，安全意识也会逐步增强。

（3）以奖励促进、巩固学习成果。心理学家通过实验发现，对于学习效果的巩固，给予奖励比不用奖励效果好得多。对某个工人通过学习取得进步的奖励和表扬，不仅能够巩固其本人的学习效果，对其他人也会产生很大影响。

5）应与企业安全文化建设相结合

安全文化是企业文化的重要组成部分，它包含人的安全价值观和安全行为准则两方面内容。前者主要是安全意识、安全知识和安全道德以及企业的向心力和凝聚力，是安全文化的内层，是最重要、最基本的方面；后者则属于物质范畴，主要包括一些可见的规章制度以及物质设施。

企业安全文化主要体现在以下方面：

（1）高层次管理人员始终贯彻执行“安全第一，预防为主”的指导方针。

（2）指导和实施有效的政策和规章，确保实践活动的正确性。

（3）具有良好的行为规范、行为监督和信息反馈。

（4）具有畅通的上下级关系和高尚和谐的人际关系。

（5）工作人员普遍重视安全。

（6）具有良好的纪律和有效的奖惩制度。

（7）具有明确的授权界限、清晰的接口关系。

（8）具有严格的自检、自查制度。

（9）具有牢固的科学技术基础。

（10）具有严密的安全生产责任制度。

（11）具有强有力的资金保证制度。

（12）具有良好的职工生存和工作环境。

（13）具有科学的资料管理系统。

企业安全文化教育是通过强化职工安全意识，达到提高安全素质的目的。由此可见，安全文化教育是传播和建立工业文明、提高职工安全文化素质的重要途径，是建立良好企业安全文化氛围的重要手段。同时，企业安全文化氛围的建立，为进一步做好安全教育创造了条件。因此，在市场经济体制下倡导和建立企业安全文化是企业安全生产的重要举措和科学方法，也是做好安全教育、保证安全教育取得良好效果的前提。

四、行车事故处理与案例分析

（一）行车事故的分类及规则

1. 行车事故的定义

行车事故是指列车运行中发生的对运营产生影响、造成人员伤亡、中断或延误行车、设备损害的事故。

2. 行车事故的分类

城轨交通行车事故按照其性质、损失以及对行车造成的影响，分为 4 个类型：

（1）特别重大事故。

（2）重大事故。

（3）较大事故。

（4）一般事故。

3. 规则制订的意义与作用

1）规则制订的意义

为了及时处理在城轨交通运输中由于各类因素的影响而产生的行车事故，吸取事故教训，不断总结经验，维护轨道交通运营秩序，确保轨道交通行车安全，认真贯彻执行“安全第一、预防为主”的方针，根据《城轨交通管理条例》的基本原则，城轨交通管理部门制订了相关的行车事故处理文件，作为规范、分析、调查、处理行车事故的依据。

2）规则的作用

“事故处理规则”的定义：所谓事故处理规则是在与行车运营有关事故发生后，进行处理救援、分析调查、性质认定等相关程序的规范准则。

城轨交通行车事故处理规则是行车工作的重要规范文件，它主要有以下 3 点作用：

（1）它是处理行车运营事故的依据。在条款中具体列举了各种事故现象，界定了各类事故的性质，便于相关部门参照执行。

（2）明确了事故发生后的报告程序、报告内容、处置权限。有利于在实际操作时有效、迅速、准确分清职责、落实责任、采取措施。

（3）有利于有关行车部门制订相应的安全规章制度，使“安全第一、预防为主”的方针、政策进一步细化、深化、落实，保障行车安全。

（二）城市轨道交通运输行车事故的内容

1. 特别重大事故

符合下列情况之一的，为特别重大轨道交通运营事故：

（1）事件突然发生、事态非常复杂、事件后果涉及全市范围，对公共安全、政治稳定和社会经济秩序造成特别严重的危害或威胁。

（2）导致 30 人以上死亡（含失踪）或者危及 50 人以上生命安全。

（3）造成 100 人以上重伤（含急性中毒）。

（4）事故直接经济损失 1 亿元以上。

（5）造成 1 条已（试）运营区段单向中断运营 36 h 以上，或者双向中断运营 24 h 以上。

（6）造成 2 条以上已（试）运营线路同时中断 24 h 以上。

（7）超出本市应急处置能力的、需要国家有关部门处置的突发事件。

2. 重大事故

符合下列情况之一的，为重大轨道交通运营事故：

（1）事件突然发生、事态复杂、事件后果涉及数个区县，对公共安全、政治稳定和社会经济秩序造成重大危害或威胁。

（2）导致 10 ~ 29 人死亡（含失踪）或者危及 30 ~ 49 人生命安全。

（3）造成 50 ~ 99 人重伤（含急性中毒）。

（4）事故直接经济损失 5 000 万元以上，1 亿元以下。

（5）造成 1 条已（试）运营区段单向中断运营 16 h 以上，或者双向中断运营 12 h 以上。

3. 较大事故

符合下列情况之一的，为较大轨道交通运营事故：

（1）事件突然发生、事态较为复杂、事件后果在较大区域范围内对公共安全、政治稳定和社会经济秩序造成较大危害或威胁.

（2）导致 3 ~ 9 人死亡（含失踪）或者危及 10 ~ 29 人生命安全。

（3）造成 10 ~ 49 人重伤（含急性中毒）。

（4）事故直接经济损失 1 000 万元以上，5 000 万元以下。

（5）造成 1 条已（试）运营区段单向中断运营 10 h 以上，或者双向中断运营 6 h 以上。

（6）造成 2 条以上已（试）运营线路同时中断运营 6 h 以上。

4. 一般事故

符合下列情况之一的，为一般轨道交通运营事故：

（1）事件突然发生、事态相对简单、事件后果仅在一定范围内对公共安全、政治稳定和社会经济秩序造成较大危害或威胁。

（2）导致 1 ~ 2 人死亡（含失踪）或者危及 10 人以下生命安全。

（3）造成 1 ~ 10 人重伤（含急性中毒）。

（4）事故直接经济损失 5 万元以上，1 000 万元以下。

一般事故分为一般 A 类事故、一般 B 类事故、一般 C 类事故，同时根据轨道交通运营实际，设列一般 D 类事故、一般 E 类事故。

1）一般 A 类事故

运营过程中发生人员伤亡、财产损失、影响正常行车达到下列情况之一的，为一般 A 类事故：

A1：造成 2 人死亡，或者 3 人以上 10 人以下重伤。

A2：造成 500 万元以上 1 000 万元以下直接经济损失。

A3：造成 1 条已（试运营）区段单向中断运营 5 h 以上，或者双向中断运营 3 h 以上。

2）一般 B 类事故

运营过程中发生人员伤亡、财产损失、影响正常行车达到下列情况之一，后果不及一般 A 类事故的，为一般 B 类事故：

B1：造成 1 人死亡，或者 2 人重伤。

B2：造成 300 万元以上 500 万元以下直接经济损失。

B3：造成 1 条已（试）运营区段单向中断运营 3 h 以上 5 h 以下，或者 1 条已（试）运营区段双向中断运营 2 h 以上 3 h 以下。

3）一般 C 类事故

运营过程中发生人员受伤（无人员死亡）、财产损失、影响正常行车达到下列情况之一的，为一般 C 类事故：

C1：造成 1 人重伤。

C2：造成 5 万元以上 300 万元以下直接经济损失。

C3：造成已（试）运营线路严重晚点 2 h 以上。

4）一般 D 类事故

运营过程中达到下列情况之一，未构成一般 C 类以上事故的，为一般 D 类事故：

D1：运营时段正线列车冲突。

D2：运营时段正线列车脱轨。

D3：运营时段正线列车挤岔。

D4：运营时段正线列车分离。

D5：运营时段正线列车撞轧侵限物。

D6：运营时段正线接触网断线、倒杆或塌网。

D7：运营时段正线钢轨断裂。

D8：电客列车带电进入停电区。

D9：运营时段正线列车制动失效。

D10：接触网错送、漏停电。

D11：运营列车夹人动车。

D12：运营时段正线车辆断轴、车轮崩裂、走行部零部件脱落。

D13：列车信号（包括车载信号）错误升级显示。

D14：因设备故障、操作不当等直接导致运营列车最大晚点 60 min 以上。

D15：未准备好进路接发列车。

D16：运营时段正线列车冒进信号或越过警冲标。

D17：向占用线接入列车。

D18：未办或错办电话闭塞发出列车。

D19：载客列车开错图定运行方向。

D20：向占用区间发出列车。

D21：运营时段正线擅自切除列车自动保护装置。

D22：载客列车停站错开车门、未关闭车门且未采取相应的防护措施动车、运行中开启车门。

D23：无调度命令施工、超范围施工、超范围维修作业。

D24：电客列车错误进入无接触网线路。

5）一般 E 类事故

运营过程中达到下列情况之一，未构成一般 D 类以上事故的，为一般 E 类事故：

E1：车场线路及非运营时段正线列车车辆冲突。

E2：车场线路及非运营时段正线列车车辆脱轨。

E3：车场线路及非运营时段正线列车车辆挤岔。

E4：车场线路及非运营时段正线列车车辆分离。

E5：列车车辆碰擦侵限物。

E6：擅自发车、开车、停车、退行、错办通过、错误通过或漏办全列车乘降。

E7：运营列车夹物动车，造成运营后果的。

E8：运营时段正线列车抱闸运行并造成运营后果的。

E9：列车车辆未撤除防溜装置动车。

E10：车场线路及非运营时段正线列车冒进信号。

E11：错挂、漏挂、错撤、漏撤接地保护装置。

E12：司机操作不当或设备故障造成自动开车司机漏乘。

E13：施工、检修、清扫设备耽误列车。

E14：漏发、错发、漏传、错传调度命令耽误列车。

E15：错误操纵、使用行车设备耽误列车。

E16：错办或未及时办理信号耽误列车。

E17：错办行车凭证发车。

E18：调车作业冒进调车信号或越过警冲标。

E19：作业人员违反作业纪律、劳动纪律耽误列车。

E20：因设备故障、操作不当等直接导致运营列车最大晚点 30 min 以上。

（三）运营事故案例与分析

1. 正线事故案例产生原因及分析

2009 年 6 月 22 日美国华盛顿地铁列车相撞事故

事故基本情况：

华盛顿当地时间 2009 年 6 月 22 日 17 点，华盛顿东北部两列地铁列车发生了相撞事故。南行的 214 次列车停在华盛顿东北部与马里兰州交界的地铁红线托腾堡地铁站附近，等候进站命令，同向的 112 次列车从尾部撞向 214 次列车，后行的 112 次列车的头部冲入了前行的 214 次列车尾部，214 次列车尾部车厢被严重挤压变形。此次事故是华盛顿地铁系统自运营以来非常严重的一起列车相撞事故。事故发生后，托腾堡站及塔科马站之间的红线运营服务暂停，新罕布夏大道关闭。此次相撞事故共造成 9 人死亡、52 人受伤，经济损失达 1 200 万美元。

事故处置措施：

事故发生后，华盛顿都会区运输管理局、华盛顿特区消防和紧急医疗服务部、华盛顿区警察局、地铁警察局、美国红十字会以及各医疗救援组织等部门立即组织开展救援工作。美国交通运输安全委员会立即对事故展开调查。救援工作流程如图 3-5 所示。

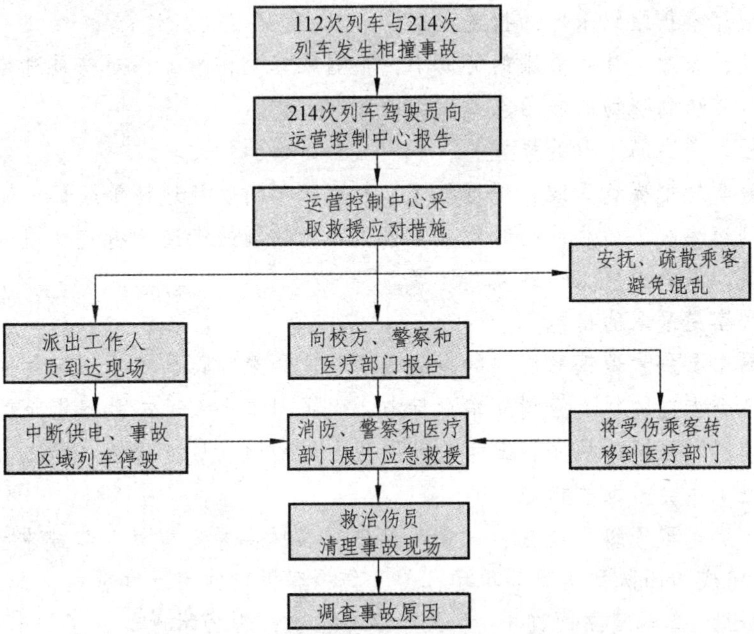

图 3-5　华盛顿地铁列车相撞事故救援流程

（1）列车司机采取的措施。

列车司机最先获取事故信息，主要采取了以下措施：一是立即向运营控制中心报告事故情况。事故发生后，214 次列车司机首先向控制中心报告了该事故的基本情况。二是组织乘客疏散。列车司机告知乘客待在原处，避免慌乱，并确认乘客伤亡情况，在发现列车尾部出现烟雾后，列车司机随即指挥乘客撤离到列车前部车厢，打开列车紧急通道。三是协助警察、消防和医护人员，对受困受伤乘客进行紧急救治。

（2）运营控制中心采取的措施。

运营控制中心主要采取了以下措施：一是立即联系事发列车的司机，了解事故情况。监控人员通过监视器发现红线线路发生运营事故后，试图与112次列车司机取得联系，但没有回应。随即214次列车司机向控制中心报告了事故发生的确切位置。控制中心派出托腾堡站的工作人员前往事故现场确认情况。二是启动应急指挥预案，向其他部门发布事故信息。运营控制中心切断了供电轨电源，指示该区域附近列车停止运行；控制中心还向消防、警察等部门报告了事故情况，并请求支援。

（3）华盛顿特区消防局采取的措施。

华盛顿特区消防局采取了以下措施：一是立即抵达现场。事故发生后，消防局立即派出泵车车队、云梯车车队以及消防人员赶赴现场。到达现场后，消防人员与地铁警察首先在轨道上设立警示灯和报警装置，阻止任何可能进入事故区域的列车靠近，保证救援工作的顺利展开。二是准备应对可能突发的火灾。消防局安排泵车车队抵达现场，准备随时应对可能突发的火灾。三是营救被困人员。由于列车相撞后严重损坏，很难直接将受困人员从事故列车中转移出来，救援人员将一台大型营救装置运送到事故现场，切割列车，将被困人员转移出事故现场。

（4）紧急医疗救护组织采取的措施。

紧急医疗救护医疗人员在警察的协助下，根据乘客受伤情况，对伤员进行分类救治，并将可移动的伤员转送到现场的救治点或附近的医疗机构。

（5）华盛顿区警察局采取的措施。

华盛顿区警察局主要负责维持现场秩序，与消防部门以及地铁警察部门协作展开救援。华盛顿区警察到达事故现场后，临时封锁了事故现场临近的街道和特定区域，方便疏散乘客和运送受伤人员，保障救援工作的顺利开展。

（6）地铁警察局采取的措施。

地铁警察局主要负责地铁系统内的事故现场管理和乘客疏散工作。一是地铁警察和消防员在事故区域各个方向的轨道旁树立禁行标志，阻止列车进入。二是阻止无关人员靠近事故现场，维持轨道附近区域的秩序。三是协助消防人员和地铁员工疏散乘客。

（7）美国红十字会采取的措施。

美国红十字会采取了以下措施：一是为受伤乘客提供紧急援助，事故发生后1 h，美国红十字会12人组成的团队到达事故现场，为受伤乘客提供饮用水和食物，此外还有12名成员在后方提供援助。二是建立问询中心，红十字会在事故现场附近建立了一个亲属问询中心，帮助市民寻找遇险亲友，安抚市民情绪，帮助市民联系医疗救护服务。

（8）美国交通运输安全委员会采取的措施

美国交通运输安全委员会采取了以下措施：一是进行事故调查取证，事故发生后，美国交通运输安全委员会抵达事故现场进行调查取证，主要调查车厢内部情况、外部情况以及救援工作的情况，并向事故救援部门了解事故情况。二是举行新闻发布会，交通运输安全委员会在新闻发布会上表示，委员会2006年曾针对华盛顿地铁使用的1000型列车进行了一系列的碰撞试验，根据试验结果，委员会建议华盛顿都会区运输管理局更新改造或淘汰这种类型的老旧列车，但是由于财政等多方面的原因，这一建议未被采纳。

事故教训及启示：

（1）存在的问题和漏洞。

① 信号设备存在故障。此次事故，主要原因是轨道电路模块及自动控制装置等信号系统设备存在故障，从而使112次列车自动控制装置未能检测到停驶的214次列车，继续高速运行，最终导致列车追尾相撞。

实际上，2005年在罗斯林站，同样因为行车信号系统故障，两列地铁列车几乎追尾，幸好反应迅速的列车司机成功利用手动方式紧急制动，列车最终停车，才避免了灾难的发生。在那次险情中，后行列车司机已经发现与前车的间距不能保证安全停车距离，然而行车信号系统仍显示“前方轨道电路空闲”。为此，联邦政府要求华盛顿交通运输部门更换老旧列车，还曾警告交通运输部门应更换年久失修的地铁信号系统，但都未得到重视，最终导致了这次事故的发生。

② 列车司机应急处置经验不足。信号设备故障，导致后行列车与前行列车之间不能保证必要的安全距离，列车司机如未能及时发现，没有采取紧急制动措施，会造成列车追尾相撞事故。事发时，112次列车正处于“自动驾驶”模式，由计算机系统自动执行驾驶程序，列车司机只负责开关车门和应对紧急突发情况。如果列车司机发现自动驾驶系统失灵，应立即紧急制动。然而事故调查人员发现，虽然列车司机已经启动了紧急制动系统，但实施紧急制动的时机相对滞后，导致列车仍撞向了前行的214次列车。

警方和地铁运营单位的调查结果表明，该列车司机曾是一名公共汽车司机，2009年1月被聘为地铁列车司机，3月份接受培训后开始独立工作。截至事故发生时，该司机仅在地铁公司工作了3个月，还不具备足够的应急处置经验。据后行列车的乘客称，列车在撞向前行列车之前，几乎没有采取任何制动措施。

（2）本次事故的启示。

此次事故主要是由于信号控制系统故障和人为操作失误引起的。由于信号控制系统是城市轨道交通列车运行的中枢，一旦发生故障，轻则会中断列车运行，重则可能引发运营事故。因此，加强信号控制设备的源头管理和状态监测，及时发现设备故障并进行维修，确保设备完好十分重要。

一方面，要对信号系统的状态进行安全监测，及时发现信号系统的故障并进行维修。在这次事故之前，华盛顿地铁信号系统曾发生过不止一起类似的故障，只是没有造成人员伤亡，因此未能引起地铁运营单位和交通运输主管部门的重视，没有及时进行检查和整改，最终造成了重大的人员伤亡。

另一方面，要加强地铁运营管理人员特别是列车司机的从业资格管理和职业素质教育。在此次事故调查中，检查了运输系统的信号、轨道、列车以及通信设备等，同时调查了司机的培训记录、过往病史、72 h之内的工作和休息情况以及手机的使用记录等，发现存在的问题并不断规范司机的从业资格管理。信号系统毕竟不是绝对安全的，即使列车具备车载自动驾驶系统，仍要求列车司机具有手动驾驶及应急处置的能力，避免紧急情况下因司机缺乏处置经验而导致发生运营安全事故。

2. 停车场事故案例产生原因及分析

停车场调车脱轨事故

事故基本情况：

某年1月18日0时25分，某市S号线Y车场运转布置325车由停车库5道A端转线至4道B端的调车计划。在作业过程中，当班信号楼值班员李某按库调司机高某要求将至牵出线进路调整为至D27的短进路。0时31分，325车从5道A端牵出回进4道时，高某在未得到信号楼联控呼叫、未确认D27调车信号机显示、未确认D21道岔位置的情况下动车，此时李某正在排列D27至D69进路，使D21号道岔在列车过岔过程中在TC1车一、二位转向架间由反位向转至定位，车辆前后转向架轮对进入异线。司机高某发现异常后采取制动措施迫停列车，但为时已晚，TC1车一、二位转向架轮对已全部脱轨。

事故发生后，COCC于0时50分发出抢修令，维保中心、运管中心、维保车辆起复救援队、各专业公司、运三公司及集团安监室人员先后赶赴现场。经全力抢险，至早晨5时许，列车起复完毕并开通线路，未对当日列车出库造成影响。

事故原因及教训：

该事故是由于作业人员一系列的违章作业所引起的，主要表现为3个方面：

（1）司机严重违章，臆测行车，盲目动车。司机高某在325车牵出后到达另一司机室便主观臆测调车进路已开通，未得到信号楼值班员的车调联控呼叫、未确认调车信号显示、未按规定确认进路第一副道岔位置，在D27调车信号机显示红灯的情况下盲目动车，导致事故发生。

（2）作业人员擅自简化作业。司机高某在列车牵出联控作业时违规提出缩短调车进路的要求，而信号楼值班员李某无视作业纪律和规定，擅自同意并实施排列D27至D69短进路的操作，简化作业程序，为事故发生埋下了隐患。

（3）作业中没有执行安全监控。信号楼值班员李某在排列进路间隙擅自处理其他事情，而在调车作业中，信号楼另一值班员却在从事其他工作，未执行一人作业一人监护的行车作业规定，对作业过程缺少安全监控。

按照运营事故调查处理规则，该事故构成“车场线路及非运营时段正线列车车辆脱轨”的一般E类事故，由运营L公司承担全部责任。

第二节　乘务人员及乘客心理分析

一、乘务人员心理分析

1. 乘务工作的性质环境分析

1）乘务工作的性质

轨道交通具有线多、面广，且每日运营时间长等特点，而列车司机乘务工作的好坏将对国家和人民生命财产安全直接造成影响。因此，乘务工作一般具有以下特性：

（1）责任性：列车司机在值乘过程中对工作中所涉及的相关行车设备和乘客安全负责。

（2）固定性：列车司机在值乘过程中，只对值乘的当次列车安全负责。

（3）独立操作性：每次列车只配备一名司机。因此，列车司机在值乘过程中具有独立操作性。

2）乘务工作的环境

乘务工作的环境可以分为：周围环境和驾驶环境两种。

（1）列车司机每天驾驶着列车穿梭于城市地下、地面或高架沿线上，从周围环境来看，司机每天面对的是漆黑的隧道、固定的线路以及来往的乘客等，相对而论是一种固定的环境。

（2）从驾驶环境来看，每趟列车司机都重复着开车、停车、开门、关门、开车的循环劳动，看似机械，但在驾驶过程中，司机必须时刻保持高度的警惕心、责任心。

从以上两种环境可以看出环境对司机乘务工作具有一定的影响。

3）基础管理的要求

如何管理好司机队伍，帮助他们及时调整生理、心理状态，以充沛、饱满的精神投入到乘务工作中去，确保列车的运行。安全是基础管理的基本要求。要以以人为本为基础管理思路，注重观察与分析、了解司机的生理、心理状态，完善各项规章制度，充分考虑乘务工作的特殊性，实现全方位的综合管理，以提高管理效率与效果。

2. 司机心理状态的因果分析

1）产生心理情绪的主要原因

产生心理情绪的主要原因有：工作、社会、家庭等各类因素的影响。如工作中遇到道床伤亡事故时，虽然在驾驶操作中无过失，但会对自己产生一种不信任感，从而产生心理压力。又如生活中与女友（男友）交往中，由于受到经济条件的限制，无法满足女友（男友）的物质要求，从而产生一种自卑感或失落感，使工作积极性不高，甚至产生厌恶等心理状态等。

2）司机心理情绪的主要表现

（1）情绪低落或抑郁。轻者情绪低落，忧心忡忡，愁眉不展，唉声叹气；重者忧郁沮丧，悲观绝望，感到自己一无是处，度日如年，自卑自责。

（2）焦虑。表现为紧张恐惧、顾虑重重，好似大祸临头，坐卧不安，认为问题无法解决。

（3）恐惧。恐惧是个体面临危险时的情感体验。与焦虑不同的是危险已经存在，认为自己无法克服这种危险，试图回避。

（4）情感脆弱与易激惹性。在无明显外界因素影响下情绪容易波动，易出现过激与攻击行为。

（5）情感淡漠。对外界任何刺激缺乏相应的情感反应，对周围的事漠不关心，言语声调平淡，面部表情呆板，内心体验贫乏或缺失。

3）心理情绪对列车驾驶的影响

心理情绪的不稳定极易产生生理、心理疲劳，思想不集中、思维混乱、反应能力迟钝、动作差错增多、工作效率下滑等状况。这样的工作状态将严重威胁列车行车安全，容易引发行车事故、有责投诉事件或客伤事故。

4）心理问题对运行安全的危害

乘务人员心理发生问题或障碍，必然会对运行安全产生相应的后果。而这种后果具有十分严重的不可预测性和严重性。

（1）给国家和人民生命财产带来损失和伤害。

（2）给企业经济效益与形象带来负面影响。

3. 心理疏导与乘务基础管理

1）心理疏导的重要性

心理疏导能有效地解决司机心理，帮助他们加深树立正确的人生观、价值观，对自身、社会等的认识。从而避免心理的问题发生，对预防行车安全事故起到重要作用。

2）心理疏导对基础管理的作用

在基础管理中，对于司机的管理至关重要，作为一名在运营一线工作的司机，其个体行为将直接影响到行车安全。一旦司机的心理发生问题或障碍，如果处理不当，后果将非常严重，甚至会蔓延到其他成员。因此，开展心理疏导，能有效地缓冲或解除司机的心理压力或病症，减轻司机心理负担，有利于做好运行安全工作，从而有利于基础管理工作顺利有序地进行。

3）改善心理状态的有效途径

心理疏导是应用心理学知识改变司机的认知、情绪、行为的意志，来达到消除症状的一种方法。通过解释、说明、支持、同情、相互之间的理解，运用语言和非语言的交流方式，来影响对方的心理状态，来改变对方的认知、信念、情感、态度和行为等，达到排忧解难、降低心理痛苦的目的。其途径可有：

（1）开展有针对性的思想教育，增强司机对各种境遇的适应和承受能力。

（2）创建良好的工作生活环境，使司机置身于优良的工作氛围中。

（3）明确行车工作的重要意义，树立高度的责任感和使命感。

（4）热爱行车岗位，消除自卑感，自觉培养对工作的兴趣。

4）心理疏导在乘务基础管理中的应用

心理疏导通常以沟通交流作为重要手段，通过谈心、网聊、家访等形式，了解司机的思想动态和心理状态，然后对症下药，通过交流讨论，解除心理障碍，面对未来。

心理疏导还可以以“行为”作为手段，在进行思想沟通后，对他们的正确行为做出判断，在思想与行为上进行支持或鼓励，使他们重新建立面对工作、生活的信心。

二、轨道交通乘客心理分析

根据近两年对轨道交通的客流调查，我们可以发现轨道交通运营的乘客群的年龄、职业、出行目的等大致分布情况。

表 3-1 上海轨道交通主要乘客群的特征

年份	性别/%		地别/%		年龄		出行原因	
	男性	女性	本地	非本地	≤30	≥50	上下班、学	因公
2006	52.7	47.3	80.6	19.4	67.3		43	40.3
2005	52.6	47.4	84	16	72.1	4.4	57.8	24

由表 3-1 可见，上海轨道交通主要乘客群的特征是：以本地乘客群为主，年龄在 30 岁以

下，出行目的以上下班、上下学为主，其中男女比例相对比较接近而男性乘客略多的一群人。对乘客心理的分析就从年轻乘客、本地乘客和非本地乘客3方面进行。

1. 独生子女乘客的心理特点

我国自从 1978 年开始在城镇全面推行独生子女政策后，产生的第一批独生子女正好在 21 世纪初步入职场。因此在轨道交通众多 30 岁左右的乘客中，独生子女占有相当的比例，有必要对独生子女的心理进行较深入的分析。从他们出生、成长的环境，研究他们的心理，从而掌握独生子女乘客共同关心和思考的问题，方能提高我们的服务质量。

独生子女在物质、精神和社会等诸多方面都有较强烈的欲望，表现出较高的渴望度。在物质上，独生子女往往因为衣、食、住、行等条件比较优越，朋友间互相攀比，这样就形成了一个以“质高物新”为追求目标的生活圈。由于从小生活在父母和祖辈的溺爱娇宠形成的“过渡溺爱”环境中，在家庭里又没有年龄相近的伙伴，于是缺少与兄弟姐妹共同生活、交往的经历，家长对孩子过多的关爱也使孩子在得到超量的爱、超量的呵护的同时，使家长的教育理智被严重淡化，因此养成大多数独生子女独有的一些共同的心理特点：

（1）从小生活在 “予取予求”的环境中，想要什么大人就给什么，这是独生子女自私任性的根本原因。当他的要求基本都能得到满足，他就会觉得生活对他没有约束，从而变得很少或不考虑别人。容易使他们变得自私，凡事先考虑自己的利益得失，从不知为别人着想。

（2）家长对“独苗苗”百般袒护，长者不愿约束孩子。孩子在家庭这个最早加入的社会结构中，未能养成尊重长辈、遵守纪律的自觉性，而是任性骄横，家庭成员关系颠倒，走向外部社会后也不懂得尊重别人。由于过分地受人关注，这也成为孩子以自我为中心的来源。当孩子受到家人过多的关怀时，他以为自己永远是中心，长此以往，他们会表现出对他人缺乏爱心，形成唯我独尊而且任性的心理性格。

（3）在家里，父母代劳独生子女的许多本应自理的工作，易于形成依赖性，自主精神和自主能力都差，也缺少劳动自觉性。孩子依赖性大，各种能力差、缺乏责任心和义务感。

（4）正是因为独生子女没有兄弟姐妹为伴，幼时缺少与小伙伴一起游戏的集体活动，所以既不易养成与人协同合作精神，又缺少竞争性，形成了社会适应能力差，容易形成孤僻、缺少热情、有孤独感，社会交往能力差的心理倾向。

具有这类心理的乘客一般表现为以下这些行为特点：独立性较强、有较强烈的维权意识、对轨道交通服务的质量要求也比较高，容易偏激。

针对他们的心理特点，就需要服务员以车站管理的权威性，明确指出乘客应尽配合管理的义务，同时辅以热情的服务态度，才能施行有效的车站管理。

2. 本地乘客的心理特点

城轨交通最大的乘客群当然是本地乘客，尤其是在早晚上下班、学的高峰时段，本地乘客更是主流乘客群。

作为主流乘客群，这部分乘客的心理和由此形成的行为特点，是轨道交通服务人员必须掌握的。

他们一般都是将轨道交通作为上下班、上下学的首选交通工具，其理由不外乎：安全、快捷、准时、时间容易掌握等，由于上下班的时间较紧，他们往往是“单位家庭、二点一线”，他们追求的是“花最少的时间到达目的地”，因此无论是进站、购票、候车、出站都要求快，唯一可以让他们安心的只有在正常行驶的列车上。由于出行规律相对固定，因此他们对车站的布局、乘车线路、甚至候车时间、位置也基本上是固定的。他们有较明显的“就近心理”“从众心理”和“自我心理”的倾向，在心理表现上，往往具有“焦虑”和“疲劳”的表现，当发生突发事件时，容易产生“怀疑”和“恐惧”心理。

在这种心理指导下，他们的行为表现往往是运营正常时，对车站导向、广播、告示等“熟视无睹”或“充耳不闻”；在遇到突发事件时，提意见“激烈而又尖刻”，因此车站服务员必须了解他们的心理特点，进行及时引导和指点。

3. 非本地乘客的心理特点

虽然目前非本地乘客在轨道交通乘客群中所占比例不高，但是作为衡量轨道交通服务质量和城市文明程度的重要指标，也需要了解他们的心理和可能发生的行为。

对非本地乘客还可从国籍分为：中、外乘客；从出行目的分为：旅游、因私、公务等；从在本市的居住时间分为：短期（1 天 ~ 2 周）、中长期（2 周以上）；根据从事的职业可分为：白领、蓝领和无职业等。乘坐轨道交通的非本地乘客的流动性很大，有些乘客在城市居住的时间已经相当长，对轨道交通的熟悉程度丝毫也不亚于本地乘客，他们的心理就可等同地视为本地乘客。

第三节　危险源识别与控制

随着城市化进程的逐步加速，“十三五”期间城市轨道交通建设将迎来黄金发展期。为做好城市轨道交通运营服务工作，确保运营安全是城市轨道交通运营的职责，建立城市轨道交通运营危险源查找、识别、分析、评价、管控体系，消除影响地铁运营安全的各个危险源可能带来的不安全性，能够为城市轨道交通运营安全提供有力保障。

一、危险源识别

（一）危险源的概念

1. 危险源

具有潜在危险性的物质与能量，并可能对人身、财产、环境造成危害的设备、设施或场所，即通常所指的危险源。从能量释放的角度，危险源可理解为：系统存在的可能发生意外能量释放的危险物质。

2. 重大危险源

在《重大危险源辨识》（GB 18218—2000）标准中，将重大危险源定义为：长期或临时生产、加工、搬运、使用或储存危险物质，且危险物质的数量等于或超过临界量的单元。单元指一个(套)生产装置、设施或场所，或同属一个工厂的且边缘距离小于 500 m 的几个(套)生产装置、设施或场所。

3. 重大危险源辨识

根据危险物质的特性及其数量，若等于或超过了临界量即为重大危险源。其中，单元内存在危险物质的数量，根据物质种类的多少分两种情况：若存在的危险物质为单一品种，则其数量等于或超过《重大危险源辨识》(GB 18218—2000)标准中规定的临界量即为重大危险源。

(二)城市轨道交通运营危险源及相关基本概念

危险源识别是确认危险源的存在并确定其特性的过程，实质是找出组织中存在的人的不安全行为、物的不安全状态、作业环境中存在的危害因素及管理缺陷。

城市轨道交通运营危险源是造成人员伤害、职业病、财产损失、作业环境破坏、行车等各类事故或是其组合的根本原因。

(1)城市轨道交通运营危险源识别是确认危险源的存在并确定其特性的过程。

(2)城市轨道交通运营事件是造成或可能造成事故的事情。

(3)城市轨道交通运营事故是造成死亡、职业病、伤害、财产损失、行车运转异常或其他损失的意外事件。

(4)城市轨道交通运营风险是特定危险事件发生的可能性与后果的组合。

(5)城市轨道交通运营风险评价是评价风险程度并确定风险是否可容许的全过程。

(6)职业健康与安全是影响运营单位所属场所内所有人员，包括正式员工、临时工、委外人员、访问者和其他人员的安全和健康的条件和因素。

(三)危险源类别

危险源的主要类别，有物理性危险源，化学性危险源，生物性危险源，心理、生理性危险源，行为性危险源，其他危险源 6 个方面，如表 3-2 所示。

表 3-2　危险源的主要类别

类别	主要内容
物理性危险源	设施、设备缺陷(强度不够、刚度不够、稳定性差、密封不良、外露运动件等)
	防护缺陷(无防护、防护装置和设施缺陷、防护不当、防护距离不够等)
	电危害(带电部位裸露、漏电、雷电、静电、电火花等)
	噪声危害(机械性噪声、电磁性噪声、流体动力性噪声等)
	振动危害(机械性振动、电磁性振动、流体动力性振动等)
	电磁辐射(电离辐射：X 射线、γ 射线、α 粒子、β 粒子、质子、中子、高能电子束等；非电离辐射；紫外线、激光、射频辐射、超高压电场等)
	运动物危害(固体抛射物、液体飞溅物、反弹物、岩土滑动、气流卷动、冲击地压等)
	明火

续表

类别	主要内容
物理性危险源	能造成灼伤的高温物质（高温气体、高温固体、高温液体等）
	能造成冻伤的低温物质（低温气体、低温固体、低温液体等）
	粉尘与气溶胶（不包括爆炸性、有毒性粉尘与气溶胶）
	作业环境不良（基础下沉、安全过道缺陷、有害光照、通风不良、缺氧、空气质量不高、给排水不良、气温过高、气温过低、自然灾害等）
	信号缺陷（无信号设施、信号选用不当、信号不清、信号有时不准等）
	标志缺陷（无标志、标志不清、标志不规范、标志位置缺陷等）
	其他物理性危险源
化学性危险源	易燃易爆性物质（易燃易爆性气体、易燃易爆性液体、易燃易爆性固体、易燃易爆性粉尘与气溶胶等）
	自燃性物质
	有毒物质（有毒气体、有毒液体、有毒固体、有毒粉尘与气溶胶等）
	腐蚀性物质（腐蚀性气体、腐蚀性液体、腐蚀性固体等）
	其他化学性危险源
生物性危险源	致病微生物（细菌、病毒、其他致病微生物）
	传染病媒介物
	致害动物
	致害植物
	其他生物性危险源
心理、生理性危险源	负荷超限（体力负荷超限、听力负荷超限、视力负荷超限等）
	健康状况异常
	从事禁忌作业
	心理异常（情绪异常、冒险心理、过度紧张等）
	辨识功能缺陷（感知延迟、辨识错误、其他辨识功能缺陷等）
	其他心理、生理性危险源
行为性危险源	指挥错误（指挥失误、违章指挥等）
	操作失误〔误操作、违章作业等〕
	监护失误
	其他错误
	其他行为性危险源

（四）危险源识别的方法、要求和步骤

1. 危险源识别的方法

在识别过程当中应充分发挥集体的力量，结合使用脑力风暴、经验判断、失效模式与效应分析、危害与操作性分析、工作安全分析等方法。

2. 险源识别的要求

危险源识别时要考虑 3 种状态、3 种时态、6 种类型和城市轨道交通运营事故类型。

1）3 种状态

（1）常规状态。指正常生产过程中危险源的存在方式。

（2）非常规状态。非常规状态可以分成以下 3 种情况：

① 异于常规、周期性的或临时性的作业、活动。

② 偶尔出现、频率不固定，但可预计出现的状态。

③ 由于外部的原因（如天气）导致的非常规状态，如启动、关闭、试车、停车、清洗、维修、保养等。

（3）潜在的紧急情况。

① 往往是不可预见其后果的情况。

② 后果是灾难性的，不可控制的情况，如火灾、爆炸、严重的泄漏、碰撞及事故。

2）3 种时态

（1）过去：在本企业过去的某些活动中，或在类似企业的某些活动中存在的危险源或发生过事故。

（2）现在：目前正在从事的有危险源的活动。

（3）将来：在可以预见的将来还会存在危险源的活动。

3）6 种类型

6 种类型指物理性、化学性、生物性、心理生理性、行为性和其他危险源。

3. 危险源识别的步骤

1）识别准备

（1）确定分工。

（2）收集识别范围内的资料。

（3）列出识别范围内的活动或流程设计的所有方面。

2）分类识别危险源

从厂址、厂区平面布局、建（构）筑物、生产工艺过程、生产设备、装置、作业环境及管理措施 6 个方面进行分类识别。

3）划分识别单元

识别单元式分类识别危险源的细化，可以按照工艺、设备、物料、过程来进行；同类的过程或设备可以划为一类识别对象；识别对象不宜过粗或过细。

4）危险源的识别

先找出可能的事故伤害方式，再找出其原因。

最后，填写危险源登记表。

5）危险源识别对象划分

在各部门所列出识别范围内的活动或流程所涉及的所有方面后，选用合适的设备分析法、工艺流程分析法或其他划分方法，根据事故类型划分危害事件，并根据以下过程划分危险源识别对象：

（1）对车辆设备大修的活动，可按照其工艺流程分析法划分识别对象。

（2）对设备维护及保养的活动，可按照设备分析法依据划分的设备作为危险源识别对象，并结合活动实施过程划分。

（3）使用设备时可根据具体操作过程划分识别对象。

（4）根据采购、存放、检测设备的过程划分识别对象。

（5）根据行车组织、客运组织过程划分识别对象。

（6）针对每一危险源辨识对象，参考危险源事故类型表，识别可能存在的事故及事件，并登记在表3-3所示的危险源辨识及风险评价等级表中“危害事件”栏以及“事故类型”栏内。

表3-3 危险源辨识及风险评价等级表

序号	部门/地点	活动	设施/设备/物料	危害事故/事件	事故类型	危险源	危险源类别	风险评价			风险级别	控制措施	备注
								风险发生的可能性	事故后果严重程度	风险值			

二、危险源识别范围及事故类型

城市轨道交通危险源识别，涉及员工、乘客及相关方的健康与安全，也涉及行车安全、设备安全、消防安全、交通安全、财产损失和列车延误等范畴。

1. 危险源识别范围

危险源识别范围，包括城市轨道交通覆盖范围内工作区域及其他相关范围内的生产经营活动、人员、设施等。根据城市轨道交通及其他活动情况，可分成以下类别：

（1）按地点划分：轨道交通沿线各车站、车辆段、控制中心大楼、办公楼等。

（2）按活动划分：常规活动、非常规活动、潜在的紧急情况。各活动所包含的主要内容，如表3-4所示。

表3-4 各活动主要内容

活动类型	主要内容
常规活动	运营服务活动：依据运营时刻表组织列车运营、客运服务过程
	设施、设备的设计、安装、调试、验收、接管、使用过程
	公共活动：相关部门均有的活动，包含办公、电梯、叉车、消防设施、空调、空压机、抽风机使用，化学物品搬运储存、废弃等
	间接活动：为运营服务活动提供支持的活动，主要包括物资部门仓库管理、检验、物料采购以及物料的使用管理、食堂管理等
非常规活动	设施、设备维护保养，消防及行车疏散演习，因公外出，合同方在总部的活动（如工程施工、维修、清洁等）
潜在的紧急情况	如行车、火灾、爆炸、化学物品泄漏、中毒、台风、雷击、碰撞等事故事件（潜在的紧急情况的危险识别须考虑紧急情况发生时和发生后进行抢险救援过程中存在的危险）

2. 事故类型

1）一般危险源事故类型

在进行危险源辨识前，必须把危险源事故类型确定下来，以防止危险源识别不清晰、不全面。通过《企业职工伤亡事故分类标准》（GB 6441—1986）及分析城市轨道交通运营过程可能产生的行车事故/事件、列车延误及财产损失等事故类别，确定了危险源事故类型，见表 3-5。

表 3-5　危险源事故类型

类别编号	事故类别名称	备注	类别编号	事故类别名称	备注
01	物体打击	伤害事故	013	中毒和窒息	伤害事故
02	车辆伤害（指马路车辆）		014	其他伤害	
03	机械伤害		015	噪声聋	职业病
04	起重伤害		016	尘肺	
05	触电		017	视力受损	
06	淹溺		018	其他职业病	
07	灼烫		019	健康受损	健康危害
08	火灾		020	财产损失（2 000 元及以上）	无伤害事件/事故
09	高处坠落		021	列车延误	
10	坍塌		022	行车事件/事故	
11	容器爆炸		023	可能引发行车事件/事故的设备缺陷事件和行为事件	这里是引发行车事件/事故的危险源
12	其他爆炸		024	其他事件/事故	无伤害事件/事故

表 3-5 中“可能引发行车事件/事故的设备缺陷事件和行为事件”及“行车事件/事故”这两个事故类型是一种从属的关系。即“可能引发行车事件/事故的设备缺陷事件和行为事件”事故类型的风险属于“行车事件/事故”事故类型风险的危险源。设计这种从属关系的事故类型可把运营过程中可能发生的重要风险所涉及的危险源划归到相关部门进行控制。

2）城市轨道交通运营事故的主要类型

（1）行车事故。行车事故包括列车脱轨、列车倾覆、列车追尾、列车冲突、列车分离、列车挤岔、轮对卡死、车门未关闭动车、弓网故障、接触网失电、接触网断线、错开车门、列车冒进信号、错办列车进路、夹人夹物动车、列车客伤、道床伤亡。

（2）非行车事故。非行车事故包括乘客电扶梯受伤、乘客楼梯或地面跌倒、车站照明失电、车站大客流拥挤致人员伤亡。

（3）火灾。火灾包括列车火灾、区间火灾、车站火灾、变电所火灾、检修基地火灾、控制中心火灾。

（4）职业伤害。职业伤害包括工作中发生碰撞或撞击、自高处坠落或陷入坑洞缝隙、触电、跌倒/滑倒、发生车辆伤害、夹伤、砸伤和冻伤，工作环境存在过量辐射、温度过高或过低、噪声超限和影响健康的情形。

（5）恐怖事件。恐怖事件包括劫持、爆炸、纵火、毒气。

（6）治安事件。治安事件包括蓄意破坏设施设备、打架斗殴、盗窃抢劫。

（7）其他影响运营服务质量的事件。其他影响运营服务质量的事件包括列车因故暂停隧道区间、隧道新风量不够、车站乘客无法正常进出站或数据不上传、AFC系统全线设备不能正常使用、电梯关人、乘客因客室通风或制冷效果不良投诉、车站卷帘门打不开等。

三、危险源控制

（一）安全分析

城市轨道交通安全分析是使用系统工程的原理和方法，辨别、分析交通系统中存在的危险因素，并根据实际需要对其进行定性、定量描述的技术方法。其目的是为了保证系统安全运行，查明系统中的危险因素，以便采取相应措施控制危险。

1. 安全分析的内容

安全分析是从安全角度对交通系统中的危险因素进行分析，主要分析导致系统故障或事故的各种因素及其相关关系，通常包括如下内容：

（1）对可能出现的初始的、诱发的及直接引起事故的各种危险因素及其相互关系进行调查和分析。

（2）对与系统有关的环境条件、设备、人员及其他有关因素进行调查和分析。

（3）对能够利用适当的设备、规程、工艺或材料控制或根除某种特殊危险因素的措施进行分析。

（4）对可能出现的危险因素的控制措施及实施这些措施的方法进行调查和分析。

（5）对不能根除的危险因素失去控制或减少控制后可能出现的后果进行调查和分析。

（6）对危险因素一旦失去控制，为防止伤害和损害的安全防护措施进行调查和分析。

2. 安全分析的方法

安全分析方法有许多种，在危险因素辨识中得到广泛应用的安全分析方法主要有：统计图表分析（Statistic Figure Analysis，SFA）、因果分析图（Cause-Consequence Analysis，CCA）、安全检查表（Safety Cheek List，SCL）、预先危险性分析（Preliminary Hazard Analysis，PHA）、故障模式及影响分析（Failure Model and Effects Analysis，FMEA）、危险性和可操作性研究（Hazard and Operability Analysis，HAZOP）、事件树分析（Event Tree Analysis，ETA）、事故树分析（Fault Tree Analysis，FTA）。

此外，尚有管理疏忽和风险树分析、原因-后果分析、共因失效分析等方法，可用于特定目的的危险因素辨识。

各种安全分析方法都是根据危险性的分析、预测以及特定的评价需要而研究开发的，因此，它们都有各自的特点和一定的适用范围。

（1）统计图表分析：是一种定量分析方法，适用于对系统发生事故情况进行统计分析的情况，便于找出事故发生规律。

（2）因果分析图：将引发事故的重要因素分层（枝）加以分析，分层（枝）的多少取决于安全分析的广度和深度要求，分析结果可供编制安全检查表和事故树用。此方法简单、用途广泛，但难以揭示各因素之间的组合关系。

（3）安全检查表：按照一定方式（检查表）检查设计、系统和工艺过程，查出危险性所在。此方法简单、用途广泛，没有任何限制。

（4）预先危险性分析：确定系统的危险性，尽量防止采用不安全的技术路线和使用危险性的物质、工艺和设备。其特点是把分析工作做在行动之前，避免由于考虑不周而造成损失。当然在系统运转周期的其他阶段，如检修后开车、制订操作规程、技术改造之后、使用新工艺等情况，都可以采用这种方法。

（5）故障模式及影响分析：以硬件为对象，对系统中的元件逐个进行研究，查明每个元件的故障模式，然后再进一步查明每个故障模式对子系统以至系统的影响。本方法易于理解，是广泛采用的标准化方法。但一般用于考虑非危险性失效的情况，费时较多，而且一般不能考虑人、环境和部件之间相互关系等因素。主要用于设计阶段的安全分析。

（6）致命度分析：确定系统中每个元件发生故障后造成多大程度的严重性，按其严重度定出等级，以便改进系统性能。本法用于各类系统、工艺过程、操作程序和系统中的元件，是较完善的标准方法，易于理解。但需要在故障模式及影响分析之后进行。与故障模式及影响分析一样，不能包含人和环境及部件之间相互作用等因素。

（7）事故树分析：由不希望事件（顶事件）开始，找出引起顶事件的各种失效的事件及其组合。事故树分析最适用于找出各种失效事件之间的关系，即寻找系统失效的可能方式。本法可包含人、环境和部件之间相互作业等因素，加上简明、形象化的特点，已成为安全系统工程的主要分析方法。

（8）事件树分析：由初始（希望或不希望）的事件出发，按照逻辑推理推论其发展过程及结果，即由此引起的不同事件链。本法广泛用于各种系统，能够分析出各种事件发展的可能结果，是一种动态的宏观分析方法。

（9）危险性和可操作性研究：用于研究工艺状态参数的变动，以及操作控制中偏差的影响及其发生的原因。其特点是由中间状态参数的偏差开始，分别向下找原因，向上判明其后果，是故障模式及影响分析和事故树分析方法的延伸，具有二者的优点，适用于流体或能量的流动情况分析，特别是大型化工企业。

（10）原因-后果分析：是事件树分析和事故树分析方法的结合，从某一初始条件出发，向前用事件树分析，向后用事故树分析，兼有二者的优缺点。其方法灵活性强，可以包罗一切可能性，易于文件化，可以简明地表示因果关系。

3. 安全分析方法的选择

在进行安全分析方法选择时，应根据实际情况，并考虑如下几个问题：

1）分析的目的

交通安全分析方法的选择应该能够满足对分析的要求。交通安全分析的最终目的是辨识危险源，而在实际工作中要达到一些具体目的，例如：

（1）对系统中所有危险源，查明并列出清单。

（2）掌握危险源可能导致的事故，列出潜在事故隐患清单。

（3）列出降低危险性的措施和需要深入研究部位的清单。

（4）将所有危险源按危险大小排序。

（5）为定量的危险性评价提供数据。

由于每种方法都有其自身的特点和局限性，并非处处通用，所以，使用中有时要综合应用多种方法，以取长补短或相互比较，验证分析结果的正确性。

2）资料的影响

关于资料收集的多少、详细程度、内容的新旧等，都会对选择系统安全分析方法有着至关重要的影响。

一般来说，资料的获取与被分析的系统所处的阶段有直接关系。例如，在方案设计阶段，采用危险性和可操作性研究或故障类型和影响分析的方法就难以获取详细的资料。随着系统的发展，可获得的资料越来越多、越详细。为了能够正确分析，应该收集最新的、高质量的资料。

3）系统的特点

要针对被分析系统的特点选择交通安全分析方法。

对于复杂和规模大的系统，由于需要的工作量和时间较多，应先用较简捷的方法进行筛选，然后根据分析的详细程度选择相应的分析方法。

对于不同类型的操作过程，若事故的发生是由单一故障（或失误）引起的，则可以选择危险性与可操作性研究；若事故的发生是由许多危险因素共同引起的，则可以选择事件树分析、事故树分析等方法。

4）系统的危险性

当系统的危险性较高时，通常采用系统、严格、预测性的方法，如故障类型和影响分析、事件树分析、事故树分析等方法。当危险性较低时，一般采用经验的、不太详细的分析方法，如安全检查表法等。

在使用城市轨道交通安全分析方法时应注意：使用现有分析方法不能生搬硬套，必要时应进行改造或简化；不能局限于已有分析方法的应用，而应从系统原理出发，开发新的交通安全分析方法。

（二）安全评价

1. 安全评价的含义

安全评价也称危险性评价或风险评价，是以实现系统安全为目的，应用安全系统工程原理和工程技术方法，对系统中固有或潜在的危险因素进行定性和定量分析，得出系统发生危险的可能性及其后果严重程度的评价，通过与评价标准的比较得出系统的危险程度，提出改进措施，以寻求最低事故率、最少的损失和最优的安全投资。

任何生产系统，在其寿命周期内都有发生事故的可能，区别只在事故发生的频率和可能的严重程度不同而已。因为在制造、试验、安装、生产和维修的过程中普遍存在着危险性。

在一定条件下，如果对危险失去控制或防范不周，就会发生事故，造成人员伤亡和财产损失以及环境污染。为了抑制危险性，使其不发展为事故或减少事故造成的损失，就必须对其有充分的认识，掌握危险性发展为事故的规律，也就是要充分揭示系统存在的所有危险性，及其形成事故的可能性和发生事故的损失大小，从而衡量系统客观存在的风险大小。据此确定是否需要改进技术路线和防范措施，变更后危险性将得到怎样的抑制和消除，技术上是否可行，经济上是否合理以及系统是否最终达到了社会所公认的安全指标。这就是安全评价的基本内容和过程。

上述安全评价的定义中，包含 3 层意思：第一，对系统存在的不安全因素进行定性和定量分析，这是安全评价的基础，包括安全测定、安全检查和安全分析等；第二，通过与评价标准的比较，得出系统发生危险的可能性或程度的评价；第三，提出改进措施，以寻求最低的事故率，达到安全评价的最终目的。

2. 安全评价的标准

经定量化的风险或危害性是否达到要求的（期盼的）安全程度，需要有一个界限、目标或标准进行比较，这个标准就是安全评价的标准。

安全评价标准的确定主要取决于一个国家、行业或部门的政治、经济、技术和安全科学发展的水平。随着生产技术的发展，新工艺、新技术、新材料、新能源的出现，又会产生新的危险；同时，对已经认识到的危险，由于技术、资金等因素的制约，也不可能完全杜绝。所以，确定安全评价的标准，实际上就是确定一个社会各方面可允许的、可接受的危险程度。

安全评价标准的确定方法有统计法和风险与收益比较法。对系统进行安全评价时，也可据综合评价得到的危险指数进行统计分析，确定使用一定范围的安全评价的标准。

3. 安全评价的内容和程序

1）安全评价的内容

从危险源的角度出发，安全评价包括对第一类危险源危险性的评价和对第二类危险源（即第一类危险源的控制措施）危险性的评价两方面。

评价第一类危险源的危险性时，主要考察以下几方面情况：

（1）能量或危险物质的量。第一类危险源具有的能量越高，一旦发生事故其后果越严重；反之，拥有的能量越低，对人或物的危害越小。第一类危险源处于低能量状态时比较安全。同样，第一类危险源具有的危险物质的量越大，干扰人的新陈代谢功能越严重，其危险性越大。

第一类危险源导致事故后果的严重程度，主要取决于发生事故时意外释放的能量或危险物质的多少。一般的，第一类危险源拥有的能量或危险物质越多，则发生事故时可能意外释放的能量也多。因此，第一类危险源拥有的能量或危险物质的量是危险性评价中的最主要指标。当然，有时也会有例外的情况，有些第一类危险源拥有的能量或危险物质的量只能部分地意外释放。

（2）能量或危险物质意外释放的强度。能量或危险物质意外释放的强度是指事故发生时单位时间内释放的能量。在意外释放的能量或危险物质的总量相同的情况下，释放强度越大，能量或危险物质对人员或物体的作用越强烈，造成的后果越严重。

（3）能量的种类和危险物质的危险性质。不同种类的能量造成人员伤害、财物破坏的机理不同，其后果也很不相同。

危险物质的危险性主要取决于自身的物理、化学性质。燃烧爆炸性物质的物理、化学性质决定其导致火灾、爆炸事故的难易程度及事故后果的严重程度。工业毒物的危险性主要取决于其自身的毒性大小，在引起急性中毒的场合，常用半数致死剂量评价其自身的毒性。

（4）意外释放的能量或危险物质的影响范围。事故发生时意外释放的能量或危险物质的影响范围越大，可能遭受其作用的人或物越多，事故造成的损失越大。例如，有毒有害气体泄漏时可能影响到下风侧的很大范围。

评价第一类危险源危险性的主要方法有后果分析和划分危险等级两种方法。后果分析通过详细的分析，计算意外释放的能量、危险物质造成的人员伤害和财物损失，定量地评价危险源的危险性。后果分析需要的数学模型准确度较高，需要的数据较多，计算复杂，一般仅用于危险性特别大的重大危险源的危险性评价。划分危险等级的方法是一种简单易行，得到广泛应用的方法。划分危险等级是一种相对的评价方法，通过比较危险源的危险性，人为地划分出一些危险等级来区分不同危险源的危险性，为采取危险源控制措施或进行更详细的危险性评价提供依据。一般的，危险等级越高，危险性越高。

采取了危险源控制措施后的危险性评价，可以查明危险源控制措施的效果是否达到了预定的要求。如果采取了控制措施后危险性仍然很高，则需要进一步研究对策，采取更有效的措施降低危险性。

评价危险源控制情况，可以从以下几个方面来考虑：

（1）防止人失误的能力。必须能够防止在装配、安装、检修或操作过程中发生可能导致严重后果的人失误，如单向阀门不应安反，三线电源插头不能插错等。

（2）对失误后果的控制能力。一旦人失误可能引起事故时，应能控制或限制对象部件或元件的运行，以及与其他部件或元件的相互作用。例如，若按 A 钮启动之前按 B 钮可能引起事故，则应实行联锁，使之先按 B 钮也没有危险。

（3）防止故障传递能力。应能防止一个部件或元件的故障引起其他部件或元件的故障，从而避免事故。例如，电动机电路短路时保险丝熔断，防止烧毁电动机。

（4）失误或故障导致事故的难易。发生一次失误或故障则直接导致事故的设计、设备或工艺过程是不安全的。应保证至少有两次相互独立的失误或故障或一次失误与一次故障同时发生才能引起事故。对于那些一旦发生事故将带来严重后果的设备、工艺，必须保证同时发生两起以上的失误或故障才能引起事故。

（5）承受能量释放的能力。应能承受运行过程中偶尔可能产生高于正常水平的能量释放。通常在压力罐上装有减压阀以把罐内压力降低到安全压力，如果减压阀出现故障，则超过正常值的压力将强加于管路，为使管路能承受高压，必须增加管路的强度或在管路上增设减压阀。

（6）防止能量蓄积的能力。能量蓄积的结果将导致意外的能量释放。因此，应有防止能量蓄积的措施，如安全阀、可熔（断、滑动）连接等。理想的安全评价包括危险性辨识和危险性评价两部分，如图 3-6 所示。

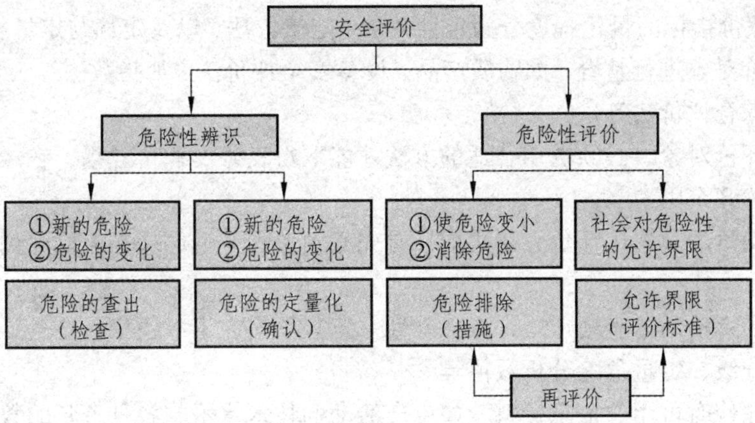

图 3-6　危险性辨识和危险性评价结构图

危险性辨识是指利用安全系统工程的理论和方法，分析系统及其各要素所固有的安全隐患，揭示系统的各种危险性，亦即通过一定的手段测定、分析和判明危险，包括固有的和潜在的危险，可能出现的新危险以及在一定条件下转化生成的危险，并且对系统中已查明的危险进行定量化处理，从而为评价提供数量依据。

危险性评价是指根据危险性辨识的结果，采取各种措施减少或消除危险，并同既定的安全指标或目标相比较，判明所具有的安全水平，直到达到社会所允许的危险水平或规定的安全水平为止。

2）安全评价的程序

由安全评价的内容可知，安全评价程序主要包括以下几个步骤：

（1）资料收集和研究。明确评价对象和范围，收集国内外相关法规和标准，了解同类系统、设备、设施的运作和事故发生情况，以及评价对象的地理、气候条件及社会环境状况等。对收集到的资料应进行深入研究，研究的深入程度可大大缩短分析和评价的进程。

（2）危险因素辨识与分析。根据评价对象的特点，辨识和分析系统可能发生的事故类型、事故发生的原因和机制。

（3）确定评价方法，实施安全评价。在上述危险分析的基础上，划分评价单元，根据评价目的和评价对象的复杂程度，选择具体的一种或多种评价方法，对事故发生的可能性和严重程度进行定性或定量评价，在此基础上进行危险分级，以确定安全管理的重点。

（4）提出降低或控制危险的安全对策措施。根据评价和分级结果，高于标准值的危险必须采取工程技术或组织管理措施，降低或控制危险。低于标准值的危险属于可接受或允许的危险，应建立检测措施，防止生产条件变更导致危险值增加，对不可排除的危险要采取防范措施。

4. 安全评价方法的选用

由于辨识、评价对象不同，工艺、设备设施不同，以及事故类型、事故模式等不同，所采用的评价方法是不同的。选用合理的评价方法是一项关键性工作，其关系到评价对象的评价结论是否合理、正确和可靠。

安全评价方法很多，几乎每种方法都有较强的针对性。综合分析这些方法，可以分为两种：一种是按评价指标的量化程度分为定性方法、定量方法，以及定性与定量相结合的方法；另一种是按评价对象进行整合，如物质产品、设备安全评价法（如指数法等），安全管理评价法，系统安全综合评价法等。

对具体的评价对象，必须选用合适的方法才能取得良好的评价效果，在选用评价方法之前，应考虑下述几个因素：

（1）评价的目的。选用评价方法之前，首先必须考虑评价结果是否能达到评价的目的和动机。

（2）需要的评价结果表现形式，如危险性一览表、潜在事故情景一览表、危险控制措施一览表、危险分级、定量危险分析数值等。

（3）进行评价时可用的信息资料，如生产活动的技术水平、各种资料的数量和质量、评价对象的复杂程度和规模大小、生产方式、操作方式、固有危险的性质、可能发生的事故类型等。

（4）评价对象已经显现的危险，如事故历史情况，设备新旧情况、运行状况、使用年限，易损件的更换情况，管理的现状等。

（5）可投入评价的技术人员及其素质，评价费用，完成期限，评价专家和管理人员的知识结构及水平等。

在选择评价方法时，除考虑上述因素外，还要对评价方法可提供的评价结果及其适应范围做进一步分析。实践表明，不同的评价方法适用于对系统寿命期内的不同阶段进行危险评价，表 3-6 和表 3-7 分别给出了几种常用评价方法可以提供的评价结果及其适应的阶段。

表 3-6　典型安全评价方法提供的评价结果

评价方法	事故情况	事故频率	事故后果	危险分级
安全检查表	不能	不能	不能	不能
危险指数法	提供	不能	提供	事故后果分级
预先危险性分析	不能	不能	提供	提供
危险性和可操作性研究	提供	提供	提供	事故后果分级
故障模式及影响分析	提供	提供	提供	事故后果分级
事故树分析	提供	提供	不能	事故后果分级
事件树分析	提供	提供	提供	提供
概率评价法	提供	提供	提供	提供
作业条件危险性评价法	提供	提供	提供	提供
安全综合评价法	不能	不能	不能	提供

表 3-7　典型安全评价方法适用情况

评价方法	方案设计	详细设计	工程施工	日常运营	改建扩建	事故调查	拆除退役
安全检查表	√	√	√	√	√		√
危险指数法	√			√	√		
预先危险性分析	√	√	√	√	√	√	
危险性和可操作性研究			√	√	√	√	
故障模式及影响分析			√	√	√	√	
事故树分析	√	√		√	√	√	
事件树分析			√	√	√	√	
概率评价法	√	√	√	√	√	√	
作业条件危险性评价法				√			
安全综合评价法			√	√	√		

5. 全评价的作用和意义

1）安全评价体现了“安全第一，预防为主”的方针

为了保障安全生产，必须从预防事故这一根本目的出发，预先或超前对系统在计划、设计、施工、验收、投产和运行等各阶段的安全性进行科学的预测和评估，防止和减少在安全上的欠债和加强安全的投入。安全评价从预防事故的观点出发，对系统可能产生的损失和伤害进行预测和评价，采取有效的手段以实现系统安全的总目标。因此，安全评价是一门控制系统总损失的技术，评价过程提高了安全管理水平，体现了从被动到主动，从事后处理到事前预防，从经验到科学的安全管理方法。

2）安全评价有助于国家各级安全监察部门对企业安全生产的宏观控制

通过对企业安全状况系统的、科学的、客观的评价，既可以衡量企业固有危险性的大小，又可得出企业安全现状的结论。国家各级监察部门可以以此为依据，按照不同的危险等级和安全现状配备相应的监察力量，使监察工作能够有目的、有重点地进行，实现重点和一般相结合，全面控制企业安全生产。

实行国家监察的目的，是要对企业安全生产实现宏观控制。通过监察发现问题并依法进行处理，以求改变企业的不安全状况，提高安全生产水平。安全评价可以依据标准对企业安全管理、安全技术、安全教育等诸方面的问题做出综合评价，既能了解企业存在的问题，又能客观地对企业安全水平给出结论。安全监察机关就可以以此为依据，对企业依法进行处置，例如依法追究刑事责任、责令停产整顿或采取相应安全措施。而且，一般安全评价标准都附有根据国家科技发展水平能够实现的措施，使企业不仅了解危险的存在，而且明确改进安全状况的措施，达到监察的目的，实现控制的目标。

3）安全评价有助于保险部门加强对企业灾害实行风险管理

保险部门对企业事故引起的人身伤亡、职业病和财产损失所承担的保障义务是保险业的一项重要内容。随着我国保险业的发展，企业投保也逐渐增多，对企业事故的风险管理必然

要纳入议事日程。风险管理应该包括以下内容：保险费的合理收取；风险的控制和事故后的合理赔偿。

保险部门为企业承担灾害事故保险，就要收取保险费，保险费的收取是由企业事故风险的大小决定的。所谓事故风险，就是单位时间内的事故损失。严格地讲，保险费的计算应以风险为基准。但目前还不具备这样的条件。因此，可以考虑采用安全评价的结果来计算费率。即综合考虑企业生产过程中危险程度大小和企业对危险的控制能力的高低。

至于风险控制，就是在保险过程中尽量减少灾害事故的发生和减轻灾害事故发生的损失。保险部门为投保户提供灾害风险保险，并不是所有事故都负责赔偿，而是仅在投保户遵守保险部门规定的防灾防损条例、条令、规程、规定的前提下才履行该项义务。保险公司不仅为此制定若干法规、标准，而且拥有完善的监察投保户执行情况的组织机构。由于我国保险业尚未建立健全这套体制，不能严格控制企业灾害事故的发生。但是，目前完全可借用企业安全评价标准作为企业防灾防损必须遵守的准则（国外的保险条例也有许多等效采用其他安全法规、标准的情况）。另外，保险部门还要根据企业对条例的遵守情况和事故的减少幅度，定期返还企业部分保险费，以资鼓励，提高企业防灾防损的自觉性。如果投保企业发生了事故，就存在一个是否应该赔偿以及赔偿多少的问题。解决这个问题的关键也是以企业是否遵守保险条例为基础。因此，一个较完善的企业安全评价标准完全可以作为保险部门事故赔偿的准则。总之，安全评价的标准和结果为保险部门对企业实行风险管理提供了经验和数据，对加强风险管理有其现实指导意义。

4）安全评价有助于提高企业安全管理水平

（1）变事后处理为事前预防，使企业安全工作更加科学化。

长期以来，我国大多数企业的安全管理，基本上采用传统管理方法，主要是凭经验管理，即以事故发生后再处理的“事后过程”为主，因而难以实现“安全第一，预防为主”的方针。通过安全评价，可以预先系统地辨识危险性及其变化情况，科学地分析企业的安全状况，及时掌握安全工作的信息，全面地评价企业的危险程度和安全管理现状，衡量企业是否达到规定的安全指标，使企业领导能够做出正确的安全决策。此外，以系统科学为基础的安全评价可以促使企业建立动态的安全信息反馈系统，增强企业安全保障系统的自我调节机能。

（2）变纵向单一管理为全面系统管理，使企业安全工作更加系统化。

以往的安全管理基本上是以企业安全部门和各车间、班组专（兼）职安全人员组成的纵向单一（如安全技术科）管理体制。这样的体制难以实现全面安全，被管理者往往不能和安全人员密切配合，大多处于被动状态，造成安全部门管理安全的孤立局面。安全评价的实施，不仅评价安全技术部门，而且要全面评价企业各个单位及每一个人应负安全职责的履行情况。这样，就使企业所有部门都按照要求认真评价本系统的安全状况，变被管理者为主动执行者和管理者，而安全部门仅对各职能部门和生产单位是否尽职尽责进行监督检查，使企业安全管理体制与横向到边、纵向到底的安全管理落实机制配套实施和运行。管理范围也可以从单纯生产安全扩大到企业各系统的人、机、料、法、环等各因素、各环节的安全。这样，就可以使安全管理实现全员、全面、全过程的系统化管理。

（3）变盲目管理为目标管理，使企业安全工作逐步标准化。

以往的安全管理缺乏统一的标准，安全人员仅凭自己的经验、主观意志和思想觉悟办事。往往是不出事故就认为安全工作出色，出了事故就惊慌失措，对安全工作全盘否定，缺乏衡量企业安全的客观指标和标准。通过按评价标准进行安全评价，使安全技术干部和全体职工明确各项工作的规范要求，达到什么地步就可称安全以及采取什么手段可以达到指标。有了标准，就可以使安全工作有明确的追求目标，从而使日常安全管理工作纳入标准轨道。

（4）安全评价可以为企业领导的安全决策提供必要的科学依据。

要改变企业的安全状况，提高企业的安全生产水平，就必须采取相应的安全措施，这就涉及安全投资的问题。对所有安全工程项目，不仅要考虑改善工作条件，保护职工健康与安全，也要考虑经济效益。因为安全工作也是企业经济活动的一部分。因此，要认真对待安全投资的经济性和合理性问题。安全评价不仅系统地确认危险性，还要进一步考虑危险性发展为事故的可能性大小和事故损失的严重程度，进而计算单位时间事故造成的损失（即风险）。以此说明系统危险可能造成的负效益的大小，以便合理地选择控制事故的措施，措施投资的多少，使投资和可能减少的负效益达到平衡，正确选择技术路线和工艺路线，为领导决策提供科学依据，使系统达到社会认可的安全指标。

（三）划分风险等级

根据风险评价的结果，可将风险分为 5 级：第 1 级，极其危险；第 2 级，高度危险；第 3 级，中度危险；第 4 级，一般危险；第 5 级，可容忍危险。

（四）风险控制措施

（1）对第 1 级和第 2 级的风险，一定要制订职业健康安全目标和职业健康安全管理方案。

（2）对第 3 级风险，视情况制订职业健康安全目标和职业健康安全管理方案。

（3）对第 1、2、3、4 级的风险，要制订运行控制程序，按程序进行管理。

（4）对第 5 级的风险可维持现有的风险控制措施。

（5）其他认为需要控制的风险则根据实际情况的需要制订管理方案。

（6）对于潜在的紧急风险情况，应制订应急准备和响应控制程序，按程序进行管理。

城市轨道交通运营系统的复杂性带来运营风险的多变性，因此，运营风险管理必须要常抓不懈，不断进行自我纠正，为广大职工和乘客提供良好的安全运营大环境。

四、安全标志、安全色与安全线

（一）安全标志

1. 安全标志的定义

安全标志由安全色、几何图形、图形符号或文字所构成，用以表达特定的安全信息。

辅助标志是安全标志的文字说明或补充。辅助标志必须与安全标志同时使用在一个矩形载体上，称为组合标志。在同一矩形载体上含有两个或两个以上安全标志并且有相应辅助标志的标志，称多重标志。

2. 安全标志的作用

安全标志的作用是引起人们对不安全因素的注意，以达到预防事故发生的目的。但不能代替安全操作规程和安全防护措施。

3. 安全标志的类型

根据《安全标志及使用导则》(GB 2894—2008) 的规定，安全标志分为禁止标志、警告标志、指令标志和提示标志 4 类。这 4 类标志用 4 个不同的几何图形来表示。

1）禁止标志

禁止标志是禁止人们不安全行为的图形标志。禁止标志的几何图形是带斜杆的圆环，图形符号为黑色，几何图形为红色，背景色为白色，共 23 种。其图形和含义如图 3 - 7 所示。

图 3-7　禁止标志

2）警告标志

警告标志是提醒人们注意周围环境，避免可能发生的危险的图形标志。警告标志的几何图形是正三角形边框，图形符号、几何图形为黑色，背景色、衬边为黄色，共 28 种。其图形和含义如图 3-8 所示。

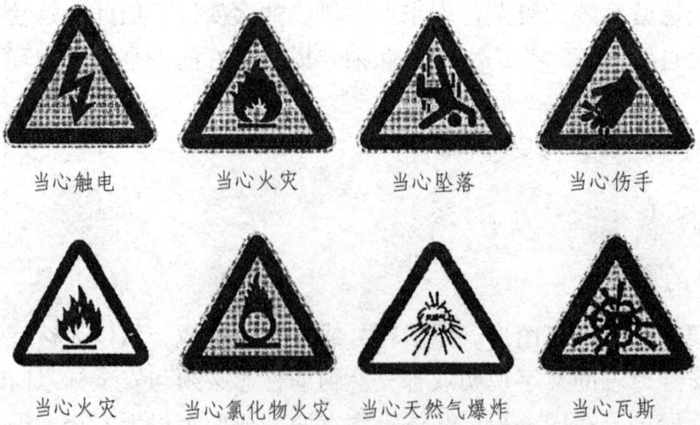

图 3-8　警告标志

3）指令标志

指令标志是告诉人们必须遵守“指令标志”规定的图形标志。指令标志的几何图形是圆形边框，图形符号、衬边为白色，背景色为蓝色，共 12 种。其图形和含义如图 3-9 所示。

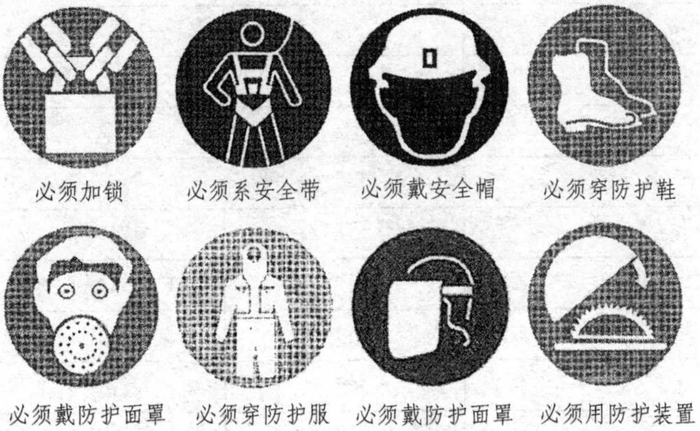

图 3-9　指令标志

4）提示标志

提示标志是向人们提示某种信息（如标明安全设施或场所等）的图形标志。提示标志的几何图形是矩形，图形符号、衬边是白色，背景色是绿色。其图形和含义如图 3-10 所示。

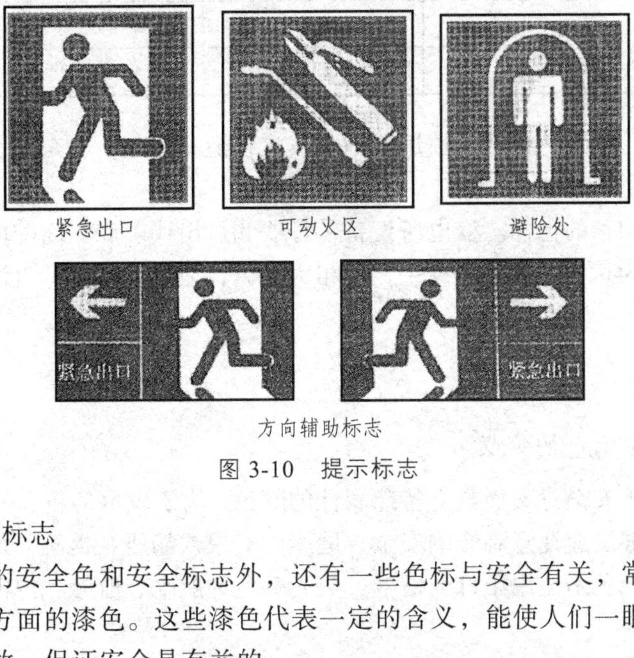

图 3-10　提示标志

5）其他安全色标志

除了上述规定的安全色和安全标志外，还有一些色标与安全有关，常见的有气瓶、气体管道和电气设备等方面的漆色。这些漆色代表一定的含义，能使人们一眼就识别出其提供的信息。这对预防事故，保证安全是有益的。

（1）气瓶色标。气瓶色标是指气瓶外表面涂覆的字样内容、色环数目和颜色按充装气体的特性作规定的组合，是识别充装气体的标志。其目的主要是从颜色上迅速辨别盛装某种气体的气瓶和瓶内气体的性质（可燃性、毒性），避免错装和错用，同时也可防止气瓶外表面生锈。《气瓶颜色标志》（GB 7144—1999）对气瓶外表面的颜色和气瓶上字样的颜色做了规定。

充装常用气体的气瓶颜色标志见表 3-8。

表 3-8 充装常用气体的气瓶颜色标志

序号	充装气体名称	瓶色	字样	字色
1	乙炔	白	乙炔不可近火	大红
2	氢	淡绿	氢	大红
3	氧	淡（酞）蓝	氧	黑
4	氮	黑	氮	淡黄
5	空气	黑	空气	白
6	二氧化碳	铝白	液化二氧化碳	黑
7	氟	白	氟	黑
8	天然气	棕	天然气	白
9	乙烷	棕	液化乙烷	白
10	液化石油气	棕（工业用）	液化石油气	白
		银灰（民用）	液化石油气	大红
11	乙烯	棕	液化乙烯	淡黄
12	氩	银灰	氩	深绿
13	氖	银灰	氖	深绿
14	六氟化硫	银灰	液化六氟化硫	黑

（2）管道色标。管道色标的习惯用法是：蒸汽管道是白色，自来水管道是黑色，压力管道为黄色，消防管道为红色。

（3）电气设备相别的色标。变电所设备（母线和进出线）和车间配电装置用色标相别，主要用法是：A 相为黄色，B 相为绿色，C 相为红色，地线为黑色，直流正极为红色，直流负极为蓝色。

（二）安全色

1. 安全色和对比色的定义

安全色是被赋予安全意义而具有特殊属性的颜色，用于表示禁止、警告、指令、指示等。其作用是使人们能够迅速注意到影响安全、健康的对象或场所，提醒人们注意，以防发生事故。本节所说的安全色不适用于灯光信号、荧光颜色和航空、航海、内河航运以及为其他目的使用的颜色。

对比色是使安全色更加醒目的反衬色。

2. 安全色和对比色的种类与用途

《安全色》（GB 2893—2008）规定：安全色有红色、蓝色、黄色、绿色 4 种。其含义和用途见表 3-9。

表 3-9　安全色的含义和用途

颜色	含义	用途举例
红色	禁止	禁止标志：如城市轨道交通列车受电弓的支架带电部分涂红色，表示高压危险，禁止触摸
	停止	停止信号：机器、车辆上的禁忌停止按钮或手柄，以及禁止人们触动的部位
	消防	表示防火、灭火器
蓝色	指令必须遵守的规定	指令标志：如必须佩戴个人防护用具，道路上指引车辆和行人行驶方向的指令
黄色	警告	警告标志
	注意	警戒标志：如厂内危险机器和坑沟周边的警戒线，行车道中线，安全帽，城市轨道交通站台安全线
绿色	提示	提示标志
	安全状态	车间内的安全通道
	通过	车辆和行人通过的标志
	允许	消防设备和其他安全防护设备的位置
	工作	“在此工作”标志牌
备注		① 蓝色只有与几何图形同时使用时才表示指令； ② 道路上的提示标志采用蓝色，不采用绿色，以免与道路两旁的绿色树木混淆。

对比色规定为黑、白两种颜色。黑色用于安全标志的文字、图形符号和警告标志的几何边框。白色既可用于安全标志红色、蓝色、绿色的背景色，也可以用于文字和图形符号。安全色与对比色同时使用时的搭配应符合表 3-10 的规定。

表 3-10　安全色与对比色的搭配

安全色	对比色
红色	白色
蓝色	白色
黄色	黑色
绿色	白色

注：黑色与白色互为对比色。

此外，通常使用的相间条纹有红色与白色相间、黄色与黑色相间、蓝色与白色相间、绿色与白色相间 4 种，其用途见表 3-11。

表 3-11　相间条纹表示的含义和用途

颜　色	含　义	用途举例
红白相间	禁止越入	道路上使用的防护栏杆和隔离墩
黄黑相间	警告注意	当心滑跌标志
蓝白相间	必须遵守	交通导向标志
绿白相间	使标志牌更醒目	安全标志杆

（三）安全线

安全线是企业中用以划分安全区域与危险区域的分界线。厂房内安全通道的标示线，轨道交通站台上的安全线都是属于此列。根据国家有关规定，安全线用白色，宽度不小于 60 mm。在生产过程中，有了安全线的标示，就能区分安全区域和危险区域，有利于对危险区域的认识和判断。

（四）城市轨道交通常用安全标识

城市轨道交通常用标志有公里标、百米标、站名标、坡度标、制动标、圆曲线和缓和曲线始点及终点标、曲线标、竖曲线始点及终点标、水准基点标、警冲标、联锁分界标、预告标、司机鸣笛标、减速地点标、降速标、停车位置标、接触网终点标、降下受电弓标、升起受电弓标等。

隧道内百米标、限速标、停车位置标应设在行车方向的右侧；警冲标应设在两回合线间，其位置应根据设备限界及安全确定，隧道外的标志可按国家现行规定设置。

第四节　运行设备的应急处置

一、线路故障的应急处置

（一）道床伤亡事故处置

1. 道床伤亡事故处置概述

轨道交通常见道床伤亡事故是指被在轨道上行驶的列车撞、轧人员受伤或死亡，事故现场清晰，因果关系明确，快速处置后能够及时恢复轨道交通正常运行的伤亡事故。

2. 道床伤亡事故处置工作原则

依据轨道交通运行的实际状况以及可能对社会造成的影响，城轨交通运输管理部门确定常见道床伤亡事故的处置，必须遵循“安全第一、快速反应、救助为先、及时处置、减少危害、降低影响”的原则。

3. 道床伤亡事故处置的现实意义及基本要求

（1）及时发现、及时报告。

（2）初期勘察处置原则上以所属车站及警务站工作人员为主。

（3）快速清理伤亡人员，撤清有关障碍，开通线路。

（4）现场应保持秩序良好，抢救伤员迅速。

（5）各相关部门通力配合、协作，处置时间一般不超过 15 min。

4. 道床伤亡事故的处置职责

列车司机在知晓事故发生后，应立即停车，原地等候，按运行规定报告事故情况，配合现场处置民警开展初期勘察工作，随时接受可以恢复运行的通知，司机在接到公安通知后按运行规定报总调度所请求恢复运行。

凡发生在区间隧道内列车撞击人员的伤害事故，事发列车司机应立即停车，报行车调度员确认被撞人状况，竭力抢救，可能时将被撞人移至驾驶室，按令将被撞人带至指定车站。

列车若在隧道内已越过被撞人应立即停车报行车调度员，得到准许后限速 15 km/h 运行至前方站。

事故列车司机应配合有关管理部门调查取证，如实反映当时情况。

5. 道床伤亡事故的信息报告内容

1）信息报告流程

发生道床伤亡事件时，各岗位应按流程做好信息报告工作：

（1）司机、车站及时向 OCC 报告。

（2）OCC 接报后及时向 COCC 报告。

（3）COCC 接报后视情向集团公司、上级行业主管部门报告。

（4）接报道床伤亡事件后，车站应立即向公安、医疗部门报警；COCC 应立即向公安部门报警。

2）司机信息报告内容

发生道床伤亡事件时，司机信息报告内容如下：

（1）事件发生的概况（时间、车站/区间百米标等位置信息、车次、人员位置等）。

（2）现场人员伤亡情况及已采取的措施。

（3）现场处置情况及具备动车条件。

（4）其他需要报告的必要信息。

3）车站信息报告内容

发生道床伤亡事件时，车站信息报告内容如下：

（1）事件发生的概况及影响。

（2）现场人员伤亡情况及已采取的救助、转移措施。

（3）现场处置进展及客运组织情况

（4）其他需要报告的必要信息。

4）OCC 信息报告内容

发生道床伤亡事件时，OCC 信息报告内容如下：

（1）事件发生的概况及影响。

（2）现场人员伤亡情况及已采取的措施。

（3）现场应急响应及行车调整、客运组织情况。

（4）现场运营恢复情况。

（5）其他需要报告的必要信息。

5）COCC 信息报告内容

发生道床伤亡事件时，COCC 信息报告内容如下：

（1）事件发生的概况及影响。

（2）现场人员伤亡情况。

（3）现场应急响应及行车调整、客运组织情况。

（4）现场运营恢复情况。

（5）其他需要报告的必要信息。

6. 道床伤亡事故的处置程序

（1）司机发现或接报人车冲突、乘客掉入线路等情况时，应立即停车并报 OCC，并根据 OCC 指令进入线路核实确认伤亡情况。

（2）车站发现或接报车站范围内人车冲突、乘客掉入线路等情况时，应立即按下紧急关闭按钮并报 OCC，根据 OCC 指令做好现场情况确认工作，向公安、医疗部门报警。

（3）OCC 接报后立即扣停后续相关列车，安排相关人员至现场查看情况并在进入线路前做好第三轨线路断电等安全防护工作，报 COCC。

① 若事件发生在区间，OCC 应安排司机进入线路查看情况。

② 若事件发生在车站，OCC 应立即通知事发车站至现场查看情况。

（4）COCC 接报后应立即向公安部门报警，并根据现场情况及可能造成的影响视情发布预警等级。

7. 道床伤亡事故案例分析

案例一：2001 年 12 月 4 日某地铁乘客坠落站台事故

事故基本情况：

2001 年 12 月 4 日晚上 22 点 4 分，在某地铁 1 号线某站（改线车站没有安装屏蔽门/半高安全门），一名女乘客在列车进站过程中因乘客拥挤意外坠落站台。列车采取了紧急制动措施，但是由于距离较短，列车撞上了乘客，导致坠落乘客当场死亡。地铁列车停止运营约 1 h。事故调查认为，站台人流拥挤、乘客争抢上车是导致此次事故的主要原因。

事故处置措施：

事故发生后，车站工作人员立即采取紧急抢救措施，并向总调度所、客运分公司调度、事发现场所属派出所、救护中心报告；客运分公司调度向客运分公司领导报告，并通知相关车站；总调度所将事故情况报告总值班室及某市公安局轨道交通分局；总值班室负责向交通运输主管部门、运营公司领导及公司运营安全处报告。总调度所按照应急预案实施联动处置，各成员单位接到报警后，立即赶赴现场迅速开展救助工作。某市公安局轨道交通分局对现场进行勘查，分析事故原因，运营单位积极组织乘客疏散。事故处置信息传递流程如图 3-11 所示，其中事发现场（车站、司机）为信息传递流程起点。

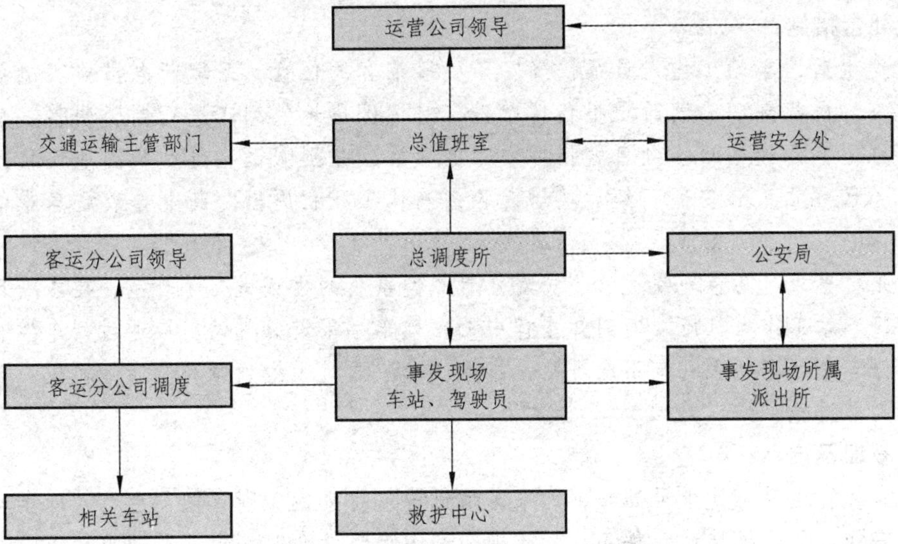

图 3-11　事故处置信息传递流程图

为防止地铁乘客坠落站台事故，2005 年，某地铁公司对某地铁 1 号线进行设备更新改造，在某 1 站至某 2 站的 12 座车站安装全封闭的屏蔽门，这也成为某市首条全部安装屏蔽门的城市轨道交通线路。

事故教训及启示：

此次事故暴露出两个问题：

（1）车站未安装屏蔽门存在安全隐患。

1 号线从某 1 站途经 5 站至某 7 站，某 1 站和某 5 站是两个大型住宅区，某 6 站是 1 号线与 2 号线的换乘站，晚上 22 点正处于商业区下班和顾客回家时间，短期客流较密集。由于地铁 1 号线没有安装安全屏蔽门，导致乘客被急于上车的乘客挤下站台。

（2）乘客未按顺序排队乘车。

乘客为了抢座位争先上车，未按顺序排队，导致了此次事故发生。此次事故表明，城市轨道交通运营单位应积极维护乘客乘车秩序，同时应通过安装屏蔽门加强硬件设施，避免乘客坠落站台。据某市统计，平均每两天就会发生一起乘客违规穿越禁区、进入轨道的事故，仅 2004 年某地铁就发生了多起乘客跳轨或意外坠落事故。由于乘客坠落事故存在隐蔽性和难以预见性，城市轨道交通运营单位应不断完善车站硬件设施，通过安装屏蔽门和视频监控系统等手段，预防乘客坠落事故。

案例二：2006 年 10 月 23 日某地铁乘客坠落站台事故

事故基本情况：

2006 年 10 月 23 日 6 点 40 分左右，一名男子在某地铁 1 号线梨园站坠落站台，与进站列车相撞，当场死亡。事故导致梨园地铁站临时关闭。由于事发时正值早高峰期间，许多乘客被迫改乘其他交通工具。地铁调度指挥中心立即通知电力调度切断供电轨电源，以免乘客触电。此次事故造成坠落乘客死亡，1 号线古园至梨园区间暂停运营 34 min。经调查，某市公安局公共交通安全保卫分局认为这是一起正常行驶的地铁列车将跳下站台的乘客撞轧致死的事故。

事故处置措施：

事故发生后，车站工作人员很快确定了坠落乘客的位置，采取断电措施实施救助，立即通知公安和医疗部门，同时上报指挥中心，对该区段地铁列车进行调度调整。某某急救站、某市红十字急救中心接到急救指挥中心电话后，分别派医生赶赴梨园地铁站，经现场确认该男子已死亡。公安部门经过现场勘验，确认了死亡原因。断电导致旅客滞留在列车内 40 min。

针对此次事故，某市地铁运营公司对处置此类事故的措施进行了规范，要求一旦有乘客坠落站台，车站工作人员应立即通知指挥中心。列车如果没有进站，应通过列车控制系统给列车下达停车命令。如果列车正在进站，指挥中心应通过无线列调系统通知司机，要求立即采取紧急制动措施。

事故教训及启示：

此次事故发生时正处于早高峰，如乘客越过黄色安全线，则可能发生坠入列车轨道的危险。车站安保人员应维持站台秩序，如有乘客试图跳下站台时，应及时劝阻制止。

由于城市轨道交通是在封闭空间内运行的交通工具，一旦发生此类事故，不但会造成坠落乘客伤亡，还会造成列车停运和客流聚集。因此，城市轨道交通站点车站工作人员应积极维持乘车秩序，同时可采取安装屏蔽门等措施来防止乘客坠落。

（二）隧道积水应急事件的处置

1. 隧道积水的判断

列车司机在驾驶作业过程中，如遇隧道积水的情况，应立即停车查看积水情况并汇报行车调度。积水深度是指该积水地段最深处的积水水面距钢轨轨面的高度（定义为 h），积水面距钢轨轨面的 h 值越小，对行车和列车车辆的影响越大。列车司机在无法确认线路状况是否符合行车安全的要求与条件的情况下，切勿盲目行车，否则列车在通过该段线路时，飞溅的流水会进入列车下部设备，特别是电动机、电器设备等，会对对车辆设备造成损害。

2. 隧道积水的处置

（1）当 $h \geqslant 150$ mm 时，允许列车以正常速度通过积水地段。

（2）当 100 mm $\leqslant h \leqslant$ 150 mm 时，允许列车按 40 km/h 速度通过积水地段。

（3）当 50 mm $\leqslant h \leqslant$ 100 mm 时，列车应限速 20 km/h 通过积水地段。此时，列车司机驾驶时应谨慎、仔细，尽量以惰行方式通过积水地段。

（4）当 h <50 mm 时，原则上不允许列车通过积水地段，应由有关方面处理后才能准许列车通过。

3. 隧道积水事故案例分析

案例：S 市 7 号线 F 站至 G 站区间积水影响正常运营秩序

事故基本情况：

2015 年 6 月 17 日 5 点 40 分，7 号线上行巡道车司机报 F 站至 G 站上行有积水现象，暂不影响运营。6 点 00 分后续 0721#车司机反映积水有上升趋势，列车限速 20 km/h 通过积水区段。6 点 37 分至 8 点 35 分，其间维保人员先后多次至现场登乘列车进行巡视，确认列车具备 20 km/h 通过积水段，上述时段期间，现场确认由于地面积水造成区间泵排水困难，要求市政配合处置，并联系项目公司配合对 G 站地面排水。

8 点 35 分，现场司机反映区间积水淹过钢轨，经确认上行积水高度已超过轨面，长度约 30 m。F 站至 G 站下行旁通道处，积水将至轨面，长度约 10 m，列车具备限速 20 km/h 通过条件。

事故处置措施：

8 点 45 分 COCC 发布五级预警。五级预警发布后各运营单位积极响应，运管中心、X 运营公司、维保公司及相关专业分公司领导至现场指挥抢修工作。抢修期间，自 10 点 20 分起 C 站出入段线封锁，抢修人员利用区间泵以及调集的 11 台临时泵进行抢排，至 16 点 00 分 F 站至 G 站上行区间积水缓慢下降，轨顶面已基本露出。C 站停车场出入段线解除封锁，恢复正常使用，17 点 22 分积水全部排清，列车运行恢复正常。

事故原因分析：

经确认，造成 F 站至 G 站区间积水的水源共有 2 处：一是车站通风机房内风井落水口经由排水管排入隧道区间内。二是陈太路出入段线横截沟及排水沟处有大量石块堵塞，洞口一侧水沟排水不畅，积水无法正常排入洞口废水泵房，溢出排水沟经出入库线流入区间。这在一定程度上暴露出汛期前期预防、隐患排查存在一定漏洞，工作开展不全面、不细致。

事故整改措施：

（1）进一步加强汛期隐患排查和整治工作，要坚决克服麻痹、侥幸思想，始终保持高度的警觉性，毫不懈怠地把防汛工作抓实、抓细、抓好。

（2）相关单位对全路网出入段线洞口、正线引导段洞口处的横截沟、挡水坝进行全面检查、疏通和清理，并针对不满足防汛要求的段场出入段线落实整改。

（3）相关单位对全路网基地积水情况进行排摸，尤其对基地排水设施工作正常，基地外部水源倒灌入基地造成基地积水的情况进行汇总，相关情况报集团防汛办。

（4）相关单位对出入段线、正线敞开段的横截沟、挡水坝等相关技术标准及设计图纸资料进行梳理，研究并落实隧道最低点水位标识等措施，辅助运营人员对隧道积水深度进行判断。

（5）各运营公司在防汛防台期间要加强车站及所属设施日常巡视，特别是对各类排水泵要加强维护保养工作，当遇高水位告警、异常动作情况要及时确认，提前处置。

（6）各运营单位在防汛防台期间要做好管辖区域、运营车站、运营列车漏水点排摸和处置。对于所查漏水点或情况应及时报修，设施设备主管部门及时处置，确保汛期设施设备运行安全及运营服务质量。

（7）在防汛防台期间，当发布预警时，各单位要严格落实好值班及现场保驾制度，加强巡视，确保信息畅通，各应急力量、抢险物资要严阵以待，做好应急准备工作。

（三）碎石道床胀轨跑道应急事件的处置

（1）当线路连续出现碎弯并有胀轨迹象时，必须加强巡查或派专人监视，观测轨温和线路方向的变化。若碎弯继续扩大，应设置慢性信号防护，进行紧急处理。线路稳定后，恢复正常行车。

（2）作业中如出现轨向、高低不良，起道、拨道省力，枕端道砟离缝等胀轨迹象时，必须停止作业，并及时采取防胀措施。

无论作业中和作业后，发现线路轨向不良，用 10 m 玄测量两股钢轨的轨向偏差，当平均值达到 10 mm 时，必须设置慢行信号，并采取夯拍道床、填满枕盒道砟和堆高砟肩等措施；当两股钢轨的轨向偏差平均值达到 12 mm，在轨温不变的情况下，过车后线路弯曲变形突然扩大时，必须立即设置停车信号防护，及时通知车站，并采取钢轨降温等紧急措施，消除故障后放行列车。

（3）发现胀轨跑道时必须立即拦停列车。有条件时可采取浇水或喷洒液态二氧化碳等办法降低钢轨温度，整正线路，夯拍道床，按 5 km/h 放行列车。现场派人监视线路，并不间断地采取降温措施，待轨温降至接近原锁定轨温时，再恢复线路和正常行车速度。

（4）无降温条件或降温无效时，应立即截断钢轨（普通线路应拆开钢轨接头）放散应力，整正线路，夯拍道床，首列放行列车速度不得超过 5 km/h，并派专人看守、整修线路，逐步提高行车速度。

（四）遭遇雷击因素干扰应急事件的处置

1. 列车遭遇雷击的判断

当列车遭遇雷击后，司机首先应确定列车状态，如故障面板无障碍显示，客室照明情况正常时，列车可以继续正常运行。

2. 遭遇雷击应急事件的处置

（1）如故障面板显示逆变器故障，客室仅有紧急照明时，司机应维持运行至前方站。到站台后开门清客，并向行车调度员报告列车故障情况。

（2）若无法继续运行，司机应及时报告行车调度员列车故障情况，在征得行车调度员同意后，落弓并分断蓄电池，待 2 min 后重新起动列车。

（3）若故障依然存在，但列车可以维持运行，司机应及时向行车调度员报告故障情况，并维持运行至终点站或折返线，交检修人员处理。

（4）若列车无法维持运行，则报告行车调度员，请求救援。

3. 列车遭遇雷击的案例分析

案例：重庆轻轨因雷击造成的事故

事故基本情况：

2007 年 7 月 17 日，重庆市气象台通过各种方式向社会发布了有史以来第一个暴雨红色预警，这也是预警的最高等级。这场暴雨最大降雨量达 266.6 mm，超过了 200 mm 的特大暴雨级别，为重庆有气象历史记录以来之最。此次暴雨伴随大规模雷电，16 h 共计炸雷 41 672 次，平均每分钟炸雷 40 次。重庆市受灾人口达 500 万，22 个区县损失 10 多亿元。重庆市主城区位于特大暴雨的正中心，由于积水过深、车辆被淹熄火等原因，重庆市公交车约有 1.5 万班次未能正常发车，仅为正常日发车班次的一半，数十万人出行受到影响，城区交通基本瘫痪。

上午 11 点 17 分，佛图关山上一棵大树被雷击并遇山体滑坡和泥石流，倒在重庆轨道交通 2 号线佛图关与李子坝区间轨道上，接触网被严重损坏，致使区间断电。事故发生后，重庆市轨道交通 2 号线被迫全线关闭。

事故处置措施：

7 月 17 日上午 11 点 17 分，佛图关与李子坝区间接触网被损坏后，运营调度指挥中心立即启动应急预案，命令所有轻轨列车暂时进站停靠，等待进一步安全检查，采取小交路临时调度方案。同时列车广播向乘客做出解释，提醒乘客赶快下车，站台保安和乘务人员紧急疏散乘客，并安全转移，佛图关车站封闭停止上客。维修人员紧急步行赶到佛图关区间现场，冒雨进行检查抢修。经排查，被损坏的接触网长 20 多 m，必须全部更换。全线停运约 2 h 30 min 后，经过紧急抢修，大坪至新山村区间段恢复通电，开始投入运行。由于接触网损坏严重，修复更换所需时间较长，直至当日晚 8 点 30 分，重庆轨道交通 2 号线全线恢复运营。

7 月 18 日上午 9 点，重庆市轨道交通公司针对重庆市遭受百年不遇的特大雷电、暴雨袭击，轨道交通 2 号线部分线路中断运营的情况，召开运营安全生产紧急会议，对险情做了分析，研究布置了下阶段的防雷防汛工作重点。会议要求在处理突发事件，特别是多起突发事件同时发生时，各岗位人员要做到临危不乱，组织有序，加强信息沟通和协作。重庆轨道交通因雷击造成事故的处置流程如图 3-12 所示。

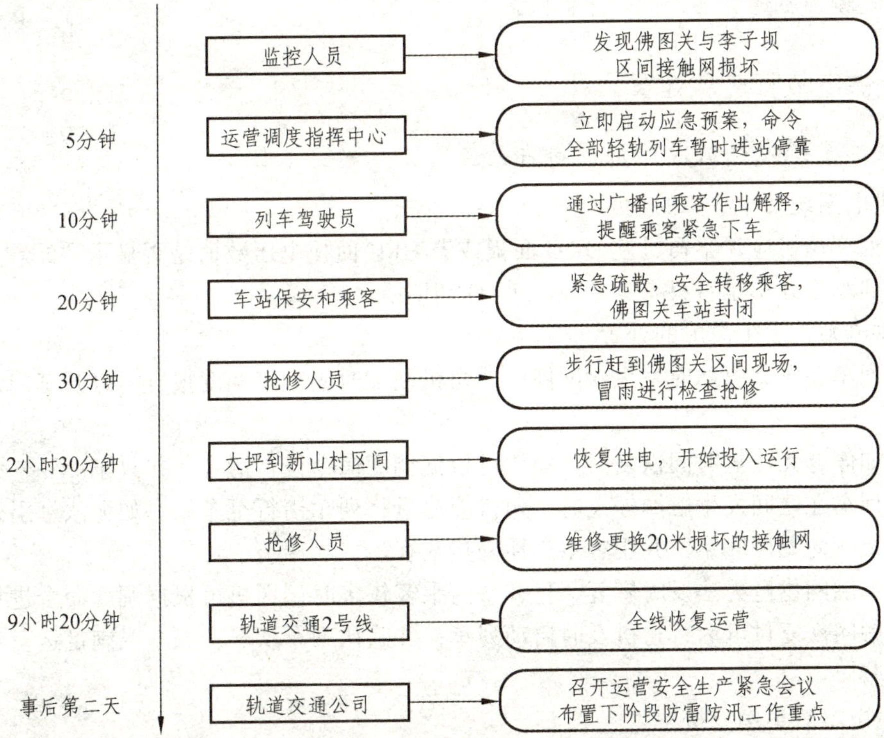

图 3-12　重庆轨道交通因雷击造成事故的处置流程图

事故教训及启示：

（1）存在的问题和漏洞。

重庆市地处山区，地形绵延起伏，轻轨沿线树木高大繁盛，存在极大的雷击可能性。重庆市轻轨沿线由于防雷措施不到位，避雷针、接地防雷装置等数量不足，山体土质遇暴雨松动滑坡，造成了本次停运事故。

（2）本次事故的启示。

此次事故有两个方面的启示：一方面，需要加大对轻轨沿线建筑物、树木等的雷击防护力度，增加防雷设备；另一方面，需要加强轻轨车辆设备雷击防护。由于轻轨人员密集，且高架轨道横跨城区，加之轻轨列车在高架轨道上高速运行，一旦高速运行的列车遭受雷击，后果不堪设想。因此，高架轨道上高速运行列车的雷电防护，是轻轨防雷的一个重点，而且也是难点。

（3）事故后的改进措施。

为防范此类事故的发生，重庆市防雷中心与市科委联合立项，对轻轨沿线的地理、气候、雷电活动规律等进行全方位监测，同时又结合重庆市轻轨的轨道系统、列车系统、运行供电系统和信号运输系统的特点，以及站点间构筑物的特殊性，建立了相应的雷击频率数据库，确定了雷击频繁区，并在此基础上制订了相关应急预案。

2007 年 8 月，重庆市防雷中心承担了研究轻轨防雷安全的项目并完成编制计划，除对轻轨车（站）场、区间、列车安装日常的防雷设施外，并对轻轨供电系统等多个零部件雷击防护，以及对轻轨系统的设备主机房、桥架安装、线槽、保护管安装等进行了规定和说明，确保轻轨从车体到轨道有全方位的防雷保护。

二、供电故障应急处置

1. 供电系统发生故障的应急事件处置

1）供电系统发生故障的判断

（1）列车司机应观察司机室 DDU 面板或者 HMI 面板电压数值是否显示“0”。

（2）列车整列车是否只有紧急照明（1/3 照明）。

2）供电系统发生故障的处置

（1）列车在车站停站时发生触网停电，司机须及时向行车调度报告，打开车门，并向乘客广播。

（2）如停电无法短时间恢复时，司机可根据调度命令进行清客，并收车。

（3）列车在区间发生触网停电时，司机应尽量将列车惰行至车站。如无法牵引迫停区间时，司机及时向调度联系，并用客室广播安抚乘客。

（4）如触网供电无法及时恢复，且客室内乘客较多时，司机可根据调度命令进行疏散。

（5）触网恢复供电后，司机及时启动列车，并确认列车状况，如车况满足运营条件，立即恢复运营。

3）供电事故案例分析

案例：伦敦地铁停电事故

事故基本情况：

2010 年 10 月 18 日，伦敦地铁发生大规模停电事故，数千乘客的出行受到影响。上午 8 点 50 分，由于供电系统故障，朱比利线芬奇利路站和伦敦塔桥站之间的双向线路均中断，事发时正值出行早高峰。事故导致 5 列地铁列车被迫停在隧道内，其中 3 列停在贝克街和圣约翰伍德站之间，1 列停在斯维思考特街附近，另 1 列被困在威斯敏斯特附近。前 3 列地铁列车中的 2 000 多名乘客，持手电筒从隧道中疏散，后 2 列车中的乘客则通过相邻车站疏散。事故造成多名乘客被困数小时，超过 4 000 人的出行受到影响。许多乘客被困在拥挤闷热的列车内长达数小时，而地铁保安在此情况下竟然还要求乘客刷卡以后才能出站。一名乘客事后表示，直到上午 11 点才走出隧道，车厢里几乎没有活动的空间，这段可怕的经历使他不愿意再乘坐地铁。

据英国《每日邮报》报道称，此次事故是伦敦地铁开通以来最严重的停电事故。事故发生在星期一的早晨，正是通勤上班高峰，乘客经历了漫长的等待，许多乘客在黑暗中由于呼吸困难而感到恐慌，经过几个小时后，才由工作人员引导，下车沿轨道徒步出站。事故发生后，大多被困乘客由于心理焦虑或者身体不适没能去工作。

事故处置措施：

由于此次停电事故造成列车停运，大量乘客被困在隧道或车站内的列车上，因此应急处置主要集中在疏散乘客、避免踩踏和尽快恢复供电 3 个方面。此次事故救援工作主要由伦敦地铁公司和伦敦交通局执行，伦敦警察局及医疗部门也赶往现场协同疏散救援，进行医疗救助。伦敦地铁公司安全和运输组织部门的相关人员赶往现场疏散乘客，并在伦敦交通局等相关单位的组织下成立调查小组，供电、机电部门的工程技术人员开始排查故障，寻找事故原因，尽快恢复供电系统功能。伦敦交通局表示，伦敦地铁公司愿意向被停电事故延误的乘客道歉，尤其是被困在隧道内的乘客。

事故教训及启示：

此次事故反映出伦敦地铁疏散效率不高，救援工作滞后的问题。根据乘客在事后的反映，许多乘客被困在隧道中近 3 个小时才被成功疏散，应急救援的不及时导致疏散时间被延长。另外，事故发生后从车站疏散的乘客必须通过刷“牡蛎卡”（Oyster Card）的方式才能出站，对乘客的疏散造成了极大不便，同时也降低了疏散效率。针对伦敦地铁停电事故的发生原因及应急处置过程中存在疏散效率不高的问题，城市轨道交通运营单位应加强以下两方面的工作：

（1）应完善应急设备，确保设备状态完好。在此次停电事故中，事故发生在当日上午 8 点 50 分，由于贝克街一带的供电问题导致停电，致使芬奇利路和伦敦桥之间的列车停止运行，导致大量乘客被困在隧道内。由于城市轨道交通列车是以电力进行驱动的，因此确保电力系统的正常工作是保障正常运营的前提。另外，在城市轨道交通系统还应设置电力应急设备、紧急照明设备等，并确保这些应急设备的状态良好，这样在发生停电事故后才能有效地组织乘客疏散。

（2）应通过宣传教育等方式提高乘客应对突发事故的能力。乘客对突发事故的应变能力，也是降低事故伤亡的重要因素。此次伦敦地铁停电事故中，乘客表现出了较好的应对突发事故的能力，乘客冷静有序地听从地铁工作人员和救援人员的指挥，没有因处置不当而严重受伤。因此，通过多种方式向乘客宣传停电时的疏散知识，提高乘客对突发事件的应变能力非常重要。

2. 接触网出现异物的应急事件

1）接触网出现异物的判断

（1）列车司机发现接触网出现异物时应立即停车后判断异物是接触网自身的零部件还是外来异物侵限。

（2）如果是接触网自身的零部件应判断零部件名称，如果是外来异物应判断物品名称、异物在接触网上的状态（悬挂或缠绕）。

（3）列车司机应正确判断接触网出现异物是否影响列车运行。

2）接触网出现异物的应急事件处置

（1）列车在运行中，当司机发现架空接触网上有异物悬挂或缠绕时或接触网电缆断落或部件脱落时，司机应做到：立即采取列车停车措施，确保行车安全。

（2）若异物未悬挂或缠绕在接触线上，且悬挂或缠绕物在下垂时不可能触碰车体，不影响列车安全运行时，允许列车限速 20 km/h 通过该区段。

（3）若异物悬挂或缠绕在接触线上，悬挂或缠绕物在下垂时有可能触碰车体，或悬挂或缠绕物有可能影响列车安全运行时，司机应立即停车，并将现场实际情况及时报告行车调度员。待行车调度员通知有关人员到现场清除处理完毕后，司机可根据行车调度员的调度命令恢复运行。

（4）若悬挂或缠绕物为导电体且与车体接触造成变电所跳闸，司机应立即落弓并立刻向行车调度员报告具体情况，确认清楚后，根据现场情况关闭蓄电池开关，等待有关处理人员到达。待行车调度员通知有关人员到现场清除处理完毕并恢复送电后，司机可根据行车调度员的调度命令恢复运行。

（5）如行车调度员要求司机下车清理时，司机应先向行车调度员确认前方站已扣发相反方向运行的列车。在确认后，司机可根据实际情况，利用专用工具下车清除异物。下车后和处理时必须密切注意邻线车辆运行情况并做好高压安全防护工作，确保自身安全。经过清理的接触线应不影响本次列车、后续列车或邻线列车的正常运行。清理完毕后，司机应将处理情况及时报告行车调度员，同时做好记录，并按调度命令尽快恢复运行。

3. 停电事故的应急事件处置

一旦城市轨道交通发生停电事故，城市轨道交通运营单位应按照“以人为本、服务乘客、快速处置、尽快恢复供电，减少事件对运营造成的影响”的原则，采用以下应急处置措施：

1）信息报告

车站值班员：发生车站停电后，事发车站值班员必须立即报告值班站长、行车调度、生产调度室、警务站，及时做好车站广播工作，按调度员下达的命令贯彻执行。

列车司机：发生区间停电后，列车司机必须及时报告行车调度，并做好相应的广播工作，提前做好列车正常重启的各项准备工作。

生产调度室：公司生产调度室接到停电报告后立即报公司客服部、乘务部和设施部等部门负责人及相关人员。

2）车站停电处置措施

发生车站停电，车站值班员及时向相关部门通报信息，同时全线车站按行车调度指令做好乘客疏导工作；组织车站工作人员对现场情况进行疏导，及时与生产调度室做好信息传递工作，需要关闭车站时，提前做好各方面准备工作，负责做好站内乘客清场工作，通过广播告知乘客因停电，本站暂停办理退票，请乘客在指定时段内办理退票手续。

列车停驶区间两端车站应立即派员步行进入区间引导，并负责维持乘客秩序，按规定方向组织疏散，相关车站同时做好疏散人员的接应工作；车站无应急照明或应急照明投入运行15 min后，如车站能见度足以保证乘客进出站安全，所有列车正常在该站停车进行上下客作业；如车站能见度不足以保证乘客进出站安全，车站应报告调度员通知全线该车站关闭，停电车站做好关闭车站公告，所有列车通过该车站；如停电车站为终点站，除关闭车站外，所有列车将终点站前一站作为终点站，列车在该站清客完毕后，继续运行至终端站进行折返作业，出发列车始发站相应调整为终点站前一站。停电后，车站闸机设备无法工作，车站应根据行车调度命令采取使用应急票或开启边门让乘客出站的措施。如果需要关闭的车站是换乘站，车站工作人员按调度员下达的命令贯彻执行。如车站有应急照明，在确保安全的前提下所有列车根据调度指令继续正常运行。

3）区间停电处置措施

接触网（轨）停电造成载客列车迫停在区间时，按以下程序处置：当列车尚未完全出站时，列车司机应立即采取停车措施；若列车已经在区间内，司机则应尽量运行到前方车站，车站值班员应提前排列接车进路；列车司机与行车调度员确定备用通信联系方式；后续相关列车司机接收行车调度员指令，确定救援列车，并做好救援准备；环控值班员开启风机对区间隧道进行送风，同时命令车站打开区间隧道照明设备；接触网（轨）恢复供电后，列车动车前，若列车车门紧急拉手被拉下，列车司机应对车厢内乘客广播3遍，待紧急拉手恢复后动车；司机应加强瞭望，以随时可停车的安全速度运行至下一站正常载客；后续列车司机应加强瞭望，手动慢速运行。

4. 停电事故处置注意事项

在处置停电事故过程中，应注意以下3点：

（1）城市轨道交通运营单位应迅速响应，第一时间做好乘客安抚和疏散工作。城市轨道交通运营单位作为第一响应单位，应立即启动应急预案，开展应急处置工作。列车司机应立即与调度中心联系，报告所在位置的照明情况，同时通过列车广播系统稳定乘客情绪，并组织乘客疏散。车站工作人员应判明现场情况，检查紧急照明系统和导向标志是否启用，巡查各部位如升降电梯中是否有人员被困等，并协助疏导乘客。车站工作人员还应将收集到的人员、设备、设施受停电影响情况，及时向调度中心报告。另外，相关部门人员应关闭正在操作的设备，并协助车站工作人员疏导乘客。

（2）城市轨道交通运营单位应尽快组织供电专业技术人员进行维修，迅速恢复正常运营。由于供电系统的专业性很强，发生故障后，城市轨道交通运营单位应尽快组织故障排查和抢修队伍，避免其他人员因操作不当造成设备损坏。同时，行车调度人员应迅速制订应急调度方案，确保供电系统正常后迅速恢复运营。

（3）做好乘客的疏散工作。停电事故可能导致乘客恐慌甚至拥挤，因此最重要的就是如何在最短的时间内将乘客疏散到安全地点。总体来讲，第一时间应安抚乘客不要惊慌失措，不要乱跑乱撞，这是确保乘客人身安全的重要原则。城市轨道交通运营单位应根据发生停电事故时乘客所在的位置，进行有针对性的安全疏散，避免危险情况发生。如果乘客乘坐的列车停在车站内，或者乘客正在站台候车，那么乘客应在原地等候，不要惊慌。当车站内停电时，有可能只是车站的照明设备失效，乘客应听从工作人员的解释，不要随意走动，不要惊慌，认真配合车站工作人员的疏散方案。一般情况下，车站将启动应急照明设备，列车或车站内的照明设备也能为乘客疏散提供充足的光线。如果乘客乘坐的列车停在隧道内，乘客应听从列车司机的指挥，耐心等待救援人员，不能随意手动打开车门下车并进入隧道。一方面，由于列车距离地面有一定的距离，可能对乘客造成伤害。另一方面，可能存在接触障碍物或供电轨等危险因素。因此，乘客应耐心等待救援人员，利用临时扶梯从无供电轨道的一侧下车进入隧道，并按照救援人员指定的方向和路线进行疏散。在疏散时要注意排成单行，小心谨慎，不要拥挤。

三、站台应急处置

城市轨道交通踩踏事故不仅会造成乘客的恐慌，引发严重的伤亡事故，甚至会使市民对乘坐地铁产生恐惧心理，因此踩踏事故一旦发生，必须采取有效措施加以应对，主要包括以下方面：

1. 处置原则

在处置踩踏事故时应遵循“确保安全、统一指挥、措施有效、合理引导、及时疏散” 的原则。做到“一化解、二疏导、三封堵”，对经常性的或可预见的客流爆满站点采用增加运力办法解决；对突发的或超出预见的客流爆满要加强客流组织工作，做到有序进站，有序上车；对暴涨的客流，一时难以疏导时，经请示同意后可采取必要的封站或限流措施。

2. 岗位职责

行车值班员：根据站长的要求，负责信息的收集和传递；不间断地进行广播宣传，稳定乘客情绪，引导乘客向站外疏散，改乘其他交通工具；通过监视器密切关注车站秩序和客流变化，与有关部门保持密切联系；根据行车调度指令，调整运营秩序和客运组织方案；根据车站站长的指令，实施关闭部分或全部进站闸机，关闭部分出入口、降低进站速度等措施。

值班站长：事发车站的值班站长是现场第一指挥人，组织车站工作人员采取各种有效措施进行处置，尽快疏散乘客；做好乘客的劝阻工作，防止事态的进一步扩大；负责组织人员做好客运组织调整工作（如退票、发致歉信、赠票、限流、关闭出入口等]。

站务员：服从站长安排，引导乘客向站厅疏散；保持站台通道畅通，做好宣传工作稳定乘客情绪；监护站台乘客情况，防止乘客跌入轨道。

票务员及服务员：服从站长安排，做好退票、赠票和致歉信的发放工作；保护好票款，必要时将票款转移至安全地点；做好乘客的解释、疏导工作，引导乘客向站外疏散；根据站长指令打开专用通道和消防疏散通道门疏散乘客。

3. 处置措施

应对城市轨道交通踩踏事故应采取以下措施：

1）立即启动应急预案

踩踏事故发生后，城市轨道交通运营单位应立即启动相关应急预案。车站值班员应及时了解相关情况，并向运营公司生产调度室上报如下信息：事件发生时间、地点；踩踏事故原因、伤亡情况、已采取的措施；报告人单位、姓名、岗位等。同时报值班站长，并联系消防局、站点所属派出所、医疗单位等请求援助。运营公司生产调度室应及时将事故具体情况上报运营调度指挥中心、轨道交通运营主管部门及公安局。在医务人员到达现场前，应积极抢救受伤人员，抓紧时间开展自救和互救。

2）快速疏导现场人员

利用一切有效手段快速疏导事故现场人员，迅速打开全部安全出口，保持安全通道畅通，打开应急照明系统，保证疏散通道照明亮度，让乘客尽快疏散到安全地点，禁止无关人员滞留现场，防止有人故意制造恐慌气氛，避免再次发生踩踏事故。

3）提供准确有效的疏散信息

踩踏事故发生时，错误信息或信息缺失会导致客流停滞、异向人群相遇、疏散路径阻塞，使乘客变得绝望和急躁，事态进一步恶化。因此，踩踏事故一旦发生，应充分利用广播系统、扩音设备、指示标志等信息传播手段，及时、准确发布诱导信息、疏散通道、安全出口、警示信息等，进行客流的分流和疏导。车站、列车广播要内容一致，保持同步，防止事态进一步扩大，广播应做到连续、及时、正确。

4）做好事故善后处理

及时向上级城市轨道交通运营主管部门报告事故的最新情况，特别是人员伤亡的情况。积极配合相关部门做好事故调查、责任认定和善后处理工作。认真分析事故原因，总结反思经验教训，补充完善应急预案。

四、乘务应急处置

（一）火灾事故的应对措施

城市轨道交通系统发生火灾，应按照以下措施应对：

1. 应及时报告火情

在确认火灾情况后，车站值班员和列车司机应迅速将火灾发生的时间、地点和具体位置及其他情况向控制中心报告，控制中心应根据火灾事故的具体情况和应急预案，向公安和消防等部门报告。

2. 应有效组织人员疏散

无论城市轨道交通系统哪个部位发生火灾，都应在第一时间紧急疏散乘客，同时采取有效的灭火措施。根据世界上城市轨道交通重大火灾事故的教训，乘客没有得到快速、及时、安全的疏散是造成人员重大伤亡的主要原因。

根据火灾位置的不同，也有不同的应急疏散方案。列车在区间发生火灾时，列车司机应尽可能将列车驶向前方车站，迅速打开站台侧门，利用车站站台疏散乘客，利用车站隧道防排烟系统排除烟气。列车在车站发生火灾时，可以利用车站楼梯、出人口迅速疏散乘客，环控调度人员应执行火灾排烟模式，车站工作人员应立即关闭自动扶梯，引导乘客出站，并阻止乘客进站乘车。另外，在日常的运营过程中，应当对车站的疏散能力进行评估，对站台、自动扶梯、救援通道的疏散能力进行模拟，科学评估各项设施的疏散能力，发现影响事故救援的瓶颈，并予以消除。在事故发生后，应认真总结乘客疏散的经验和教训，并对不同行车组织方案及事故类型的乘客疏散情况进行专题研究和总结。

3. 应完善运营安全和应急处置的法律法规

火灾发生后，国家和地方政府以及城市轨道交通运营单位应针对火灾原因完善相关法律法规，从管理体制和管理制度上防止类似事故发生。如日本的《消防法》《灾害对策基本法》《恐怖事件对策特别措施法》等均对应对火灾事故的措施进行了规定。我国的《中华人民共和国消防法》《国家突发公共事件总体应急预案》《国家处置城市地铁事故灾难应急预案》等对火灾事故的处置程序进行了规定，确保救援工作有据可依，救援人员各司其职、分工协作，共同应对灾害和事故。

案例：阿塞拜疆巴库地铁火灾事故

事故基本情况：

1995 年 10 月 28 日 18 点左右，一列 5 辆编组、载有约 1 500 名乘客的地铁列车在刚离开巴库地铁阿尔达斯站 200 m 后，第四节车厢尾部因电气设备故障发生起火，产生了大量的烟雾和有毒气体，列车司机发现事故并将列车停靠在隧道中。列车停止时，第一、二、三节车厢还没有烟雾，第四节车厢火势还没有蔓延，乘客开始撤离。很快，列车出现火光，车厢内的照明设施全部熄灭，由于列车内的设施多由易燃的化学合成材料制成，火势迅速扩大并向第五节车厢蔓延。列车两端的两个紧急出口只有通过人工方式才能打开，但拥挤的人群抵住了车门，乘客不得不击碎车窗玻璃逃生，浓烟很快进入车厢。隧道里的烟雾掩盖了灯光，能见度很低，乘客秩序混乱，发生踩踏。列车内设施燃烧产生大量的有毒气体，许多乘客在浓烟中窒息。

由于火灾事故发生在隧道中，列车无法驶出，致使救援工作和乘客逃生极其困难，大火一直燃烧了十多个小时，直到第二天清晨才被完全扑灭，整个隧道和车厢内都是尸体残骸。火灾最终造成 558 人死亡，269 人受伤。

处置措施：

列车司机发现起火后，却把列车停在距阿尔达斯站 200 m 的隧道内，下车用隧道里的应急电话向调度中心报告，请求切断列车电源。司机打开第一节车厢门，大量乘客沿着轨道路堤往下爬，向列车尾部撤离，然后走向阿尔达斯站。随后，火势增大并充满第四节车厢，截断了第一节车厢乘客撤离路线，大量乘客互相踩踏，秩序混乱。15 min 后，消防队到达阿尔达斯站，并成功救出了 370 名乘客。由于没有足够的应急呼吸设备，消防人员无法继续进行任何有效的营救措施。事故的处置过程如图 3-13 所示。

教训及启示：

（1）存在的问题和漏洞。

① 列车司机处置错误。事发时，列车司机在已经察觉到发生火灾事故的情况下，没有按照规定将列车开出隧道，然后再采取救援措施，而是错误地把列车停靠在距阿尔达斯站 200 m 的隧道内，导致消防人员难以在有效时间内接近燃烧车辆进行扑救。由于无法打开车门紧急出口，被困乘客只能纷纷打碎车窗玻璃逃生，现场秩序十分混乱。

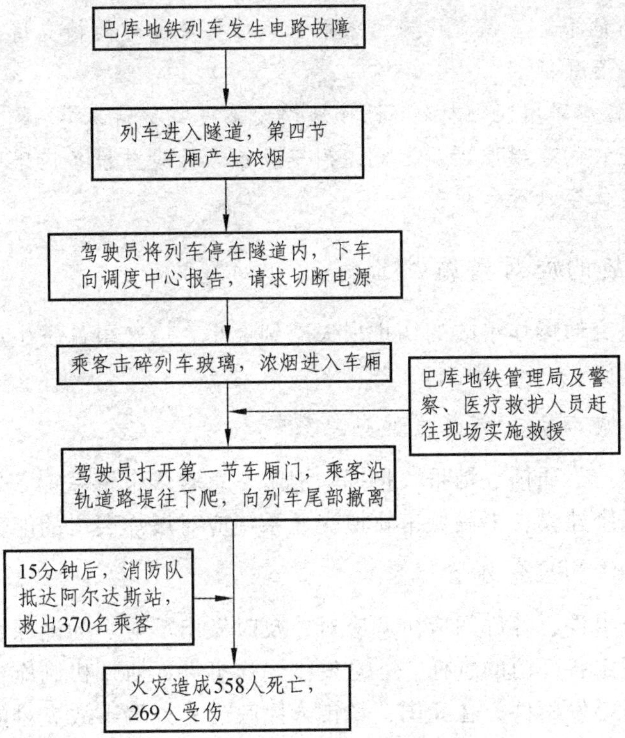

图 3-13　巴库地铁火灾事故处置过程

② 地铁车厢采用易燃材料。巴库地铁多采用 20 世纪 60 年代生产的列车。据调查，死亡的 558 名乘客中多数不是被烧死的，而是因毒气窒息而死。阿塞拜疆专家认为，造成大批乘客死亡的原因就是神经麻痹毒气，来源于陈旧列车装饰的可燃化学合成材料燃烧。发生事故的地铁车厢的主要材料是钢，门由铝制成，地板采用亚麻材料，座椅由膨化的泡沫塑料和木头制成，内壁和天花板则由塑料压板制成，地铁车厢大部分材料采用了易燃物质，燃烧会释放出大量有毒气体。

③ 事故救援水平滞后。在此次事故中，救援力量不足，地铁站缺乏必要的救援设备，如应急照明和防烟滤毒设备。同时，救援措施不力，致使救援工作进展缓慢。

（2）本次事故的启示。

① 避免起火列车在隧道内停车。高温烟雾气流本身具有减光性、毒害性等特点，隧道内的高温烟雾气流情况更为复杂，发生火灾事故时，隧道内的高温烟雾难以及时排出，极易造成群死群伤事故。本次事故中，列车司机本可以将列车开出隧道，但由于应急处置经验不足，将起火的列车停在隧道中，致使救援队伍不易接近起火车辆，大大增加了救援和逃生的难度，导致乘客吸入有毒气体窒息而死。因此，当列车在隧道内起火时，司机应迅速将火灾情况向控制中心报告，同时将列车运行至前方车站停车，并通过广播等方式稳定乘客情绪。前方车站要提前做好乘客疏散和灭火准备工作。

② 强化相关人员应急处置能力。列车司机是城市轨道交通系统中非常重要的工作岗位，肩负着妥善处理列车突发事件，保障乘客生命财产安全的重大责任。因此，要加强对城市轨道交通工作人员特别是列车司机的应急处置能力培训，不断增强安全责任意识，切实提高应

急处置水平，做到临危不乱、镇定应对，采取正确的措施处理险情灾情，尽可能地将人员伤亡和财产损失情况降至最低。

③ 地铁设施设备应采用阻燃材料。巴库地铁设施设备材料易燃，起火时释放出的有毒气体是造成大量人员伤亡的重要原因。因此，列车及车站的设施设备应采取阻燃材料，防止火灾时乘客吸入有毒气体窒息死亡。

（二）爆炸事故的应对措施

为了使城市轨道交通爆炸事故的伤亡损失减到最小，应在事件发生后采取有力措施进行应对，具体有以下措施：

1. 建立完善的城市轨道交通防恐应急系统

该系统应包括监控、通信、情报、指挥、消防、急救多个子系统，是多方面多层次的综合处理系统。通过系统建设，提高城市轨道交通系统应对爆炸袭击的能力。

2. 建立反恐安保和应急处置体系

对于发生的爆炸事件，各部门应协调应对，及时做出反应。为确保协调机制的程序性和可操作性，应明确规定各部门的责任。一旦发生爆炸事件，协调机制应自动启动，各部门自主进入状态，以应对突发事件。在我国，城市人民政府是处置事故灾难的主体，城市各部门应主动配合，密切协作，整合资源，共同应对处置爆炸事件。

3. 城市轨道交通运营单位应启动应急预案

爆炸事故发生后，运营单位应立即启动应急预案，做好人员疏散，配合有关部门做好事故处置，做好伤员救治和相关善后工作。城市轨道交通系统的不同位置发生爆炸事故后，不同岗位人员的应对措施也不同。

1）车站发生爆炸

车站值班员确认车站发生爆炸后，立即向公安（110）及消防（119）报警，联系医疗部门及时救护伤员，并向行车调度、站长、生产调度汇报；向环控调度人员汇报，使其按照实际情况进行工况调整，如爆炸引起火灾，应正确开启或关闭机电、消防、送排风设备；通过监视器密切注意车站情况，与有关部门保持联络，负责各部门与相邻车站间的信息传递工作；加强广播宣传，引导、疏散乘客，根据行车调度命令，指挥现场列车，防止列车进入事发车站。

值班站长应立即组织车站工作人员对乘客进行疏散，抢救伤员，控制现场；保护现场，维护秩序，设置警戒区，如现场有可疑物品，应立即汇报公安部门；如爆炸引起火灾，应根据实际情况，通知车站值班员开启相应的消防设备，采取初期扑救，切断、控制火源，防止火势蔓延；第一时间寻找证人、证据；上级指挥小组到场后，应尽快将收集到的现场情况上报，并根据上级命令，实施有关的操作。

站务员应加强站台监护，防止乘客跌落站台，引导站台上的乘客往站厅疏散；如爆炸引起火灾，应根据安排携带好应急装备与灭火器材，赶赴现场参与灭火、救护工作；保护现场，配合公安部门调查取证。

服务员及售票员应根据命令停止售票，并将票款及时转移至安全地点；及时打开专用通道及消防疏散门，引导乘客从专用通道及进出站闸机处疏散；如爆炸引起火灾，应根据安排携带好应急装备与灭火器材，赶赴现场参与灭火、救护工作。

2）到站列车发生爆炸

列车司机应迅速打开所有车门，利用车厢广播引导乘客往站台上疏散；用车载电话，迅速向行车调度汇报；疏散乘客的同时，赶赴事发地点，配合值班站长保护现场，维护秩序，设置警戒区（如现场有可疑物品，应立即汇报公安部门，由公安人员处理）；如爆炸引起火灾，利用列车自带的灭火器，进行初期扑救。

其他人员处置措施与站台爆炸事故相同。

3）列车在区间发生爆炸（列车可继续运行）

列车司机应利用车载电话，迅速向行车调度汇报情况及建议采取的措施；根据行车调度命令将列车前进（或后退）至就近车站（如车载电话故障，无法联系到行车调度，列车只能正向运行至前方站；到站后应立即利用站台行车调度电话，与行车调度取得联系）；列车到站后，迅速打开所有车门，利用车厢广播引导乘客往站台上疏散；疏散乘客的同时，赶赴事发地点，会同站长保护现场，维护秩序，设置警戒区；如爆炸引起火灾，应利用列车自带的灭火器材，进行初期扑救。

值班站长应立即组织车站工作人员对乘客进行疏散，抢救伤员，控制现场；根据实际情况，通知车站值班员开启相应的消防设备，采取初期扑救，防止火势蔓延；列车到站后，赶赴事发地点，与列车司机共同保护现场，维护秩序，设置警戒区；第一时间寻找证人、证据，发现可疑对象应立即向公安部门报告；上级指挥小组到场后，应尽快将收集到的现场情况上报，并根据上级命令，执行有关的操作。

其他人员处置措施与站台爆炸事故相同。

4）列车在区间发生爆炸（列车无法继续运行）

列车司机打开紧急疏散门，利用车厢广播引导乘客按指定方向从隧道内向就近车站疏散；应利用车载无线电话，迅速向行车调度汇报情况（如车载电话故障，应使用就近的轨旁电话，与行车调度联系）；赶赴车厢内爆炸处，如爆炸引起火灾，应利用列车自带的灭火器材，进行初期扑救；确认车厢内的乘客完全疏散后，方可撤离。

第五节　城市轨道交通运营法规

一、概　述

城市轨道交通法律法规是在国家法律体系框架下，各城市依据地域特点和实际情况制定行之有效的法律法规体系。城市轨道交通法律法规一般可分为国家级、行业级和省市级法律法规，省市级法律法规又可分为总体应急预案、自然灾害预案、专项预案、委办局预案等。以下是部分国家级法律法规（见表 3-12）。

表 3-12　与城市轨道交通有关的部分法律法规

编号	名称	发布机构	发布日期	实施日期
1	国家突发公共事件总体应急预案	国务院	2005 年 1 月 26 日	2006 年 1 月 8 日
2	国家处置城市地铁事故灾难应急预案	国务院	2006 年 1 月 23 日	2006 年 1 月 23 日
3	中华人民共和国突发事件应对法	第十届全国人民代表大会常务委员会	2007 年 8 月 30 日	2007 年 11 月 1 日
4	突发事件应急预案管理办法	国务院	2013 年 10 月 25 日	2013 年 10 月 25 日

二、北京市城市轨道交通安全运营管理办法

第一章　总 则

第一条　为加强城市轨道交通安全运营管理，保障安全运营，维护乘客合法权益，根据本市实际情况，制定本办法。

第二条　凡在本市行政区域内从事与城市轨道交通安全运营有关活动的，均须遵守本办法。

本办法所称城市轨道交通是指地铁、轻轨等城市轨道公共客运系统。

第三条　城市轨道交通安全运营管理，坚持安全第一、预防为主、综合治理的方针。

第四条　市和区、县安全生产监督行政管理部门依照《中华人民共和国安全生产法》的规定，对本市城市轨道交通运营的安全生产工作实施综合监督管理。

市交通行政管理部门对本市城市轨道交通安全运营实施行业监督管理，指导运营单位落实安全运营措施，消除事故隐患，对城市轨道交通运营单位（以下简称运营单位〉违反本办法的行为予以纠正并提请有关行政管理部门依法处理。

发展改革、规划、公安、消防、园林绿化、住房和城乡建设、市政市容管理等行政管理部门，依照各自职责对城市轨道交通安全实施监督管理。

第五条　城市轨道交通沿线的区、县人民政府应当做好本行政区域内城市轨道交通安全运营相关服务、保障工作，及时配合有关部门协调、解决有关问题。

第六条　运营单位应当依法承担城市轨道交通运营安全管理责任，加强运营安全管理，建立、健全安全运营责任制度，完善安全运营条件，确保安全运营。

第七条　市人民政府相关部门和运营单位应当采取多种形式，向社会公众宣传有关城市轨道交通安全运营的法律规定和安全知识，提高市民的安全意识。

任何单位和个人应当自觉维护城市轨道交通安全运营秩序，不得侵害国家财产和公民人身、财产安全，不得影响他人出行。

第二章　建设与运营的衔接

第八条　城市轨道交通工程的规划、建设，应当考虑安全运营的需求，并预留换乘和疏散空间。

城市轨道交通工程项目申请报告、可行性研究报告和初步设计中应当确定列车运行、调度指挥、运营辅助系统、安全防范和检查系统、维修保障系统、换乘和疏散系统、人员组织等内容，并经过运营安全评估，系统功能应当符合安全运营需要。

城市轨道交通工程建设单位在编制完成项目申请报告、可行性研究报告后，应当听取市交通行政管理部门的意见。市交通行政管理部门应当进行监督和指导。

第九条　城市轨道交通设备、设施的设计、安装、建造应当符合国家和本市规定的设计标准和技术规范。

其他工程与城市轨道交通相连接的，连接部分的设计应当符合城市轨道交通设计规范要求。

第十条　城市轨道交通工程完工后，建设单位应当向运营单位提供技术档案和相关资料，对设备、设施进行调试和安全测试，并会同运营单位组织试运行。试运行期不得少于3个月，并不得载客。

第十一条　城市轨道交通工程试运行合格的，建设单位应当依法办理规划、消防、土建、人防、供电、特种设备、工程档案、建筑节能、无障碍设施、环境保护设施和运营设备、设施等项目的验收。验收合格的，方可移交运营单位投入试运营。政府相关行政管理部门应当依照各自职责对验收过程进行监督管理。

试运营期间，运营单位应当按照设计标准和技术规范，对设备、设施运行情况和运营状况进行安全监测和综合验证，试运营期不得少于1年。试运营期满，设备、设施保持正常稳定运行状态，可以投入正式运营的，运营单位应当在投入正式运营30日前向市交通行政管理部门备案。

第三章　运营安全管理

第十二条　禁止在地面轨道线路上设置平面交叉道口和人行过道。禁止在地面轨道线路弯道内侧建造影响行车安全的建筑物、构筑物。禁止种植影响行车安全的树木。

已有树木影响城市轨道交通行车安全的，运营单位应当会同树木的所有者或者管理者制定解决方案，由树木的所有者或者管理者依法进行修剪或者移栽、更换树种。园林绿化、交通行政管理部门应当给予指导、协调，并加强监督管理。

第十三条　下列范围为城市轨道交通控制保护区：

（一）地下车站与隧道周边外侧五十米以内；

（二）地面和高架车站以及线路轨道外边线外侧三十米以内；

（三）出入口、通风亭、变电站等建筑物、构筑物外边线外侧十米以内。

区、县人民政府应当支持、督促有关部门依法加强对本行政区域内城市轨道交通控制保护区的监督管理，协调解决城市轨道交通控制保护区内影响轨道交通运营安全的问题。

第十四条　城市轨道交通控制保护区内严格控制下列可能影响安全运营的作业：

（一）新建、改建、扩建或者拆除建筑物、构筑物；

（二）敷设管线、挖掘、爆破、地基加固、打井；

（三）其他大面积增加或者减少荷载的作业。

确需进行前款规定的作业的，作业单位应当制定有效的安全防护方案，征得运营单位同意后，依法办理有关行政许可手续。有关行政管理部门应当根据经过论证的安全防护方案做出行政许可决定。

第十五条　经许可从事本办法第十四条第一款规定的作业的，作业单位必须落实安全防护方案，并委托专业机构对作业影响区域进行动态监测；出现危及运营安全的情形的，作业单位应当立即停止作业，采取补救措施，并报告许可作业的行政管理部门、市交通行政管理部门和运营单位。

第十六条 本办法第十四条第一款规定的作业跨越、穿越城市轨道交通设施的，作业结束后，作业单位应当会同运营单位评估作业对城市轨道交通运营安全产生的影响，并将评估结果报市交通行政管理部门备案。经评估影响运营安全的，作业单位应当立即采取措施，消除影响。

第十七条 城市轨道交通在不停运的情况下进行扩建、改建和设施改造的，运营单位应当制定有效的安全防护方案，并报市交通行政管理部门备案。

第十八条 地下管线敷设在城市轨道交通控制保护区内的，地下管线的所有者或者管理者应当加强管线的巡查、维护和管理，保障管线安全运行，避免影响城市轨道交通运营安全。

第十九条 市交通行政管理部门应当制定本市城市轨道交通安全运营服务标准。运营单位应当按照服务标准的要求，安全运送乘客。

第二十条 运营单位应当履行下列安全运营职责：

（一）建立健全安全运营责任制；

（二）组织制定安全运营规章制度和操作规程；

（三）保证本单位安全运营投入的有效实施；

（四）督促检查本单位的安全运营工作；

（五）建立安全运营风险评估和隐患排查治理制度；

（六）组织制定并实施先期应急处置方案和特殊情况下的运营组织方案；

（七）及时、如实报告运营安全事故。

第二十一条 运营单位的主要负责人和安全生产管理人员必须具备与运营活动相应的安全知识和管理能力。

第二十二条 运营单位应当对从业人员进行安全教育和培训，保证从业人员具备必要的安全运营知识，熟悉有关的安全运营规章制度和安全操作规程；掌握本岗位的安全操作技能。

运营单位工作人员应当履行下列安全管理职责：

（一）维护车站内秩序，引导乘客有序乘车，发生险情时，及时引导乘客疏散；

（二）及时劝阻、制止可能导致危险发生的行为，对劝阻、制止无效的，报告公安机关处置；

（三）发现事故隐患，及时报告。

第二十三条 运营单位的特种作业人员必须按照国家有关规定经过专门的安全作业培训，取得特种作业操作资格证书，方可上岗作业。

列车司机应当遵守安全运营规章制度和安全操作规程，驾驶中不得从事与驾驶列车无关的活动。

第二十四条 城市轨道交通车辆地面行驶中遇有沙尘、冰雹、雨、雪、雾、结冰等气象条件时，应当按照预案和操作规程要求行驶。

第二十五条 运营单位应当按照国家和本市有关城市轨道交通设备设施的安全标准和技术规范，定期对包括车辆在内的安全系统进行检测、维修、更新和改造，保证良好的运行状态。

第二十六条 城市轨道交通车站站厅、站台、车厢、疏散通道内禁止堆放物品、卖艺、擅自摆摊设点以及其他影响通行和救援疏散的行为。

第二十七条 城市轨道交通车站、列车车厢内及轨道线路、隧道应当配置报警、紧急照明、防护、救援、灭火等设备，设备应当处于完好状态。

第二十八条　运营单位应当按照国家和本市有关标准规范在轨道线路、隧道及车站站台、站厅、疏散通道、出入口、通风亭、列车车厢内及其他运营场所的醒目位置设置保障城市轨道交通安全运营的各类导向、疏散、提示、警告、限制、禁止等安全标志；定期对各类安全标志进行检查和维修，保持完好。

第二十九条　电力、电信、供水等相关单位应当保证城市轨道交通运营用电、通讯、用水等需要。

第三十条　运营单位应当为乘客提供安全、便捷的客运服务，保障乘客的合法权益。

城市轨道交通运行过程中发生故障影响运行时，运营单位应当及时排除故障，恢复运行；无法恢复运行的，应当组织乘客疏散和换乘。

第三十一条　因气象、节假日、大型群众活动等原因引起客流量上升的，运营单位应当及时增加运力，疏导乘客。

第三十二条　禁止携带枪支弹药、管制器具以及爆炸性、易燃性、放射性、毒害性、腐蚀性等可能影响公共安全的物品进入城市轨道交通设施，对进入城市轨道交通车站人员的携带物品可以实施必要的安全检查措施。

实施安全检查措施期间，不接受安全检查的，车站工作人员有权拒绝其进入城市轨道交通车站；拒不接受安全检查强行进入城市轨道交通车站或者扰乱安全检查现场秩序，构成违反治安管理行为的，由公安机关依法处理。

公安机关应当制定城市轨道交通安全检查操作规范，对城市轨道交通安全检查工作进行指导、检查和监督，并依法处理安全检查中发现的违法犯罪行为。

第三十三条　安全检查人员实施安全检查时，应当遵守下列规定：

（一）佩戴工作证件；

（二）文明礼貌，尊重受检查人；

（三）严格执行安全检查操作规范；

（四）不得损坏受检查人携带的合法物品；

（五）发现禁止携带的物品和违法犯罪行为时，立即向公安机关报告。

第三十四条　进入城市轨道交通车站的人员应当遵守有关法律、法规、规章和城市轨道交通的相关管理制度，遵守公共秩序和社会公德，并应当遵守下列规定：

（一）接受、配合安全检查；

（二）遵守安全指示标志，听从工作人员指挥；

（三）候车时站在安全线内侧，乘车时先下后上；

（四）不得实施阻挡车门、屏蔽门的正常开启、关闭和其他影响列车正点停靠、驶离的行为；

（五）不得从事兜售物品、散发广告或者反复纠缠、强行讨要以及以其他滋扰他人的方式乞讨等影响乘车秩序的行为。

运营单位应当明示城市轨道交通的相关管理制度，发现第一款第（五）项行为的，应当及时予以劝阻；对于不听从劝阻，构成违反治安管理行为的，提请公安机关依法处理。

第三十五条　禁止下列危害城市轨道交通安全运营的行为：

（一）拦截列车；

（二）擅自进入轨道线路、隧道等禁止进入的区域；

（三）强行上下列车；

（四）向列车、机车、维修工程车以及其他设施投掷物品；

（五）损坏车辆、隧道、轨道；

（六）损害和干扰机电设备，架空电缆和通讯信号系统；

（七）翻越、毁坏隔离围墙、护栏、护网和闸门；

（八）非紧急状态下动用紧急或者安全装置；

（九）损坏、擅自移动安全标志；

（十）其他危害城市轨道交通安全运营的行为。

第四章　应急和事故处理

第三十六条　市交通行政管理部门应当会同政府有关部门及相关单位制定城市轨道交通突发事件应急预案，报市人民政府批准后实施。

第三十七条　运营单位应当制定城市轨道交通突发事件先期应急处置方案，报市交通行政管理部门备案。

第三十八条　运营单位应当完善应急处置设备的配备和管理，对工作人员进行应急处置培训，定期组织应急演练，提高先期应急处置能力。

第三十九条　遇有城市轨道交通客流量激增危及运营安全的紧急情况，运营单位有权采取限制客流的临时措施，确保安全运营。

第四十条　遇有自然灾害、恶劣气象条件或者发生突发事件等严重影响城市轨道交通运营安全的情形，采取其他措施难以保证城市轨道交通安全运营时，运营单位可以停止部分线路或者路段运营，但应当向社会公告，并报市交通行政管理部门。

第四十一条　城市轨道交通运营发生突发事件后，市人民政府相关部门、突发事件所在地的区、县人民政府以及电力、电信、供水等单位，应当按照相应应急预案的规定进行抢险救援和应急保障，尽快恢复运营。

第四十二条　城市轨道交通发生运营安全事故后，运营单位应当迅速采取有效措施，组织抢救，防止事故扩大，减少人员伤亡和财产损失，同时按照国家和本市有关规定报告政府有关部门。

第四十三条　城市轨道交通运营发生事故时，有关行政管理部门接到报告后应当立即派员赶赴现场，及时处置，尽快恢复运营，并按照国家和本市有关规定进行事故调查处理。

第四十四条　运营单位应当对运营过程中乘客的伤亡承担损害赔偿责任，但是伤亡是乘客自身健康原因造成的或者运营单位证明伤亡是乘客故意、重大过失原因造成的除外。

第五章　法律责任

第四十五条　违反本办法规定，有下列行为之一的，由市交通行政管理部门予以警告，责令限期改正，并可处 1 万元以上 3 万元以下的罚款；造成损失的，依法承担赔偿责任：

（一）违反本办法第十四条第二款规定，在城市轨道交通控制保护区内进行作业的作业单位未制定安全防护方案，或者未征得城市轨道交通运营单位同意的；

（二）违反本办法第十七条规定，城市轨道交通运营单位对轨道交通进行扩建、改建和设施改造时，未制定安全防护方案的。第四十六条运营单位违反本办法第二十条、第二十二条、第二十三条、第二十七条和第二十八条规定，并构成违反安全生产管理行为的，由安全生产监督行政管理部门依法处罚。

第四十七条　违反本办法第三十二条、第三十五条规定，并构成违反治安管理行为的，由公安机关依照《中华人民共和国治安管理处罚法》的规定予以处罚。造成城市轨道交通设备、设施损坏的，依法承担民事赔偿责任。

第四十八条　违反本办法，按照消防、规划、建设、园林绿化等有关法律、法规、规章规定应当予以处罚的，由有关部门依法处罚。

第四十九条　相关行政管理部门及其工作人员未依法履行城市轨道交通安全监督管理职责的，或者对依法应当查处的违法行为不予查处的，由上级机关责令改正，对责任人员依法给予行政处分；构成犯罪的，依法追究刑事责任。

第五十条　运营单位主要负责人及其工作人员未依法履行城市轨道交通安全生产监督管理职责的，由安全生产监督行政管理部门依法处理；构成犯罪的，依法追究刑事责任。

第六章　附 则

第五十一条　本办法自 2004 年 6 月 1 日起施行。

复习思考题

1. 城市轨道交通运营管理的特点是什么？
2. 何谓人-机-环境系统工程？
3. 与城市轨道交通安全相关的主要心理要素有哪些？
4. 城市轨道交通安全心理的保障条件有哪些？
5. 安全教育的内容有哪些？
6. 什么是危险源？请举例说明。
7. 简述危险源识别的方法、步骤。
8. 安全色与对比色有什么区别？

第四章　城市轨道交通列车驾驶

【学习目标】

1. 掌握列车一次出乘准备作业的作业流程；
2. 掌握列车一次出乘准备作业故障检查的基本技巧；
3. 掌握列车驾驶基础及安全原则；
4. 掌握列车驾驶的作业程序及规定；
5. 能够进行列车一次出乘准备作业故障检查及处置；
6. 掌握列车出入库标准；
7. 掌握车场作业安全规定。

【知识要求与技能要求】

1. 列车外观作业要求
2. 静动态检查作业要求
3. 出、入场驾驶作业要求
4. 正线列车驾驶作业要求
6. 手信号的显示要求
7. 音响信号的鸣示要求
8. 列车车次号的定义及组成
9. 调度命令基本要求和条件

第一节　一次出乘准备作业

一、准备工作及列车外部检查作业

1. 准备工作

值乘列车司机在出勤前，应得到充分休息，出勤前 8 h 内禁止饮酒及服用驾驶人员禁止服用的药物，身体生理条件和心理状况应符合岗位工作要求，若列车司机因故无法担当值乘任务，应在出乘前或值乘过程中立即报告，经乘务组长确认核实后，不安排本班值乘任务。

值乘列车司机应按列车出库时间提前 30 min 至运转值班室向运转值班员出勤，乘务组长应对值乘列车司机身体与心理状态进行观察和询问，在具备值乘条件的情况下，向值乘列车司机布置值乘列车的车次、车号、停放股道、有效调度命令及行车重点注意事项。在值乘列车司机抄录完毕，乘务组长核对签认准确后，运转值班员向值乘列车司机发放电动列车钥匙、列车司机报单、对讲机、应急包等行车物品。

值乘列车司机在检车作业前，必须完成以下准备工作内容：

（1）值乘列车司机至被检列车，再次确认列车车号、股道与运转值班员布置的出乘计划相一致后进行出乘列车检查。

（2）确认车体两侧及地沟无人和异物倾入限界（见图 4-1）。

图 4-1　检查车体两侧及地沟

（3）确认车库库门开启到位，库门插销固定，无松动侵限情况。确认股道接触网送电显示灯显示正常（见图 4-2）。

图 4-2　检查库门插销

（4）登车确认列车司机室操作台上无“禁动标识牌”。

2. 列车外部检查

1）列车前端检查

（1）目的地显示器外观有无损坏（见图 4-3）。

图 4-3　检查列车前端

（2）刮雨器外观有无损坏（见图 4-4）。

图 4-4　　查刮雨器

（3）安全门关闭是否密贴，外观有无损坏（见图 4-5）。

图 4-5　检查安全门

（4）汽笛外观是否损坏（见图 4-6）。

图 4-6　检查汽笛

（5）车钩机械部分有无裂痕损坏，风管有无老化破损，伸缩滑盖位置是否正确，锁闭是否良好，解钩拉环放置是否正确，有无损坏，对中风缸截止阀位置是否正确（见图 4-7）。

图 4-7　检查车钩机械部分

2）车体侧面检查

（1）司机室及客室门、车窗玻璃有无损坏，橡胶密封条是否老化，扶手、脚蹬有无损坏，锁孔盖有无损坏，是否在关闭位置（见图 4-8）。

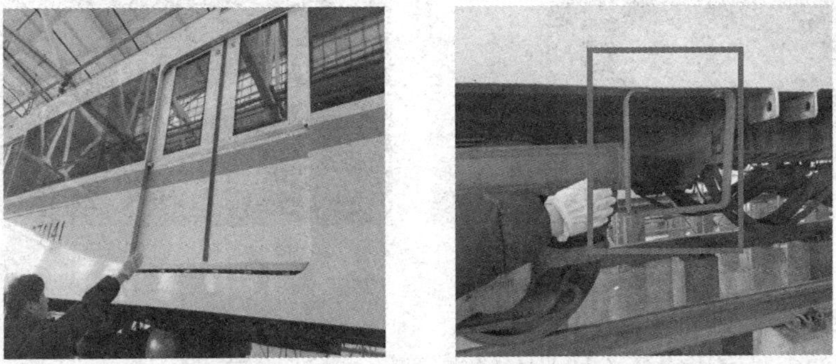

图 4-8　检查车体侧面

（2）总风管阀门位置是否正确（见图 4-9）。

图 4-9　检查总风管阀门

（3）ATC 机架有无损坏（见图 4-10）。

（4）转向架外观是否良好，构架有无裂缝（见图 4-11）。

图 4-10　检查对位线圈

图 4-11　检查转向架

（5）锥形簧、空气弹簧有无老化（见图 4-12）。

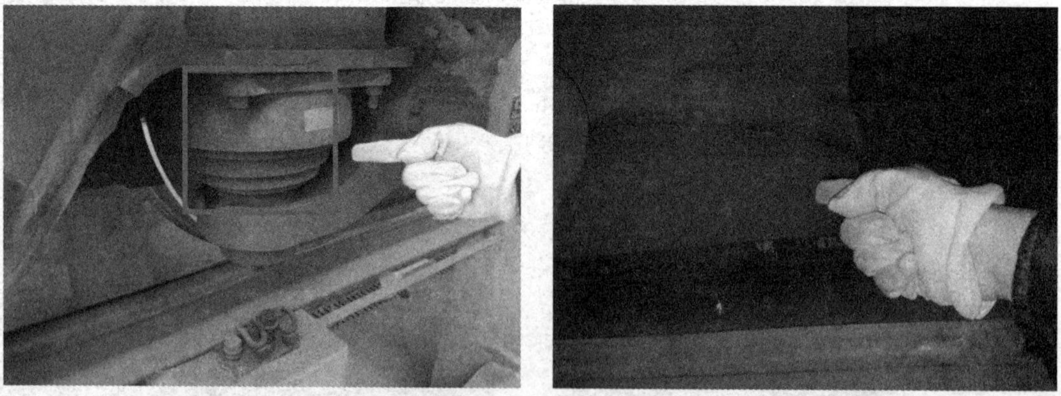
图 4-12　检查锥形簧、空气簧

（6）减振器有无损坏（见图 4-13）。

（7）抗侧滚扭杆有无损坏（见图 4-14）。

（8）轮对踏面有无擦伤剥离（见图 4-15）。

图 4-13　检查减振器

图 4-14 检查抗侧滚扭杆

图 4-15　检查轮对踏面

（9）速度传感器有无损坏（见图 4-16）。
（10）接地线有无损坏（见图 4-17）。

图 4-16　检查速度传感器

图 4-17　检查接地线

（11）停放制动缓解拉手位置是否正确并锁闭（见图 4-18）。
（12）空气弹簧风缸、主风缸、制动风缸、门风缸是否漏风损坏（见图 4-19、4-20）。

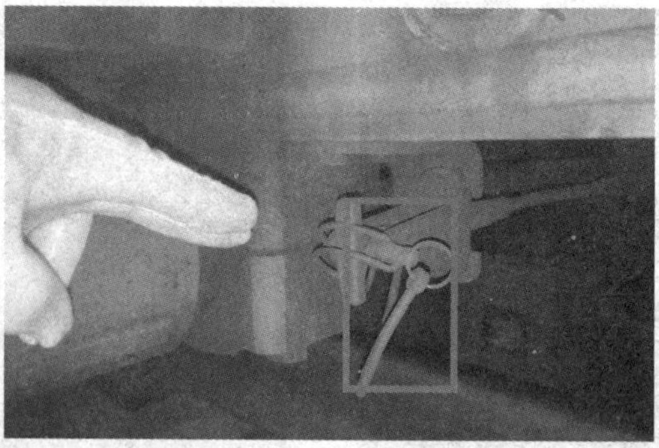

图 4-18　检查停放制动缓解拉手

图 4-19　检查主风缸

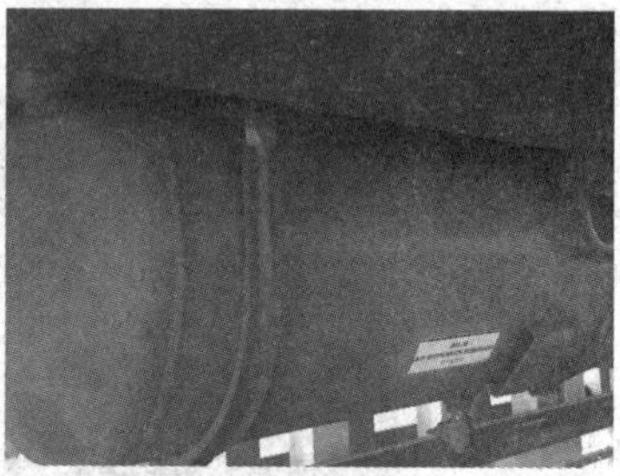

图 4-20　检查空气弹簧风缸

（13）主风缸排水阀是否损坏（见图 4-21）。

图 4-21　检查主风缸排水阀

（14）网管阀、智能阀控制箱悬挂是否牢固（见图 4-22）。

图 4-22　检查网管阀、智能阀控制箱

（15）蓄电池保险、电池箱悬挂是否牢固，箱盖是否锁闭（见图 4-23）。

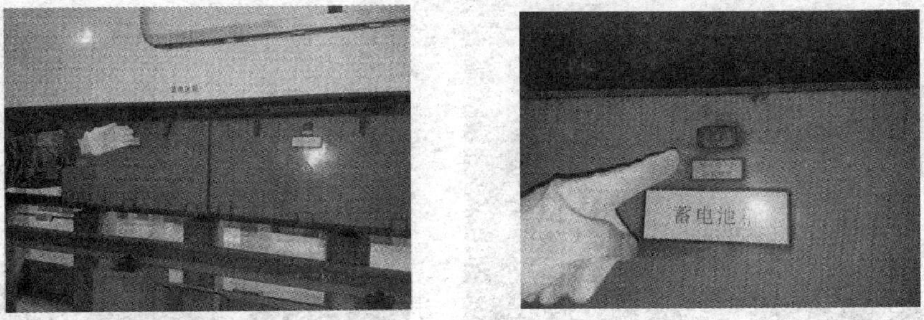

图 4-23　检查蓄电池保险、电池箱

（16）半自动车钩解钩阀是否损坏（见图 4-24）。

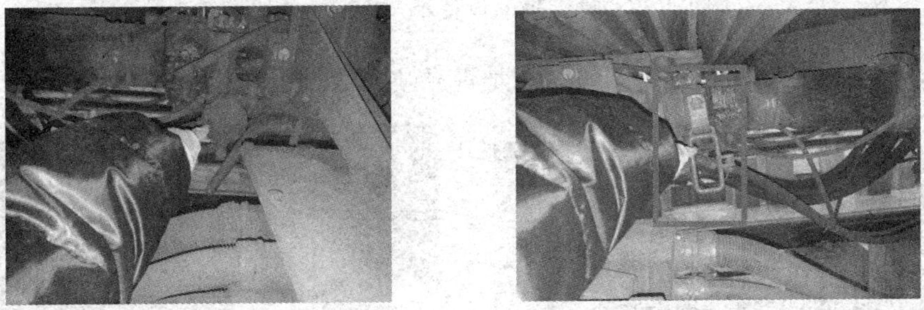

图 4-24　检查半自动车钩解钩阀

（17）牵引辅助逆变器箱箱盖是否锁闭（见图 4-25）。

图 4-25　检查牵引辅助逆变器箱箱盖

（18）牵引箱逆变器悬挂是否牢固，箱盖锁闭是否良好（见图 4-26）。

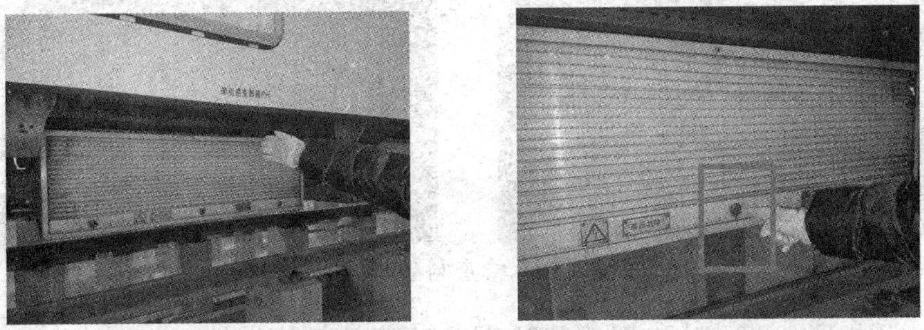

图 4-26　检查牵引逆变器箱

（19）辅助设备箱、高速断路器箱悬挂是否牢固，箱盖是否锁闭（见图 4-27）。

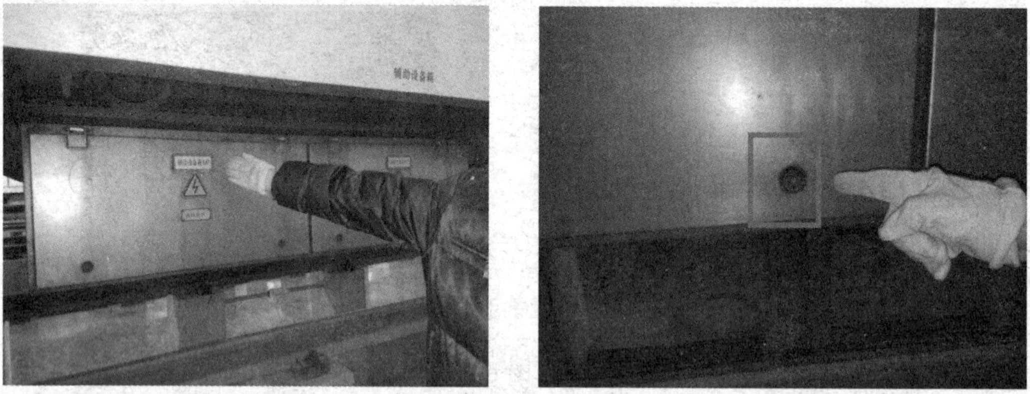

图 4-27　检查辅助设备箱、高速断路器箱

（20）车间供电盖锁闭是否良好，封条是否完好（见图 4-28）。

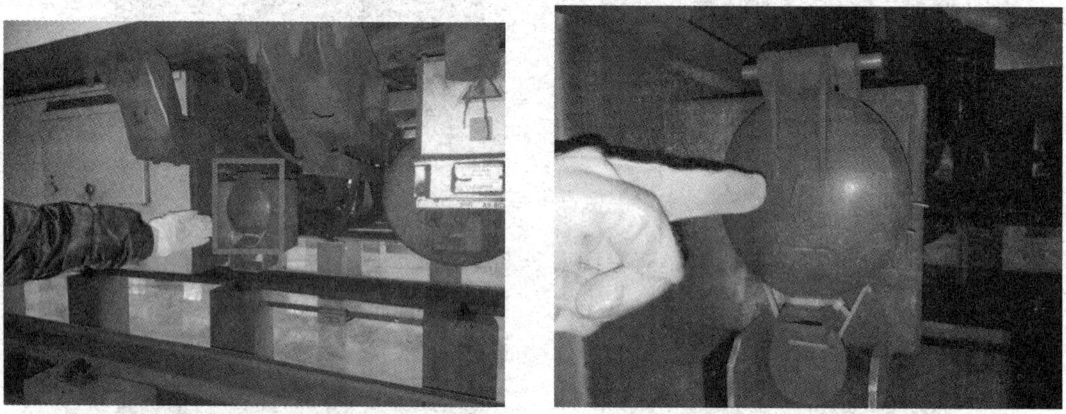

图 4-28　检查车间供电盖

（21）制动电阻箱悬挂是否牢固（见图 4-29）。

图 4-29　检查制动电阻箱

（22）空压机悬挂是否牢固，外观是否损坏（见图 4-30）。

（23）压力塞门位置是否正确（见图 4-31）。

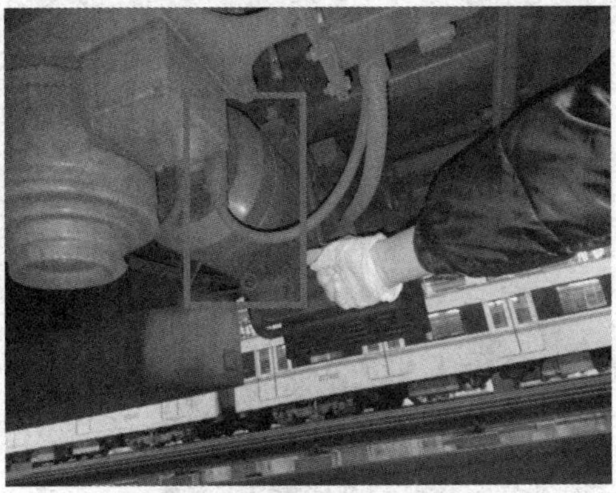

图 4-30　检查空压机悬挂牢固

图 4-31　检查空压机压力塞门

（24）油水分离器悬挂是否牢固，外观是否损坏（见图 4-32）。
（25）双塔式空气干燥器悬挂是否牢固，外观是否损坏（见图 4-33）。

图 4-32　检查双塔式空气干燥器

图 4-33　油水分离器

（26）辅助滤波电抗器箱悬挂是否牢固，箱盖是否锁闭（见图 4-34）。

图 4-34　检查辅助滤波电抗器

二、客室及列车司机室检查作业

1. 客室检查

1）列车客室行车设备检查

（1）内部照明设备是否有损坏（见图 4-35）。

（2）贯通道装饰板是否有损坏。

（3）过桥板是否有损坏（见图 4-36）。

图 4-35　检查内部照明设备

图 4-36　检查过桥板

（4）顶板是否损坏。

（5）设备柜锁闭是否良好（见图 4-37）。

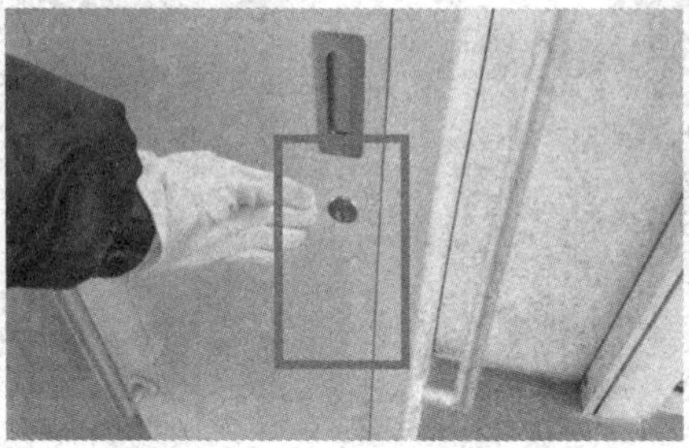

图 4-37　检查设备柜锁闭

（6）脚踏泵状态是否良好（见图 4-38）。

（7）升弓截止阀位置是否正确（见图 4-39）。

图 4-38　检查脚踏泵

图 4-39　检查升弓截止阀

（8）气制动缓解阀位置是否正确（见图 4-40）。

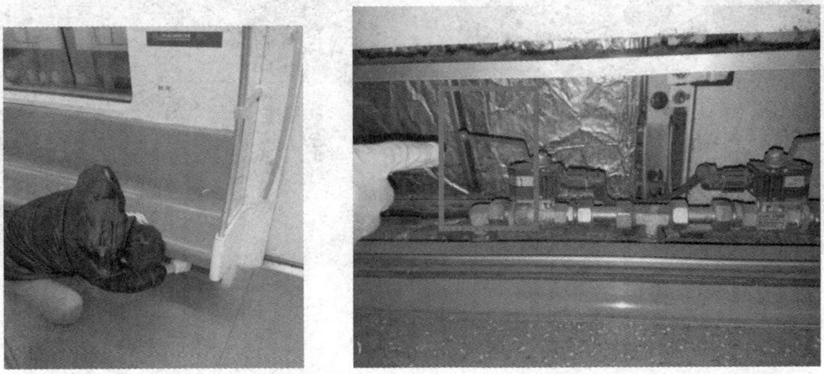

图 4-40　检查气制动缓解阀

（9）箱盖锁闭是否良好。

（10）车门紧急拉手位置是否正确（见图 4-41）。

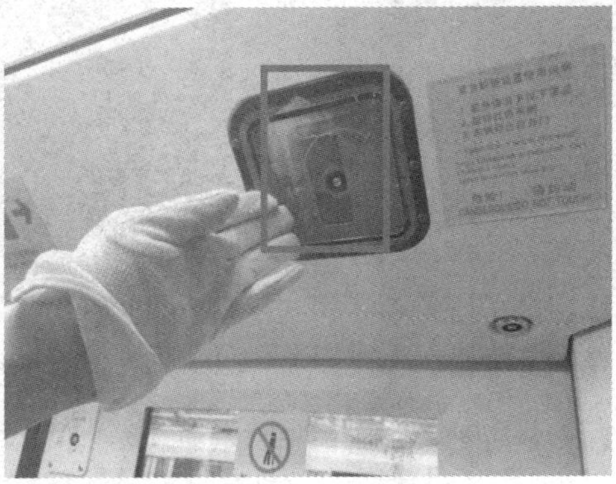

图 4-41　检查车门紧急拉手

（11）门灯外观是否良好（见图 4-42）。

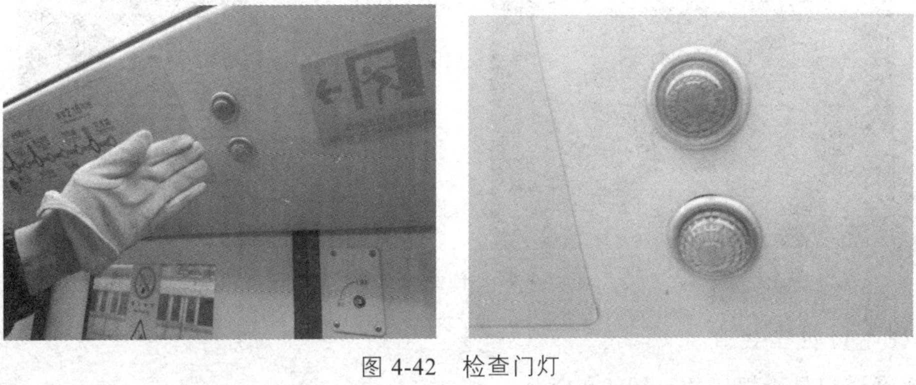

图 4-42　检查门灯

2）列车客室服务设施检查

（1）立柱横杆是否有损坏（见图 4-43）。

（2）车窗是否有损坏（见图 4-44）。

图 4-43　检查立柱横杆

图 4-44　检查车窗

（3）乘客座椅是否有损坏（见图 4-45）。
（4）天花板是否有损坏。
（5）地板是否有损坏（见图 4-46）。

图 4-45　检查乘客座椅

图 4-46　检查地板

（6）灭火器状态是否良好（见图 4-47）。

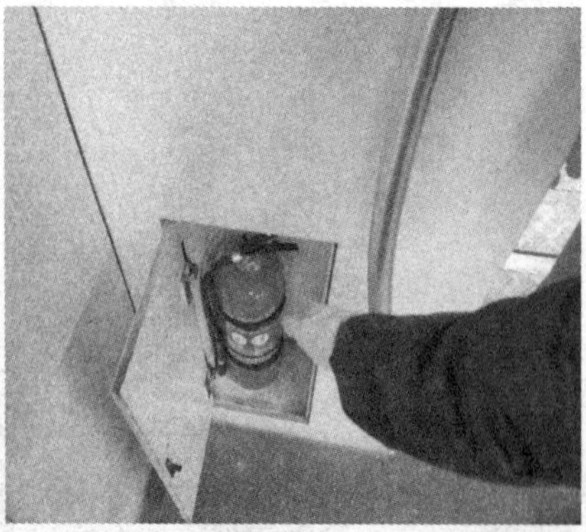

图 4-47　检查灭火器

2. 列车司机室检查

（1）通道门是否损坏（见图 4-48）。
（2）列车司机主驾驶台、副驾驶台外观是否良好（见图 4-49）。
（3）开关位置是否正确（见图 4-50）。

图 4-48 检查通道门

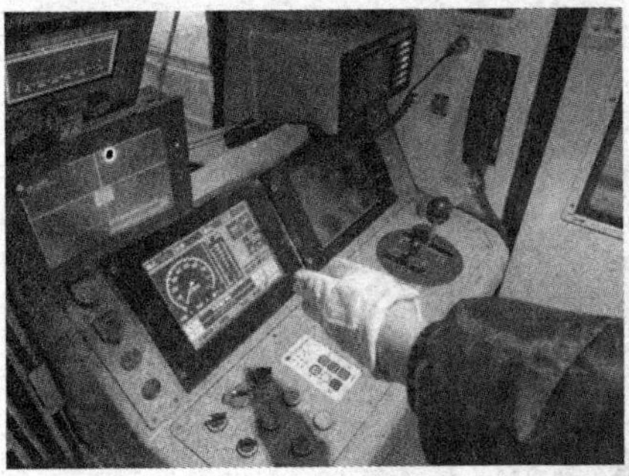

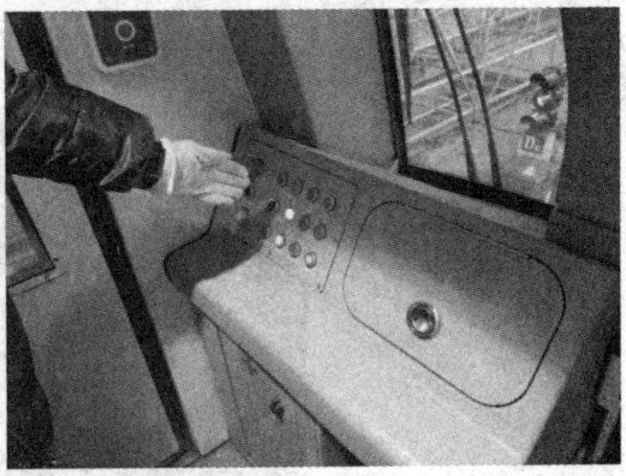

图 4-49 检查列车司机主驾驶台、副驾驶台

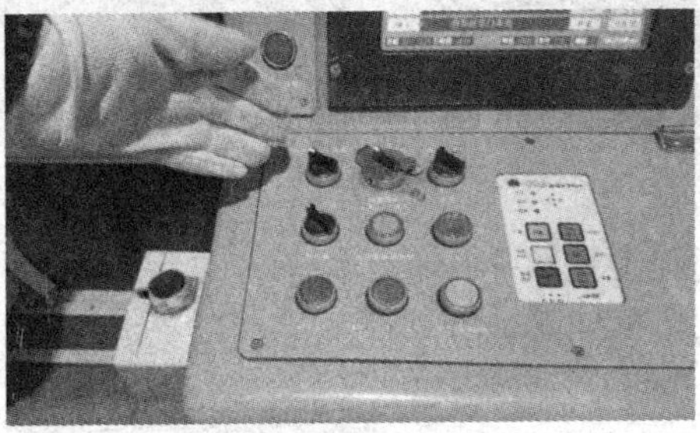

图 4-50 检查开关位置

（4）灯罩、速度表、话筒、对讲机、压力表、列车司机座椅外观有无损坏（见图 4-51）。

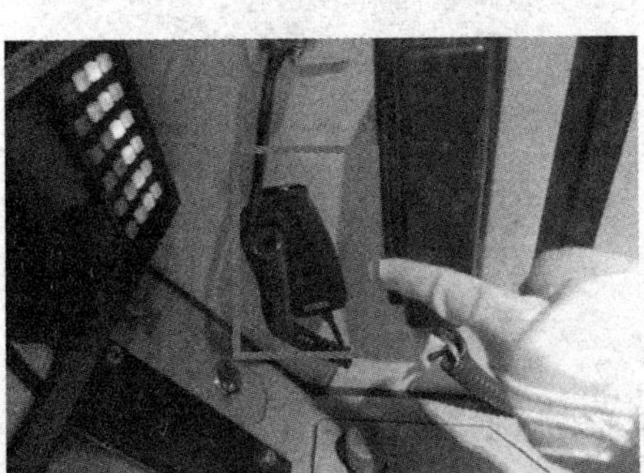

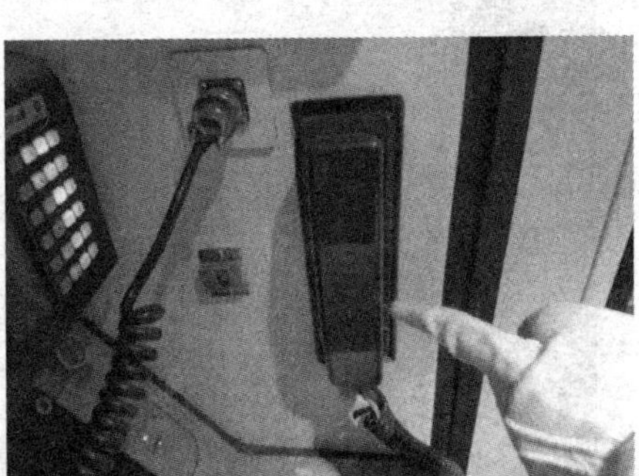

图 4-51 检查灯罩、速度表、话筒、对讲机、压力表、列车司机座椅

（5）安全门状态是否良好，安全门开启手柄有无损坏（见图 4-52）。

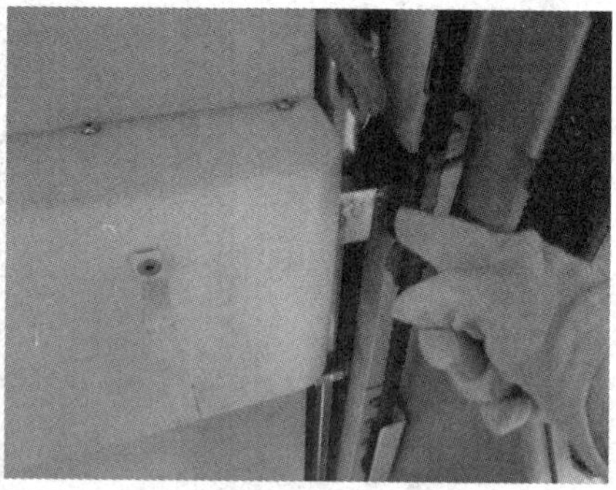

图 4-52　检查安全门

（6）灭火器状态是否良好，箱盖锁闭是否良好（见图 4-53）。

图 4-53　检查灭火器

（7）电子柜锁闭是否良好（见图 4-54）。

（8）通风设备有无损坏（见图 4-55）。

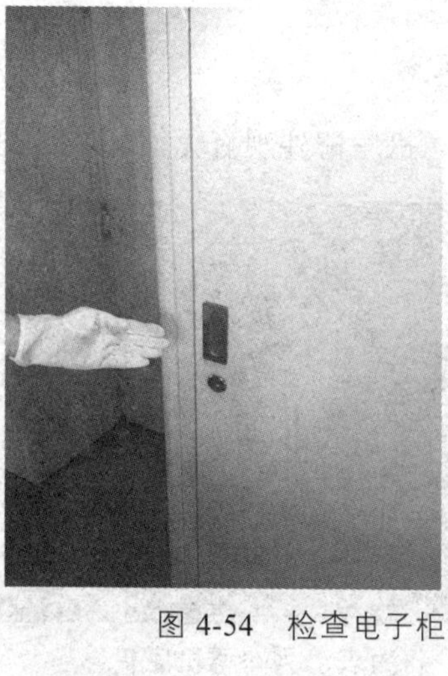

图 4-54　检查电子柜锁闭

图 4-55　检查通风设备

（9）列车司机室照明灯有无损坏。

（10）设备柜内开关及小型空气断路器位置是否正确，铅封是否完好（见图 4-56）。

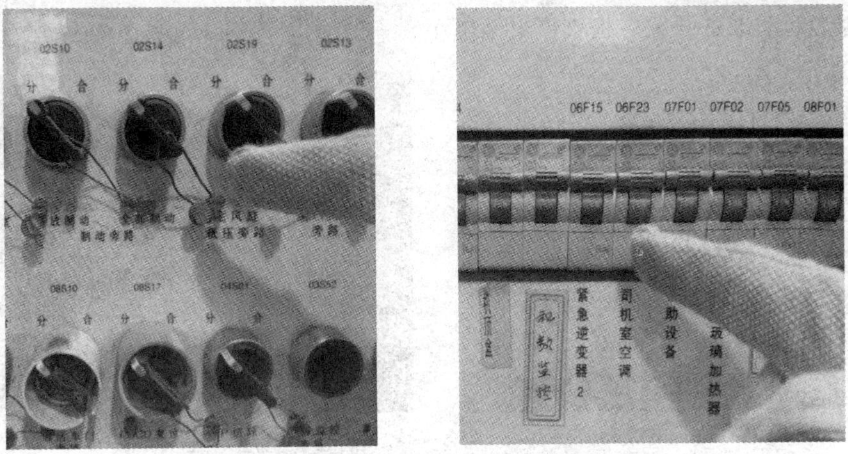

图 4-56　检查设备柜内开关及小型空气断路器

（11）绝缘棒无损坏并在规定位置安放（见图 4-57）。

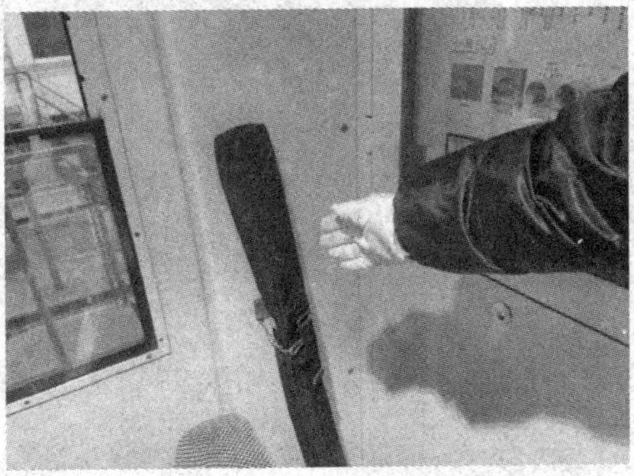

图 4-57　检查绝缘棒

（12）工具配品齐全并在规定位置安放。

三、列车起动及静态试验作业

1. 列车起动

（1）检查列车司机室内各开关位置是否正确（见图 4-58）。

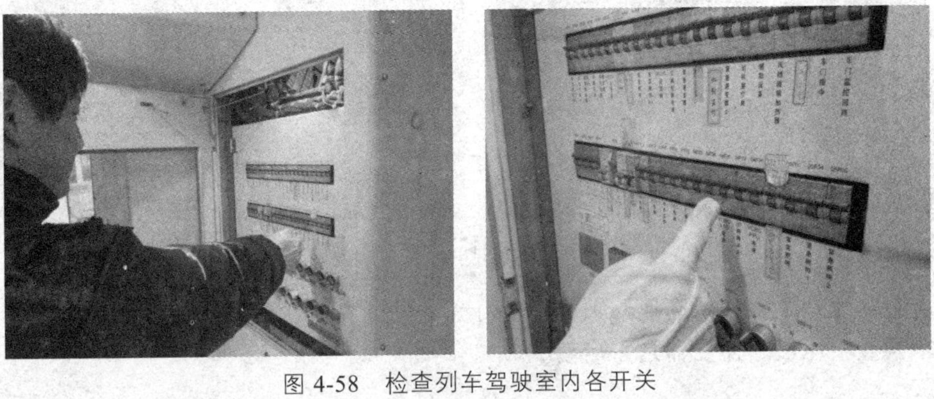

图 4-58　检查列车驾驶室内各开关

（2）合上起动准备开关，检查蓄电池电压，一般应大于 84 V（见图 4-59）。

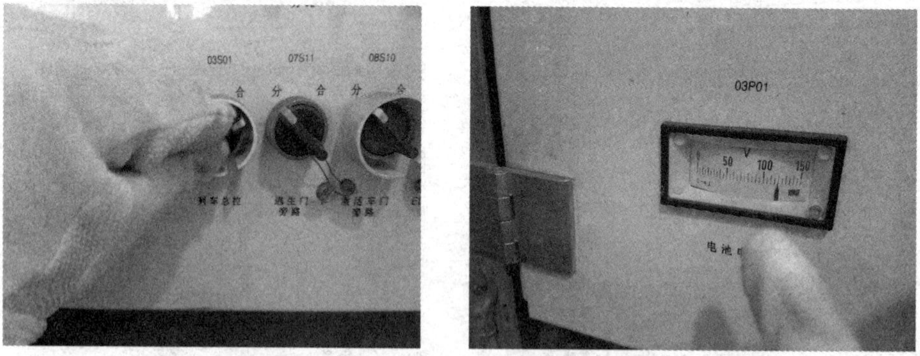

图 4-59　合起动准备开关、检查蓄电池电压

（3）开司控钥匙，等显示屏亮后，按下灯泡测试按钮进行灯泡测试（见图 4-60）。

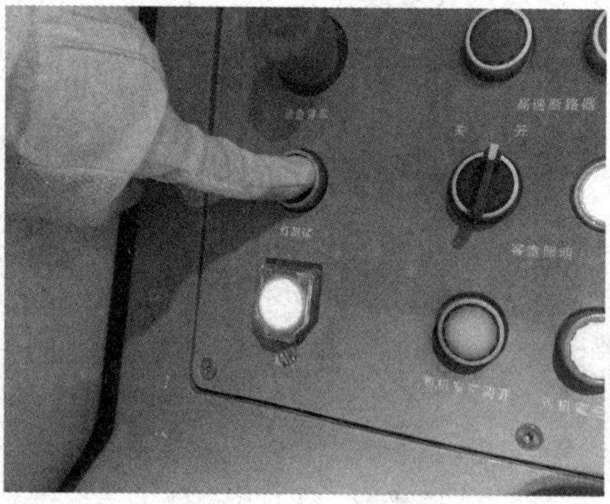

图 4-60　灯泡测试

（4）按下升弓按钮，待升弓按钮灯亮，确认双弓升起（见图 4-61）。

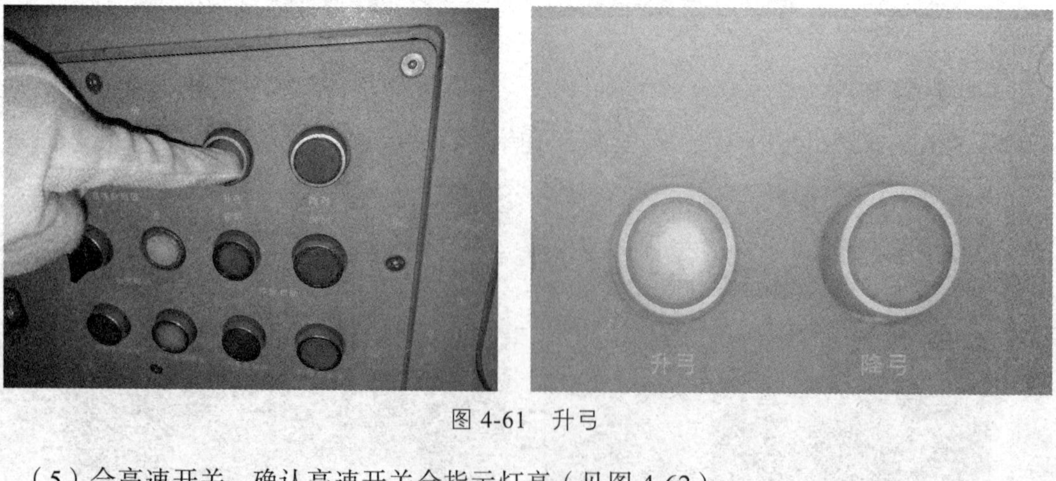

图 4-61　升弓

（5）合高速开关，确认高速开关合指示灯亮（见图 4-62）。

（6）检查空压机、逆变器是否启动。

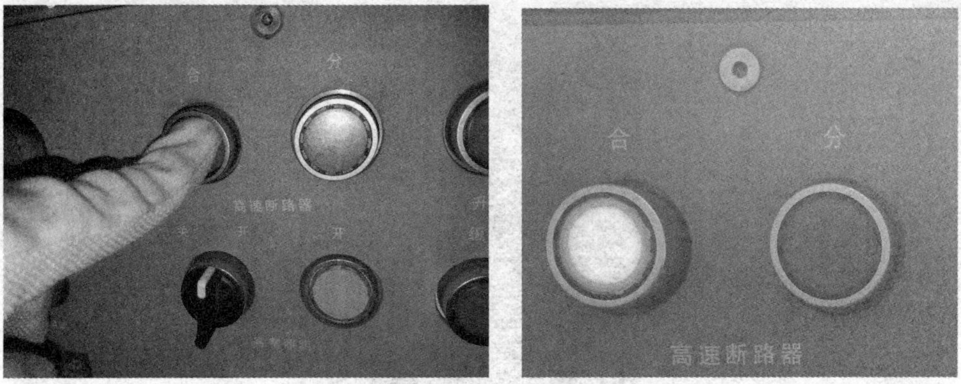

图 4-62　合高速开关

（7）检查触网电压是否在 1 200 ~ 1 800 V 之间（见图 4-63）。

（8）检查风压是否大于 3.5 bar，大于 3.5 bar 则按下停车制动缓解按钮，待停车制动缓解按钮点亮（见图 4-64）。

图 4-63　检查触网电压

图 4-64　检查风压

2. 列车静态试验

（1）检查列车总风缸压力在正常工作范围内，制动压力显示正常（见图 4-65）。

（2）检查列车受电弓处于正常升弓状态，且网压显示正常（见图 4-66）。

图 4-65　检查列车总风缸压力

图 4-66　网压正常

（3）检查列车司机室各仪表、指示灯、显示屏显示正常无故障（见图 4-67）。

图 4-67　检查列车司机室各仪表、指示灯、显示屏显示正常

（4）进行列车开关门试验。分别开关左、右侧车门，确认车门开启、关闭良好，指示灯显示正确（见图 4-68）。

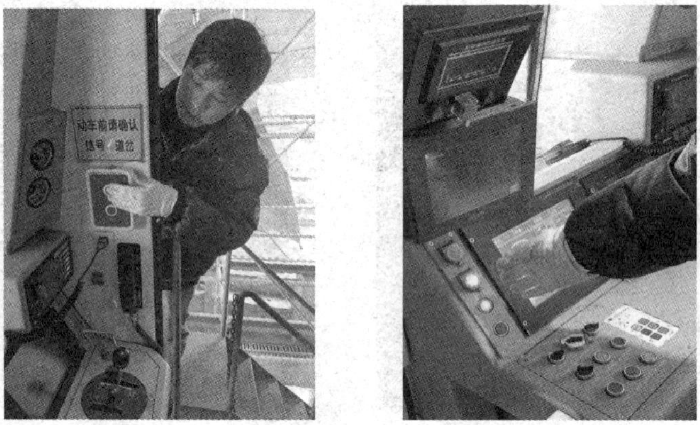

图 4-68　列车开关门试验

（5）进行列车司机室设备功能测试。分别开启列车司机室灯、客室灯、刮雨器、汽笛、无线电话、列车司机室联络、头灯、列车司机室/客室通风、遮阳布等设备，确认设备良好（见图 4-69）。

图 4-69　列车司机室设备功能测试

（6）设置报站内容，检查客室广播功能良好、内容正确（见图 4-70）。

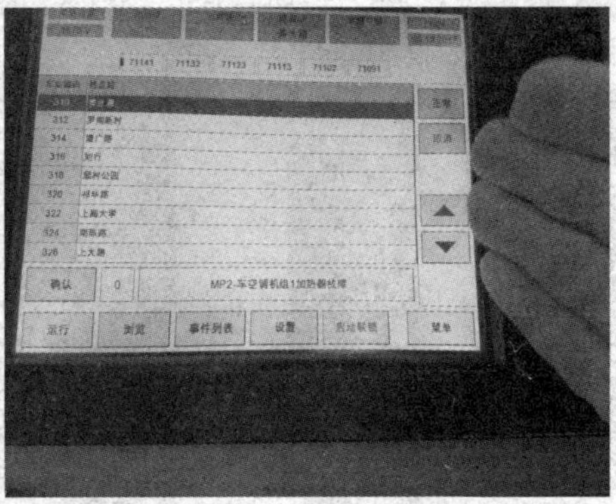

图 4-70　设置报站广播

四、列车动态试验及收车

1. 列车动态试验

1）气制动试验

（1）等主风缸压力超过 7.5 bar，可以进行气制动试验（见图 4-71）。

（2）按下停车制动缓解按钮，待该按钮点亮（见图 4-72）。

图 4-71　主风缸压力超过 7.5 bar

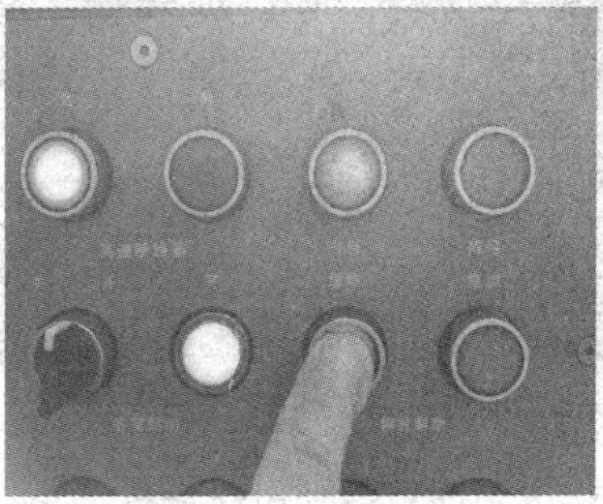

图 4-72　停车制动缓解

（3）将方式手柄放置在前进位，将方向手柄拉至全常用制动位，缓解紧急制动，点击 HMI 启动按钮（黄色\红色），等待直至 HMI 面板显示气制动实验结束（见图 4-73）。

图 4-73　制动试验

2）前进位制动试验

（1）选择前进模式，按下主手柄 C 阀，制动缸压力由 3 bar 降至 2 bar（见图 4-74）。

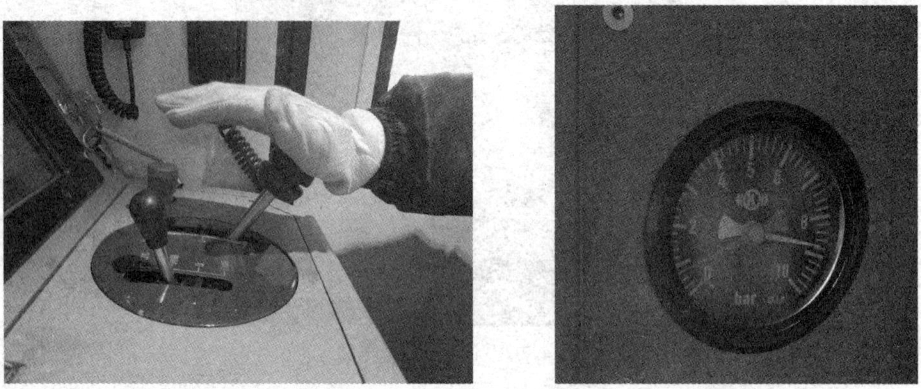

图 4-74　前进位制动试验步骤 1

（2）将主手柄推至牵引，待制动缸压力由 2 bar 降至 0 bar 时，列车司机台上制动缓解灯点亮后，迅速回零（见图 4-75）。

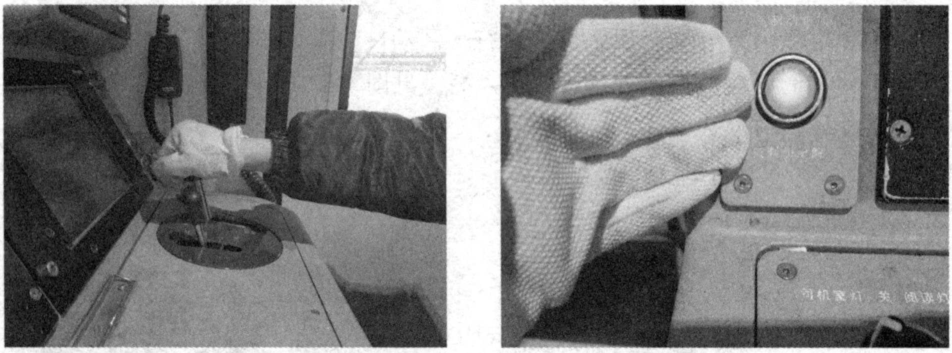

图 4-75　前进位制动试验步骤 2

（3）将主手柄拉至常用制动位，此时风缸压力有 0 bar 升至 2 bar，列车司机台上制动施加灯点亮（见图 4-76）。

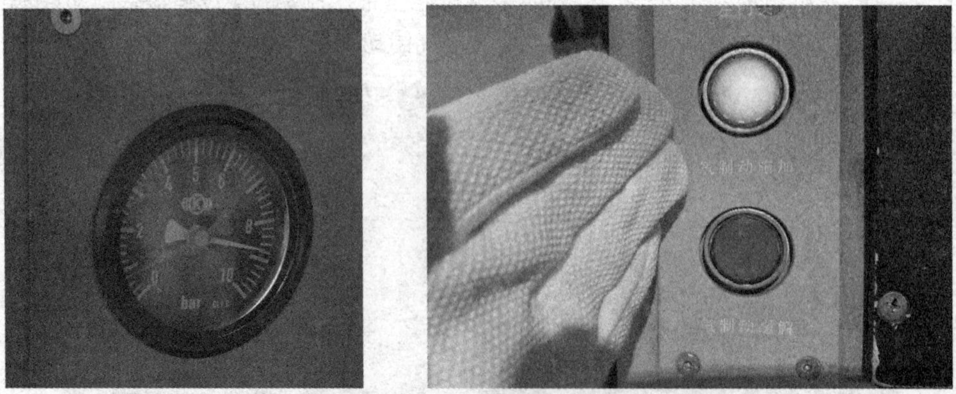

图 4-76　前进位制动试验步骤 3

（4）继续将主手柄拉至快速制动位，制动缸压力由 2 bar 升至 3 bar（进行制动试验时，主手柄 C 阀始终保持按下状态，见图 4-77）。

图 4-77　前进位制动试验步骤 4

3）后退位制动试验

（1）选择后退模式，按下主手柄 C 阀，制动缸压力由 3 bar 降至 2 bar。

（2）将主手柄推至牵引，待制动缸压力由 2 bar 降至 0 bar 时，列车司机台上制动缓解绿灯点亮后，迅速回零。

（3）将主手柄拉至常用制动位，此时风缸压力由 0 bar 升至 2 bar，列车司机台上制动施加红灯点亮。

（4）将主手柄拉至快速制动位，制动缸压力由 2 bar 升至 3 bar（进行制动试验时，主手柄 C 阀始终保持按下状态）。

2. 列车收车

（1）关闭列车负载（空调、照明，见图 4-78）。

图 4-78　列车负载关闭

（2）施加停放制动（见图 4-79）。

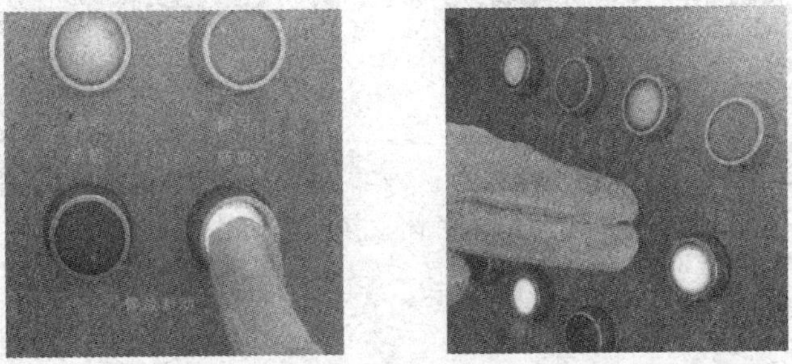

图 4-79　施加停放制动

（3）分断高速开关（见图 4-80）。

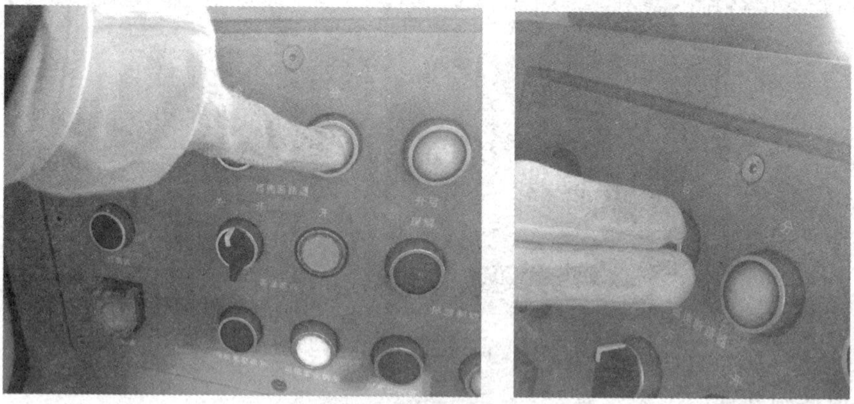

图 4-80　分断高速开关

（4）按下落弓按钮，确认全列车受电弓落下（见图 4-81）。

图 4-81　落弓

（5）关闭主控制器钥匙（见图 4-82）。

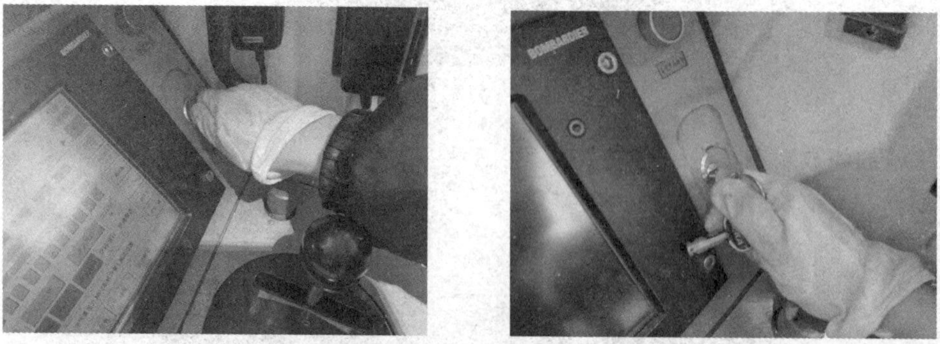

图 4-82　关闭主控制器钥匙

（6）分断蓄电池开关（见图 4-83）。

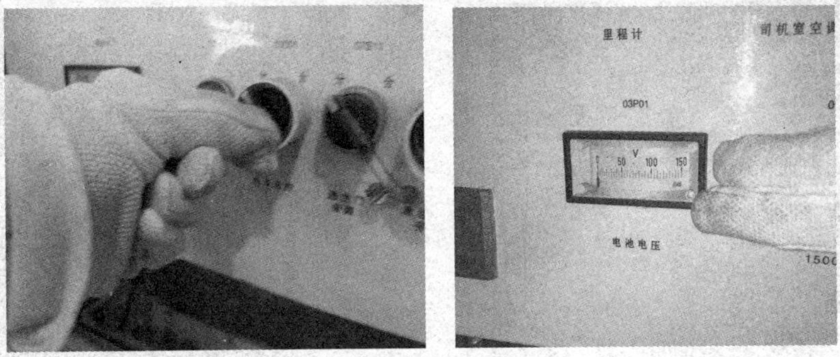

图 4-83　分断蓄电池开关

第二节　一次出乘准备作业故障检查

一、列车外部准备作业故障检查

1. 车辆阀门类故障检查

阀门作为气动系统中重要的元器件，用于截断和导通相应的列车气路连接。如应导通的阀门被切除则会导致相应的功能丧失。因此，列车司机在一次出乘时必须对阀门进行检查，确保在规定位置。列车司机一次出乘时应检查下列阀门状态：

（1）对中风缸排气阀。安装在全自动/半自动车钩的下方，用于对对中风缸及电器连接器的气路控制。正常情况下应与管路平行，如切除则会造成对中风缸排气，车钩可自由晃动，以及列车连挂时电器连接器无法自动打开（见图 4-84）。

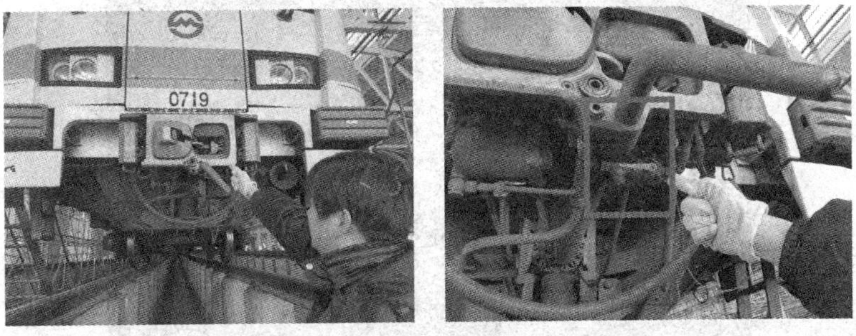

图 4-84　检查对中风缸排气阀

（2）列车管排气阀。安装在车钩连接处，每节车 2 个，用于列车车厢与车厢 / 列车与列车之间的气路连接。正常情况下应与管路平行，如切除一个则会造成列车管排气，如车钩连接处 2 个列车管阀门同时切除则造成列车气路无法导通（见图 4-85）。

（3）主风缸排水阀。安装在主风缸下方，每节车 1 个，用于不定时的人工排除主风缸内的积水。正常情况下应处于切除位（与管路垂直），如导通则会造成主风缸排气（见图 4-86）。

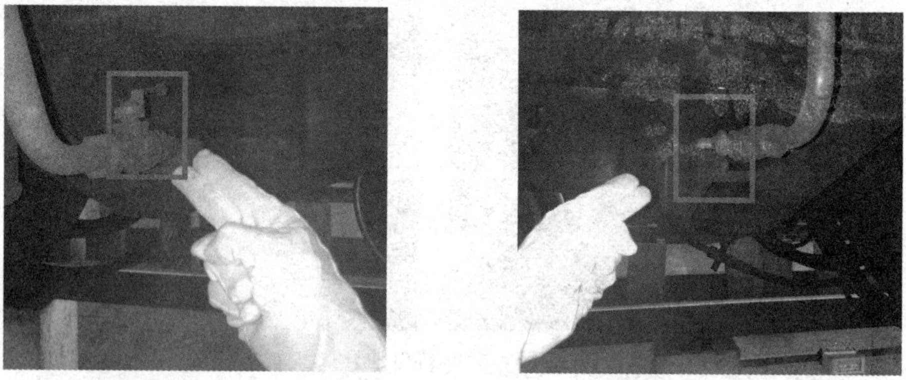

图 4-85　检查列车管排气阀

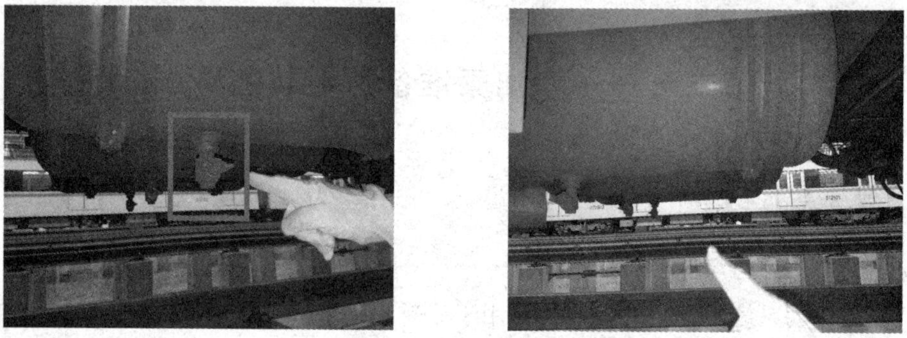

图 4-86　检查主风缸排水阀

（4）制动风缸截止阀。安装在车底气制动控制箱内，每节车 1 个，用于控制向制动风缸供气。正常情况下应与管路平行，如切除则会造成列车管无法向制动风缸充气，从而导致该节车厢施加停放制动（见图 4-87）。

图 4-87　制动风缸截止阀

（5）空气簧供气截止阀。安装在车底气制动控制箱内，每节车 1 个，用于控制向本节车二系悬挂风缸供气。正常情况下应与管路平行，如切除则会造成本节车空气簧无法充气，从而导致无法调节地板面高度（见图 4-88）。

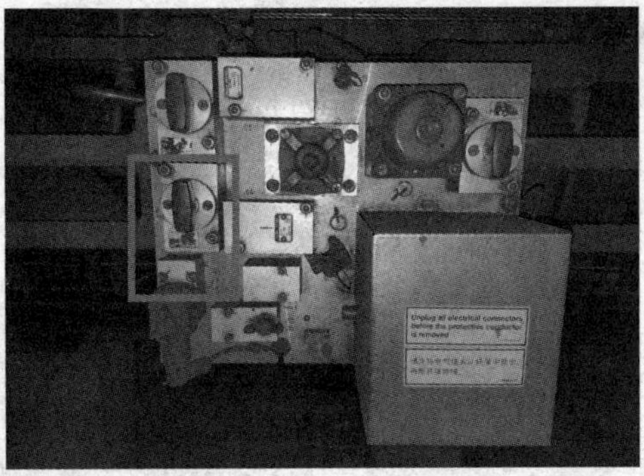

图 4-88　空气簧供气截止阀

2. 车辆箱盖类锁闭故障检查

列车底部装有很多类型及作用不同的车辆设备箱，如高速开关箱、辅助逆变器箱、蓄电池箱、牵引箱等，此类车辆设备箱的箱盖一般都处于锁闭状态。列车司机在列车检查作业中必须确认车辆设备箱箱盖处于锁闭状态且锁孔处于正确位置，防止列车在运行过程中由于车辆箱盖锁闭不牢引发的侵限事故。此外，若车间电源箱盖未能锁闭良好在列车运行中途打开，会造成列车常用制动无法缓解，对行车秩序产生较大的影响（见图 4-89）。

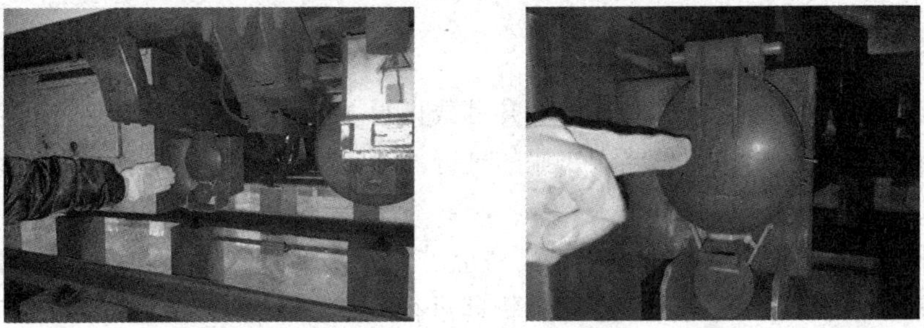

图 4-89　检查车辆箱盖类

3. 车辆转向架故障检查

列车车辆的转向架由构架、抗侧滚扭杆、高度调整阀、液压减振器、轴箱、速度传感器、一系悬挂、二系悬挂、轮对等部件组成，此外动车车辆转向架还装有车辆电动机。列车司机在对车辆转向架的检查过程中，应重点观察及判断以上各部件的外观是否有明显裂纹、老化变形，轮对是否存在擦伤等（见图 4-90）。

图 4-90　车辆转向架

4. 列车车钩故障检查

车钩一般分为 3 种类型：全自动车钩、半自动车钩和半永久车钩。车钩连接不良会造成无法启车或在行车途中的突然收车故障的发生。因此，列车司机在对车钩的检查中，应重点检查其机械及电器外观连接是否良好，电气连接线是否存在松动的现象（见图 4-91）。

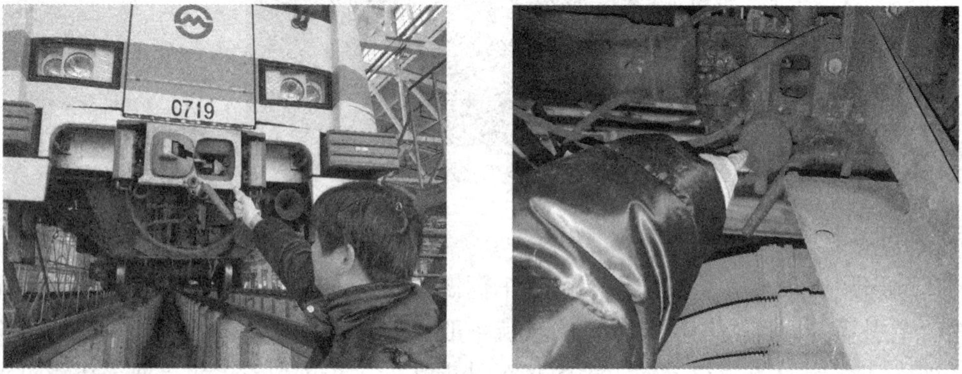

图 4-91　检查列车车钩

二、列车内部准备作业故障检查

1. 客室检查故障识别

客室的内检查过程中应着重对车门、升弓截止阀、气制动缓解阀位置进行检查，确认其位置是否准确，确保后续静动态调试作业的进行。同时也应兼顾对客室内的乘客服务设施设备做必要的巡视。

（1）车门检查。列车司机在检查车门时应着重对车门整体外观、车门关闭情况、车门盖板锁闭情况、紧急拉手位置以及乘务员钥匙进行检查。确保全列车车门处于完好状态（见图 4-92）。

（2）升弓截止阀。安装在 Mp 车座位下的设备柜内，用于控制向列车受电弓供气。正常情况下应与管路平行，如切除则会造成本节 Mp 车受电弓无法升起（见图 4-93）。

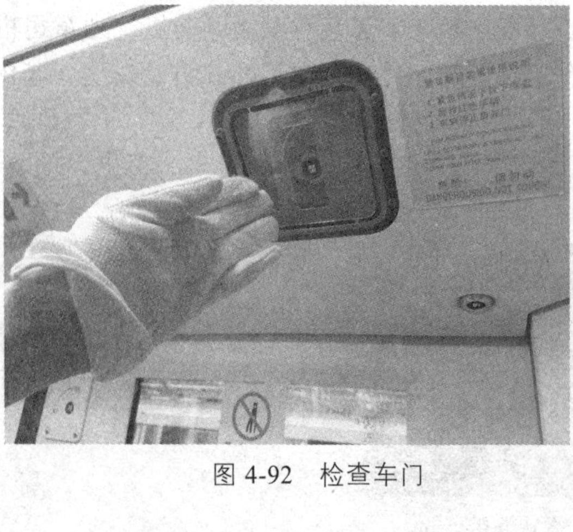

图 4-92　检查车门

图 4-93　检查升弓截止阀

（3）气制动缓解阀。每节车有 2 个，各控制 1 个转向架。安装在座位下，用于排除转向架上制动闸缸风压。正常情况下应与管路平行，如切除则会造成本转向架上的气制动切除（见图 4-94）。

图 4-94　检查气制动缓解阀

（4）乘客服务设施故障检查。列车服务设施的好坏直接影响到地铁服务质量和运行安全。因此，列车司机在一次出乘时应检查座位、地板、扶手是否有损坏或不清洁，座位下方的灭火器是否存在遗失或压力过低，车窗玻璃是否有碎裂，座位上方顶板是否有松动脱落，客室照明是否存在大面积不亮，广告板内是否塞有小广告等（见图 4-95）。

图 4-95　检查乘客服务设施

2. 列车司驾驶室检查故障识别

列车司机在进入列车驾驶室进行检查时，主要对设备柜内的所有空气断路器的位置、旁路开关的位置进行确认，同时对司机主台、副台上的设备如速度表、话筒、对讲机、压力表、列车司机座椅外观进行检查，确认其外观良好。此外，还应确认安全门是否关闭到位，汽笛阀门位置是否正确，风管有无损坏等。

（1）设备外观故障检查。驾驶室内的各设备外观是否良好，如挡风玻璃有无裂痕，应急箱内应急设备有无缺失，设备柜是否锁闭良好等。

（2）开关位置状态故障检查。驾驶台上的各开关位置是否正确，设备柜内的空气开关位置是否正确以及旁路开关位置是否正确，是否加封（见图 4-96）。

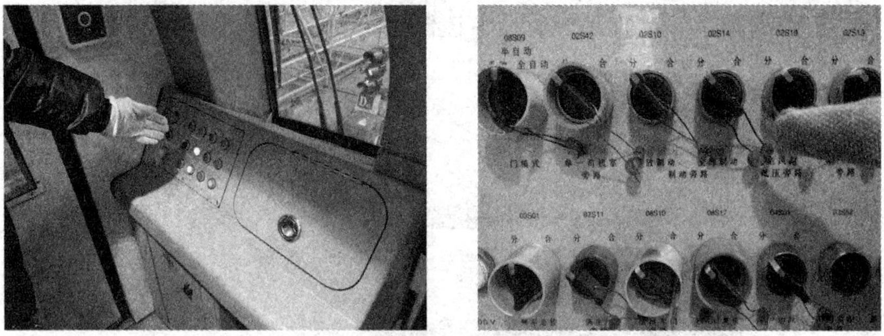

图 4-96　检查开关位置

第三节　列车驾驶

一、停车场驾驶作业

1. 停车场内调车作业

（1）调车作业前，列车司机应了解车辆技术状态、运行路径和作业要求。在停车场内调车作业时，应由运转值班员开具相应的调车作业单，列车司机掌握调动列车的车号、停放股道及调送地点，并在调车作业单上签字确认，方可执行调车任务。若遇特殊情况（仅指试车线故障列车下线时）需临时变更调车计划，列车司机可凭运转值班员发布的口头命令，执行调车变更任务。

（2）调车作业前，列车司机应与信号楼值班员进行车调联控作业，确认调车信号开放，确认车号、股道，执行相应的手指呼唤后启动列车，并在库门平交道前一度停车，确认平交道无行人及异物侵入限界后，方可动车。

（3）在停车场内调车时，列车限速 20 km/h，列车司机应认真确认进路中每个调车信号机的显示及每副道岔的开通位置，严格执行手指呼唤。

（4）利用牵出线、尽头线调车，当列车接近终点时，列车司机要控制好车速，在停车位置 10 m 前处一度停车，然后列车限速 3 km/h 接近规定停车位置并停车。当列车需再次进行调车时，列车司机应与信号楼值班员进行车调联控，确认调车信号开放后，方可动车。

（5）在调车过程中，如遇信号显示或进路错误时，列车司机应立即采取紧急制动措施，并立即通知信号楼值班员，待信号重新开放或由信号楼值班员通知后，根据要求动车，但要减速运行，加强对线路及信号的砉望。在信号系统严重故障、行进线路信号全部不能开放时，应根据信号楼值班员的调车手信号或口头命令动车。

（6）在停车场内调车时，原则上不准许列车司机采用后退模式调车，如遇特殊情况只准许退行时，列车司机必须在确认另一端司机室有司机进行监护的前提下，并与信号楼值班员车调联控后，方可动车。

2. 停车场内试车作业

（1）列车在停车场库内至试车线试车前，列车司机应凭《电动列车试车作业交底单》执行试车任务，并掌握调试列车的车号、停放股道、技术状态及调试要求。由两名列车司机担当调试工作，一般情况下，不准许利用场线及停车库线进行试车作业。

（2）试车作业前，由试车负责人向列车司机进行调试内容交底，如列车司机了解不清或试车作业内容违反有关安全行车的规定，列车司机可拒绝试车要求。

（3）当列车调至试车线后，列车司机应按停车场试车线有关作业规定，在指定地点停车，凭非进路调车信号开放及与信号楼值班员进行车调联控后，方能进行试车。

（4）列车到达试车线后，列车司机应先对试车线进行一次往返压道作业，限速 20 km/h，确认线路与车辆制动情况正常，并将压道情况汇报至 DCC 信号楼值班员，若线路与车辆制动情况不符合试车作业条件，不应进行试验。在试车作业过程中，运行速度达到试车线最高设计速度的试验项目，在试验前应运行至试车线尽头规定位置（以列车停车位置标为准），保证有足够的试验距离后，再进行试验。

（5）在试车作业过程中，如需进行单向连续 2 个或以上试验时，试车司机应依据距离、停车等标志、标识掌握制动距离。对于不满足制动距离的，不应进行试验。

（6）在试车作业过程中，列车司机应按试车负责人动车指令操纵列车。夜间试车、接近线路尽头或轮轨黏着条件差时，列车司机应加强瞭望，降低速度和提前采取制动措施，确保试车安全。

（7）试车完毕后，列车司机应将列车行驶至规定位置，与信号楼值班员进行车调联控作业后，方可动车。

（8）遇雷暴雨、强风、大雪及浓雾天气，不应进行试车线试车作业。

3. 洗车作业

（1）列车司机在接到运转值班员洗车作业的通知后，应了解所洗列车的停放股道及车号。

（2）列车司机确认列车车况良好、调车信号开放后，按调车作业相关规定将列车运行至洗车库门口一度停车待命。

（3）列车司机凭开放的洗车库入库信号进行手指呼唤，并限速 3 km/h 进入洗车库，至指定停车位置停车，根据各线路洗车设备要求进行洗车作业。

（4）列车洗车作业完毕后，列车司机向信号楼值班员申请调车回库作业，并根据信号楼值班员命令，手指呼唤确认信号开放、道岔位置正确后，启动列车。

（5）在洗车过程中，列车司机不应打开车门，擅自进入洗车区域；在清洗列车头部时，不应启动列车刮雨器。

（6）在洗车过程中，如发现前方进路或设备状态异常，列车司机应立即采取紧急停车措施，并与信号楼值班员联系。

二、出、入场列车驾驶

1. 列车出场

1）出库驾驶操作

（1）列车司机检车作业完毕后与信号楼值班员进行车调联控，确认出库列车车号、车次及股道。

（2）列车司机确认库门开启良好，并对出库信号进行手指呼唤。

（3）列车司机以“慢速前行/RMO/RMF”模式限速 5 km/h 驾驶列车至车库门口一度停车，确认平交道上无人车通过，具备安全通行条件后，启动列车出库。待列车全部出清出库平交道后，列车司机限速 20 km/h 在停车场内运行。

2）出场驾驶操作

（1）列车在停车场内行驶时，列车司机应认真确认进路上每一架信号机的显示和每副道岔的开通位置，并进行手指呼唤。有人员在线路上行走时，应鸣笛警示并减速停车；过平交道口时应停车确认，具备通行条件后方可通过。

（2）经出场线（入场线）出场的列车，列车司机应在出场信号机前一度停车牌处一度停车，转换列车无线车载台讯道，对出场信号机及道岔开通位置进行手指呼唤，确认具备运行条件后驾驶列车出场。

（3）列车司机驾驶列车运行至信号模式转换点前的一度停车牌处一度停车，建立 ATC 信号模式并确认列车收到正确的车次号和目的地号后对信号机开放、道岔位置、速度码进行手指呼唤。

（4）列车司机按运行图规定的驾驶模式驾驶列车进入正线车站。

2. 列车入场

1）入场驾驶操作

（1）列车入场前，列车司机应确认车站站务员清客完毕，具备动车条件后，对出站信号机或道岔防护信号机、前方进路进行手指呼唤。

（2）列车司机以 ATP（ATPM）或 ATO 模式驾驶列车运行至信号模式转换点前的一度停车牌处一度停车，转换驾驶模式至“慢速前行/RMF/RMO”模式，运行至入场信号机前一度停车牌处再度停车，转换无线车载台讯道，与信号楼值班员车调联控，确认车次、车号及停车股道，对入场信号机进行手指呼唤后，启动列车。

（3）列车在停车场内行驶时，列车司机应认真确认进路中每个信号机的显示及每副道岔的开通位置，并进行相应的手指呼唤。

（4）列车在停车场内行驶时，限速 20 km/h，做到砉望不间断，有人员在前方线路上行走时，应鸣笛警示并减速停车，过平交道口应停车确认，具备通行条件后方可通过。

2）入库驾驶操作

（1）列车在进入停车库前的平交道处应一度停车，列车司机下车对库门、股道送电、无人及异物侵入限界进行手指呼唤后，驾驶列车进入车库。

（2）列车进库限速 5 km/h，在接近停车位置时控制好速度，并在规定停车点停车。

（3）列车进入尽头线股道停车时，列车司机应在离停车位置 10 m 处前一度停车，然后限速 3 km/h 至规定停车处停车。

（4）列车入库后，列车司机应配合基地保安巡视客室内部。

（5）列车司机离车前，应将有关行车记录填写完毕，并记录两头列车司机室内的列车走行公里数，同时携带好驾驶器具，离开列车时应将两端列车司机室门全部锁闭，并对列车司机室杂物进行清理。

三、正线列车驾驶

（一）ATC/ATP 驾驶模式操作

1. ATC/ATP 正线驾驶作业

1）巡道作业

正线巡道列车司机应根据运行图要求执行巡道作业。巡道作业前，由运转值班员向列车司机递交巡道作业的调度命令。巡道列车按调度书面命令手动驾驶，限速 45 km/h（遇特殊情况，按调度命令执行）。遇列车进站、曲线区段、砉望条件不良等情况应适当减速，并加强前方线路砉望。

巡道列车司机驾驶时应加强砉望，确认限界、积水、线路及触网情况。若发现异常情况或不具备安全通行条件时，应立即紧急停车，仔细确认、判明情况，并向行车调度员报告，根据调度命令办理相关作业。若线路设备异常但不影响列车正常通过的，列车司机应向行车调度员建议限速运行，并在得到许可后通过该区段。

2）区间运行

列车在区间运行时，司机应坐姿端正，上身轻靠椅背，左右手均放置在操纵台上，做好随时紧急停车准备，座位高度调节至满足司机砉望视线清晰。

列车在区间运行时，司机应认真砉望前方信号、线路及触网情况，发现异物侵入限界，应立即采取紧急停车措施。

列车在区间运行时，遇进站信号机、出站信号机、道岔防护信号机时，司机应执行手指呼唤。

在地面线路遇阳光斜射刺眼时，司机可调整遮阳帘至合适位置，在地下线路或地面线路背光处，应将遮阳帘拉至最上方。

列车在区间运行时，司机应时刻注意列车故障面板、各类指示灯、仪表的显示，发现故障应及时向行车调度员报告，并进行有效处置。

在手动驾驶时，司机应平稳驾驶，做到合理牵引和制动，严格按照指示速度和区间信号的显示驾驶列车。运行途中应适时核对运行时分，防止晚点。

列车在区间运行时，司机应加强砉望，以防有人或异物侵入限界，无特殊情况严禁鸣笛。遇大风、大雨、大雪、浓雾等恶劣天气或在小半径曲线地段、砉望条件不理想的线路上运行时，司机根据调度命令或规定的限速要求运行。在经过长大坡度区段时，应合理使用牵引和制动，避免列车冲动或超速。

3）进站作业

ATO 模式下的列车在进站前，司机应确认列车程序停车情况，遇程序停车未启动或列车制动力明显不足时，应立即采取紧急停车措施，防止列车越过停车位置。

列车司机在手动驾驶列车进站前，应适当减速，带制动进站，以保证制动的平稳。

列车进站时，司机应注意观察站内及站台情况，以防有人或异物侵入限界，发现异常情况要鸣笛示警，必要时应及时采取紧急停车措施。

遇钢轨涂油或轨面湿滑，应提前减速，防止列车越过停车位置。

4）车站停车及开关车门和屏蔽门作业

（1）正常情况下车站停车及开关车门和屏蔽门作业。

列车进站后，司机应将列车在规定停车位置处停稳（规定停车位置处于列车司机室侧门范围内）。

列车停稳后，司机跨出列车司机室一步（约 50 cm），站立在站台监护区域，转体面对车体，以立正姿势站立，按压靠站台侧开门按钮，打开所有该侧车门，通过站台与 CCTV 显示情况监护乘客上下、无异常情况发生及发车表示器的显示。

在装有屏蔽门/安全门/电动栏杆的站台，司机应同时确认屏蔽门/安全门/电动栏杆全部开启。如屏蔽门或安全门未自动开启时，立即手动打开屏蔽门或安全门。

当发车表示器闪亮或停站计时器到达 15 s 后，司机应根据乘客上下情况，掌握好关门时机，按压靠站台侧关门按钮，关闭所有该侧车门，尽量做到一次关门成功。

列车关门后，司机应确认车门全部关闭、无夹人夹物，车站站务员显示的“关门良好”手信号及 CCTV 显示屏显示站台安全，遇有出站信号机、道岔防护信号机的车站，必须确认信号机开放，手指呼唤后方可进入列车司机室。遇车门/屏蔽门/安全门/电动栏杆未全部关闭或砉望不清时，严禁进入列车司机室（除确认故障面板故障及行车调度呼叫联系外）。

在安装屏蔽门/安全门/电动栏杆的车站，司机应确认屏蔽门/安全门/电动栏杆关闭，且屏蔽门/安全门/电动栏杆和列车车体之间无人员或物品侵入，确认站台尾部光带完整或红外探测装置未报警。

（2）非正常情况下车站停车及开关车门和屏蔽门作业。

列车进站停稳后且对位准确，若发生列车未收到开门码则应先立即报告行车调度员，在得到行车调度员的授权后，方可进行后续操作。

列车司机将方向手柄放至向前位，主手柄拉至制动位，激活相应侧开门旁路开关，至站台将屏蔽门的就地控制盘（以下简称 PSL）转至手动位，通过 PSL 手动开启屏蔽门/安全门，开启站台侧列车车门，确认车门/屏蔽门/安全门开启，执行相关手指呼唤作业并恢复车门旁路开关。

司机在执行上下客作业完毕执行关门作业时，应先关闭站台侧列车车门，将 PSL 箱转至自动位，确认车门/屏蔽门/安全门关闭，执行相关手指呼唤，恢复 ATPM/ATO 模式，确认出站信号开放后动车。

若此时出站信号未开放则列车司机报告行车调度，在接受行车调度的允许进行互锁解除作业的命令后，列车司机应确认命令中的车号、允许互锁解除、列车模式，并复诵调令内容。列车司机在 PSL 上将钥匙开关转至手动位，顺时针旋转“互锁解除”旋钮保持 2 ~ 10 s，确认“互锁解除”指示灯亮。

列车司机应砉望站台或通过 CCTV 显示，确认站务员手信号持续显示，CCTV 显示站台安全（乘客，站务员无异常），红外线装置无夹人夹物报警；发车指示器显示稳定、出站信号机开放；光带清晰显示完整且无异常（夹缝确认时间不少于 3 秒）。列车司机确认安全条件时，应执行手指呼唤后方可进入司机室。列车司机发车前应确认车载信号显示屏显示的速度码，出站信号机显示的允许通过信号及道岔开通位置正确。列车司机确认发车条件时，应执行手指呼唤后方可发车。

5）出站作业

列车启动前，司机应对速度码、出站信号机进行手指呼唤，具备发车条件后发车。列车出站前，遇有道岔时，司机应对道岔防护信号机及道岔位置进行手指呼唤后，方可发车。司机在手动驾驶列车出站时，应控制好牵引，做到平稳启动列车。

2. 折返驾驶作业

列车司机确认站务员清客完毕走出客室后，关闭车门、屏蔽门/安全门/电动栏杆，并确认站务员显示关门良好手信号及 CCTV 显示器显示站台无异常情况，与接车司机进行联控，对前方道岔防护信号及道岔开通位置进行手指呼唤后，驶入折返线。若前方道岔防护信号未开放，严禁进入列车司机室（除确认故障面板故障及行车调度呼叫联系外）。

司机在手动驾驶列车折返时，应思想集中，根据列车限速要求驾驶。手动驾驶时，应做到距离过半，速度减半。

列车在折返线规定位置处停车后，司机应确认列车无压岔和占标并关闭主控制器钥匙，通过司机室联络与接车司机进行联控，待控制权转换后在司机室等候。

在司机室控制权转换后，交车司机应锁闭司机室门、关闭客室通道门、关闭车窗及雨刮器。接车司机应提前在规定地点等候折返列车，到达司机室后与交车司机进行联控，同时交车司机需将列车技术状况和其他必要的行车信息告知接车司机。接车司机待列车停稳，与交车司机进行联控后打开主控制器，对前方道岔防护信号机、道岔位置、速度码进行手指呼唤后，方可驶出折返线。

（二）ATP 切除驾驶模式操作

1. ATP 切除正线驾驶作业

ATP 切除驾驶作业是指列车发生车辆或信号故障，经司机应急处置、重启车载信号软件等措施无法恢复，仅能以切除 ATP 方式运行的作业。

列车以切除 ATP 方式行车必须立即清客（列车位于区间则在前方车站进行清客），并就近退出正线运行。列车司机以切除 ATP 方式行车必须得到调度命令授权，严禁擅自动车。司机严格按照规定限速运行，遇设备限速低于 40 km/h，按设备限速执行，在遇 400 m 及以下半径的弯道等瞭望条件不良的区段时，以不高于 30 km/h 的速度通过。

运行过程中列车司机应加强瞭望，严格确认前方安全行车条件（道岔位置正确、线路空闲、信号机状态显示）及授权运行终点，遇危及行车安全的情况必须立即停车，并立即报告行车调度，根据调度命令执行。

列车司机在 ATP 切除驾驶作业时，不得越过未经授权通过的禁行信号，如遇未经授权通过的禁行信号，或情况不明时，应立即停车严禁越过，确认情况，并汇报调度，根据调度命令继续运行。司机驾驶列车运行至授权运行终点后，主动与行车调度汇报，根据调度命令指示执行，严禁擅自运行超出授权运行范围。

2. ATP 切除正线折返驾驶作业

列车司机在列车车载信号设备故障的情况下，切除 ATP 进行折返驾驶作业，此时列车由于无速度码的保护，列车司机凭行车调度有效的命令，严格确认信号显示及道岔的位置，折返作业过程中应严格按照规定的限速要求，侧向过岔速度不得大于 20 km/h，严格执行司机标准化及联控作业，严防列车冒进信号及挤岔事故的发生。

四、列车驾驶相关作业

（一）手信号的显示意义及作业标准

手信号是行车人员通过直接采用信号旗或信号灯的方式下达指示列车行车的各种命令。

1. 手信号的适用范围

（1）电话闭塞法行车。

（2）列车站间运行时，站控状态下，道岔防护信号机无法开放。

（3）列车调车作业时，站控状态下，道岔防护信号机无法开放或调车信号机无法开放。

（4）发生危及行车安全的情况时。

2. 常用手信号显示的意义

（1）发车手信号：指示列车发车，进入区间。

（2）停车手信号：指示列车在该停车信号前方停车。

（3）调车手信号：表示调车进路（含防护进路）准备妥当，道岔已至规定位置并锁闭，准许列车运行至调车作业终点停车位置。

（4）紧急停车信号：紧急情况下指示列车或车辆立即停车，要求司机立即采取停车措施。

3. 手信号作业标准

1）发车手信号

（1）显示时机：确认发车条件具备。

（2）显示地点：站台发车端列车驾驶室侧窗旁安全位置。

（3）显示方式：右手持绿色信号灯/展开的绿色信号旗面对司机作顺时针圆形转动（见图 4-97）。

图 4-97　发车手信号

（4）收回时机：列车起动。

2）停车手信号

（1）显示时机：看见列车头部灯光。

（2）显示地点：来车方向站台发车端端头。

（3）显示方式：面向来车方向，手（轨道侧）持红色信号灯/展开的红色信号旗平举（见图 4-98）。

图 4-98　停车手信号

（4）收回时机：列车至规定停车位置停稳。

3）调车手信号

（1）显示时机：确认全进路办理完毕，动车条件具备。

（2）显示地点：调车进路首架信号机处安全位置。

（3）显示方式：面向来车方向，右手持黄（白）色信号灯/展开的黄色信号旗高举头上左右摇动（见图 4-99）。

图 4-99　调车手信号

（4）收回时机：列车头部越过显示地点。

4）紧急停车手信号

（1）显示时机：发现危及行车安全的紧急情况时。

（2）显示地点：危及行车安全事发点处迎来车方向安全位置。

（3）显示方式：手持红色信号灯/展开的红色信号旗高举头顶左右急剧摇动；无信号灯/旗时两臂高举头顶左右交叉急剧摇动。

图 4-100　紧急停车手信号

（4）收回时机：列车停稳。

4. 手信号作业相关规定

（1）地面车站、高架车站及停车场手信号显示为：原则上昼间使用信号旗，夜间使用信号灯，行车人员可根据当日天气情况选择使用信号灯或信号旗。

（2）所有地下车站一律按夜间办理，统一使用信号灯。

（3）手信号作为指示列车运行的命令，具有严肃性，行车人员必须熟知手信号的作业标准，显示信号时必须确保动作规范、显示准确和显示时机正确及时。

（4）凡昼间持有手信号旗的行车人员，在未显示手信号时，应将信号旗拢起，双手自然下垂，放于身体两侧，左手持红旗，右手持绿/黄旗。

（5）行车人员需确保手信号显示时机满足后，方可显示手信号。

（6）行车人员需确保手信号收回时机满足后，方可收回手信号。

（7）调车手信号行车时，列车限速 20 km/h，如设备限速低于 20 km/h，按设备限速执行。

（二）音响信号的意义及要求

1. 音响信号的意义

1）用　途

在行车工作中，各工种或作业人员相互之间有时不能通过口头、电信及视觉信号的方法取得联系，因此必须使用音响信号进行相互的联络，维持工作的持续、效率、安全。

2）标　准

鸣示音响信号时，为防止混淆，应按音节长短及间隔的规定标准进行，其规定有以下 3 点内容：

（1）长声显示时间为 3 s；短声显示时间为 1 s；音响的间隔时间为 1 s。

（2）如果需要重复鸣示时，每次（组）间隔 5 s 以上。

（3）在一般情况下隧道内取消列车、机车启动鸣笛和声响联络，如遇运行中危及行车安全以及人身安全的突发事件和特殊情况时除外。

（4）地面车站、停车场作业时应充分考虑城市社会生活、居民区等情况，执行城市轨道交通有关规定。

2. 音响信号显示要求

1）种 类

城市轨道交通运行中常用的音响信号有：通知注意信号、退行信号、召集信号、呼唤信号、警报信号、紧急停车信号 6 种。

2）显示方式及含义

（1）通知注意信号：列车起动或机车、车辆前进时；接近车站、鸣笛标、道口、曲线、遇行人侵入限界、施工地点或天气不良时。

鸣示方式：一长声；符号：“——”。

（2）退行信号：列车、机车（车辆）开始退行时。

鸣示方式：二长声；符号：“—— ——”。

（3）召集信号：要求防护人员撤回或根据某种事先约定原因呼唤回规定地点时。

鸣示方式：三长声；符号：“—— —— ——”。

（4）呼唤信号：机车或列车要求出入库、出入场在车站、车场要求显示信号时。

鸣示方式：二短一长声；符号：“· · ——”。

（5）警报信号：发现线路有危及行车安全的不良处所时；列车发生重大事故、大事故、火警以及其他需要救援时。

鸣示方式：一长三短声；符号：“—— · · ·”。

（6）紧急停车信号：要求操纵列车司机采取紧急停车措施时；邻线发生障碍，向邻线运行列车发出紧急停车信号时。

鸣示方式：连续短声；符号：“· · · · · ·”。

（三）列车车次号定义及组成

列车车次号采用 4 位数字及 2 位字母组成，举例为：××××DD。前 4 位数字（××××）为列车识别符（车次），其中前 2 位为线路识别符，表示所属运营线路。第 3、第 4 按出库顺序依次编号，按列车出库顺序号依次排列，每个数代表一运行列车，后 2 位字母（DD）为目的地车站代码，表示目的地车站。后 2 位为目的地。

（四）调度命令基本要求和发布

1. 调度命令发布基本要求

在具备良好通信与录音设备条件下，行车调度员可以使用列车无线电以及其他通信设备直接发布口头命令。

在无线通信与录音设备故障停用时，遇列车救援、反方向运行及 ATP 故障实施人工无 ATP 驾驶时均需发布书面调度命令。其他突发事件处置时认为有必要时，行车调度员应发布书面命令。

2. 调度命令发布基本条件

行车调度员在组织、指挥列车运行过程中遇到下列情况须发布调度命令，有关行车人员必须执行行车调度员的命令：

（1）封锁、开通区间。

（2）向封锁区间开行救援列车、施工列车。

（3）临时变更或恢复原闭塞法。

（4）临时加开或停运列车。

（5）实施反方向行车。

（6）使规定在车站停车的列车变为通过时。

（7）在向有停留列车车辆的线路上接车时。

（8）发生行车设备故障或灾害，需使列车减速运行、一度停车后再开或特别注意运行时。

（9）行车调度员认为有必要发布的上述情况以外的命令。

3. 行车调度命令的基本内容

调度命令发布时无论口头命令和书面命令都必须明确以下内容：命令号、受令处所、受令人、命令内容、发令日期、发令时间、发令人以及复诵人。

行车相关人员必须严格按照有关规定发布与执行调度命令，不得随意改变和简化调度命令的具体方式与内容，以保证调度命令的严肃性和权威性。在发布和接受命令时有关人员要仔细核对、明确内容，并且复诵无误。在命令中，发令人、受令人、复诵人都必须填记全名。受令处所可根据规定填记标准缩写，发令日期与时间必须正确，命令内容要正确、明确，不得随意涂改或者含糊其词。

调度口头通知作为日常运行指挥与调整的方法，可以不给命令号，只下达通知内容、受通知人并明确发令人。

4. 书面命令的标准格式

（1）区间下人命令：　（受令者：**站并交**司机）

“自________时起，准___________（单位）人员____________，凭令登乘________次列车，在_______站至______站___行区间抢修施工。”

（2）限速命令：　（受令者：**站至**站，*站交运转）

“自______时起，至_______时止，_______站至_______站_____行线，列车限速______公里/小时运行。”

（3）救援命令：　（受令者：**站至**站，*站交*司机、*司机）

“自________时起，准______站______行故障列车清客，同时_______次，在______站清客后开救________次至______站（站外）与故障车连挂，（牵引/推进）运行至______站（回段/折返线）。”

（4）封闭区间命令：　（受令者：**站并交运转）

复习思考题

一、判断题（将判断结果填入括号中。正确的填“√”，错误的填“×”）

1. 在一次出乘作业前须确认无异物侵入限界。（　　）

2. 值乘列车司机在出勤前，应得到充分休息，出勤前 8 h 内禁止饮酒及服用驾驶人员禁止服用的药物。(　　)

3. 客室内座位底下箱盖可以不用检查。(　　)

4. 电动列车进行动态试验前应缓解停车制动。(　　)

5. 电动列车进行向前试验时应先按下主手柄 C 阀。(　　)

6. 启动电动列车前，司机应检查列车司机室内各开关位置是否正确(　　)

7. 启动电动列车前，司机检查发现车间供电盖锁闭打开，应将其锁闭。(　　)

8. 启动电动列车前，司机检查发现设备柜打开，可以不用锁闭。(　　)

9. 司机应检查列车司机室绝缘棒无损坏并在规定位置安放。(　　)

10. 电动列车只能经入场线入场。(　　)

二、单项选择题（选择一个正确的答案，将相应的字母填入题内的括号中）

1. 在一次出乘作业前，电动列车司机须确认(　　)股道送电正确。

A. 相应　B. 1 道　C. 2 道　D. 3 道

2. 司机目测检查车钩机械部分有无裂痕损坏，(　　)有无老化破损，。

A. 风管　B. 伸缩滑盖　C. 解钩拉环　D. 对中风缸截止阀

3. 司机应确认电动列车锥形簧(　　)。

A. 有无老化　B. 有无脱落　C. 锁闭一半　D. 锁闭良好

4. 登车确认列车司机室操作台上无(　　)。

A. 垃圾　B. 禁动标识牌　C. 信号牌　D. 送电标识牌

5. 值乘列车司机应按列车出库时间提前(　　)至运转值班室向运转值班员出勤。

A. 20 min　B. 25 min　C. 30 min　D. 40 min

6. 列车管排气阀，安装在车钩连接处，每节车(　　)个。

A. 1　B. 2　C. 3　D. 4

7. 电动列车必须在规定地点停车，进行(　　)与正线驾驶的转换。

A. 出场驾驶　B. 自动驾驶　C. 退行　D. 洗车

8. 电动列车进库前，(　　)应确认库门开启良好，安全销插好，库内无人或异物侵入限界。

A. 维修人员　B. 司机　C. 门卫　D. 运转值班员

9. 正线自动驾驶西门子 A 型电动列车时，方式 / 方向手柄应放在(　　)位置。

A. 向前　B. 向后　C. ATC　D. 常用制动

10. 自动驾驶电动列车进行折返作业时，必须按(　　)停车，如列车无制动趋势，司机应采取紧急制动措施。

A. 速度码　B. 信号机　C. 停车牌　D. 道岔

第五章　城市轨道交通列车故障应急处置

【学习目标】

1. 掌握列车故障判断的；
2. 掌握列车故障处置的作业步骤及流程要求；
3. 掌握行车调度与司机的联系方法；
4. 掌握列车故障处置正确汇报的方法；
5. 掌握行车调度与司机的联系方法；
6. 掌握列车故障处置正确汇报的方法。

【知识要求与技能要求】

1. 故障应急处置基本技巧；
2. 判断故障的基本方法及分析；
3. 能够进行列车故障的应急处置。

第一节　基本技巧

列车故障是影响列车正常运营秩序的主要原因之一，因车辆设备的老化以及原有设计的不合理等诸多因素，列车在载客运营中不昉发生掉线、清客、救援的现象，给正常的运营组织带来混乱。列车故障形成的原因主要包括：设备老化、欠修、维修保养不当、司机操作不当、人为损坏等。

为了减少列车故障发生的频率，除了按时做好维修保养以外，司机要规范驾驶列车，合理使用各项功能，最重要的是掌握各类车型的故障排除技能，一旦发生列车故障能及时快速处理，恢复运营秩序。通常列车故障发生后，都有其一定的表象，司机可根据表象来判断故障原因和部位，从而快速地、正确地处理，处理故障时可使用下列方法。

一、故障恢复法

通过司机室显示屏或仪表指示灯显示内容,确定故障发生部位并检查相关设备有无异常。

如空气断路器断开、供气阀门关闭等原因引发的列车故障，可恢复其功能以达到排除故障的目的（见图 5-1）。

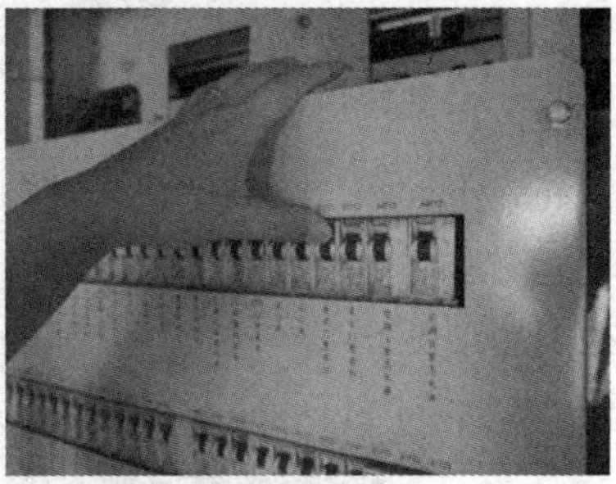

图 5-1　恢复空气断路器

二、故障切除法

有些设备故障发生会直接影响列车的驾驶性能及安全性能，因此列车在电路设计中对重要部件安装了监控系统，该设备一旦发生故障，遵循设备故障导向安全这一设计原则，车辆控制系统会采取限速运行或停止运行等手段来确保列车安全。司机必须通过故障现象准确查找故障原因，通过切除故障设备不让其工作的方法来维持列车运行，以减少故障状态下对运营的影响。如车门发生关闭不到位时，司机可以采取切除该车门的方法继续载客运行（见图 5-2）。

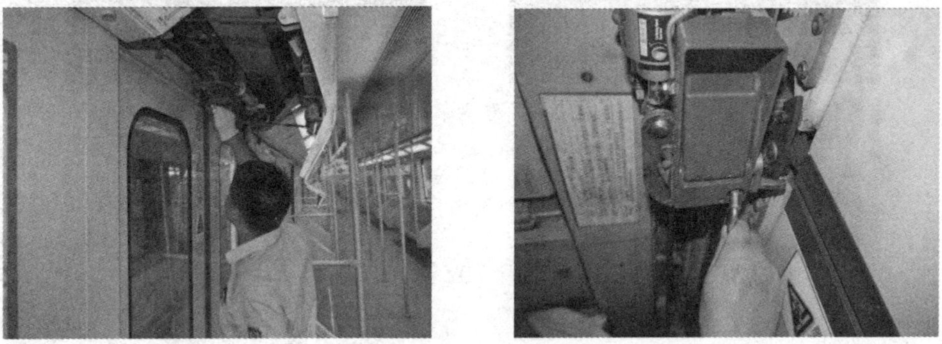

图 5-2　切除故障车门

三、旁路法

在车辆监控系统发生故障时，也会影响列车驾驶功能，导致列车无法牵引，此时司机必须按故障情况严格区分故障发生的成因，也就是区分是否是监控系统本身原因发生的故障，在这种情况下，司机可尝试使用旁路相关监控设备，维持列车运行。如监测列车空气制动是否缓解的压力传感器发生故障时，会导致全列车无牵引的现象，司机必须先确定列车制动已真正缓解后再使用旁路制动监控电路的方法排除故障（见图 5-3）。

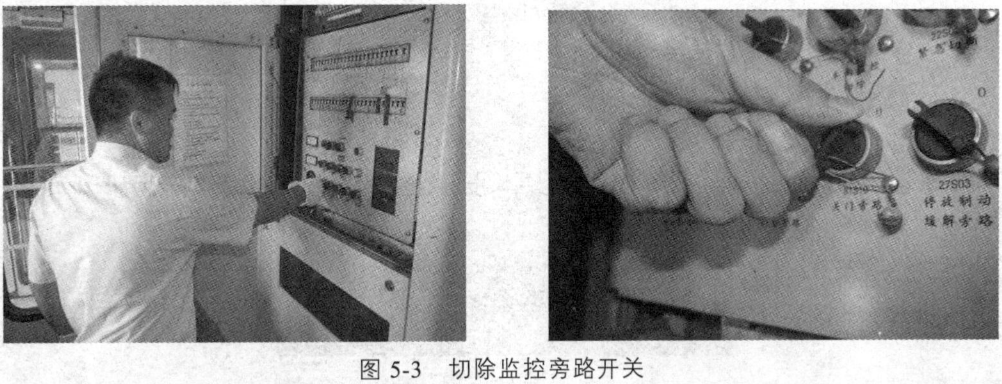

图 5-3　切除监控旁路开关

四、重启法

20 世纪 90 年代末引进的列车基本采用计算机控制，在控制信号或通信信号发生误差时会造成信息显示紊乱，严重的会影响列车某些设备的正常使用（或成为死机），在这种情况下最好采用重新启动列车或重新启动相关设备的方法，激活故障设备，恢复列车功能。如上海轨道交通阿尔斯通 A 型电动列车车门死机后，可通过关闭再开启 EDCU 的方法重新激活车门控制（见图 5-4）。

图 5-4　激活车门控制

第二节　应急处置

一、列车客室车门故障应急处置

客室车门故障是最为常见的列车故障，按故障类型可以分为全列车车门无法打开、全列车车门无法关闭、单节车门无法打开或关闭、单扇车门无法关闭、车门关闭但关门灯不亮、安全疏散梯未锁闭到位等故障。

1. 单个车门不能关闭，列车无法动车

（1）重新按压“开左/右门”按钮（见图 5-5），开门后，再按压“关左/右门”按钮，按压“开、关门”按钮需保持 3 s 以上。

图 5-5　“开左/右门”按钮

（2）司机报告行调故障车次、列车位置和故障现象并申请到现场切除车门。

（3）通过“车辆显示屏”（见图 5-6）选择播放预置的“临时停车”紧急广播安抚乘客。

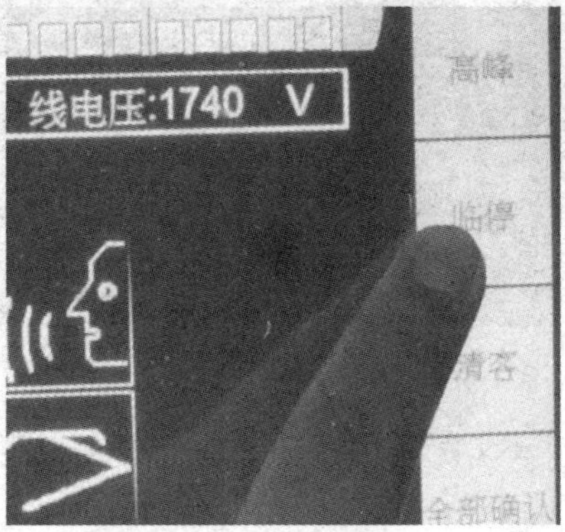

图 5-6　车辆显示屏

（4）用纸笔记录故障车门的编号，按压“开左/右门”按钮开启车门、站台门。

（5）到达故障车门处，解锁车门，手动关闭车门，恢复解锁手柄，用方孔钥匙将车门切除（见图 5-7）。

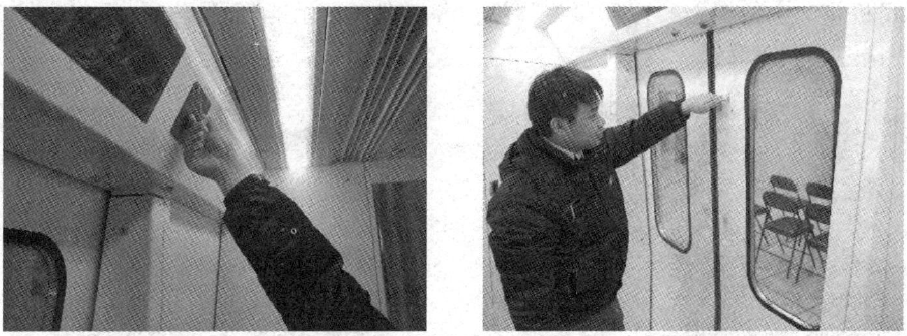

图 5-7　切除车门

（6）确认车门上方的红灯亮和车门切除装置在水平位（见图 5-8）。

图 5-8　切除车门

（7）返回司机操纵台点击“车辆显示屏”查看车门状态界面，确认小锁图标（见图 5-9）。

（8）按作业程序关门动车。

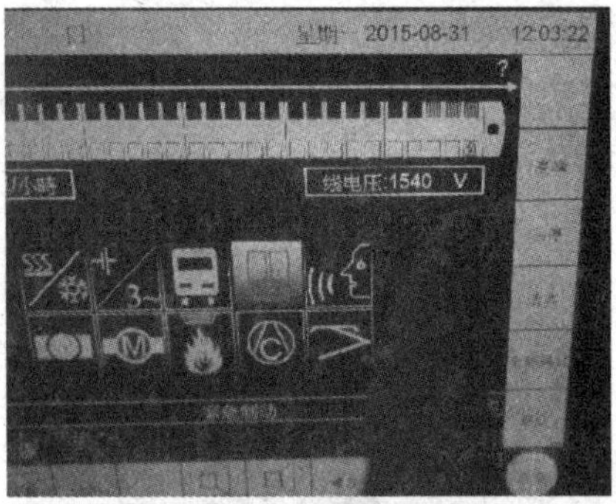

图 5-9 “车辆显示屏”

（9）动车成功后报行调：“××次司机在××站上/下行切除××车门成功，现已动车”。

2. 列车整侧车门无法打开

（1）司机确认列车对标精度和开门使能信号。

（2）司机按下“开左/右门”按钮并保持 3 s 以上（见图 5-10）。

（3）司机报告行调故障车次、列车位置和故障现象。

（4）司机通过“车辆显示屏”选择播放预置的“临时停车”紧急广播安抚乘客。

（5）司机将“主控钥匙”打到“关”位，等“车辆显示屏”黑屏 3 s 后将主控钥匙打到“开”位（见图 5-11）。

图 5-10 “开左/右门”按钮

图 5-11 主控钥匙

（6）司机将“驾驶模式选择”开关转向“OFF”位；按下站台侧的“强制开左/右门”按钮；及“开左/右门”按钮和备用按钮开门，按下“开左/右门”和备用按钮需保持 3 s 以上（见图 5-12）。

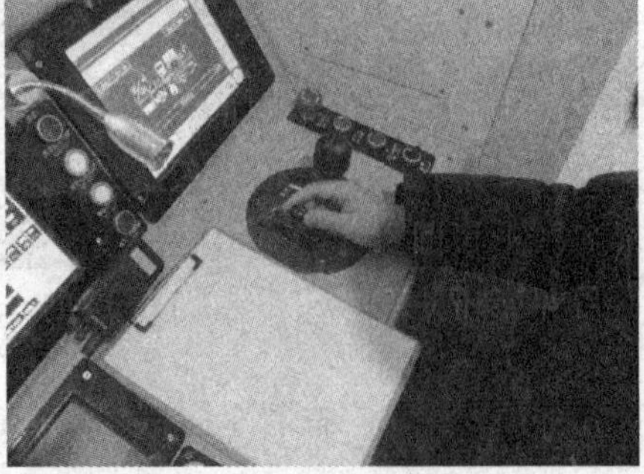

图 5-12 “驾驶模式选择”开关

（7）司机将“门零速旁路”打至“合”位，将“开关门模式切换”打至“网络位”，尝试开门，车门打开，按照作业程序进行作业。

（8）站台作业完毕后恢复“门零速旁路”打至“分”位（见图 5-13）。

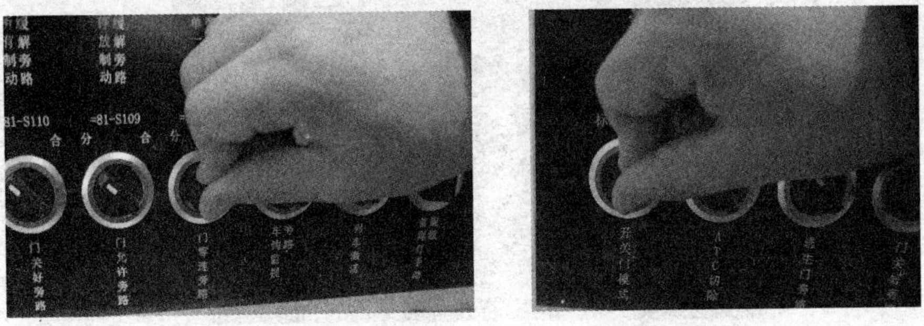

图 5-13　“门零速旁路”“开关门模式切换”开关

（9）动车成功后报行调：“××次在××站上/下行，操作‘门零速开关’后列车能开门，现已完成站台作业并动车，申请退出服务”。

3. 列车整侧车门无法关闭

（1）司机重新按压“开左/右门”按钮，再按压“关左/右门”按钮，按压“开、关门”按钮需保持 3 s 以上。

（2）司机报告行调故障车次、列车位置和故障现象。

（3）司机通过“车辆显示屏”选择播放预置的“临时停车”紧急广播安抚乘客。

（4）司机将“开关门模式切换开关”打至“网络”位，按下“关左/右门”按钮并保持 3 s 以上。

（5）司机将“主控钥匙”打到“关”位，等“车辆显示屏”黑屏 3 s 后将主控钥匙打到“开”位；按下“关左/右门”按钮并保持 3 s 以上。

（6）处置无效报行调申请清客。

（7）司机通知车站协助清客。

（8）司机看到站台清客“好了”信号后，按压“关左/右门”按钮保持 3 s 以上，关闭站台门。

（9）动车成功后报行调：“××次在××站上/下行，操作‘车门旁路’（见图 5-14）后列车已经动车，申请退出服务。”

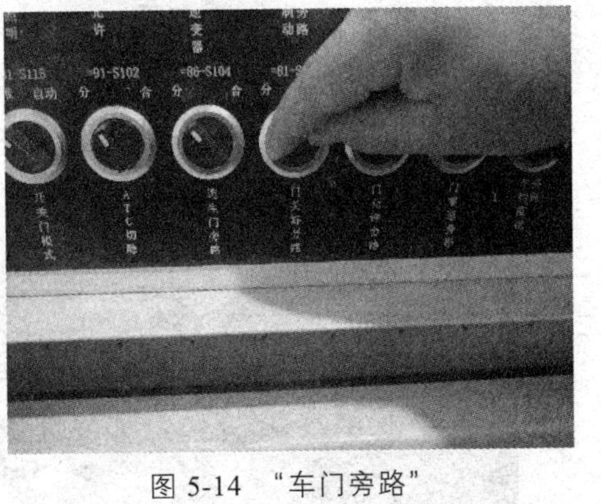

图 5-14　“车门旁路”

4. 列车“所有车门关闭”指示灯不亮，列车无法动车

（1）司机确认“关左/右门”灯及“所有车门关闭”灯状态，按压“灯测试”（见图 5-15）按钮试灯。

（2）司机点击“车辆显示屏”状态查看车门状态界面。

（3）司机报告行调故障车次、列车位置和故障现象。

（4）司机通过“车辆显示屏”选择播放预置的“临时停车”紧急广播安抚乘客。

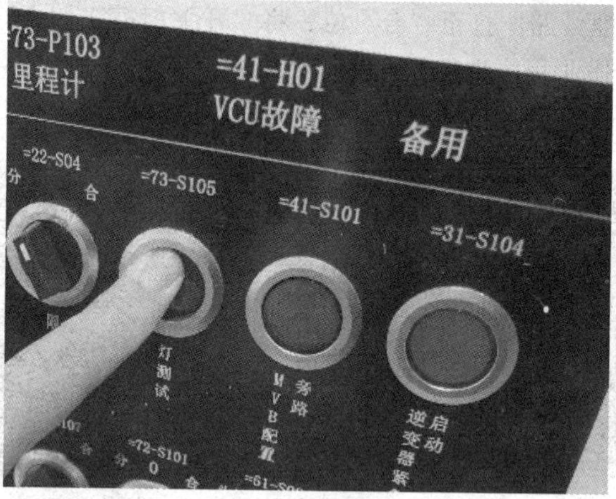

图 5-15　灯测试

（5）司机按压“开左/右门”按钮一次，再按压“关左/右门”按钮一次，按压按钮需保持 3 s 以上。

（6）司机将“主控钥匙”打到“关”位，等”车辆显示屏”黑屏 3 s 后将“主控钥匙”打到“开”位。

（7）司机点击“车辆显示屏”状态查看车门状态界面，将“车门旁路”开关打至“合”位，动车。

（8）动车成功后报行调：“××次在××站上/下行，操作‘车门旁路’后现已动车，列车运行正常。”

5. 单节车厢门无法打开

（1）观察侧墙灯显示或显示屏，判断故障车辆（见图 5-16）。

（2）切“ATP 门控旁路”，重新开关门一次（见图 5-17）。

图 5-16　观察侧墙灯显示

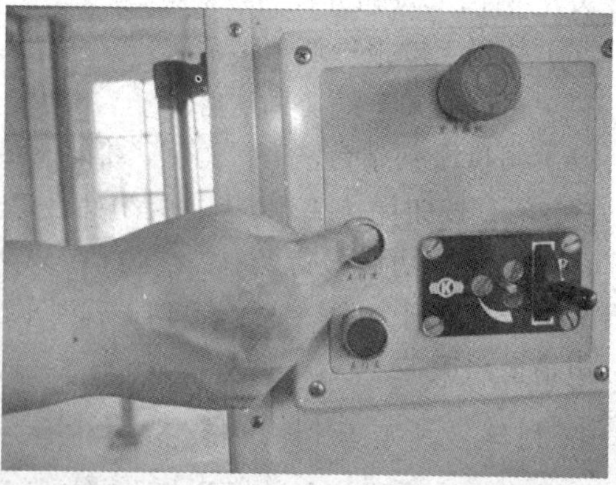

图 5-17　重新开关门

（3）司机广播告知乘客从相邻车厢下车。

（4）检查故障车设备柜内“右侧车门解锁”“关右门警告灯”或“左侧车门解锁”“关左门警告灯”是否跳开。跳开则合上，继续运营（见图 5-18）。

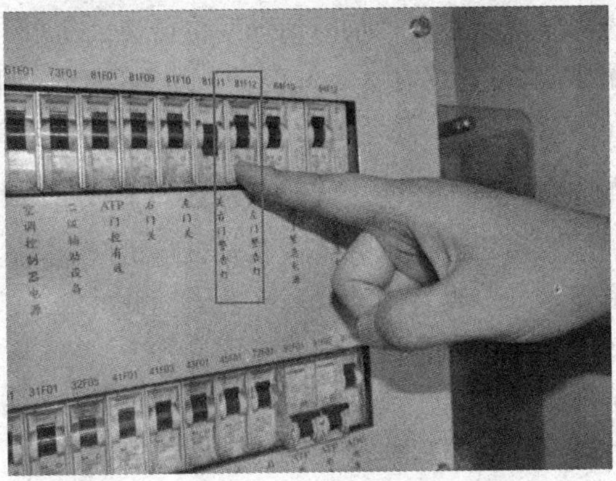

图 5-18　检查相关空气开关是否跳开

二、列车制动故障应急处置

制动故障是所有列车故障中最为严重的故障，绝大部分列车救援都是由制动故障所引起的。制动故障可分为常用制动不缓解故障、紧急制动不缓解故障和停放制动不缓解故障 3 种。按故障发生的部位可分为全列车制动不缓解故障以及单节车制动不缓解故障。司机遇制动故障时可通过 DDU 显示屏、指示灯、双针压力表等来判断列车制动故障的类型及位置。

1. 列车突发紧急制动，“车辆显示屏”状态栏显示紧急制动，“信号显示屏”显示紧急制动图标，气压表红色指针指向 3 bar，列车无法动车

（1）司机确认“主断合”绿灯亮、“受电弓升”绿灯亮、“停放制动缓解”绿灯亮（见图 5-19）、“所有车门关闭”绿灯亮。

（2）司机确认“车辆显示屏”状态网压显示 1 000 ~ 1 800 V（见图 5-20），车门状态界面显示所有车门关闭，“气压表”红色指针指向 3 bar。

图 5-19　主断、受电弓、停放制动指示灯

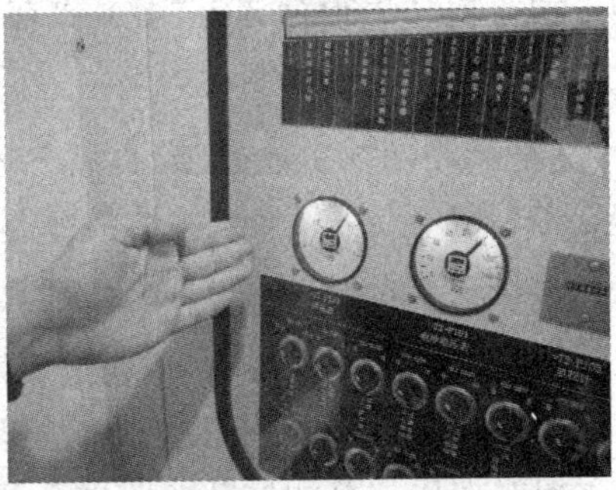

图 5-20　网压显示

（3）司机报告行调故障车次、列车位置和故障现象并申请中央缓解紧急制动。

（4）司机通过“车辆显示屏”选择播放预置的“临时停车”紧急广播安抚乘客。

（5）司机接收行调命令并复诵。

（6）中央无法缓解紧制，司机将“驾驶模式选择”开关转向“RM”位后尝试动车。

（7）司机将“安全回路旁路”打至“合”位后尝试动车。

（8）司机将“信号选择”开关打至“信号切除”位后尝试动车。

（9）动车成功后报行调：“××次在××站至××站上/下行区间列车已动车，操作‘安全回路旁路’至‘合’位、‘信号选择’开关至‘信号切除’位，申请限速退出服务。”

2.“车辆显示屏”显示停放制动图标“P”，“停放制动缓解”灯不亮，列车无法动车

（1）司机按压“灯测试”按钮进行试灯，查看是否指示灯烧坏，确认停放制动状态。

（2）司机点击“车辆显示屏”查看制动状态界面图标显示为“P”（见图 5-21）。

（3）司机报告行调故障车次、列车位置和故障现象。

（4）司机通过“车辆显示屏”选择播放预置的“临时停车”紧急广播安抚乘客。

（5）司机尝试按压一次“停放制动缓解”按钮（见图 5-22）。

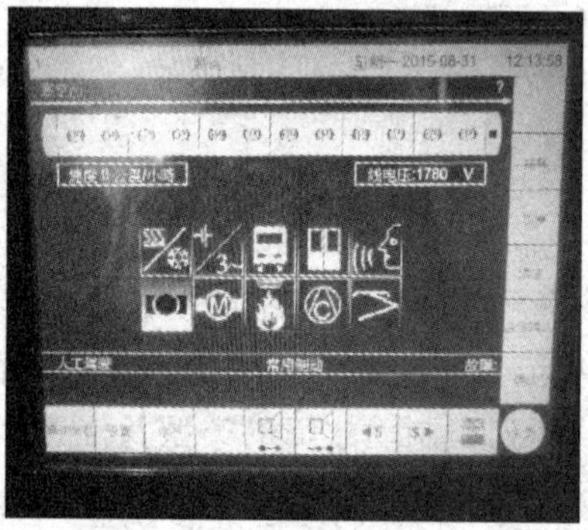

图 5-21　停放制动状态

图 5-22　“停放制动缓解”按钮

（6）若无效则将“停放制动旁路”打至“合”位，以不超过 3 km/h 速度做溜动试验，确认停放制动状态。

（7）司机将“安全回路旁路”打至“合”位后尝试动车。

（8）司机将“信号选择”开关打至“信号切除”位后尝试动车。

（9）动车成功后报行调：“××次在××站至××站上/下行区间列车已动车，列车设备正常，司机操作了‘停放制动旁路’，列车无抱闸现象，申请退出服务。”

3. 列车牵引 5～8 km/h 后自行产生制动停车，动车过程中列车“所有气制动缓解”灯不亮，“车辆显示屏”无制动故障显示，列车无法动车

（1）司机报告行调故障车次、列车位置和故障现象。

（2）司机通过“车辆显示屏”选择播放预置的“临时停车”紧急广播安抚乘客。

（3）司机报告行调，列车位置、故障现象。

（4）司机按压“灯测试”按钮进行试灯，查看“所有气制动缓解”灯是否亮。

（5）司机尝试动车，点击“车辆显示屏”查看制动状态界面上气制动状态显示是·否缓解。

（6）司机操作“气制动旁路”至“合”位，:操作“停放制动旁路”至“合”位，尝试动车。

（7）司机点击“车辆显示屏”状态查看车门状态界面，将“车门旁路”开关打至“合”位，动车。

（8）动车成功后报行调：“××次在××站至××站上/下行区间列车已动车，列车设备正常，操作了‘气制动旁路’和‘停放制动旁路’，列车制动缓解，运行正常，申请退出服务。”

4. “车辆显示屏”气制动图标显示单节气制动图标红点，列车无法动车

（1）司机点击“车辆显示屏”查看制动状态界面。

（2）司机报告行调故障车次、列车位置和故障现象。

（3）司机通过“车辆显示屏”选择播放预置的“临时停车”紧急广播安抚乘客。

（4）司机检查故障单元车的“智能阀+网关阀”是否跳闸（见图 5-23）。

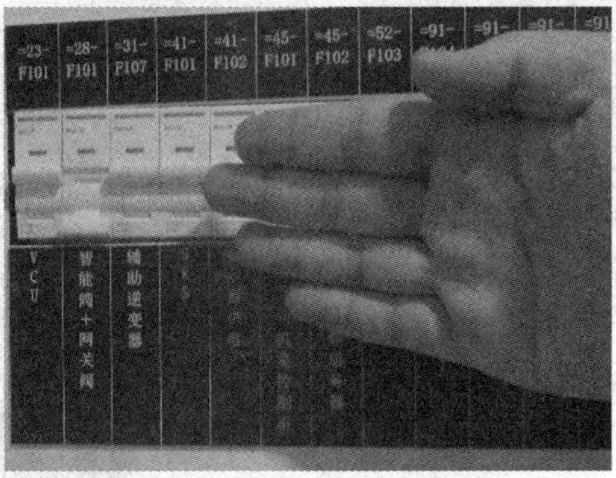

图 5-23　“智能阀+网关阀”

（5）司机向行调申请切除故障单元车气制动缓解阀。

（6）司机切除故障单元车气制动缓解阀（见图 5-24），返回司机室确认切除小锁图标后尝试动车。

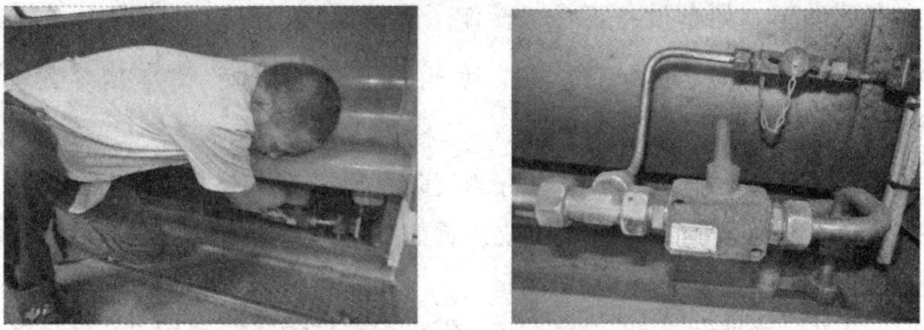

图 5-24　“气制动缓解阀”

（7）司机操作“气制动旁路”尝试动车（见图 5-25）。

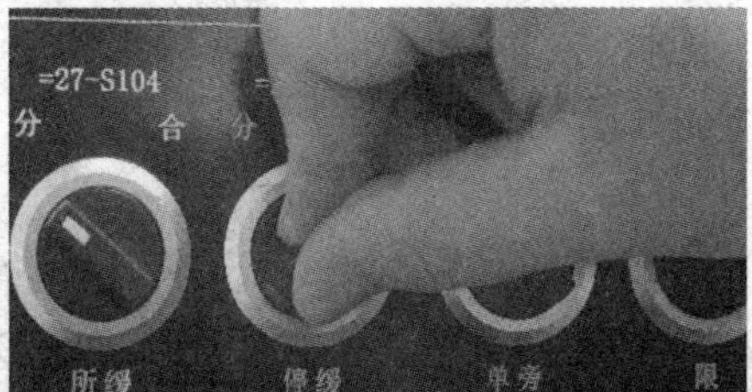

图 5-25　“气制动旁路”

（8）动车成功后报行调：“××次在××站至××站上/下行区间列车已动车，切除了故障车气制动缓解阀并操作了‘气制动旁路’，申请限速退出服务。”

三、牵引系统故障应急处置

牵引系统故障中教易发生故障的部件主要为高速开关故障、受电弓故障以及牵引箱故障。

1.“车辆显示屏”显示牵引电机3个图标红点，列车无法动车

（1）司机点击“车辆显示屏”查看牵引状态界面。

（2）司机报告行调故障车次、列车位置和故障现象。

（3）司机通过“车辆显示屏”选择播放预置的“临时停车”紧急广播安抚乘客。

（4）司机确认“受电弓升”绿灯亮、“主控钥匙”在“开”位，按压“主断分”按钮”。

（5）司机保持按下“MVB复位”按钮5 s，操作MVB复位。

（6）司机复位MVB成功后闭合主断路器尝试动车。

（7）若无效则尝试将“运行模式选择”至“降级”位，并尝试动车（见图5-26）。

图5-26 降级模式

（8）动车成功后报行调：“××次在××站至××站上/下行区间列车已动车，列车设备正常，操作了降级模式，申请限速退出服务”。

2. ATO启动灯不亮，尝试ATO模式动车且推主控手柄，“车辆显示屏”显示“牵引封锁/激活故障”，列车无法动车

（1）司机尝试牵引，不能动车，报告行调故障车次、列车位置和故障现象。

（2）司机通过“车辆显示屏”选择播放预置的“临时停车”紧急广播安抚乘客。

（3）司机推主控手柄尝试PM模式动车。

（4）司机将“主控钥匙”打到“关”位，待“车辆显示屏”黑屏3 s后，将“主控钥匙”打到“开”位，尝试动车。

（5）司机将“主控手柄”拉至“快速制动”位（见图5-27），之后回零，等3 s，再尝试动车。

图5-27 “快速制动”位

（6）司机点击“车辆显示屏”，查看车门、牵引、制动、辅助电源和空压机状态界面，确认各子系统无异常。

（7）司机将“运行模式选择”至“降级”位，并尝试动车。

（8）动车成功后报行调：“：××次在××站至××站上/下行区间‘车辆显示屏’显示‘牵引封锁/激活故障’，操作降级模式后列车已经动车，申请限速退出服务。”

四、辅助逆变器故障应急处置

辅助逆变器作为列车中压供给装置主要为列车提供 110 V 控制电源、220 V 照明电源、380 V 设备通风及空调工作电源。

“车辆显示屏”显示辅助逆变器图标红点故障，所有空调只有紧急通风，列车无法动车。

（1）司机：点击“车辆显示屏”查看辅助电源界面（见图 5-28），确认所有辅助逆变器图标显示红点。

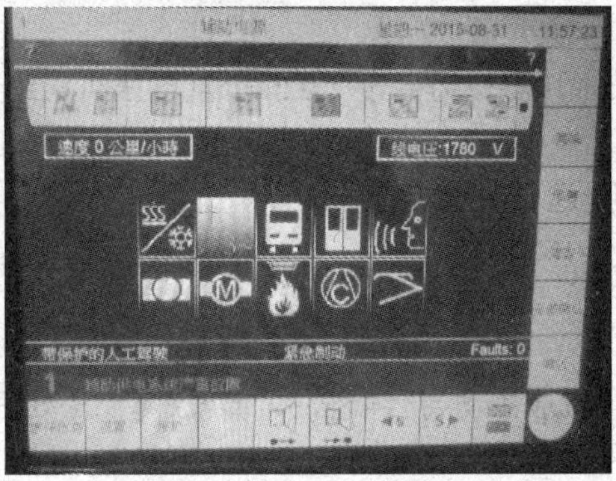

图 5-28　辅助电源界面

（2）司机报告行调故障车次、列车位置和故障现象。

（3）司机通过“车辆显示屏”选择播放预置的“临时停车”紧急广播安抚乘客。

（4）司机确认“受电弓升”绿灯亮、“主控钥匙”在“开”位，按压“主断分”按钮。

（5）司机保持按下“MVB 复位”按钮 5 s，操作 MVB 复位。

（6）司机复位 MVB 成功后闭合主断路器尝试动车。

（7）司机将“运行模式选择”至“降级”位，并尝试动车。

（8）动车成功后报行调：“××次在××站至××站上/下行区间‘车辆显示屏’显示‘牵引封锁/激活故障’，操作降级模式后列车已经动车，申请限速退出服务。”

五、空压机故障

城市轨道交通车辆是以不同数量车辆编组为一个单元，所以其供气也是以单元来设计的，每一单元设置了一套空气压缩机组。空气压缩机作为供气设备的重要组成部分，向气制动系统和辅助系统提供工作所需要的压缩空气。

“车辆显示屏”HMI 显示 2 个空压机显示红色，气压低于 7.0 bar，2 个空压机都没有启动。

（1）司机按下“空压机强制启动”（见图 5-29），若空压机启动，气压回升，必须等主风缸压力大于 7.0 bar 后方可尝试牵引列车。需时刻观察气缸压力，若再次低于 7.5 bar 需重新按下“空压机强制启动”。

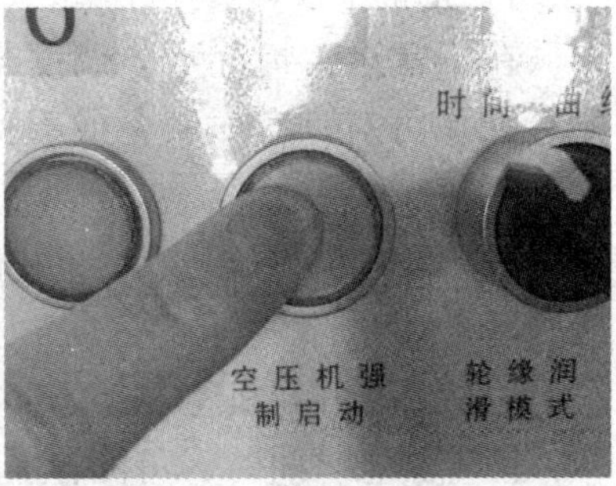

图 5-29　空压机强制启动

（2）若故障仍存在，司机需将“紧急牵引”开关打至合位，若空压机启动，气压回升，必须等主风缸压力大于 7.0 bar 后方可尝试牵引列车。运营至终点站退出运营。

（3）若空压机仍不启动，主风缸压力在 6.0 ~ 7.0 bar，司机需恢复‘紧急牵引’开关至分位后，列车才可牵引。若空压机启动，气压回升，必须等主风缸压力大于 7.0 bar 后方可尝试牵引列车。运营至终点站退出运营。

（4）动车成功后报行调："× ×次在× ×站至× ×站上/下行区间‘车辆显示屏’显示‘2个空压机显示红色’，空压机已经启动，主风缸压力大于 7.0 bar，列车已经动车，申请限速退出服务。"

（5）列车在运行途中若主风缸压力低于 7.0 bar，且空压机始终无法启动司机应请求救援。

六、司机与行车调度通信

1. 调度与司机的通信分类

1）故障报修

（1）当列车有故障时司机应主动与行调联系，若故障无法处理时应及时汇报。

（2）汇报内容：车次号，车体号，车站（说明上下行），故障 / 事件情况。

2）调度命令

（1）调度命令分书面命令和口头命令。口头命令与书面命令同样具有严肃性，均须做到规范发令、严格执行。

（2）所有命令必须有命令号，书面命令号每月由 1 至 100 顺序循环使用，口头命令每天由 101 至 200 顺序循环使用。

（3）口头命令为向单个受令对象（一般为列车司机）直接发布的短期性指令，书面命令一般至少有两个受令对象，有时还需送达司机，较长时间影响行车的命令一般为书面命令。

（4）调度命令要求清楚简洁，要素齐全。一般采用任务制发令。司机需要呼唤应答，对调度命令进行复诵。

3）调度建议、通知

列车发生故障时，调度员可对相应的处理措施进行提醒和建议，该类建议不作为调度命令，不具有强制执行性，仅作为参考。

2. 调度与司机的通信渠道

1）正常手段

在正常运营情况下，调度与司机之间采用无线对讲机进行联系。行车调度员通过控制台操作可对列车车载台或手持机进行选呼、组呼、全呼。

2）紧急手段

在无线对讲机故障或受干扰时，司机可用站台电话、轨旁电话或手机与行调联系，并明确联系方式。

司机需离开司机室及其他可能与行车调度员失去联系的情况下，需主动留下手机号。

发生紧急呼叫时，司机需主动与行车调度员联系并说明原因。

七、列车上线技术标准

1. 列车禁止出库投入运营故障

列车在发生以下故障时禁止出库投入运营

（1）单节或多节列车牵引或电制动故障。
（2）受电弓无法升起。
（3）高速开关 1 个及以上不闭合。
（4）列车 1 个或多个辅逆不工作。
（5）蓄电池亏电，车上设备无法启动。
（6）HMI 显示屏黑屏或无显示。
（7）HMI 显示器上显示部分车辆无显示。
（8）全列车客室广播故障。
（9）司机室话筒故障。
（10）火灾报警显示屏报警。
（11）客室照明故障。
（12）HMI 提示火灾系统自检不通过或故障。
（13）1 节及以上制动故障或制动切除。
（14）空压机 1 个及以上不工作。
（15）走行部异常的风管泄漏。
（16）风笛不响。
（17）司机室双针压力表漏风。
（18）在列车外侧发现空气簧有漏气声音。
（19）客室车门隔离 2 扇及以上。
（20）全列车门关门灯不亮。
（21）全列车车门无法打开。
（22）1 扇门页单侧玻璃出现破裂。
（23）司机室通道门或司机室侧门无法锁闭。
（24）急疏散梯严重破损或影响视线。
（25）紧急疏散梯车门无法锁闭。
（26）HMI 显示 1 个及以上空调机组无法工作。
（27）客室内外侧玻璃有裂纹。
（28）客室内屏风玻璃破裂。
（29）车厢内扶手和立柱有严重破损或脱落。
（30）贯通道顶板脱落或侧护板脱落。
（31）贯通道过渡板塌陷或翘曲。
（32）风挡玻璃严重破损或影响视线。
（33）雨天有地面站的线路刮雨器故障。
（34）至少有 1 个头灯不亮。

（35）ATC 显示屏黑屏或无显示。

（36）车载台操作终端故障。

2. 列车可在终点站掉线故障

列车在发生以下故障时可在终点站掉线：

（1）单节车牵引故障。

（2）单节车制动故障。

（3）单个辅助逆变器故障。

（4）夏天单节车空调故障。

（5）TCMS 故障、HMI 黑屏。

（6）单个受电弓故障。

3. 列车须立即清客掉线故障

列车在发生以下故障时须立即清客掉线：

（1）全列车门无法打开。

（2）全列车门无法关闭。

（3）全列车门关门灯不亮。

（4）单扇车门无法切除。

（5）单节车多扇车门无法关闭。

（6）3 节车以上制动故障。

（7）2 个空压机故障。

4. 列车允许请求救援故障

列车在发生以下故障时允许请求救援：

（1）全列车紧急制动无法缓解且故障处置失败。

（2）全列车常用制动无法缓解且故障处置失败。

（3）全列车停放制动无法缓解且故障处置失败。

（4）全列车无法牵引且故障处置失败。

（5）主风缸压力严重泄漏且故障处置失败。

（6）其他故障致使列车无法动车且故障处置失败。

复习思考题

1. 单个车门不能关闭，列车无法动车，司机如何进行应急处置？

2. 列车突发紧急制动，“车辆显示屏”状态栏显示紧急制动，“信号显示屏”显示紧急制动图标，气压表红色指针指向 3 bar，列车无法动车，司机如何进行应急处置？

3.“车辆显示屏”显示牵引电机 3 个图标红点，列车无法动车，司机如何进行应急处置？

4.“车辆显示屏”显示辅助逆变器图标红点故障，所有空调只有紧急通风，列车无法动车，司机如何进行应急处置？

第六章　有轨电车

【学习目标】

1. 熟练掌握有轨电车车辆基础知识，掌握有轨电车各设备基本参数；

2. 熟记有轨电车司机操作技能，学习司机基本的驾驶操作；

3. 熟练掌握有轨电车常见应急处置流程；

4. 学习基本的道路交通信号，熟练掌握有轨电车专有信号；

5. 学习各个规章的应用。

【知识要求与技能要求】

1. 熟练掌握有轨电车车辆知识：车辆总体；牵引系统理解整个运作过程；制动系统掌握各种制动方式与制动类型，并且了解两者之间的关系；了解辅助系统的作用；

2. 掌握有轨电车司机操作技能中列车唤醒、手柄控制、列车休眠与牵引制动的基本操作技能；

3. 了解司机的职业道德和行为规范以及常见的急救常识；

4. 掌握有轨电车车辆故障处理思路和技巧；

5. 了解常见有轨电车故障，车门故障、牵引故障与制动故障的现象，掌握车门、牵引、制动3种故障涉及的断路器；

6. 掌握道路应急处置流程原则和处置流程；

7. 能辨识常见有轨电车运行标识标牌，道路交通灯与有轨电车专用信号灯相互之间的联系，有轨电车专用信号机的5种操作方式；

8. 掌握司机出退勤作业流程，整备作业、调车作业、洗车作业、对标停车等作业和要求。

第一节　车辆基础知识

现代有轨电车目前已普遍采用了交流传动技术，极大改善了运行平稳性；车辆结构方面，大多采用了低地板结构，通常有 70%低地板和 100%低地板结构。以苏州一号线有轨电车为例，车辆由 5 个模块铰接而成，为 100%低地板钢轮钢轨车辆，采用的是电力牵引、弹性车轮以及多种制动方式（包括电阻、液压、磁轨）。其不仅低碳、环保，而且还适应小曲线半径运行，具有良好的起动、制动能力。

一、车辆总体

1. 车体系统

车体是车辆重要的基本结构件。车体的总体设计除满足结构及强度要求，保证车辆的安全、可靠外，其舒适性设计也是车辆运行品质的一个重要部分。

车体有两种模块，一是转向架模块，二是客室模块，车体大部件主要有底架、侧墙、端墙、车顶，各大模块均采用碳钢组焊而成，其中车顶波纹板采用不锈钢材料。

2. 车门系统

车辆每侧设计 4 扇电动双开塞拉门和 2 扇电动单开塞拉门，双开门设置在模块 2 和模块 6 上，单开门设置在模块 1 和模块 7 上，单开门可供乘客和司机上下车。双开门净开度 1 300 mm × 2 050 mm，单开门净开度 800 mm × 2 050 mm。驾驶室与客室之间设隔断门，保证司机工作的独立空间。

车门具有集中开关门、乘客自主开门、车门故障切除、障碍物自动检测和防夹、紧急解锁、零速保护等功能。车门完全关闭时，门页与车体外表面平齐，保证良好的密封性能和美观性。打开时，单开门向对应的驾驶室一侧运动。

3. 车钩系统

车辆的驾驶室模块 1 和驾驶室模块 2 设置有可折叠式车钩，车辆正常运营时车钩折叠在驾驶室面罩内，车辆救援时打开驾驶室前部面罩，伸出车钩进行连挂。车钩能够满足两辆车在最小曲线半径 R25 m 上运行。钩头采用 330 型自动连挂钩头，车钩尾部配有缓冲器和静液压缓冲器吸收连挂过程中产生的冲击能量，满足两列 AW0 工况有轨电车以不大于 5 km/h 的速度连挂。

二、牵引控制系统

有轨电车牵引系统的功能按车辆运行工况可分为牵引工况和电制动工况，牵引工况时，牵引系统把牵引电网上的电能转换为车辆在轨道上运动的动能，为电车牵引时提供动力。

牵引系统大体可以分为以下几个部分：受流部分、高压箱（高速断路器）、牵引逆变器、牵引电机、制动电阻。

1. 有轨电车受流方式介绍

架空接触网供电方式结构简单、技术成熟、具有非常成功的工程应用业绩，但其对城市的景观有一定的负面影响。

地面接触式供电采用地面接触轨供电、钢轨回流制式。系统主要由接触轨、支架、直流配电单元、直流监控柜等组成。在地面两条走行轨中间埋设接触轨（第三轨），电能从接触轨传送至列车，再经钢轨回流，这种供电方式目前还未普及。

超级电容供电方式是现代电动汽车理念在有轨电车系统中的延伸与发展，超级电容供电方式具有对城市景观无影响、可实现能量循环利用等诸多优点，但是也有技术不成熟、后期维护较为烦琐等缺点。

2. 受电弓

受电弓是从接触网向整个列车电气系统供电以及消耗再生制动系统释放的制动能量的必要部件。受电弓安装在车列顶部，具体位置及安装台数根据列车整车的设计来确定。有轨电车列车将受电弓安装于中间转向架模块的车顶，每列车配置1台。

受电弓主要由底架、绝缘子、链接系统、平衡系统、执行系统、阻尼器、手动降弓装置、弓头、车顶传接、自动锁定装置和手动锁定装置组成，如图6-1所示。

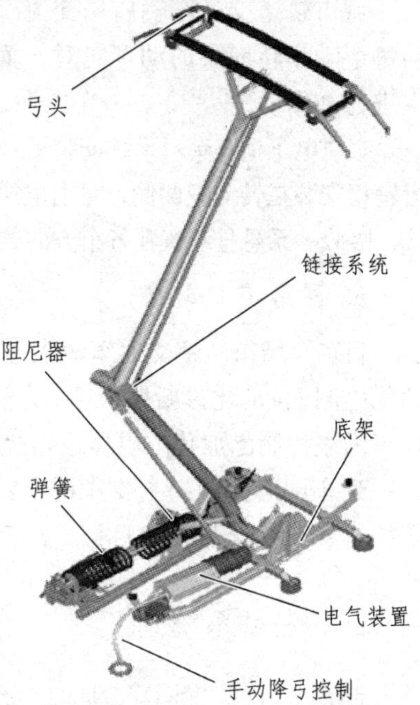

图6-1　受电弓结构示意图

3. 避雷器

避雷器通常设置在车辆主电路与大地之间，用以保护主电路设备免受过电压破坏。当主电路在正常工作电压下运行时，避雷器对地呈高阻态，可视为对地开路。如果出现危及设备绝缘的大气过电压或操作过电压时，避雷器阻值急剧减小，即将主电路对地短路，以瞬间释放过电压能量，从而有效限制过电压对设备绝缘的侵害。当过电压消失时，避雷器迅速恢复至高阻态，以保证系统的正常工作。

4. 牵引逆变器

有轨电车牵引逆变器的作用是将直流电源（750 V）转换为变压变频的交流电供牵引电机使用，牵引逆变器是牵引系统的主要组成部分，是最关键、最复杂的部分，是牵引系统的核心技术所在。它一般采用脉宽调制技术的变压变频技术（VVVF），牵引逆变器除逆变器本身外，还需有充电回路、滤波回路。滤波单元主要是依靠大的电抗器和电容器对输入牵引系统的电流进行滤波，优化逆变器电源的品质。牵引电机实现了电能与机械能之间的转换。

有轨电车牵引系统在牵引工况时，牵引逆变器输出三相交流电至牵引电机，牵引电机输出机械能通过联轴器及齿轮箱带动列车动轮转动；而制动工况时，动轮带动牵引电机，此时，牵引电机将列车的动能转变为电能通过牵引逆变器反馈到电网或消耗在制动电阻上。

5. 牵引电机

根据车辆牵引电机的种类，有直流传动方式和交流传动方式之分。这两种传动方式各有优缺点，下面分别介绍两种电机。

普通的直流电机的启动和调速性能好，调速范围广，过载能力较强，受电磁干扰影响小、转矩比较大；但是，直流电机最大的弱点是有电流的换向问题，消耗有色金属较多，成本高，运行中的维护检修也比较麻烦。

另外，直流电机当中，直流磁浮电机是电机领域的一项新技术，直流磁浮电机也称磁浮电机，也可以叫磁力电机，它是无轴承电机，是一种新型结构的电机。与传统电机的最大不同之处是它不需要另外的轴承，是德国的一项专利，采用的是德国磁悬浮技术电机，电机扭矩比普通无刷电机大30%，同时更加省电，工作时，在正常荷载情况下，具有磁悬浮轴承几乎无摩擦力、运转平稳、无噪声的优点。

交流电机随着大功率逆变技术和自动控制技术的不断发展，能够通过变压变频技术来获得直流电机的优点，所以目前城轨车辆以交流传动方式为主，交流牵引电机具有结构简单、可靠性高、单位功率质量轻、维护工作量小等诸多优势。

城市轨道交通车辆所用交流牵引电机有旋转电机和直线电机两种，旋转牵引电机用于驱动每个动车转向架的动车轮对，而直线电机用于驱动安装电机的转向架。下面以旋转电机为主进行介绍。

有轨电车整车牵引系统安装了4台交流牵引电机。4台牵引电机分布于前后转向架模块，电机及齿轮箱安装在转向架两侧，牵引电机采用全悬挂，齿轮箱为半悬挂，电机与齿轮箱通过螺旋齿轮连接，吸收一系悬挂装置在各个方向的挠度。牵引电机采用水循环冷却方式，由车顶设备箱供水。

6. 网络控制单元

目前，城市轨道交通车辆飞速向自动化列车方向发展，需要列车能够做到自动化控制、自动化检测，自动化诊断保护等。随着列车智能化要求的不断提高及计算机网络技术的不断发展，列车网络控制已取代继电器逻辑控制，列车控制网络系统已经成为轨道车辆的必备技术之一。

列车网络控制的主要作用有：实现列车间的自动重联控制；实现全列车的信息共享和统筹控制；实现全列车的自检、故障诊断及安全保护控制。

三、制动系统

制动，俗称“刹车”，是使运行中的机车、车辆及其他运输工具或机械等停止或减低速度的动作。在有轨电车行业中，阻止列车加速或使列车减速的力称为制动力。制动力的大小由司机制动的时机和制动能效的大小来掌握。正常运行的列车从施加制动时起，到列车速度降为零时止，列车在制动时间内所行驶的距离为“制动距离”。

1. 有轨电车制动类型

有轨电车制动类型包括电制动（再生制动和电阻制动）、液压摩擦制动（俗称液压制动）和磁轨制动。其中电制动优先级最高（再生制动优先最高，电阻制动其次），液压制动其次，磁轨制动优先级最低。

2. 有轨电车制动方式

有轨电车有多个制动方式，每种方式有不同制动类型的混用，如表6-1所示。

表6-1　制动方式与制动类型

制动方式	制动优先级	包含的制动类型
安全制动	1	液压摩擦制动+磁轨制动
危害制动	2	电制动+液压摩擦制动+磁轨制动
强迫制动	3	电制动+液压摩擦制动
常用制动	4	电制动（再生制动优先最高，电阻制动其次）
保持制动	—	液压摩擦制动（列车速度≤3~5 km/h时施加）
停放制动	—	液压制动（列车关闭时）

3. 有轨电车制动设备布置

有轨电车车辆配备了2个动车转向架和1个拖车转向架。动车转向架和拖车转向架分别配备了不同的制动系统，如表6-2所示。

表6-2 制动设备在转向架上的布置

安装位置	动车转向架1	动车转向架2	拖车转向架
电制动	2	2	0
机械制动	2	2	4
磁轨制动	2	2	2

四、辅助系统

有轨电车的辅助系统主要包括辅助供电系统（包括蓄电池）、撒砂装置、轮缘润滑装置等，下面以苏州高新有轨电车1号线车辆为例。车辆设置两台辅助逆变器，分别安装在SM2和SM6模块的车顶；车辆设置一台蓄电池箱，安装在BM1模块的车顶。

1. 列车辅助供电系统

苏州有轨电车一号线车辆辅助供电系统主要由辅助逆变器、蓄电池、AC380 V三相四线母线，DC24 V母线组成，为车辆提供三相AC380 V、AC220 V、DC24 V电源。

1）辅助逆变器

苏州有轨电车一号线车辆总共有两台辅助逆变器，分别安装在SM2和SM6模块的车顶；辅助逆变器的作用是将接触网750 V直流电压变换为交流380 V和直流24 V输出电压，给车辆上的所有交流和直流负载供电，辅助逆变器采用微机控制并具有自诊断功能。

2）蓄电池

苏州有轨电车一号线车辆总共有1台蓄电池，安装在BM1模块车顶，蓄电池容量为145 A·h。其容量满足车辆30 min紧急供电。当蓄电池处于非充电状态时，为节约蓄电池的容量，客室正常照明会切换为紧急照明，蓄电池保证其余直流负载工作30 min后能施加一次磁轨制动。

2. 撒砂装置

有轨电车车辆都配备了撒砂装置，撒砂装置安装在动车转向架上，一共有8个撒砂装置，撒砂装置安装在前进方向的前轮上，会根据车辆的运行方向，对动车转向架的前轮进行撒砂，车辆运行过程中会有4个撒砂装置处于工作状态，4个撒砂装置处于休眠状态。

1）撒砂装置的作用和用途

撒砂装置主要由砂箱、排放单元、压缩机单元、输送管、填充瓣阀、电量指示器、加热装置以及撒砂喷嘴组成。撒砂装置的主要作用是提高车轮和钢轨踏面之间的黏着系数，防止列车在雨天等恶劣环境下发生空转打滑。

2）撒砂装置激活方法

撒砂装置有3种激活方法：驾驶室内有撒砂开关，司机可根据需求激活撒砂装置；列车紧急制动时车辆自动激活撒砂装置；列车检测到轮对发生空转或打滑时，撒砂装置自动激活。

3．轮缘润滑装置

列车行经弯道等小半径曲线时，使轨道与车轮之间产生摩擦增多，从而磨损车轮轮缘，产生噪声，为了避免此现象，拖车转向架上配备了一套轮缘润滑装置。当车辆运行时，车速大于 5 km/h 时轮缘润滑装置自动启动。每间隔 120 ~ 300 s 喷洒一次，每次喷洒持续 6 s。如果车辆为静止状态，轮缘润滑装置不启动。

五、车内环境控制

有轨电车车内环境控制设备主要有室内空调装置、室内照明以及为乘客服务的广播系统和乘客信息显示系统。

1．室内空调装置

苏州有轨电车一号线车辆空调系统一般由两台驾驶室空调机组和两台客室空调机组构成，安置于车辆顶部，驾驶室空调和客室空调分别采用独立的空调机组。

2．室内照明

车辆纵向设置两条照明灯带，同时在车门上方设置 LED 照明，增加入口区域乘客的可见度，如图 6-2 所示。

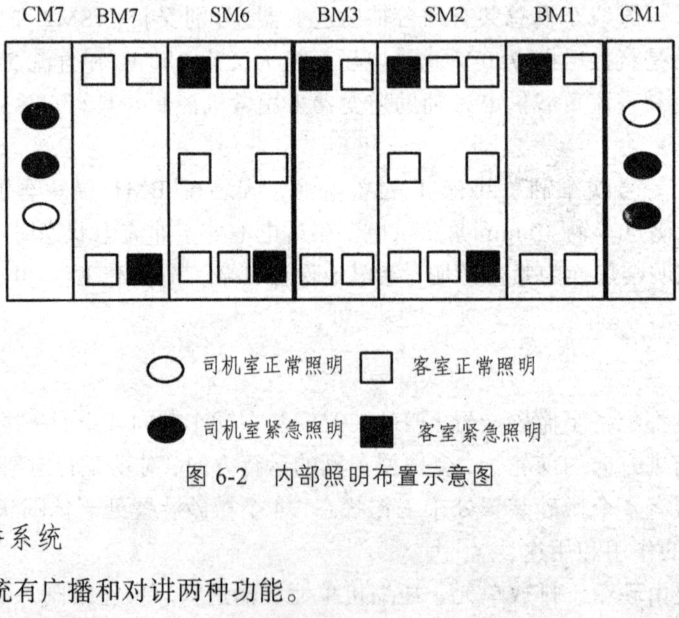

图 6-2　内部照明布置示意图

3．乘客广播系统

乘客广播系统有广播和对讲两种功能。

1）广　播

通过优先级控制执行广播，广播音量可根据客室背景噪音音量自动调节，广播优先级分别是：全自动报站广播；半自动报站广播；驾驶室对客室人工报站广播（司机可用麦克风对客室进行人工广播）；对车外乘客广播。

2）对　讲

对讲功能分别为：列车两端驾驶室之间对讲；当车门紧急解锁和乘客紧急制动手柄被拉下时，对应区域内的乘客进行通话。

4. 乘客信息显示系统

乘客信息显示系统分别执行以下功能：

（1）对客室内部、驾驶室内部、列车前后及两旁路况进行实时监控。

（2）在驾驶室智能显示器上显示车内及车外摄像机监控到的信息。

（3）监控信息的存储。

（4）提供 OCC 实时调看 CCTV 视频监控图像功能。

第二节　操作技能

一、司机乘务作业

1. 司机出勤作业标准

1）正线出勤作业标准

（1）出勤前，司机应做好以下准备：

① 应当在规定时间内由司机本人到正线派班室办理；

② 必须保持身心状态良好；

③ 按规定着装；

④ 带齐相关驾驶证件及个人备品（时刻表、线路限速、技术资料、行规、司机日志、驾驶证）；

⑤ 认真阅读行车注意事项，做好安全预想，并在《司机日志》上做好记录。

（2）出勤时，司机应做到：

① 进行酒精测试及其他必要的测试；

② 在当值派班人员处领取司机报单、方孔钥匙、手持台，确认备品携带齐全、作用良好；

③ 在《司机出退勤登记簿》上登记；

④ 由当值派班人员确认司机符合出勤条件并在《司机报单》《司机日志》上签字，完成出勤。

（3）出勤后，司机应做到：

① 按规定参加班前会；

② 司机应至少在电车到达前 1 min 在指定位置立岗等待接车。

（4）正线出勤流程图，如图 6-3 所示。

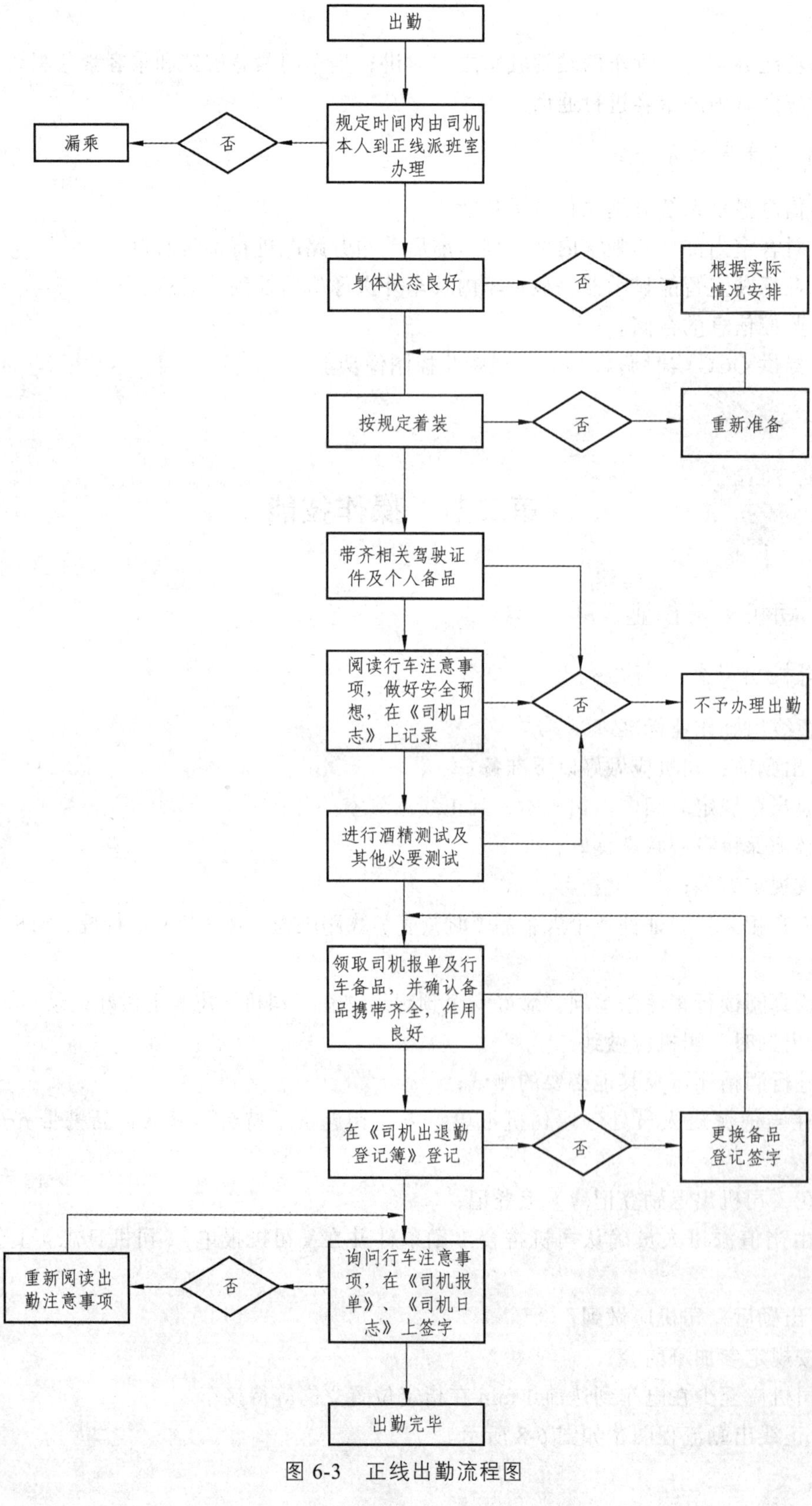
出勤
规定时间内由司机本人到正线派班室办理
否
漏乘
身体状态良好
否
根据实际情况安排
按规定着装
否
重新准备
带齐相关驾驶证件及个人备品
阅读行车注意事项，做好安全预想，在《司机日志》上记录
否
不予办理出勤
进行酒精测试及其他必要测试
领取司机报单及行车备品，并确认备品携带齐全，作用良好
在《司机出退勤登记簿》登记
否
更换备品登记签字
询问行车注意事项，在《司机报单》、《司机日志》上签字
否
重新阅读出勤注意事项
出勤完毕

图 6-3　正线出勤流程图

2）车辆段出勤作业标准

（1）司机车辆段出勤前：

① 必须在规定时间内由本人比照出勤点提前 10 min 到车辆段派班室；

② 必须身心状态良好；

③ 按规定着装；

④ 并带齐个人备品（P 照、时刻表、线路限速、技术资料、行规、司机日志）；

⑤ 认真阅读行车注意事项，做好安全预想，并在《司机日志》上做好记录。

（2）司机车辆基地出勤时：

① 进行酒精测试；

② 领取司机报单及行车备品（手信号灯、手持台、方孔钥匙、主控钥匙、车辆状态卡），认真检查行车备品是否携带齐全、作用良好；

③ 在《司机出退勤登记簿》上登记；

④ 由当值派班人员询问当天行车注意事项，确认司机符合出勤条件并在《司机报单》《司机日志》上签字，完成出勤。

（3）司机车辆基地出勤后：

① 与正线派班室电话报告出勤完毕；

② 司机确认客车状态和停放股道位置；

③ 库内动车点前 30 min 到相应股道按规定整备列车。

（4）车辆段出勤流程图，如图 6-4 所示。

2. 驾驶操纵

1）列车激活

激活列车，首先用列车钥匙激活操作模式开关，之后将 OS 开关打至“1”位（主控器由“0”位转至“1”位），列车唤醒，IDD 屏幕点亮，各电器设备启动（此时列车辅助设备由蓄电池供电），IDD 显示驾驶室的激活状态。如果此时 OS 开关重新被打至“0”位，当前驾驶室关断。

列车激活后，OS 开关处于“1”位，不能将钥匙从操作模式开关中取出（钥匙与 OS 开关处于机械互锁状态）。此时转动受电弓升起开关，列车升起受电弓，IDD 受电弓状态指示灯显示受电弓升起状态；蓄电池处于充电状态，IDD 显示接触网电压和蓄电池电压处于正常值，列车激活成功。

2）手柄控制

有轨电车主控手柄采用非自复式设计。包括 4 个挡位：牵引位、0 位、制动位、危害制动位。主控手柄安装在司机座椅的左侧椅臂上，主控手柄和 OS 开关没有机械互锁，主控手柄上部设计有警惕按钮，防止司机疲劳驾驶。主控手柄能够提供 4 种信号：牵引、制动、危害制动、0 位。

3）列车休眠

休眠列车，首先将两端驾驶室 OS 开关打至“0”位（通常只需将激活端驾驶室 OS 开关

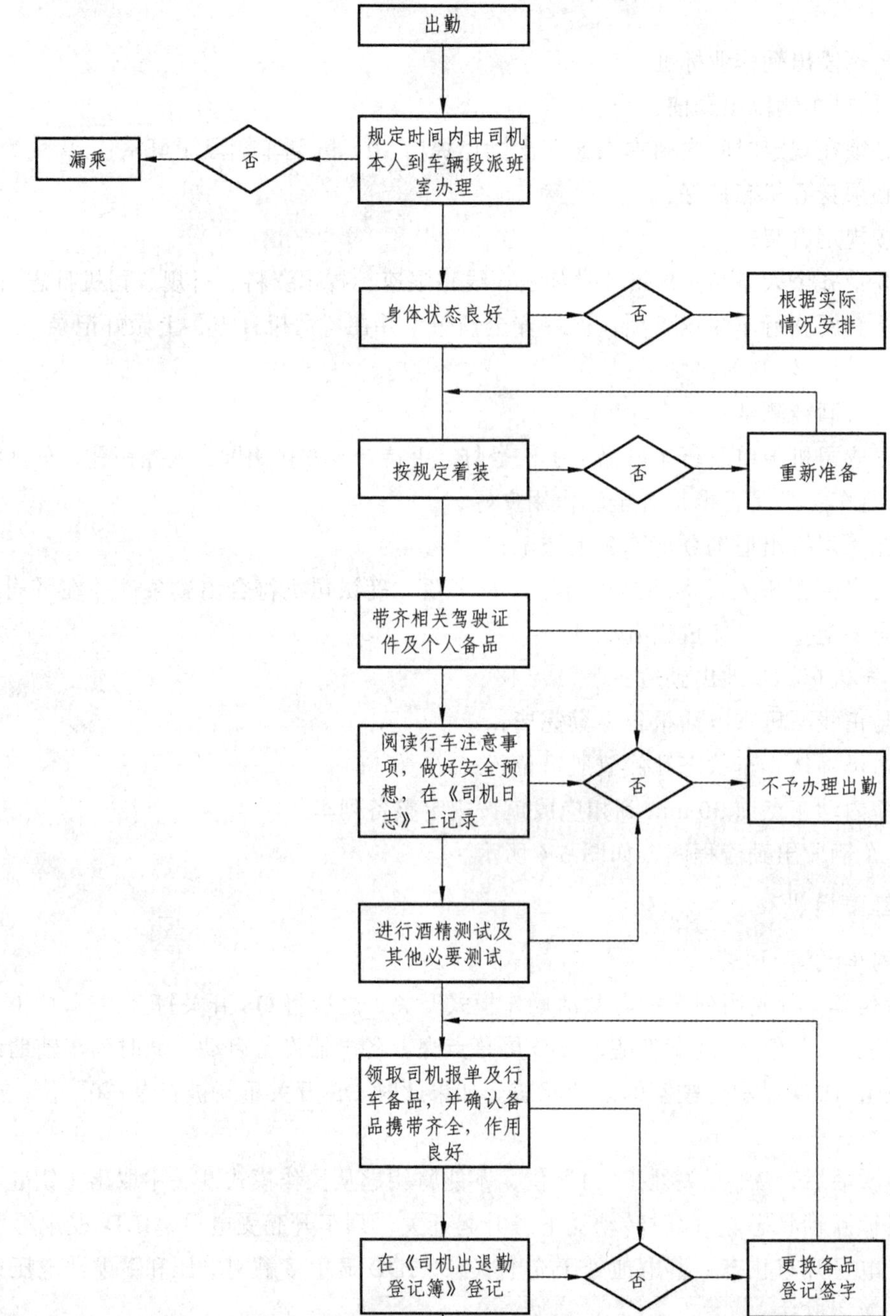

图 6-4　车辆段出勤流程图

打至“0”即可），IDD 上显示软按钮“Vehicle Off”，然后操作 IDD 上显示的软按钮“Vehicle Off”，如图 6-5 所示。

图 6-5　软按钮“Vehicle Off”

按下“Vehicle Off”按钮后：

（1）列车倒计时 3 min 休眠程序激活。

（2）列车加热系统的通风和电气冷却关闭。

（3）外部照明自动关断。

（4）1 min 后客室照明自动关断。

（5）3 min 后车门全部关闭，门释放信号关闭，受电弓自动降弓。

注意：

① 钥匙只有在 OS 处于“0”或者“1”位的时候才能移除。在没有钥匙的情况下，OS 可以从“1”打到“0”位，却不能从“0”位打到“1”位。

② 只有当两个驾驶室的 OS 都在“0”位时，IDD 上才会显示“Vehicle Off”软按钮。

4）牵引、制动基本操作

牵引、制动操作是司机的基本技能，也是司机安全驾驶列车的核心技能，有轨电车的牵引、制动完全由人工操作，所以司机应该熟练掌握牵引制动的操纵。

司机牵引作业标准：

（1）确认所有列车门都已关好，IDD 上的门环路指示灯亮。

（2）系好安全带，将 OS 开关打至“F”位（向前位）。

（3）确认进路安全后，按下警惕按钮，1 ~ 2 s 后，手柄推至牵引位。

（4）列车起动后，确认 IDD 上制动图标显示缓解。

（5）列车起动后，根据线路条件、信号状态等外界因素，调整牵引力和制动力，尽可能平稳加速和减速。

（6）列车运行过程中，警惕按钮需要每 30 s 按压一次，每次按下时间不得小于 3 s，否则列车将声音报警提示，5 s 后列车自动施加制动。

（7）列车进站需要停车，司机开始制动时，注意观察列车减速情况，根据制动距离、列车速度等情况调节制动力的大小，确保列车在安全制动距离内平稳停车。

（8）如若遇到司机制动不及时、制动力过小等其他紧急情况，无法在安全制动距离内停车，司机需要将手柄立即拉至危害制动位，确保行车安全。

（9）当发生紧急情况时，司机要迅速按下紧急制动按钮，直至停车，不能缓解，待紧急情况解除后才能进行缓解。实施紧急制动后如要解除紧急制动，必须右旋紧急按钮使其复位。

3. 乘客服务

1）司机服务要求

（1）司机行为规范。司机的主要工作是确保列车安全平稳地准点运营，将乘客安全地送往目的地。应该尽可能为乘客提供安全、正点、舒适、高效的服务；应做到遵章守纪、服从指挥，工作中应严肃认真，集中精力；按照规定的时间、地点，准时到达相应的工作岗位。

（2）司机广播用语规范。列车运营过程中，当列车遇到自动报站广播故障，或需要人工报站或播放清客广播时，应使用标准普通话，保持语调沉稳，声音洪亮，吐字清晰，语速适中，使用人工广播应当合理得当，使用规范统一广播用词。

2）司机职业道德素养

有轨电车司机在掌握正确驾驶要领的同时，也要注意自己的职业道德修养，养成良好的行为习惯。有轨电车司机应当具备良好的身体素质和不俗的心理素质，优秀的司机应当文明驾驶、具有良好的行为习惯、安全礼让、助人为乐、文明行车。

3）医疗急救常识

司机需要具备基础的急救常识，发生交通事故进行急救时，应该遵循以下原则：

（1）人道原则：当事故发生后，救护者应保持镇定、清醒的头脑，千方百计利用现场一切可利用的条件抢救伤员。

（2）快速原则：在救护工作中，时间就是生命，快抢、快救、快送是急救的关键。救护人员要珍惜每一秒钟。

（3）有序原则：在抢救中应本着先抢后救、先重后轻、先急后缓、先近后远的顺序灵活掌握。应当第一时间采取止血，保持呼吸道的通畅。

二、应急处置

（一）车辆故障应急处理

有轨电车车辆是一个复杂的系统，随着运营时间增长，各零部件会发生不同程度的自然磨损、松脱、变形等，从而使列车在运营过程中会遇到不同种类的故障，为了帮助司机能更加迅速地处理故障，下面讲解 3 种处理思路和 6 种处理技巧。

1. 故障处理思路

有轨电车正线处理故障是一个争分夺秒的过程，司机遇到故障时，主要通过观察、静听、辨识等 3 个方法对故障做出初步的判断，便于司机更加准确地区分故障种类，从而减少处理故障的时间。

观察，是获取车辆故障的主要途径，一般司机通过观察 IDD 故障信息报警、车辆各指示灯、车辆各仪表盘、主控器手柄位置、车辆设备外观等多种途径缩小故障范围。

静听，是获取车辆故障的第二条途径，一般司机在观察不到或者不便观察的时候使用，主要听列车有无异响、客室有无乘客呼叫、转向架设备情况等。

辨识，在搜集相关信息后，在大脑中还应进行分析判断，辨别现象的真伪，必要时还需通过简单的操作加以辨别，进一步缩小故障的范围。

2. 故障处理技巧

1）重试法

重试即再试一次，或换端重试。如同一侧有一个或两个车门故障，可再次按下开/关门按钮，故障的门会尝试再开/关一次；如车门仍没有打开/关闭，则重复上述动作一次。又如列车到站后，车门未正常打开时，可按下驾驶台“开门”按钮重新开门。

2）复位法

根据驾驶室显示屏或仪表、指示灯显示内容，检查有关断路器是否落下，若落下，进行复位处理；若未落下，则重新断合一次。

3）切除法

有些设备发生故障会直接影响列车的驾驶性能及安全性能，因此列车在电路设计中对重要部件安装了监控系统，该设备一旦发生故障，车辆控制系统会遵循设备故障导向安全这一设计原则，采取限速运行等手段来确保列车安全。司机必须通过故障现象准确查找故障原因，通过切除故障设备不让其工作的方法来维持列车运行，以减少故障对运营的影响。如牵引电动机故障时，可利用显示屏找到故障电动机将其切除。又如车门故障关闭不到位时，司机可以切除该车门继续载客运行。

4）转换法

司机可利用车辆的备用系统或设备进行转换或切换。如微机控制系统发生故障，可将设备转换到备用系统工作。

5）旁路（隔离）法

车辆某些设备或系统发生故障时，会影响列车驾驶功能，导致列车无法牵引，此时司机必须按故障情况严格区分故障发生的原因，可尝试使用旁路相关设备的方法维持列车运行。如车门、停车制动、门锁故障时，经行车调度员同意后可进行旁路处理。旁路相关设备时，一定要仔细检查确认，慎重处理。如旁路停放制动时，司机必须先确定列车制动已真正缓解后，再使用旁路制动方法排除故障，以防扩大事故。

6）重启法

控制信号或通信信号发生误差，会造成信息显示紊乱或黑屏，严重的还会影响列车某些设备的正常使用（或成为死机），在这种情况下最好采用重新启动列车或重新启动相关设备的方法，激活故障设备，恢复列车功能。如出现显示屏黑屏、死机等故障时，可按步骤对操纵台进行重启。

3. 常见故障处理作业流程

（1）常见牵引故障处理方法如表 6-3 所示。

表 6-3　常见牵引故障处理方法

序号	故障现象	处理方法	说明
1	列车已被唤醒，已选择当前司机室，且模式开关已选择F位。牵引手柄转到牵引位，列车不起动	1. 检查门释放是否取消，若没有则即刻取消，而后尝试动车。 2. 检查门环路灯是否点亮，若没有，请司机按照上面车门门环路灯不亮故障的处理意见处理。 3. 司机重新选择模式开关（即将模式开关从F位打至0位，然后重新打至F位）。 4. 上述操作不能恢复正常，检查BM1和BM7模块23电气柜的断路器 TICB1，TICB2，TCVCB 是否闭合。如没有闭合则恢复，若闭合重新断合一次。若恢复正常，可继续运行。 5. 上述操作不能恢复正常，对列车进行一次小重启，若恢复正常，继续行车。 6. 若上述方法解决不了故障，司机可以尝试紧急牵引模式运行（限速 30 km/h，且空调只能通风），列车就近站台退出服务，清客，直接下线	若丢失一个牵引电机，车辆会自动限速 50 km/h，列车继续运行。若2个牵引电机故障，车辆会自动限速 30 km/h。若3个牵引电机故障，就近退出服务。若4个牵引电机故障，申请救援

续表

序号	故障现象	处理方法	说明
2	司机换端后推牵引 IDD 屏幕上报 CM1 或 CM7 牵引逆变器故障	1. 司机可以将模式开关重新选择（即将模式开关从 F 位打至 0 位，然后重新打至 F 位）。 2. 若上述操作无法消除故障，司机断合对应的 BM1/BM7 模块的 23 电气柜中 TICB1，TICB2，TCVCB。若能消除故障，可继续运行。 3. 上述操作无效，则对列车进行小重启，若能消除正常，继续行车。 4. 若故障无法消除，则依据牵引动力失去数量决定列车运行情况	
3	受电弓故障（运行时车辆降弓网压异常，车辆无牵引）	1. 检查 IDD 上受电弓显示是否处于升弓位置。如果受电弓在升弓位，和行车调度员联系，确认接触网供电正常。 2. 检查 IDD 上受电弓显示不在升弓位，且行车调度员告知接触网供电正常，司机下车查看受电弓的状态，如果受电弓散架，不是完整状态，联系行车调度员，申请救援，直接下线。 3. 检查 IDD 上受电弓显示不在升弓位，司机下车检查受电弓完整。检查司机室后方 61 柜内的 PANCB 和 BM3 模块的 33 柜 RPCB 是否闭合，在驾驶端尝试升弓，如仍升不了弓，在非驾驶端尝试升弓；若能升弓，继续运行，请司机时刻关注车辆状态。 4. 如果上述方法均不能升弓，司机进行手摇升弓操作，升弓到位后，检查 IDD 受电弓状态，如果正常，尝试牵引，能正常行车就继续运行。请司机时刻关注车辆状况。 5. 上述操作均不能升弓，则申请救援，直接下线	
4	车辆紧急制动并进入休眠状态	1. 检查模式开关和主控钥匙开关是否在正常位置，若不在则恢复。重新尝试唤醒列车，如能唤醒，继续运行，时刻监察车辆状态。 2. 不能唤醒，则到非激活端司机室，尝试唤醒列车，而后再换到激活端司机室，重新选择司机室，尝试动车。如能动车，继续运行，司机时刻监控车辆状态。 3. 均不能唤醒，检查两端 61 柜 BOCB、CSCB 开关是否闭合，如果没有闭合则恢复，重新尝试唤醒。若此时还是不能唤醒，申请救援，清客，直接下线	
5	SDR 故障	1. 司机先尝试动车，若能正常动车，则先维持运行，待回库处理。 2. 若车辆不能正常动车，对列车进行小重启操作，若恢复正常则继续运行。 3. 上述操作仍不能恢复，将 SDR 旁路开关打到旁路位，继续动车，运行到终点站退出服务	

（2）常见制动故障处理方法如表 6-4 所示。

表 6-4　常见制动故障处理方法

序号	故障现象	处理方法	说明
1	安全制动无法缓解	1. 司机检查两端蘑菇按钮是否被拍下，若拍下即刻释放。 2. 司机检查两端司机室是否同时激活，若同时激活，司机重新选择司机室。 3. 若上述方法无法解决故障，对列车进行小重启，若恢复正常，继续运行。 4. 上述操作无法恢复，列车打到紧急牵引模式，就近退出服务	
2	强迫制动无法缓解	1. 司机检查警惕按钮是否触发，若司机误操作导致，司机停车后即刻动车。若是警惕按钮有故障，司机将警惕按钮旁路开关打至旁路位，继续运行。 2. 司机检查门环路是否断开，若断开，司机按门环路灯不亮的故障处理。 3. 司机检查 IDD 界面是否有乘客紧急制动触发。若有乘客紧急制动触发，司机和客运员按照相关规定处理完紧急事件后，恢复乘客紧急制动手柄，并动车。若检查发现没有乘客拉制动手柄，但乘客紧急制动信号已经触发，请司机将乘客紧急制动旁路开关打至旁路位，继续动车（此时请客运员时刻注意车厢内乘客有无紧急情况）。 4. 上述操作无效时，对车辆进行小重启操作，恢复正常后可继续运行。 5. 若上述操作还是无法缓解强迫制动，司机可以将强迫制动打至旁路位，继续动车。列车运行至终点站，清客，下线。（此时司机时刻留意 IDD 上车辆制动施加状态，运行过程中一旦制动施加，立刻停车，将制动缓解后，方能继续动车。）	如故障无法处理，申请救援，清客，直接下线
3	机械制动无法缓解	1. 司机观察 IDD 屏，确定车辆是哪几个转向架制动不能缓解，对相应的转向架进行紧急缓解操作（如：MB1、TB3、MB7、ALL），而后复位紧急缓解，司机尝试动车，若故障消失，可继续行车。 2. 若上述操作无法解决故障，司机对列车进行小重启，若能恢复正常，继续行车。 3. 若上述操作无效，司机可以将对应转向架的机械制动进行紧急缓解，不复位紧急缓解，尝试动车（此时车辆自动限速 30 km/h）。列车运行至终点站，清客，下线	
4	TB 制动硬线反馈故障	1. 司机观察 IDD 上所报故障详情，若按压确认软按键后仍然存在，点击故障详情，依据显示的指导方案处理。 2. 若上述处理无效，则对车辆进行小重启操作，若恢复正常则继续运行。 3. 若上述处理无效，且车辆可以正常动车，则继续运行，待回库处理	

（3）常见车门故障的处理方法如表 6-5 所示。

表 6-5 常见车门故障处理方法

序号	故障现象	处理方法	说明
1	门环路灯不亮	检查 IDD 上车门状态，左右侧的所有车门是否已关到位。 1. 若有个别及以上车门关不到位，司机可以重新开关门作业一次，如门环路灯点亮，列车继续运行。若仍有个别车门没有关到位，司机找到未关好的门，手动关好门，然后进行隔离处理。 2. 若所有车门已关到位，司机可以重新开关门作业一次，若门环路灯点亮，列车继续运行。 3. 检查两个司机室后方 61 电器柜中的 DICB1 和 DICB2 是否闭合，若没有闭合则恢复，若闭合，请司机重新断合一次。 4. 若门环路灯仍没有点亮，对列车进行小重启，若恢复正常，继续运行。 5. 若以上方法还是无法处理该故障，司机可以将车门联锁旁路开关打至旁路位，确认 IDD1 中的车门显示关好状态以继续运行至终点站。 6. 到达终点站后，对列车进行大重启，若恢复正常，可继续运行。若不能恢复正常则清客	单开门故障：一个或两个故障，维持运行； 上客门故障：一个门故障，维持服务；两个门故障，运行至终点站，清客，退出服务； 下客门故障：一个门故障，维持服务；两个门故障，运行至终点站，清客，下线
2	门重大故障	1. 司机观察 IDD，确认故障车门，并进行故障侧的开关门作业：若故障消失，继续运行；若故障依然存在，司机将此门隔离，继续运行，待结束运营后回库处理	
3	整侧车门故障，无法开门	1. 司机检查车门侧选择是否已选择正确，若选择错误，请司机重新进行车门侧选择。 2. 若车门侧选择已正确，检查车门释放是否激活，若未激活，请司机重新激活门释放。 3. 若车门侧选择和车门释放均正常，司机可以尝试重新给出车门释放信号（即先取消车门释放，然后再重新给出车门释放）后再重新按集中开门按钮。 4. 若上述操作不能恢复正常，司机检查两端司机室后方 61 电气柜中的断路器 DRCB1 和 DRCB2 是否闭合，若没有闭合则恢复，若闭合重新断合一次。 5. 若上述操作无效，对列车进行小重启，若恢复正常继续运行。 6. 若以上方法还是无法打开车门，请司机和乘务员使用紧急解锁手动开关车门，清客，下线	
4	整侧车门故障，无法关门	1. 司机尝试重新按压集中关门按钮，若故障消除，继续运行。 2. 若司机重新按压集中关门按钮无效时，司机可以取消该侧门的车门释放信号，此时车门会自动关上，可以使用门释放取消按钮进行关门操作。司机在当前站台再重新进行集中开关门作业一次，若故障消失，继续运行。 3. 若上述操作不能恢复正常，司机进行一次小重启，恢复正常后继续行车。 4. 若以上方法还是无法关闭车门，列车退出服务，清客，直接下线	

4. 故障处理案例分析

1）车门故障

2010年××月××日，上午10时，某有轨电车一号线0101车正常载客运营，运行至某某站台开关门作业完毕后，发现1号车门无法关闭，门环路灯不亮，车辆无法正常启动。

根据故障现象分析，判断此故障为有轨电车车门无法关闭故障，根据故障处理方法，司机需要按照步骤处理：

第一步，司机重新进行一次站台侧车门的开关门作业，查看故障车门是否可以正常关闭，门环路灯是否点亮。

第二步，故障车门无法关闭，司机离开司机室对故障车门进行人工隔离操作，车门隔离完毕后重新开关门作业，查看门环路灯是否点亮。

第三步，司机查看列车电器柜中的空气开关，重新闭合61电器柜中的DICB1、DICB2空气开关。

第四步，列车进行小重启操作。

第五步，如故障仍然存在，司机将司机室内的车门联锁旁路开关打至旁路位，列车可以临时动车，运行至终点站对列车进行大重启操作。

2）牵引故障

2010年××月××日，下午14时，某有轨电车一号线0105车正常载客运营，运行至终点站清客作业完毕，司机驾驶列车进行折返作业，司机在折返换端完毕后正常动车，发现IDD屏幕上报CM1或CM7牵引逆变器故障，车辆无法正常启动。

根据故障现象分析，判断此故障为有轨电车牵引故障，牵引电机故障，根据故障处理方法，司机需要按照步骤处理：

第一步，司机可以将激活端模式开关重新选择（即将模式开关从F位打至0位，然后重新打至F位），查看故障是否消失。

第二步，司机查看电器柜中的电器开关，重新断合对应的BM1/BM7模块的23电气柜中TICB1，TICB2，TCVCB空气开关。

第三步，列车进行小重启操作。

第四步，如若故障仍然存在，司机查看列车是否有限速，一个牵引电机故障，车辆自动限速50 km/h；2个牵引电机故障，车辆会自动限速30 km/h；3个牵引电机故障，就近退出服务；若4个牵引电机故障，申请救援（根据牵引电机损坏数量决定是否申请救援）。

3）制动故障

2010年××月××日15时，某有轨电车一号线0110车正常载客运营，运行至某某区间时列车突然自动紧急制动停车，发现IDD屏幕上报强迫制动施加，车辆强迫制动无法缓解，列车无法正常起动。

根据故障现象分析，判断此故障为有轨电车制动故障，故障类型为强迫制动无法缓解，根据故障处理方法，司机需要按照步骤处理：

第一步，司机查看IDD屏幕警惕按钮指示灯是否点亮，检查警惕按钮是否触发，若司机误操作导致，请司机停车后即刻动车。若是警惕按钮有故障，司机将警惕按钮旁路开关打至旁路位，继续运行。

第二步，司机查看 IDD 屏幕上门环路是否点亮，如果门环路灯不亮，司机按照门环路灯不亮故障处理。

第三步，司机查看 IDD 屏幕上乘客紧急制动指示灯是否点亮，查看车厢内是否有乘客拉下乘客紧急制动开关，对乘客紧急制动开关进行恢复，如果乘客紧急制动故障，将乘客紧急制动旁路开关打至旁路位。

第四步，列车进行小重启操作。

第五步，如若故障仍然存在，强迫制动无法缓解，司机将强迫制动旁路开关打至旁路位，临时动车，运行至终点站，退出服务。（此时司机时刻留意 IDD 上车辆制动施加状态，运行过程中一旦制动施加，立刻停车，将制动缓解后，方能继续动车。）

（二）道路事故应急处理

1. 道路事故应急处置原则

现代有轨电车在运行过程中受到外界因素的影响较多，常见的有轨电车线路一般与社会车辆混行线路为主，因此现代有轨电车不仅会受到车辆、设备、设施等影响，还会受到外界社会车辆、行人、线路情况、公共事件等影响。当这些影响造成有轨电车运行中断等情况时，需要司机快速、有效地处理，所以对于道路事故的应急处置成为司机必备技能之一。

道路事故应急处置要贯彻 “先通车，后恢复”的大原则，在处置过程中司机需要做到冷静、有序、准确、快速，尽可能减少中断运行的时间，减少事故造成的影响。

2. 常见道路事故种类

（1）社会车辆之间发生交通事故，影响有轨电车继续运行。

（2）有轨电车与社会车辆发生交通事故，影响有轨电车继续运行。

（3）社会车辆与行人发生交通事故，影响有轨电车运行。

（4）有轨电车与行人发生交通事故，影响有轨电车运行。

3. 道路事故应急处置流程

（1）立即停车：司机发现道路事故时，应当立即采取停车措置，避免发生二次交通事故。

（2）汇报：发生道路事故时，司机应当迅速准确地向行车调度员汇报事故现场的情况，汇报过程中尽可能做到吐字清晰、简单准确，如实汇报现场情况。一般情况下司机汇报的内容包括汇报人姓名、列车的车次号、车体号；事故发生的地点（上下行线、路口、车站、线路周围企业工厂或其他大型参照物）；现场情况，事故可能发展的态势，人员伤亡情况，设备损坏情况，影响的范围（上下行线或某某路）；有轨电车列车情况，司机已经或将要采取的措施，请求支援的事项。

（3）做好乘客服务工作：司机停车汇报完毕后，首先做好“临时停车”的广播，并且通知车内客运员安抚现场乘客；其次司机做好下车的准备工作，将列车主控器打至唤醒位，带好随身无线手持台，穿戴随车黄色荧光衣，带好“三角警示架”，关闭司机室端门；最后根据行车调度员的命令下车查看。

（4）下车查看并处理：司机下车后临时担当现场处置负责人，查看事故情况，确认有无人员伤亡并拍照取证。发现如有人员伤亡司机立即通过无线手持台汇报行车调度员请求救治，同时对伤员要根据具体情况采取止血、简易固定、包扎等初期现场救护措施，为医院救治创造条件，同时拨打 120 请求救护。

如没有人员伤亡，司机拍照应准确记录当事车辆牌照、驾驶证、行驶证、联系方式，因无证驾驶、车辆无牌、司机饮酒等原因造成基本信息无法记录时，应对当事人重要证件及本人进行拍照，寻求旁证并汇报行车调度员。

同时司机拍照时应当至少对事故车辆的碰撞点以及前（车头方向全景）、后（车尾方向全景）、左全景、右全景4个方向进行5次拍照，尽量包含标志标线、周围的环境。对车辆碰撞点的深度，划痕的长度局部放大进行拍摄；清晰记录停车的位置和刹车痕迹的长度，带参照物拍摄泥土、漆片等散落物。光线不良时，用纸片在地面标识车轮详细位置进行标记拍摄。

（5）恢复动车：司机下车拍照取证完毕后，配合现场处置人员（交警、公司救援人员）尽可能尝试将事故车辆出清轨行区，如果事故车辆可以出清轨行区，司机判断线路情况是否可以继续运行，同时司机查看列车状态，是否具备动车条件，如果列车可以继续运行，司机及时通过无线手持台汇报行车调度员，上车等待行车调度员的命令继续运行。

（6）申请救援：如果社会事故车辆、线路损坏严重，列车无法通过，或者列车碰撞损坏严重无法正常运行时，司机通过无线手持台汇报行车调度员后根据行车调度员命令做好清客被救援准备，同时利用无线手持台通知邻线、后续列车加强瞭望、注意安全；列车需要清客时需有客运员或者司机疏散引导离开轨行区。列车需要被救援时司机严格按照列车被救援指引执行。

4. 道路事故信息报告流程

道路事故信息报告流程如图6-6所示。

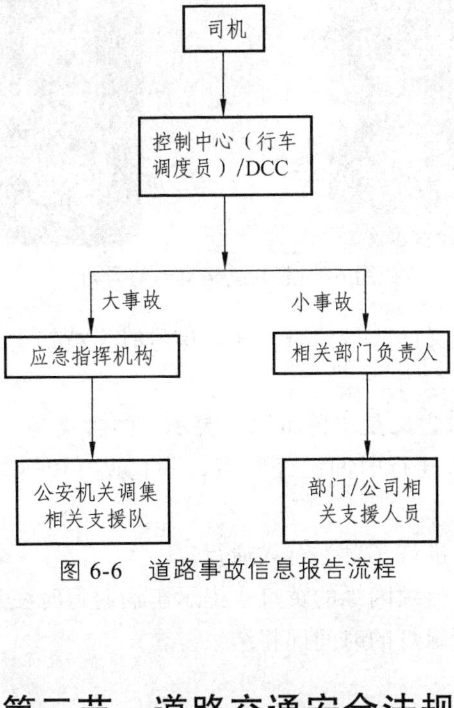

图6-6 道路事故信息报告流程

第三节 道路交通安全法规

现代有轨电车是采用电力驱动并在轨道上行驶的轻型轨道交通车辆，属于机动车辆的一种，司机需要考取并持有机动车辆驾驶证（P照）来驾驶有轨电车，同样有轨电车需要遵守道路交通信号灯以及自己特有的有轨电车信号灯，因此掌握道路交通信号灯和有轨电车信号灯是一名司机必备的技能。

一、法律法规

1. 道路交通信号灯

道路交通信号灯是道路交通的基本语言，有轨电车通过路口时要确认道路交通信号灯是否开放，也要确认有轨电车信号灯是否开放。常见的道路交通信号灯由红灯（禁止通行）、绿灯（准许通行）、黄灯（警示）组成。用于交叉路口、弯道路口等存有安全隐患的危险路段，指挥有轨电车、社会车辆安全有序地通过路口，避免交通事故和意外事故发生。

常见的道路交通信号灯有显示单一颜色的交通控制信号灯如红绿灯，以及表示特定内容如车辆的前进方向带有符号的信号灯两类，如图 6-7 所示。

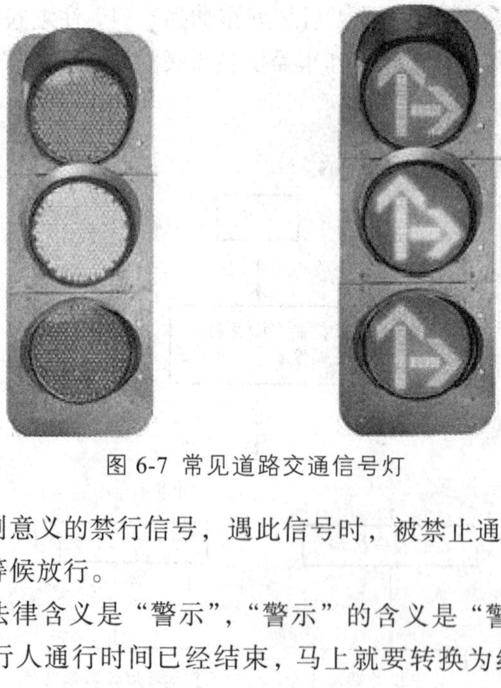

图 6-7 常见道路交通信号灯

（1）红灯。带有强制意义的禁行信号，遇此信号时，被禁止通过的机动车禁止通过该路口，被禁止的机动车机等候放行。

（2）黄灯。黄灯的法律含义是“警示”，“警示”的含义是“警告”“警醒”和“提示”。黄灯亮时，警告司机和行人通行时间已经结束，马上就要转换为红灯，应将车停在停止线后面。

（3）绿灯。绿灯亮时，准许车辆、行人通行。

（4）黄闪灯、绿闪灯。持续闪烁的黄灯，提示车辆通行时注意砻望，确认安全后通过。持续闪烁的绿灯，提示车辆绿灯的时间即将结束。

2. 有轨电车信号灯

有轨电车信号灯是有轨电车通行的凭证，也是有轨电车司机的眼睛，常见的有轨电车信号灯主要分为正线信号机和车辆段信号机以及其他标识标牌。正线信号机分为道岔防护信号机、路口防护信号机，车辆段信号机分为调车信号机和进出车辆段信号机。

有轨电车正线信号系统一般包括：正线道岔控制系统、平交路口信号控制系统和车载信号系统、中心 ATS 系统。

正线轨旁设备还有道岔、轨道电路、信号机、传输环线、路口环线等设备。具有列车自动进路、道岔控制、信号机控制、时刻表编辑、GPS 定位、路口优先等功能，也可由控制中心调度员授权司机在车载、轨旁控制。

有轨电车信号机一般包括正线信号机和车辆段信号机。以苏州有轨电车一号线为例，正线信号机 X/S/R 均为信号机代码，S 代表上行信号机，X 代表下行信号机，R 代表路口防护信号机。信号机编号由阿拉伯数字表示，代表车站顺序号和本站信号机顺序号。

1）道岔防护信号机

道岔防护信号机是正线道岔状态的显示，同时也是列车是否可以通过道岔的凭证。以苏州有轨电车一号线为例，道岔防护信号机主要由蓝灯、黄灯、白灯组成，如表 6-6 所示。

表 6-6　常见道岔防护信号机

正线道岔防护信号机					
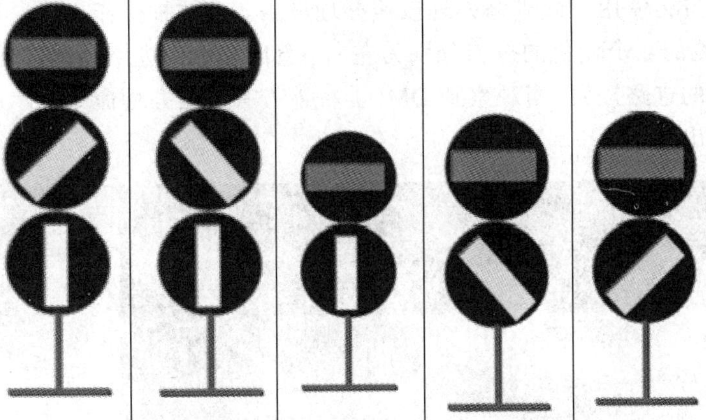					蓝灯：禁止通过 黄灯：开通侧向进路允许通过 白灯：开通直向进路允许通过
右向（三显）	左向（三显）	直向（两显）	左向（两显）	右向（两显）	

道岔控制器 PCC 根据中心 ATS 的自动或人工进路命令（通过网络）或者司机发送的人工进路命令（通过环线传送），以及从轨道电路设备获取的列车位置，转辙机和信号机状态，进行进路的办理和联锁控制，并通过转辙机给出信号机显示。

正线进路控制，道岔的操作采用 5 种模式，分别为系统自动进路排列（无须司机干预）、中央调度员手动控制模式（无须司机干预）、司机利用车载设备手动进路排列、司机或维修人员利用轨旁设备手动排列进路（选择道岔）、司机或维修人员用操作杆手动切换。

（1）系统自动进路排列（无须司机干预）：自动进路排列模式是系统的正常运行模式。在自动控制模式下，由中心 ATS 基于在线时刻表和每个有轨电车报告的位置，自动地排列正线列车进路，包括终点站折返进路和车辆段出入段进路。控制中心 OCC 调度员和司机无须手动排列进路，当有轨电车接近道岔时，由系统自动设置有轨电车进路，司机只需根据进路信号机和道岔位置表示器驾驶有轨电车即可。正常情况下，有轨电车通过后进路由道岔控制器自动解锁；进路也可由中心调度员手动解锁或取消。在自动进路排列模式下，司机应注意观察前方信号和前方障碍物，并按照线路限速要求驾驶有轨电车，以保证有轨电车运行的安全。

（2）中央调度员手动控制模式（无须司机干预）：此模式不仅可用于系统正常情况下的运行，也在如自动进路排列模式不可用的情况下使用。中央调度员能够在 ATS 工作站上手动排列列车进路，或分别手动操作单个道岔，如单独操作转辙机、单独锁闭和单独封锁。OCC 调度员手动进路排列或 OCC 调度员手动单个道岔操作，从现场操作层面来看，无须司机干预，但此时中心调度员需要手动解锁或取消进路，操作频繁，司机应加强信号、道岔的确认并适当控制运行速度，保持与前后车的行车间隔。

（3）司机利用车载设备手动进路排列：车载排列进路是指列车在正线运行接近道岔区时，司机通过手动操作司机室控制台上方向控制按钮发出道岔控制请求，该请求通过地面轨旁车地通信设备发送至正线道岔地面控制单元，正线道岔地面控制单元根据该请求进行系统内部逻辑判断，确保安全后控制转辙机将道岔转换至司机遥控指定方向（位置），并锁闭道岔后，开放信号机（进路表示器），司机确认与道岔遥控请求方向一致后，根据信号机（进路表示器）指示，目视人工驾驶列车通过道岔区。

司机可将列车停在信号机前方，使用车载进路办理按钮办理进路。有两种操作方式：车载硬按钮如图 6-8 所示，下排右侧的 3 个蓝色的按钮分别为左向、直向和右向进路办理按钮。列车司机需要持续按压所需办理的进路按钮，当观察到 DMI 屏幕下方有进路办理命令显示后松开按钮，此时进路办理命令发出。

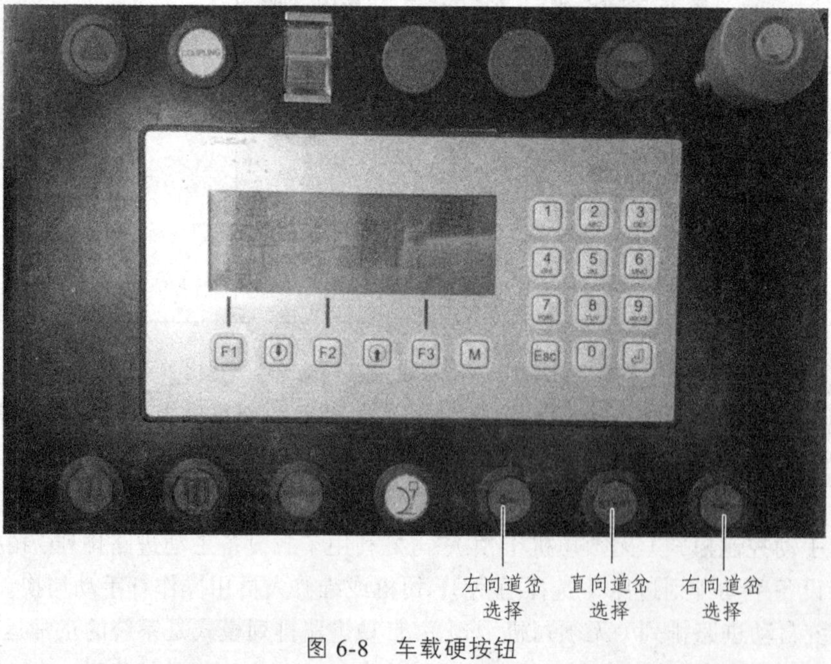

图 6-8　车载硬按钮

DMI 显示屏软按钮如图 6-9 所示，司机点击触摸屏上的左向、直向和右向箭头按钮即可分别发出左向、直向和右向进路办理命令。

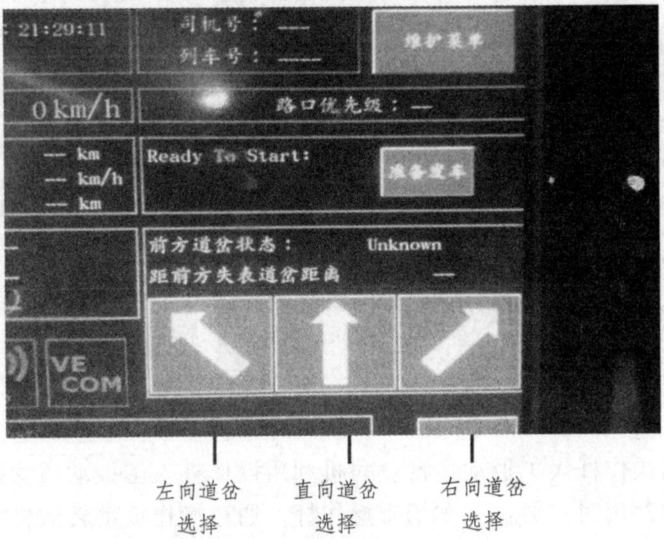

图 6-9　DMI 显示屏软按钮

（4）司机或维修人员利用轨旁设备手动排列进路（选择道岔）：车载排列进路是指列车在正线运行接近道岔区时，司机下车通过操作信号机轨旁设备控制转辙机将道岔转换至司机操作指定进路，并锁闭道岔后，开放信号机（进路表示器），司机确认与道岔遥控请求方向一致后，根据信号机（进路表示器）指示，目视人工驾驶列车通过道岔区。

司机或维修人员利用轨旁设备手动排列进路操作，直向进路如图 6-10 所示。用钥匙打开盖板，办理直向进路——按白色按钮，确认信号机显示白色灯光，道岔直向位置正确。

图 6-10　轨旁操作排列直向进路

司机或维修人员利用轨旁设备手动排列进路操作，侧向进路如图 6-11 所示。用钥匙打开盖板，办理侧向进路——按黄色按钮，确认信号机由显示蓝色灯光跳转为黄色灯光，道岔侧向位置正确。

图 6-11　轨旁操作排列侧向进路

（5）司机利用操作杆人工扳动道岔：司机利用操作杆人工扳动道岔排列进路是指列车在正线运行接近道岔区时，司机下车携带操作杆，通过操作扳动转辙机将道岔转换至司机操作指定进路，并确认轨槽中无异物，钢轨密贴，锁闭设备盖板，司机与行车调度员确认与道岔遥控请求方向一致后，确认信号机道岔开通位置正确后，目视人工驾驶列车通过道岔区。

2）路口防护信号机

有轨电车沿线交叉口信号灯有：有轨电车信号灯、道路交通信号灯，其中有轨电车信号灯与道路交通信号灯是相关联的，下面具体说明以上两种信号机相互之间的联系。

有轨电车路口防护信号机如表 6-7 所示，主要是为有轨电车通过路口时，提供路口相对优先通行的行车条件，使得有轨电车在运行过程中避免等待较多的道路交通信号灯，而导致运营效率的降低。

表 6-7　常见路口防护信号机

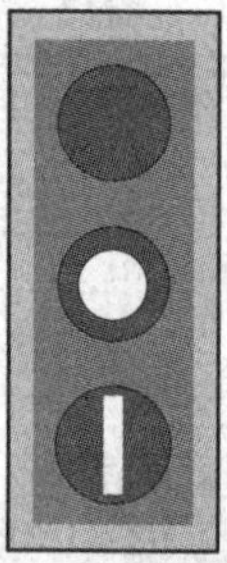	蓝色横杠：禁止信号，不允许列车通过路口。 白色圆点闪烁：有轨电车信号优先开启，提示即将开放允许信号，开放允许信号之前，不允许列车通过路口。 白色竖杠：允许信号，允许列车通过路口

有轨电车与道路交通信号灯的基本关系如表 6-8 所示，有轨电车通过路口时，有轨电车信号机与道路交通信号机显示一致时才可以通过路口。一般情况下直行路口，有轨电车白灯（允许通行信号）与道路交通等绿灯显示一致时可以通过。在左转或者右转路口时，有轨电车白灯（允许通行信号）与道路交通灯左转灯或右转灯显示一致时可以通过。因此在有轨电车通过不同的路口时所对应的道路交通灯不同，需要司机仔细观察。

表 6-8　常见路口防护信号机

信号图示	名称	对应机动车信号	说明
	禁止通行信号		前方禁止有轨电车通过
	预告信号	无	表示有轨电车"优先通行信号"即将开启，当有轨电车通过请求优先点位时，或通过车载设备发送 RTS 优先请求信号后，该灯开始闪烁
	允许通行信号		表示有轨电车可以通行信号

3）调车信号机和出入车辆段信号机

调车信号机是有轨电车在车辆段内运行时的指示灯，常见的调车信号机如表 6-9 所示。有轨电车在车辆段运行时遇到信号灯显示非白灯情况应立即停车，禁止通过。如遇到需要通过显示非白灯信号机时，司机需要得到车场调度员的授权。

表 6-9　常见调车信号机

调车信号机	
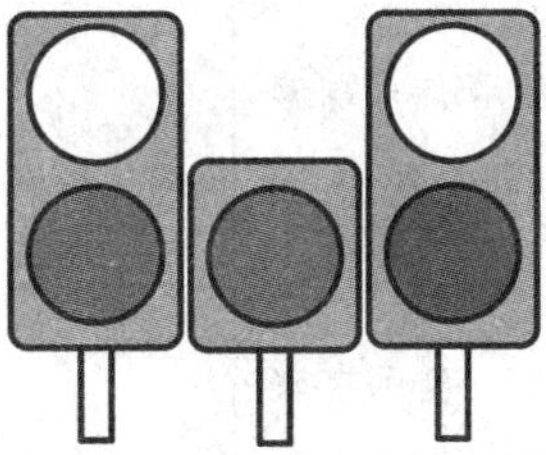	白灯：调车信号开放白灯，准许列车按规定速度越过该信号机； 红灯：禁止信号，表示禁止列车越过该信号机； 蓝灯：禁止信号，表示禁止列车越过该信号机

出入车辆段信号机是有轨电车正线与车辆段之间的桥梁信号机，是列车进入车辆段或进入正线时必经的信号机。出入段线信号机与调车信号机相似，出入段线信号机数据如表 6-10 所示，但是与调车信号机编号不同。

表 6-10　常见出入车辆段信号机

序号	名称	编号	设置位置	定位显示灯光	高/矮柱	备注
1	入段信号机	S	入段线	红灯	矮柱	—
2	入段信号机	SF	出段线	红灯	矮柱	运行方向左侧
3	出段信号机	X	出段线	红灯	矮柱	—
4	出段信号机	XF	入段线	红灯	矮柱	运行方向左侧

4）其他标识标牌

有轨电车在正线运行时，信号机是有轨电车司机安全运行的凭证，但是司机除了需要熟练掌握信号机以外，线路当中的各种标识标牌也非常重要，如表 6-11 所示。

表 6-11　常见标识标牌

名称	外观图例	说明	备注
正线停车牌		正线停车牌定义：表示有轨电车在正线运行时临时折返停车不得越过标志牌。有轨电车应在距离正线停车牌 1 m 前停车	
出入段线停车牌		出入段线停车牌定义：表示有轨电车在行驶过程中临时停车不得越过标志牌。有轨电车应在距离停车牌 1 m 前停车	
接触网终点标		接触网终点标定义：提醒有轨电车司机不要超越接触网有效区间。有轨电车应在距离接触网终点标 3 m 前停车	
限速标志牌		限速标志牌定义：表示有轨电车驶入前方区域的最高时速限制	
限速解除标志牌		限速解除标志牌定义：表示有轨电车驶出限速区域的速度解除	
警冲标		警冲标是用来指示机车车辆停车时，不准向道岔方向或线路交叉点方向越过，以防止停留在该线上的机车车辆与邻线上的机车车辆发生侧面冲突的标志	

二、运用规章

有轨电车司机实操技能的应用是有轨电车司机的业务基础，常见的有轨电车司机需要熟练掌握的规章运用包括司机整备作业、调车作业、洗车作业、对标停车、出入段运作规则、正线运行司机驾驶列车要求等，熟练掌握理论知识并运用各种规章是司机合格的标准。

1. 整备作业

整备作业一般指列车在投入运营前，司机对车辆设备状态、外观、内饰进行简单检查和试验，判断车辆是否具备运营条件的一项工作，以确保列车运行安全和提高服务质量。一般整备作业在车辆未投入运营之前的车辆段内进行。

整备作业检查和试验时间一般为 20 min，流程如图 6-12 所示。

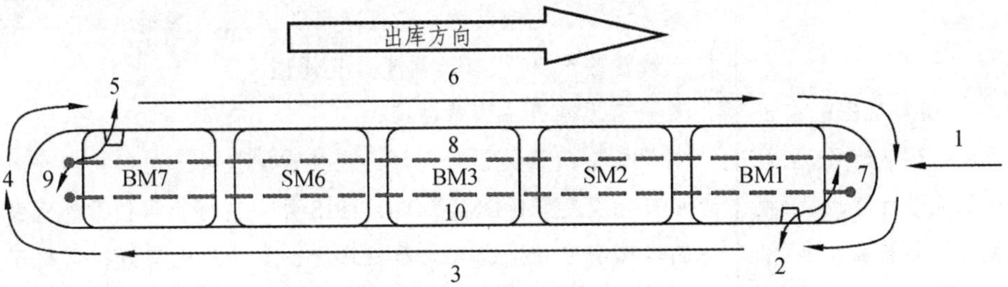

图 6-12　整备作业步骤图

1）检查顺序说明

（1）确认列车停放股道正确，检查车号、触网状况，到出场端司机室报告车场调度员开始检车，出场端开始检查有轨电车两侧、客车头部、灯状、外罩。

（2）进入出场端司机室检查有无禁动牌、禁升弓牌、红闪灯。

（3）检查右侧走行部、轨面及外观，并撤除止轮器。

（4）检查非出场端有轨电车两侧、客车头部、灯状、外罩。

（5）非出场端司机室检查有无禁动牌、禁升弓、红闪灯。

（6）检查左侧走行部、轨面及外观，并撤除止轮器。

（7）将止轮器放在出场端司机室座椅后，激活列车升弓，对司机室进行静态检车。

（8）检查客室设备。

（9）非出场端司机室，进行静、动态检车，做功能试验。

（10）到出场端司机室激活列车，动态检查做功能试验。

（11）完成后报车场调度员，静动态试验良好，整备完毕。

2）检查车辆注意事项

检车作业两禁止：禁止未确认禁动牌盲目操作，禁止触摸带电部件；检测具体顺序：从上至下，从左至右；在有地沟的车道检车时需对地沟是否有人进行确认。如非出库运营列车，在库内调车转线时，仅需确认钢轨、接触网无异物，列车动态试验良好即可。

3）运营客车整备作业流程表

运营客车整备作业流程明细如表 6-12 所示。

表 6-12　运营列车整备作业流程明细表

检车程序	确认内容
到达指定股道，确认列车停放股道正确	股道正确

续表

检车程序	确认内容
出场端端部检查列车头部，确认列车头部无损坏，照明、外观良好	两侧无人无异物侵入限界、车体外观良好、目的地牌外观良好、挡风玻璃完好、雨刮器无变形、标志完整清晰，头灯、尾灯、转向灯、示廓灯外观良好，车体无倾斜
到达出场端司机室，在出场端司机室前确认车号，上司机室后确认无禁动牌后，汇报车场调度员开始整备列车	车号正确、无禁动牌；汇报车场调度员，“×道×端××车司机现在开始整备作业”，车场调度员复诵； 检查有无禁升弓、禁动牌； 司机室后门开关锁闭良好；座椅右侧扶手开关门按钮外观良好；遮阳布外观良好；DMI、IDD、PIS 外观良好，司控器外观良好；紧急制动按钮未拍下，灭火器铅封好；座椅外观良好；司机室照明灯外观良好；司机室空调折罩关闭；司机室摄像头外观良好；设备柜开关、旁路开关外观良好，位置正确
检查右侧走行部，列车右侧外观	后视摄像头好、客室门外观良好、轮对无异物、锁孔好、侧墙整体外观良好、门窗好、封条好、锁孔内无异物；示宽灯、爆闪灯好、遮棚无破损、轮对下方无异物
进入非出场端司机室，非出场端司机室确认无禁动牌、禁升弓	司机室后门开关锁闭良好；座椅右侧扶手开关门按钮外观良好；遮阳布外观良好；DMI、IDD、PIS 外观良好，旁路开关及按钮均在正常位置，司控器外观良好；紧急制动按钮未拍下，灭火器铅封好；座椅外观良好；司机室照明灯外观良好；司机室空调折罩关闭；司机室摄像头外观良好
检查左侧走行部，列车左侧外观	后视摄像头好、客室门外观良好、轮对无异物、锁孔好、紧急解锁位置正确、侧墙整体外观良好、窗好、门好、封条好、锁孔内无异物；示宽灯、爆闪灯好，遮棚无破损、轮对下方无异物
出场端静态检查	司机室后门开关锁闭良好；座椅右侧扶手开关门按钮外观良好；遮阳布外观良好；DMI、IDD、PIS 外观良好，司控器外观良好；紧急制动按钮未拍下，灭火器铅封好；座椅外观良好；司机室照明灯外观良好；司机室空调折罩关闭；司机室摄像头外观良好；前部摄像头外观良好、设备柜开关旁路开关外观良好，位置正确
唤醒列车	合主控钥匙，主控器打至激活位（1 位），确认以下指示灯：IDD1 和 IDD2 屏幕激活、门关好灯亮、运行界面车门显示绿色，制动施加红灯亮，切换左右侧车门预选左右侧后视镜正常工作，主控手柄置于制动位
升弓	鸣笛升弓，确认 IDD 显示受电弓升起，网压正常，蓄电池好
确认司机界面	点击进入 IDD 司机界面，确认各个按钮正常
PIS	PIS 试验正常，点击试验客室紧急广播（一条）
左右侧外部广播（客室人工广播）	分别按下左右侧外部广播，广播正常工作

续表

检车程序	确认内容
喷水模式按钮	按下按钮，雨刮器喷水、刮动
刮雨器控制	确认刮雨器在不同挡位正常工作
前方后视镜激活	IDD界面后视镜清楚显示列车两侧情况
司机室照明	按下司机室照明，确认司机室照明灯亮
客室照明按钮	按下照明正常打开
外部照明	按下外部照明指示灯，外部照明正常打开
车尾雾灯	按下车尾雾灯开关，车尾雾灯正常打开
左右侧转向灯	分别按下左右侧转向灯，转向灯正常工作
远光灯	按下远光灯切换按钮，远光正常
空调	按下空调，开关及调节温度，模式等正常切换
IDD状态确认	确认车辆显示屏各项内容状态显示均正常，依次包括：空调、车门状态、制动状态、牵引状态、受电弓状态、确认空调温度、CCTV监控屏、列车故障信息状态栏状态
司控台状态确认	按下报警闪光灯，报警闪光灯正常工作； 按下电动遮阳帘按钮，遮阳帘正常工作； 确认PIS-MMI正常工作； 按下撒砂按钮，确认正常工作； 按下磁轨制动按钮，确认正常工作； 按下警铃，确认正常工作； 按下高音喇叭，确认正常工作； 打开车载台，确认正常工作
开门按钮	IDD切换到车门界面； 按压“左侧车门预选”按钮，按压“左侧车门释放”按钮，按压“集中开门”确认车门开启正常，警示声音响起； 车门打开后，并确认IDD所有车门状态显示为“开门”状态图标。（右侧开门相同）
关门按钮	按下“集中关门”按钮，确认车门关闭警示声音响起； 确认IDD显示所有车门“门关”图标，相应侧关门指示灯灭，驾驶台上的“门关好”指示灯亮。（右侧关门相同）
非出场端静态检查	司机室后门开关锁闭良好；座椅右侧扶手开关门按钮外观良好；遮阳布外观良好；DMI、IDD、PIS外观良好，司控器外观良好；紧急制动按钮未拍下，灭火器铅封好（　）；座椅外观良好；司机室照明灯外观良好；司机室空调折罩关闭；司机室摄像头外观良好；设备柜开关旁路开关外观良好，位置正确

续表

检车程序	确认内容
激活非出场端司机室	合主控钥匙，主控器打至激活位（1 位），确认以下指示灯：IDD1 和 IDD2 屏幕激活、门关好灯亮、运行界面车门显示绿色，制动施加红灯亮，切换左右侧车门预选左右侧后视镜正常工作，主控手柄置于制动位
确认司机界面	点击进入 IDD 司机界面，确认各个按钮正常
PIS	PIS 试验正常，点击试验客室紧急广播（一条）
左右侧外部广播	分别按下左右侧外部广播，广播正常工作
喷水模式按钮	按下按钮，雨刮器喷水正常
刮雨器控制	确认刮雨器在不同挡位正常工作
前方后视镜激活	IDD 界面后视镜清楚显示列车两侧情况
司机室照明	按下司机室照明，确认司机室照明灯亮
客室照明按钮	按下照明正常打开
外部照明（远光灯）	按下外部照明指示灯，外部照明正常打开
车尾雾灯	按下车位雾灯开关，车尾雾灯正常打开
左右侧转向灯	分别按下左右侧转向灯，转向灯正常工作
远近光灯	按下远近光灯切换按钮，远近光等正常切换
空调	按下空调，开关及调节温度，模式等正常切换
IDD 状态确认	确认车辆显示屏各项内容状态显示均正常，依次包括：空调、车门状态、制动状态、牵引状态、受电弓状态、确认空调温度、CCTV 监控屏、列车故障信息状态栏状态
司控台状态确认	按下报警闪光灯，报警闪光灯正常工作； 按下电动遮阳帘按钮，遮阳帘正常工作； 确认 PIS-MMI 正常工作； 按下撒砂按钮，确认正常工作； 按下磁轨制动按钮，确认正常工作； 按下警铃，确认正常工作； 按下高音喇叭，确认正常工作； 打开车载台，确认正常工作
开门按钮（IDD 按钮）	IDD 切换到车门界面； 按压“左侧车门预选”按钮，按压“左侧车门释放”按钮，按压“集中开门”确认车门开启正常，警示声音响起； 车门打开后，并确认 IDD 所有车门状态显示为“开门”状态图标。（右侧开门相同）

续表

检车程序	确认内容
关门按钮（IDD 按钮）	按下“集中关门”按钮，确认车门关闭警示声音响起，探头确认车门关闭； 确认 IDD 显示所有车门“门关”图标，相应侧关门指示灯灭，驾驶台上的“门关好”指示灯亮。（右侧关门相同）
列车牵引/制动试验	主控手柄推向“牵引”区，但不得超过 5%，确认列车动车，机械制动红灯灭后，立即将主控手柄拉回“常用制动”区（动车前必须两侧司机室侧门确认无人、物侵限，鸣笛），试验 1 次，确保列车不越过停车牌； 列车 IDD 应无新增故障显示
回到出场端司机室动态试验	根据非出场端动态检查步骤进行
回到出场端，激活司机室汇报车场调度员整备完毕，等待出库	司机：车场调度员，××道××车防护已撤出，静动态试验良好，整备作业完毕。 车场调度员：××道××车防护已撤出，静动态试验良好，整备作业完毕，车场调度员明白

2. 调车作业

有轨电车调车作业是指有轨电车在车辆段内，需要担任检修、调试、培训等任务时，有目的地从一个股道运行至另一个股道的作业。调车作业一般分为两类，有轨电车利用自身动力调车与利用公铁两用车调车。

1）有轨电车利用自身动力调车

司机需要主动了解有轨电车的车辆状态、牵引制动状态、车辆悬挂装置的状态，并听取车场调度员布置的相关安全注意事项。调车作业时司机应与车场调度员进行联控，得到车场调度员允许后，确认动车凭证、无人或异物侵入限界、无人员在有轨电车上进行其他作业方可动车。运行中司机应加强瞭望，确保调车安全。

调车作业完毕后，司机应及时报告车场调度员有轨电车停放股道，根据车场调度员指令进行降弓休眠或保持热备。司机在进入接近两端“停车标”时严格按照“三、二、一车”的限制速度（即 8、5、3 km/h），在该线路终端车挡前 10 m 时限速 3 km/h 进入。列车停稳司机换端完毕后，与车场调度员联系下一钩作业计划情况。得到允许动车的指示，确认信号开放正确，道岔位置正确后方可动车。

调车作业中，司机得到车场调度员有关“××车在××道待令”的通知时，严禁擅自动车。动车前必须得到车场调度员的“可以动车”的通知，司机复诵，确认信号、道岔位置正确后再动车。有轨电车在车场内停车，应停于接车线信号机前方，列车头部不得越过防护信号机。

2）利用蓄电池公铁两用车调车

接到车场调度员配合公铁两用车进行转线调车计划时，司机主动询问客车的车辆状态：

制动系统状态、车辆悬挂装置的状态等，并听取车场调度员布置的相关安全注意事项。负责配合公铁两用车调车员对所调动客车停放股道限界进行确认，对车辆走行部和客车进行检查，做好连挂前的准备工作。

配合公铁两用车连挂时，确认车钩状态，确认客车做好防溜措施，连挂完毕后进行试拉。有轨电车司机留在连挂端观察连挂情况，运行过程中发现异常时立即通知调车员或公铁两用车司机停车，出现脱钩时恢复客车制动停车。

客车在计划的股道停稳后，客车司机负责做好防溜措施，施加停放制动，向调车员汇报已做好防溜措施，可以解钩。

3. 洗车作业

1）有轨电车洗车指引基本规定

（1）注意各行车信号灯的显示，不得冒进锁闭区。

（2）停位刷洗前、后端面时，应按照信号灯停车，当信号灯由绿变黄，司机注意随时停车，当信号灯变红，列车立即停车，等待前、后端刷洗。

（3）入库时要确认库门前是否有人（洗车库无关行人较多）。

（4）洗车时，司机应时刻注意手持台，随时与洗车机负责人联系或听取负责人的指令。

（5）速度应尽可能地低，否则当黄灯变红灯时，可能会冲出停车范围。

（6）司机在清洗机区发现任何危害行车及清洗工作故障时，应立即停车，报告给洗车机负责人。

（7）注意观察端洗机构端刷是否停在端洗机构预定位置，使列车正常通过；端洗机构内有无风、水、电线误入车辆限界内。

（8）在清洗前、后端面时，不要摆动雨刷器，以免被端刷打掉。

（9）在清洗列车时，司机禁止打开车门，以免发生危险。

（10）洗车机端洗机构开始动作后，司机不要移动列车。以免发生危险，撞坏设备。

（11）在洗车过程中，严禁私自退行，如需退行必须汇报车场调度员，防止发生意外事件。

（12）在“清洗结束”停车牌停车时，尽量停在停车牌前 1 m 处，否则列车尾端还未出清洗车设备。

2）有轨电车洗车操作指引

有轨电车洗车作业指引，如表 6-13 所示

准备工作：在洗车库前停稳，确认车内窗户全部关闭。

表 6-13　有轨电车洗车作业明细表

将主控打至唤醒位，插入车间电源钥匙，先打开车间电源开关	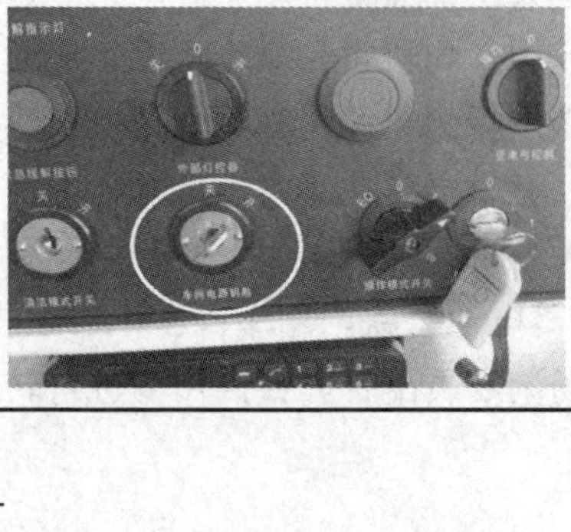

续表

按下 IDD1 界面的车间模式按钮	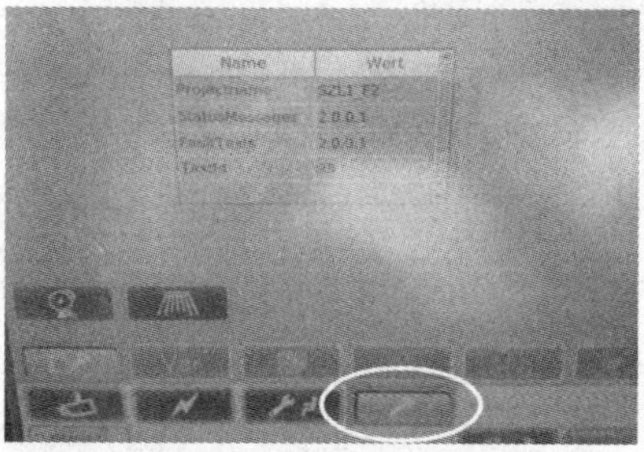
按下洗车按钮（雨洒状按钮）	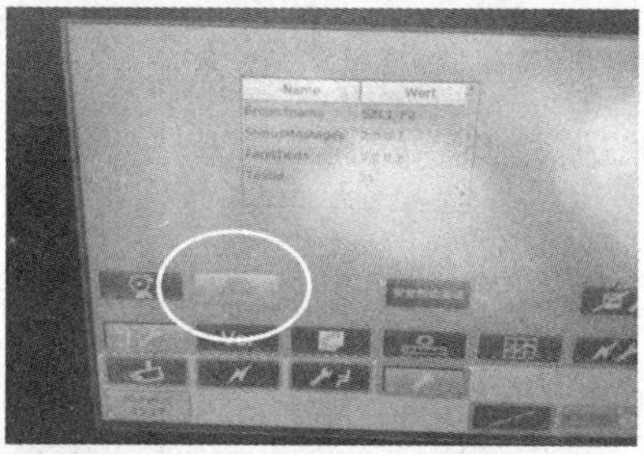
返回常用界面，确认是否有 3 km/h 的限速。	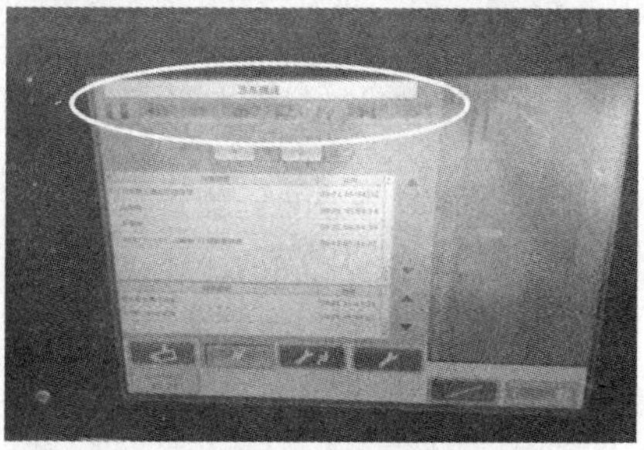
1. 车辆在洗车库前，确认洗车库门口绿灯信号。 2. 进场刷洗信号灯由红变绿，提示司机可以进入洗车库刷洗	
当信号灯由绿变黄，司机注意随时停车，当信号灯变红，列车立即停车，等待前端刷洗。（将速度尽可能地放慢）	

续表

停车后将主控器手柄拉至常用制动区，等待前端部刷洗结束后，信号灯由红变绿，提示司机可以进入侧洗区	
由于前挡风玻璃上有水，所以视线会受影响，颜色不是很清晰。当信号灯由绿变黄，司机注意随时停车	
当信号灯变红，列车立即停车，等待后端刷洗	
后端部刷洗结束后，出场信号灯由红变绿，提示司机可以前进以刷洗车辆剩余部位	
运行至“清洗结束”停车牌前 1 m 停车，此时车头部到达清洗结束牌，尾部出清洗车区时，洗车全过程结束	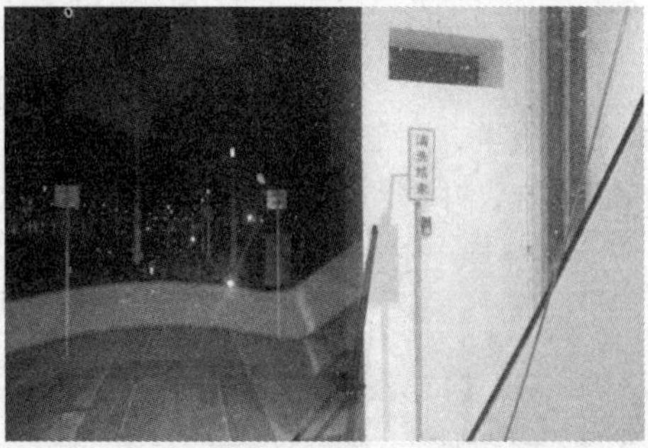

4. 对标停车

1）进站停车基本要求

有轨电车进站前，确认车站站名及报站信息鸣笛进站，确认前方线路状态、站台情况、列车状态，列车提前制动进站，严格控制进站速度，发现任何异常或线路侵线情况立即采取紧急停车措施，按规定对标停车。

2）对标停车操作指引

（1）站台正常对标：列车进站限速 30 km/h，对标 5 km/h。

（2）进站前列车减速至 20 km/h，加强瞭望，确保站台无人无异物侵限。

（3）进站一半时车速应当控制在 10 km/h 左右，手柄在制动区。

（4）调整制动力，保证列车在不停车的情况下，逐渐减速。

（5）列车即将到达对标点时，给制动力直至车速为 3 km/左右。

（6）列车即将停车时，将手柄回至最小制动位，让列车缓慢停车。

有轨电车 6 个车门全部集中开门（两端 2 个单开门，中间 4 个双开门），第 3、4 两个双开上客门具备刷卡条件，如图 6-13 所示。

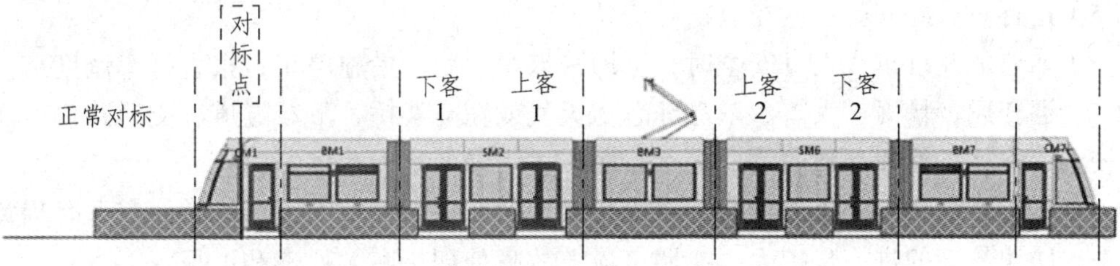

图 6-13　对标停车图

5. 出入段运作规则

1）有轨电车驶出车辆段

司机出勤，到规定地点整备完毕后，联系车场调度员，并于列车发车端等待信号开放。

司机收到车场调度员发出的走行径路和动车指令后，核对无误，凭开放的调车信号动车。

运行中严格控制速度，认真确认走行径路、信号、道岔状况，库门开启固定良好。

到达出入段线一度停车牌前停稳后，确认车载台转至正线组，联系行车调度员核对运营信息，根据行车调度员指令动车。

2）有轨电车驶入车辆段

列车清客完毕，与行车调度员确认回库径路正确后，方可动车，关闭客室照明，开启双闪，根据信号显示动车。

回库列车认真确认径路、信号、道岔，车站状况，通过路口注意安全，加强瞭望。

回库列车到达入段线停车牌前需停车联系行车调度员，再根据行车调度员指令动车至出入段信号机前停车。

回库列车在出入段线信号机前停稳后，将车载台调至车场组联系车场调度员，确认停放股道并在状态卡上记录。

列车司机收到车场调度员的动车指令后，核对进路股道正确方可凭信号显示动车回库。

运行中严格控制速度，认真确认走行径路、信号、道岔状况，库门开启固定良好。

列车进库停稳后，联系车场调度员，根据车场调度员指令降弓休眠或保持热备，填写完电客车状态卡，至派班室退勤。

3）列车进出车辆段注意事项

到达规定时间仍未收到车场调度员的动车指令，要主动与车场调度员联系。

列车出、入段时司机应加强瞭望，由近及远确认进路、信号及道岔位置正确，发现危及行车安全时立即停车。

列车出现故障应严格按照规定执行。

6. 正线运行司机驾驶列车要求

（1）行车过程中保持精神集中。

（2）严格按照行车调度员命令，根据《运营时刻表》掌握各站停留车时间、折返时间。

（3）严格按照规定控制速度。

（4）严格执行手比口呼。

（5）运行时做好瞭望、监控、信号确认。

（6）如遇危及行车或人身安全时，立即采取紧急制动措施停车，报告行车调度员。

（7）遇狂风、暴雨、大雪、浓雾等恶劣天气或在高架桥、下穿隧道、交通路口以及曲线半径较小、瞭望条件不理想的线路上运行时，适当降低运行速度。

（8）运行期间列车发生故障时，在确保安全的前提下尽可能维持进站停车，时刻关注列车状态，防止故障的进一步扩大，参照《应急故障处理指南》处理和汇报。

复习思考题

1. 有轨电车车体有几种模块？分别是什么？
2. 有轨电车牵引系统分为哪几个部分？
3. 有轨电车网络控制单元的主要作用是什么？
4. 有轨电车制动类型包括哪些？优先级如何排列？
5. 简述有轨电车制动方式和制动类型的联系。
6. 简述有轨电车动车转向架和拖车转向架上的制动分配情况。
7. 辅助逆变器的作用是什么？
8. 列车共有几个撒砂装置？如何激活撒砂装置？
9. 简述有轨电车广播的优先级。
10. 有轨电车手柄有哪些挡位？
11. 简述列车警惕按钮按压时间。
12. 司机在发生事故进行急救时应当遵循什么原则？
13. 简述有轨电车发生故障时，处理故障的思路和技巧。
14. 有轨电车道路事故处置原则是什么？

15. 简述有轨电车事故应急处置流程。

16. 标明下列信号机的种类：

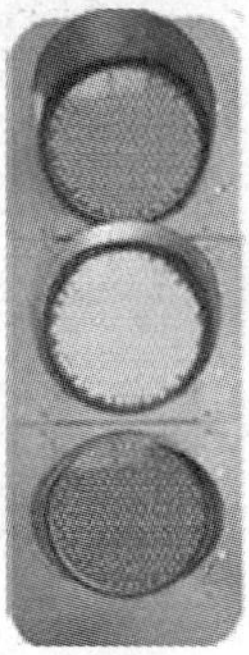			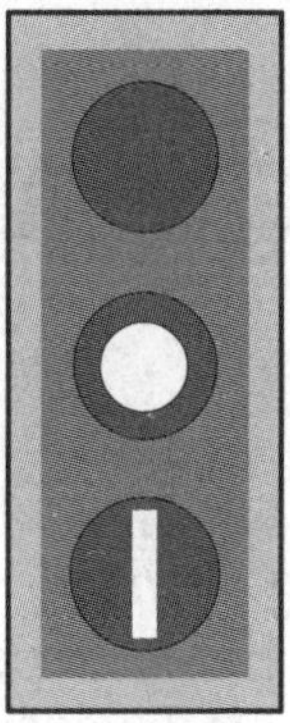	

17. 有轨电车路口防护信号和道岔防护信号机编号的含义是什么？

18. 根据有轨电车排列进路优先级，写出有轨电车排列进路的 5 种方式。

19. 司机利用有轨电车车载排列进路有哪两种方式？

20. 简述有轨电车路口防护信号机各个指示灯的含义。

21. 写出常见标识牌的含义。

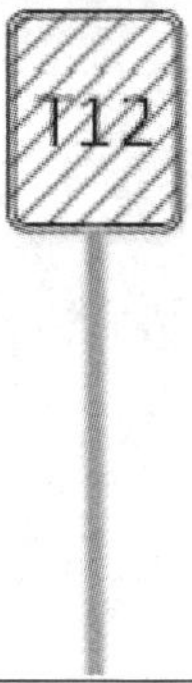	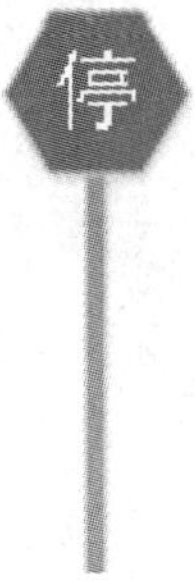		

22. 简述整备作业检查原则。

23. 调车作业有哪两种情况？

24. 洗车作业前应当准备什么？洗车作业过程中列车限速多少？

25. 正线运行司机驾驶要求有哪些？

第七章　跨座式单轨

【学习目标】

1. 了解跨座式单轨交通发现现状；
2. 掌握跨座式单轨线路基础知识；
3. 掌握跨座式单轨信号基础知识；
4. 掌握跨座式单轨道岔基础知识；
5. 掌握跨座式单轨车辆基础知识；
6. 掌握跨座式单轨列车驾驶操作技能；
7. 掌握跨座式单轨列车出、入段作业技能；
8. 掌握跨座式单轨列车洗车及调车作业技能；
9. 掌握跨座式单轨列车驾驶及折返作业技能；
10. 掌握跨座式单轨列车常见故障处置；
11. 掌握跨座式单轨列车突发事件的应急处置。

【知识要求与技能要求】

1. 跨座式单轨线路组成及特点；
2. 跨座式单轨信号组成及基本原理；
3. 跨座式单轨道岔基本组成及类型；
4. 跨座式单轨车辆转向架、牵引系统及制动系统基本原理；
5. 跨座式单轨列车整备作业流程；
6. 跨座式单轨列车标准化值乘规定；
7. 跨座式单轨列车正线驾驶及作业流程；
8. 跨座式单轨列车水平轮、走行轮爆胎故障处置；
9. 跨座式单轨列车接地故障处置；
10. 跨座式单轨列车车门故障处置；
11. 跨座式单轨系统遇暴雨、地震自然灾害应急处置；
12. 跨座式单轨列车救援应急处置。

第一节　概　述

跨座式单轨交通系指列车跨坐在预应力梁上运行的交通方式。19 世纪 50 年代，德国 ALWEG 公司开始致力于研究和推动跨座式单轨交通的发展，并在美国加利福尼亚迪士尼乐园实施了其首个跨座式单轨项目。多年后，庞巴迪公司为美国佛罗里达的迪士尼乐园建设了相似的线路，一直使用至今天。

跨座式单轨交通线路的应用案例遍布全球，中国、日本、韩国、新加坡、德国、俄罗斯、美国、澳大利亚等国家均建设有跨座式单轨交通线路。国内跨座式单轨线路主要分布在重庆、北京、台湾，且有多个国内城市拟于近期开始修建跨座式单轨轨道交通线路。

跨座式单轨交通运营线路由 PC 梁、车站、车辆段、控制中心组成，配备有跨座式单轨列车、供电、信号、通信、综合监控、AFC、屏蔽门/安全门、安防门禁、电扶梯等完善的系统设备，在运营管理人员的指挥及操作下，共同安全、高效地完成旅客输送任务。

一、跨座式单轨线路的组成及特点

1. 跨座式单轨线路的组成

跨座式单轨线路由正线、折返线、故障车停留线、出入段线、联络线组成。

正线是指载客列车运行的线路，贯穿所有车站和区间，正线一般按双线设计，采用右侧行车制。

折返线是指全线客流分布不均匀时，可组织区段运行，即在尽端站与中间站或中间站与中间站之间进行列车折返调头，在这些地方需要为列车设置折返线。

停车线一般设置在端点站，专门用于故障车停车、存车、待避。

出入段线是指车辆段与正线连接的线路，为车辆段出入段线。

联络线是指在整个城市轨道交通网络中，要使同种制式线路可以实现列车过轨运行，这种过渡一般需要通过线与线之间的联络线来实现。

2. 跨座式单轨线路的特点

跨座式单轨轨道由钢筋混凝土预制的轨道梁（轨道梁高 1 500 mm、轨面宽 850 mm），钢箱梁和现场浇筑的连续梁连接而成，均为双线线路，线路设计速度为 80 km/h，允许速度为 75 km/h。高架轨道梁桥与线路、排水、照明、牵引供变电、通信各专业接口关系也较为复杂。标准轨道梁跨中断面如图 7-1 所示、T 形独柱墩如图 7-2 所示。

（1）曲线半径较小。跨座式单轨车辆采用橡胶车轮，具有较强的爬坡能力，爬行最大坡度可达 60‰。在正线上，车辆可通过的最小曲线半径为 100 m，在车辆基地的线路上车辆可通过的最小曲线半径为 50 m。在设计时，要按当地特点进行优化选取。由于具有这样的能力，跨座式单轨交通特别适用于山地城市。

（2）占地面积少。跨座式单轨一般采用高架结构，通常设置在城区道路中央隔离带或道路旁的通道上，对地面影响较小。墩柱结构尺寸较小，一般在 2 m 左右。线路之间无其他遮挡，影响光照较小，对城市景观也影响不大。跨座式单轨较适用于高架形式，对比起地铁，高架跨座式单轨占地面积小，垂直空间亦较小。

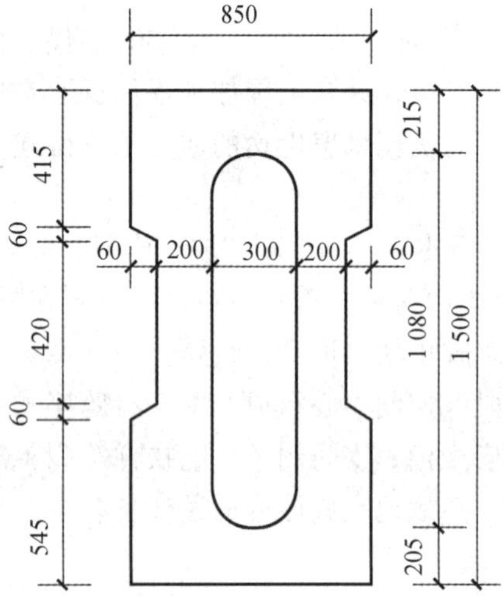

图 7-1　标准轨道梁跨中断面

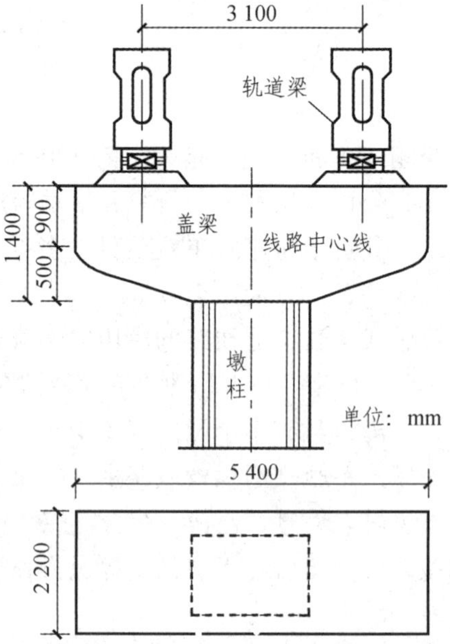

图 7-2　T 形独柱墩

（3）环境较好。相比于地铁，其高架对地面的遮挡较少，能和谐地融入城市景观。

（4）安全性可靠。跨座式单轨车辆以转向架水平轮包裹轨道梁运行，因此不容易出轨，安全性更好。

二、跨座式单轨信号系统的组成及特点

跨座式单轨交通信号系统是保证列车运行安全，实现行车指挥和列车运行现代化，提高运输效率的关键系统设备。

1. 跨座式单轨信号系统的组成

跨座式单轨信号系统由列车自动控制系统（ATC）和车辆段信号控制系统两大部分组成，用于列车进路控制、列车间隔控制、调度指挥、信息管理、设备工况监测及维护管理，由此构成了一个高效的综合自动化系统，如图 7-3 所示。

列车运行自动控制系统包括 3 个子系统：列车自动监控系统（Automatic Train Supervision，ATS）、列车自动防护子系统（Automatic Train Protection，ATP）、列车自动运行系统（Automatic Train Operation，ATO）。系统需设置行车控制中心，沿线各车站设计为区域性联锁，其设备放在控制站（一般为有岔站），列车上安装有车载控制设备。控制中心与控制站通过有线数据通信网连接，控制中心与列车之间采用无线通信进行信息交换。ATC 系统直接与列车运行有关，因此 ATC 系统中的数据传输要求比一般通信系统的安全性、可靠性更高。

车辆段信号控制系统用以实现车辆段的进路控制，并通过 ATS 车辆段分机与控制中心交换信息。先进的车辆段信号控制系统的特点是信号一体化，包括联锁系统、进路控制设备、接近通知、终端过走防护和车次号传输设备等。这些设备由局域网连接并经过光缆与调度中

心相连。列车的整备、维修与运行相互衔接成一个整体，保证了跨座式单轨交通的高效率和低成本。车辆段内试车线设若干段与正线相同的ATP和ATO地面设备，用于对车载ATC设备进行静、动态试验。

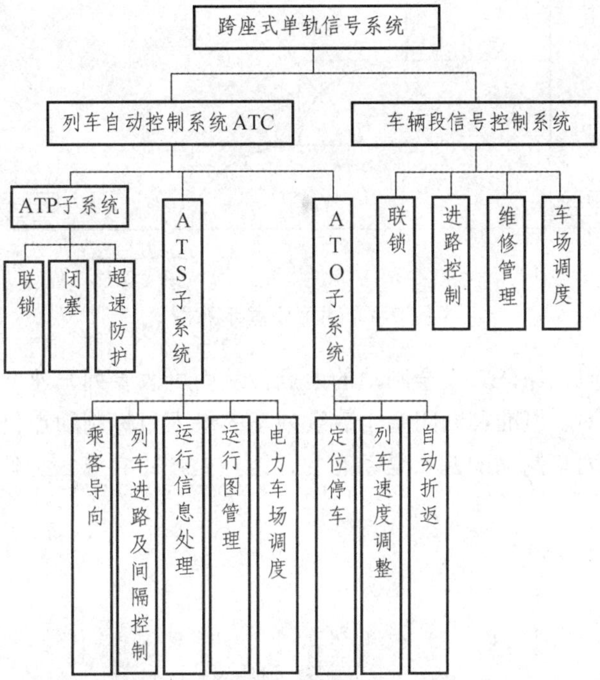

图 7-3 跨座式单轨信号系统框图

2. 跨座式单轨信号系统的基本原理

按照闭塞制式，跨座式单轨交通ATC可分为：固定闭塞式ATC系统、准移动闭塞式ATC系统和移动闭塞式ATC系统。

1）固定闭塞式

固定闭塞式将线路划分为固定的区段，不论前、后列车的位置，还是前、后列车的间距都是用固定的地面设备监测表示。线路条件和列车参数等均需在闭塞设计过程中加以考虑，并体现在地面固定区段的划分中。由于列车定位是以固定区段为单位的，所以固定闭塞的速度控制模式必然是分级的，即台阶式的，在这种制式中，需要向被控列车“安全”传送的只是代表少数几个速度级的速度码，对应每个闭塞分区只能传送一个信息代码。两列车之间的最小行车安全间隔距离至少为一个固定的闭塞分区，为了保证列车正常追踪运行，两列车间隔距离在3个闭塞分区以上，两列车之间的最小行车安全间隔距离较后者需要的空间距离大，降低了线路通过能力，如图7-4所示。

2）准移动闭塞式

准移动闭塞式预先设定列车的安全追踪间隔距离，根据前方目标状态设定列车的可行车距离和运行速度，是介于固定闭塞和移动闭塞之间的一种闭塞方式。准移动闭塞在控制列车的安全间隔上比固定闭塞进了一步，它通过采用应答器来判断分区占用并传输信息，信息量大。可以告知后续列车继续前行的距离，后续列车可根据这一距离合理地采取减速或制动，

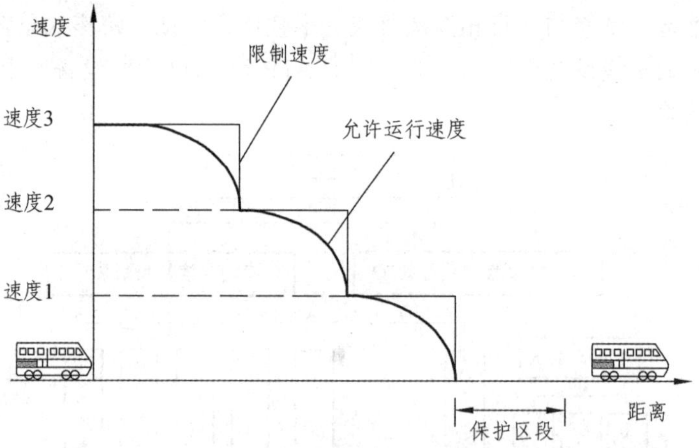

图 7-4　固定闭塞示意图

列车制动的起点可延伸至保证其安全制动的地点，从而可改善列车速度控制，缩小列车安全间隔，提高线路利用率。但准移动闭塞中后续列车的最大目标制动点仍必须在先行列车占用分区的外方，也就是列车制动的起点是动态的，终点是固定在某一分区的边界处，如图 7-5 所示。

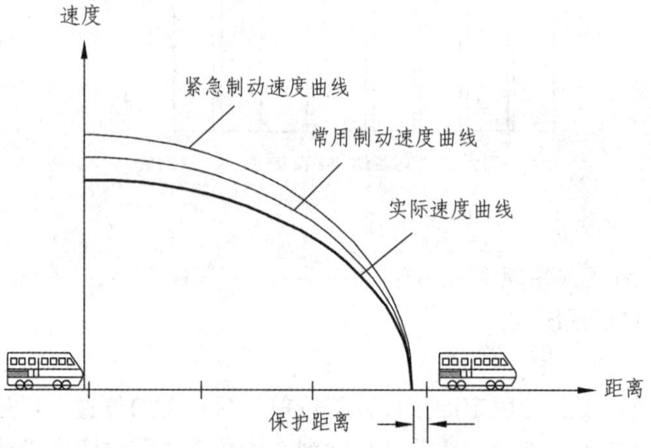

图 7-5　准移动闭塞示意图

3）移动闭塞式

移动闭塞可解释为“列车安全追踪间隔距离不预先设定，而随列车的移动不断移动并变化的闭塞方式”。它与车站或控制中心通过车载设备、传输媒介、大容量的车-地间双向通信实现信息交换，能够实现高速度利用无线通信技术。由于没有预先设置的闭塞分区，不以固定闭塞分区为列车追踪的最小单元，通过车-地实时双向通信，以列车的实际运行速度和列车位置，动态计算相邻列车间的安全距离，如图 7-6 所示。

与固定闭塞相比，列车运行间隔相对减少；与准移动闭塞相比，此方式后续列车所知道的目标距离是距先行列车尾部的实际距离，则具有更大运用灵活性和更小行车间隔，也因此具备了更大的运行调整能力，如图 7-7 所示。

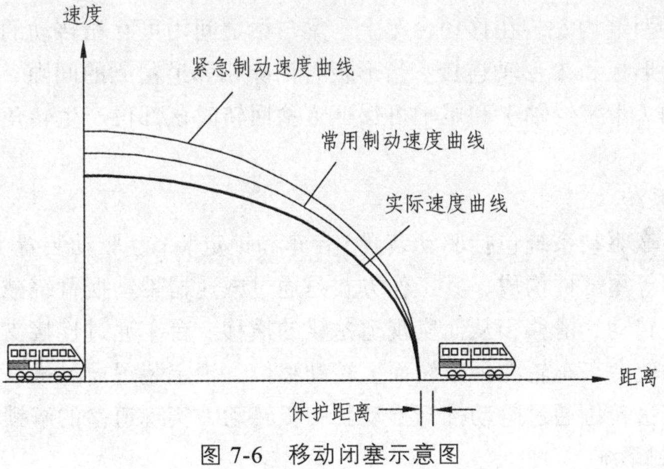

图 7-6　移动闭塞示意图

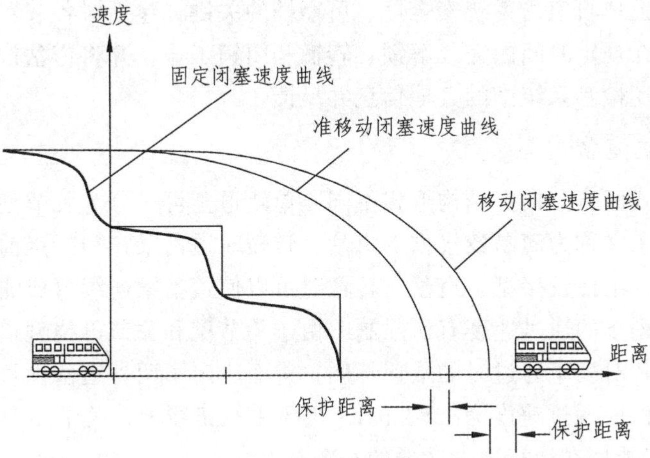

图 7-7　3 种制式的 ATC 系统速度曲线比较

三、跨座式单轨道岔的特点

1. 跨座式单轨道岔的基本构成

跨座式单轨道岔采用了与轨道梁相似的梁式结构，每组道岔一般由 4～5 节道岔梁组成，每节梁长度为 5.5 m 或 6 m。跨座式单轨道岔的基本构成可以概括为结构部分、转辙驱动系统及信号控制系统 3 个主要部分，如图 7-8 所示。

图 7-8　跨座式单轨道岔

1）道岔结构

跨座式单轨道岔由道岔梁、指形板、T 形轴（十字绞轴）、尾轴装置等部件组成。道岔梁是用耐候钢焊接而成的箱形梁，梁顶面为车辆承重轮运行的走行面，梁侧面布设有车辆水平轮运行的导向面和稳定面。单开及渡线型单轨道岔由 4 节道岔梁组成，每节梁长 5 500 mm；三开及五开型单轨道岔由 5 节道岔梁组成，每节梁长

6 000 mm。道岔梁两端均安装在移动台车上，梁与梁之间用可互相转动的指形接手组和可上下及横向转动的指形板和 T 形轴连接。指形板可消除相邻道岔梁的间隙，保证车辆通过道岔时的平稳。T 形轴（十字绞轴）和尾轴可保证道岔回转时该部位产生转角变化，并牵动相关梁进行转位。

2）转辙驱动系统

单轨道岔的转辙驱动系统包括驱动装置、台车和锁定装置。驱动装置由带电机的减速器、摆臂、导轮、导槽等零部件构成，其工作方式是通过减速器带动摆臂绕减速器中心轴回转，摆臂端导轮在导槽转动、滑移，从而实现道岔梁的横移。台车通过连接支架接在道岔梁底部两端，道岔梁拖动使台车车轮在钢轨轨面上转动移位。锁定装置通过推杆支架和翻转支架连接在台车侧面，道岔转位通过电动推杆推动翻转板转动，实现道岔的解锁和闭锁。

3）道岔的控制系统

控制系统是保证单轨道岔系统安全性、可靠性的关键，包括对各装置的检测和控制，保证道岔按信号要求在规定时间内完成解锁、转辙和闭锁工作，并将道岔位置信号反馈至信号显示系统中，同时还检测系统中的其他信息并反馈。

2. 跨座式单轨道岔类型

（1）按结构形式区分。根据结构形式不同，单轨道岔可以分为关节型道岔和关节可挠型道岔两种。关节型（又称为简易铰接型）道岔，转辙时道岔梁在转折点前方形成折线线形，关节可挠型（叉称为柔性铰接型）道岔，转辙时可以使道岔梁连续弯成曲线线形。为了保证安全平稳，道岔对列车的通过速度有所限制。由于关节型和关节可挠型道岔转折时形成的线形不同，决定了两者对列车通过时的限速不同，进而决定了两种道岔设置的位置也不相同。关节可挠型道岔的侧向通过速度为 25 km/h，主要用在正线上，关节型道岔的侧向通过速度为 15 km/h，一般只能用在运行速度较低的车辆基地。

（2）按功能区分，单轨道岔是跨座式轨道交通系统中一种特殊的机电设备。它是通过电力驱动使相互连接的多节道岔梁转辙对位，实现列车转线、调车需要。从功能上有单开和多开（双开、三开、五开）道岔，还有渡线道岔和平移式道岔等类型。

四、跨座式单轨列车的特点

1. 跨座式单轨列车总体介绍

列车总体构成是由 4、6 或 8 节动车组成，其中 Mc 车是带司机室的动车，列车总体分为车上和车下两部分。车厢中部有客室门供乘客上下车使用，一节车厢有 4 扇门，其中每扇门中上部装有一个缓降装置，左下部装设有一个外部紧急开关装置以及列车裙板盖用于保护列车主要电气设备。车厢下部设置有上下裙板盖用于保护列车导向轮和稳定轮以及走行部分组成，其中还包括电气设备等。

（1）四辆列车编组：*Mc1+M2+M3+Mc2*，其中：Mc1 与 M2、M3 与 Mc2 分别各为一单元。

（2）六辆列车编组：*Mc1+M2+M4+M5+M3+Mc2*，其中：Mc1 与 M2、M4 与 M5、M3 与 Mc2 分别各为一单元。

（3）八辆列车编组：*Mc1+M2+M4+M5+M7+M6+M3+Mc2*，其中：Mc1 与 M2、M4 与 M5、M7 与 M6、M3 与 Mc2 分别各为一个单元，列车分成两个大单元，即第 1 大单元（*Mc1+M2+M4+M5+）和第 2 大单元（+M7+M6+M3+Mc2*）。两个大单元编组的列车设计中考虑当其中一个单元发生故障时，另一具备动力的单元能够将全列车救援下线。

Mc1 或 Mc2 指带司机室的动车（带有一个动力转向架及一个非动力转向架），M2、M3、M4、M5、M6、M7 指不带司机室的动车（M2、M3、M4、M6 带有两个动力转向架，M5、M7 有一个动力转向架及一个非动力转向架）。

注：*为密接式车钩，+为棒式车钩。

2. 跨座式单轨列车转向架

跨座式单轨转向架是适合于 80 km/h 的速度等级的无摇枕焊接结构转向架，转向架配有 4 个走行轮、4 个导向轮和两个稳定轮。该转向架的设计，具有最好的运行性能，最低的振动噪声和最少的维修工作量。跨座式单轨列车转向架分为非动力转向架和动力转向架，如图 7-9、图 7-10 所示。

图 7-9　非动力转向架图

图 7-10　动力转向架

1）转向架各部件的作用

（1）走行轮：为钢芯橡胶轮胎，其内填充氮气，是列车在轨道梁上行驶时所用的轮胎。每一个转向架有 4 个走行轮。

（2）导向轮：为尼龙芯橡胶轮胎，其内填充氮气，也可填充空气，是列车在行驶过程中引导方向的轮胎。每一个转向架有 4 个导向轮。

（3）稳定轮：为尼龙芯橡胶轮胎，其内填充氮气，也可填充空气。它使转向架抱紧轨道梁，防止列车行驶中的侧翻运动，提高列车安全性。每一个转向架有两个导向轮。

（4）辅助轮：当同一轴上的两个走行轮漏气或爆裂时，辅助轮着地，此时需要听从行车调度命令清客并根据环境温度限速回库或进待避线。

（5）空气弹簧：主要有支撑车体以及缓冲作用。当同一节车厢不同地方或不同车厢的载重不同，此时左右空气弹簧可以通过辅助气室进行自我调节至同一高度；当其中一个空气弹簧破损，另外一个空气弹簧中的压力空气会通过压差阀自动释放。

2）空油变换及基础制动装置

空油变换装置分为两种类型，一种带有停放制动，一种不带停放制动，每一节车厢有一个转向架的空油变换装置带有停放制动。当司机施加制动时，空油变换装置将空气压力转换成油压，然后由基础制动装置中的液压卡钳进一步提高压力后将制动闸片作用于制动盘。

3）内压检测装置

它采集每个走行轮上的压力计和压力开关的电路信号。轮胎内部压力通过压力表来调整到一个设定值，当走行轮胎压处于正常的空气压力时，驾驶室监控器上无故障显示；当走行轮胎的空气压力降低时，驾驶室的监控屏上会显示出“X 车 X 轴内压异常”故障，此时司机须进行相应的处理。

3. 跨座式单轨列车牵引系统

跨座式单轨主回路主要电气装置设有：受电弓、主隔离开关、母线隔离开关、高速断路器、线路断路器、避雷器、接地线路、滤波电抗器、VVVF、过压保护线路、电机等。牵引电机通过联轴节与齿轮传动装置连接，传递牵引或电制动力矩，驱动列车前进或使列车制动。

1）牵引电机

跨座式单轨列车采用的电动机是三相鼠笼式异步牵引电动机。该电动机是省维修型且已被证实用于运行在类似环境中经实际考验性能良好的牵引电动机，其电气性能和转向架安装与车辆所采用的传统电机相同，具有互换性。感应电动机配有定子和转子。三相交流电压应用于定子上，改变气隙通量、为定子导向并形成转矩。

2）辅助逆变器（SIV）

辅助逆变器（SIV）的作用是为列车蓄电池组、照明系统、空气压缩机、空调系统、信号系统等提供电源。SIV 由开关熔断器箱，辅助电源单元，整流箱三大部分组成。开关熔断器箱通过隔离器 SIVS 的开闭控制 DC1 500 V 输入到辅助电源单元。通过 DC—AC 变换输出 380 V 交流电，所输出的 AC380 V 一部分提供给列车空压机、空调装置使用，一部分通过辅助逆变器内的变压装置，降压为 AC220 V 提供给照明、幅流风机使用。

一般情况下，SIV 故障都是瞬间的，经过延时自检后都能自动恢复，自动启动，当在 120 s 内再次检测到故障，此时 SIV 停止工作，锁定故障，列车扩展供电。

4. 跨座式单轨列车制动系统

跨座式单轨列车制动系统一般分为常用制动、紧急制动和停放制动，特点是：操作灵活，动作迅速；具有足够大的制动能力，保证列车在规定的制动距离内准确停车；为减少污染和成本，尽量充分发挥电制动能力；动力随荷载的变化而自动调整；制动系统具有防滑功能；紧急制动时，其施加的制动力应能根据列车的冲动极限自动调整，以降低车辆间的冲击。

1）常用制动

常用制动又称为电空混合制动，首先使用电制动，若制动力不能满足制动需求时，则需要空气制动加以补偿，以满足列车制动需求，我们称这种制动方式为常用制动，受最大允许纵向冲击率限制，常用制动（手动制动为 7 级）用于正常运行条件下的制动，常用制动指令通过 3 条导线（二进制编码）传到电子控制装置。电子控制装置从 3 条导线接收制动指令后，压力传感器单元检测出本车的 2 个空气弹簧压力，传送给电控装置。根据这些指令和信号，本装置生成一个 MC-M 单元车组的荷载补偿制动模式。为了优先使用电制动，该装置再把该制动模式作为再生制动模式指令传送到主控单元。实际产生的再生制动从主控单元作为再生制动反馈指令传送回该装置。和制动指令相比，如果电制动力不足，则制动力的短缺由本单元内 4 个转向架的空气制动共同分担。当本车的主控单元失灵时，该装置可以使本车自动实施空气制动。另外，为了提高乘坐的舒适性，手动操作时该装置可减轻电控装置上的制动力变化率。

常用制动指令通过常用制动指令线路来传递，而混合制动操作在电控装置内进行。如果电制动力相对于制动力要求来说不足时，所缺的制动力作为一个气制动力指令发给电-空转换中继阀。电-空转换中继阀把电流信号转换成气压。该阀由磁流控制阀、紧急电磁阀和双活塞中继阀 3 部分组成。该磁流控制阀是由电控装置根据输出气压（AC 压）的反馈信号来进行控制。AC 压被导入中继阀的操作室，并在此处被放大。然后，该输出压被作为气制动力导入制动缸。

电控装置：安装在制动操作单元内，通过微处理器采用数字计算系统。每节车上安装一个电控装置。该装置从常用制动线路接收制动指令，并检测 2 个空气弹簧压力，然后产生制动模式。对于 M 车，该装置接收从 Mc 车的电控装置传来的变荷载指令，产生 Mc-M 单元的制动模式，并向 VVVF 发出再生制动力请求信号。在接收到从 VVVF 传来的再生制动反馈信号后，控制混合制动。再生制动力被 M 车和 Mc 车平分并传递给 Mc 车后，M 车产生本车的空气制动补充模式。对于 Mc 车，该装置接收从 M 车电控装置传来的空气制动减算指令（等于分给 Mc 车的再生制动反馈力），计算本车的空气制动补充模式。

再生制动的工作原理：列车再生制动也称为回馈制动，再生制动的过程是一种能量的转换过程。即将列车的动能转化为电能，并反馈给接触网的过程。再生制动过程中，电机转矩相对于电机转速来说为负，电机转速大于旋转磁场的同步转速，此时根据电机特性，电机在此工况下作为发电机使用。电机所输出的三相交流电首先输入 VVVF 逆变器，逆变器通过反向逆变（逆变过程与牵引工况时基本一致）将三相交流电变换为直流电，然后再经过线路断路器、高速断路器、滤波电抗器、受电弓反馈回接触网。以上也是造成接触网电压波动的原因。在再生制动过程中，如果接触网电压达到 1 720 V 以上时，再生制动停止。此时列车不能进行再生制动，列车的制动全部由空气制动提供。

2）紧急制动

为了安全，紧急制动采用常时带电系统，以达到故障安全的目的。制动操作时，列车线（EB）失电。也就是说，当 EB 线断开时，紧急制动在各节车上自动生效。EB 列车线失电时产生紧急制动，该系统构造使得满足空重车调整阀所产生荷载要求的压力导入电-空转换中继阀。紧急电磁阀把压力导入中继阀部分，该部分再放大来自紧急制动线路上的紧急制动力，其方式和放大来自常用制动的一样。被放大的空气流也被输送到制动缸。

紧急制动采用纯空气制动的方式，其制动力受空重阀的调整实现随载重的变化自动调整，且不受纵向冲击率限制。

3）停放制动

为确保无压缩空气状态下列车仍有制动力，单轨车设置了停放制动。通过控制停放制动电磁阀 SPV 得失电来控制停放制动，得电充气缓解，失电排气施加。停放制动是通过弹簧的反作用力使夹钳抱紧制动闸片，从而产生制动力。当司机室在激活的情况下，司机在司机室操作停放制动开关，投入时停放制动施加，关断时停放制动缓解；司机室未激活时，制动控制回路始终处于失电状态，因此，在司机室未激活时列车一定会产生停放制动。一节车厢只有一个转向架带有停放制动，一个带停放制动的转向架有 2 个带停放制动的空油变换装置。

第二节　操作技能

一、跨座式单轨列车整备作业

1. 跨座式单轨列车整备作业的原则

整备列车前，司机应首先检查确认列车车号、所处股道与检车明细表记录的是否一致，检查列车周边线路两侧是否有异物侵线，限界内是否有人员进行施工作业。

司机在整备作业前后及过程中，凡发现异常时，应第一时间报告车场调度员，并按其指示执行。列车出现影响上线运行的故障时严禁出库。

2. 跨座式单轨列车整备作业标准

（1）首先对跨座式单轨列车车下进行全面检查，确认列车外观良好，上裙板锁、下裙板锁、救援缓降装置、车门外部紧急解锁装置、车钩、电气连接线防尘盖、风挡等设备状态正常。采用“目视”方式，从上到下、从左到右依次手指口呼确认，对列车进行静态检查。

（2）车下检查完毕后，进入司机室联系车场调度员，确认停车股道带电并进行升弓作业，升弓作业前先进行降弓作业（跨座式单轨受电弓采用电升气降的原理，升弓作业前先降弓作业保证受电弓气缸充气，升弓时受电弓将缓冲紧贴接触网，防止受电弓无缓冲造成设备损伤）。升弓作业完成后，列车起动，空气压缩机开始工作，司机对车上司机室、客室内进行检查，采用“目视、耳听、手动”的方式，从上到下、从右到左进行检查。待空气压缩机停止工作后进行二次升降弓，然后继续检查司机室、客室。检查司机室过程中须对列车进行动态试验（确认列车牵引制动性能良好）。

（3）整备作业时间为 40 min，司机在规定时间内检车完毕后，联系车场调度员。

二、跨座式单轨列车出、入段作业

1. 跨座式单轨列车出段作业

车场调度员发布进路开通和允许动车的命令后，确认信号、进路正确，厉行手指呼唤，鸣笛试闸（牵引列车以 5 km/h 速度施加“制动 3”，确认列车在 2 ~ 3 m 内停稳）。

试闸后，确认列车制动系统正常，驾驶列车按 SH 驾驶模式限速 5 km/h 运行至库门前一度停车，头部越过库门后限速 15 km/h 运行出库。列车运行至出/入段线出段信号机“一度停车标”前停车。沿途发现信号、进路、道岔位置与调度命令不符时，立即停车报车场调度员。

列车停稳后，将列调电台和手持台转换至“正线组”，确认列车由 SH 模式自动升级为 ATP 运行模式。确认满足行车条件后，按图定计划驾驶列车至规定的载客车站投入服务。非图定列车按行车调度命令手动驾驶至指定车站投入服务。

2. 跨座式单轨列车入段作业

列车在正线回段时，应在连接出/入段线的车站停车。确认满足行车条件后，按规定速度运行至入段信号机前一度停车（遇电话闭塞法行车时，受令司机还需将闭塞号码记录在司机报单上）。将列调电台和手持台转换至相应“车场组”频道。联系车场调度员，待车场调度员发布进路开通和允许动车的命令后，确认信号、进路、道岔位置正确，按 SH 驾驶模式限速 15 km/h 运行回库。在指定股道库门外方“一度停车”后，确认限界和进路正常，鸣笛限速 5 km/h 运行至对应线路停车位前方 10 m 处一度停车，再次确认限界和进路正常，鸣笛限速 3 km/h 对标停车。

三、跨座式单轨列车洗车及调车作业

1. 跨座式单轨列车洗车作业

司机在得到洗车作业命令后，按调车作业规定执行。回场洗车作业的列车凭车场调度员口头命令执行。洗车作业前，应关好门窗、关闭空调。待洗车线信号开放后，方可进入，列车通过洗车机运行速度不得高于 3 km/h。洗车作业中，严禁列车退行或将头手伸出窗外、开启雨刷。

洗车作业时，应加强对列调电台及手持台的监听，并认真确认洗车设备状态，做好随时停车的准备。遇洗车设备异常时，立即停车报告清洗室工作人员和车场调度员，在得到清洗室工作人员的同意后，确认洗车设备无侵限后方可动车。

洗车作业结束后联系车场调度员确认走行进路，待信号开放后方可动车；如遇人工补洗司机需收车后联系车场调度员。

2. 跨座式单轨列车调车作业

调车是指除列车在正线运行，车站（车场）到发以外，一切列车车辆有目的的移动。调车前，应按运营列车整备作业标准整备，确认正常后方可进行调车。

调车前，应认真确认“调车作业通知单”内容，做好调车预想。车场调度员发布进路开通和允许动车的命令后，司机应确认命令内容与“调车作业通知单”一致后方可动车。调车过程中需换端操作时，司机应在列车停稳后，换端确认列车尾部已越过相应调车信号机；司机再与车场调度员联系，得到回复后，确认调车进路、信号、道岔开通位置正确和线路无侵限情况后，将列车运行至停放股道。调车作业必须严格遵守车场限速规定。

整个调车作业须严格遵守调车作业“六不准”的规定：调车人员不到位不准调车；无调车计划不准调车；调车计划不清不准调车；停留车位置不清不准调车；变更作业计划未交付不准调车；线路两旁物件侵入限界无安全措施不准调车。

四、跨座式单轨列车正线驾驶及折返作业

1. 跨座式单轨列车驾驶规定

跨座式单轨列车司机应根据轮乘图或行车调度命令确认发车时间，确保准点发车。驾驶列车时，司机身体应正直坐于座椅上，左手放于驾驶台扶手位置，右手紧握主手柄。禁止在

列车运行过程中交换司机操作权。

列车运行中，应加强对线路、列车设备状态的监控，遇危及行车或人身安全时，立即采取紧急措施，并报告行车调度。遇列车出现故障时，应立即做出正确判断，沉着冷静应对，及时按规定正确处理。人工驾驶进站前，应提前减速进站，进站速度不得超过 45 km/h，加强着望，时刻注意站台情况，发现异常情况及时采取应急措施。列车到站停车后，司机应将主控手柄置于“制动 7 级”；司机需离开司机室或停车时间超过 60 s 时，应将主控手柄置于“紧急”位。

隧道及夜间行车必须将头灯开启远光，遇进站和会车时，转换为近光。正在自动驾驶的列车如有特殊情况需采用手动驾驶时，须得到行车调度准许后方能采用。正在手动驾驶且具备 ATO 自动驾驶功能的列车如需采用自动驾驶时，须得到车队长同意后，方能向行车调度申请使用。

列车运行至尽头线时需与线路终端保持 10 m 以上的安全距离。特殊情况下须近于 10 m 时，须在 10 m 处一度停车后，以 3 km/h 以下速度运行，禁止越过防护信号机或停车指示牌。列车在各库线内运行时，限速为 5 km/h，在指定停车位置前 10 m 处须“一度停车”，以 3 km/h 的速度对位停车，禁止越过停车位。列车在车场内非库线区域运行限速为 15 km/h。

进入试车线的第一趟列车须限速 15 km/h 进行“压道”作业，并确认无异常后方可继续运行。列车在试车线原则上按照速度码运行，因故切除 ATP 后，运行速度不得超过 45 km/h。列车进出各库线时，必须在指定位置处一度停车，确认走行线路。列车进入库线内有分段绝缘器的线路，应在指定地点一度停车后，联系车场调度员确认线路是否带电再行进入。

2. 跨座式单轨列车站台作业

1）站台开关门作业

列车到站停稳后开启车门及站台门，必须执行“手指确认、高声呼唤”的作业制度，确认车门、站台门全开后，通过侧窗探头监护乘客上下车情况。其间不得背手、手插口袋或把手搭在相关设备上，不应作出打哈欠或伸懒腰行为。ATP 人工驾驶模式下，由司机按压开门按钮执行开门作业。ATO 自动驾驶模式下，系统执行自动开门程序。列车到达起点车站停车，司机在开门作业后，需站立对乘客进行监护，确认广播、目的地设置正确，做到准点发车。

司机须严格执行到点关门制度。按压关门按钮后认真确认站台门、车门正常关闭，目测责任范围内无夹人夹物，是否有手信号显示或异常情况。列车在车站关门作业后，如发现单个或多个车门因异常情况导致车门防夹功能启动，无法关闭后按压再开闭按钮，使相应车门打开后自动关闭。

2）站台清客作业

列车到指定车站需进行清客作业时，司机在开门作业后，站在间壁门处着望客室情况，确认清客站务人员已下车后，方可关闭车门。

3）站台动车作业

列车在站台发车前，必须认真确认出站信号机开放、发车计时器显示正常、前方进路正确。

3. 跨座式单轨列车折返作业

折返作业按折返地点分为：站后折返、站前折返。折返作业按驾驶模式分为：ATO 自动折返作业、自动驾驶折返作业、手动驾驶折返作业。终点站折返换端时，电动列车司机需对客室内温度、空调通风设备投入状态进行感知，对客室内各类显示器的使用情况（乘客信息显示器等）的状态进行巡查，发现设备异常及时报修。

1）ATO 自动折返（站后折返）

（1）列车在终点站办理完乘客下车作业，确认清客站务人员已下车，车门、站台门关闭后，将主控手柄置于紧急位，将方向手柄置于“0”位，拔出主控钥匙。

（2）待列车“信号监控显示屏（DMI）”自动激活且显示折返图标，手指口呼确认完毕后，同时按压两个“ATO 发车”按钮，按压时间持续 3 s 后松开，列车将自动折返。

（3）列车起动后，司机带上随车工具，关闭司机室负载，锁闭司机室侧门、门窗、间壁门通过客室换端至另一端司机室，此时列车自动运行至折返线内指定停车位置。

（4）换端后，司机站立于司机室右侧紧急按钮旁监护列车自动运行至站台。

（5）列车运行至站台停稳后，自动打开车门，司机激活当前司机室后，将方向手柄置于“前”位。

2）自动驾驶折返作业（站后折返）

（1）列车在终点站办理完乘客下车作业，确认清客站务人员已下车，车门、站台门关闭后，手指口呼确认完毕，按 ATO 驾驶方式发车，列车将自动运行至指定停车位置停车。

（2）到达指定停车点后停车，主手柄置于紧急位，将方向手柄置于“0”位，拔出主控钥匙。司机带上随车工具，关闭司机室负载，锁闭司机室侧门、门窗、间壁门通过客室换端至另一端司机室。

（3）插入主控钥匙，激活司机室，将方向手柄置于“前”位，手指口呼确认完毕后，按 ATO 驾驶方式发车，列车自动运行至站台停车开门。

3）手动驾驶折返作业（站后折返）

（1）列车在终点站办理完乘降作业，确认清客站务人员已下车，车门、站台门关闭后，按列车速度码运行。

（2）到达指定停车点后停车，手柄置于紧急位，将方向手柄置于“0”位，拔出主控钥匙。司机带上随车工具，关闭司机室负载，锁闭司机室侧门、门窗、间壁门通过客室换端至另一端司机室。

（3）插入主控钥匙，将方向手柄置于“前”，激活司机室，手指口呼确认完毕后，按列车速度码运行至站台停车，办理上下客作业。

4. 跨座式单轨列车正线交接作业

1）正线交接车内容

（1）列车车次。

（2）列车、线路、行车相关设备设施状态。

（3）继续有效的行车调度命令。

（4）随车工具。

（5）其他必须说明的注意事项。

2）正线交接作业程序

（1）提前 1 min 到达指定的接车位置立岗，面向来车方向，做好接车准备。

（2）待列车头部越过接车司机立岗处时，身体转向列车方向。

（3）交车司机确认列车对标停稳、气制动正常施加、车门与站台门正常开启后，快速整理随身物品。

（4）接车司机确认车门、站台门开启后相互敬礼对口交接。

（5）交接完毕后，交车司机应在接车位置，面向轨道方向立岗，做好送车准备。接车司机上车确认行车备品齐全后，将工作包及服务监督卡放于指定位置，按照站台作业程序办理关门作业。

（6）接车司机确认满足动车条件后启动列车。

（7）交车司机待列车尾部越过立岗处时，身体转向列车前进方向站定后，方能离开。

5. 跨座式单轨列车退出服务

列车按图定计划或行车调度命令不再担任载客任务时，司机应在指定车站开门，播放清客广播。待车站清客人员下车后关闭车门、站台门。门关好后，确认客室无异常，关闭客室照明。具备发车条件后，根据图定计划或行车调度命令手动驾驶列车至指定地点。

退出服务的返空列车应关闭客室照明，在运行过程中应加强对目的地和行车条件的确认，控制好列车速度（通过车站时限速 50 km/h）。

第三节　列车故障及应急处置

一、跨座式单轨列车常见故障处理

1. 列车水平轮、导向轮泄气或爆胎故障处置

跨座式单轨列车水平轮、导向轮发生泄气或爆胎，会造成车体倾斜，对行车安全构成影响。在运行过程中司机发现列车车体有倾斜、颠簸，或者听到异响等，应立即报告行车调度员，建议清客下线，并限速 5 km/h 运行到前方站停车。列车停站清客完毕后，司机到对应车厢确认车体是否有倾斜、侵入限界等情况。

当列车一个水平轮或导向轮泄气或爆胎，列车以 15 km/h 速度运行到故障车停留线或回段。当列车两个水平轮或导向轮泄气或爆胎，列车以 5 km/h 以下速度运行到故障车停留线或回段。

2. 跨座式单轨列车走行轮泄气或爆胎故障处置

跨座式单轨车走行轮发生泄气或爆胎时，会造成故障车轮所在转向架对应的 VVVF 支路切成（非动力转向架除外），对列车的正常运行造成影响，在故障车下线过程中，可能会发生走行辅助轮爆裂，这种情况将对车辆转向架及连接部件造成严重损伤。

跨座式单轨列车监控器显示“轮胎内压检测异常”故障，表示对应转向架的轮胎漏气、爆胎、管路以及气压表等发生故障。列车司机应立即报告行车调度员，建议清客下线。如果在运行过程中发生该故障，列车司机应以 15 km/h 以下的速度驶到前方车站清客下线。

清客完毕后关闭客室车门，打开对应转向架的地板盖，确认轮胎状态，同一个轴上只一条轮胎爆胎，此时列车按限速 35 km/h 的速度运行到待避线或回段。如同一根轴上有两条轮胎爆裂，造成辅助轮落在轨道梁上，此时需待车站工作人员上车且在该轮轴处值守后，限速行驶到待避线或回段，环境温度低于 30℃，列车需限速 15 km/h，环境温度高于 30℃，则需限速 10 km/h。

运行过程中应注意观察和监听，如发生异常情况立即停车检查，如果在走行过程中辅助轮爆裂应立即停车，通知行车调度员，说明情况。若不影响行车安全和损坏轨道梁时，尽量运行到就近待避线。

3. 跨座式单轨列车接地故障（GR）应急处置

在车站、正线区间或库内时发生列车 GR 接地故障，将造成全线列车 GR 故障，造成正线运营中断。在车站、正线区间，司机发现列车 GR 接地故障灯亮，行车调度员及时报告行车调度员。行车调度员立即报告线路值班主任和电力调度员。

当 GR 接地故障造成 64D 保护动作，全线失电或全线再生制动装置退出运行时，命令全线列车降弓，降弓完毕后命令电力调度员试送电，以判断是车辆故障接地或是接触网故障接地。如送电不成功，则判断是接触网故障接地，电力调度员逐个供电区段送电，以确定是哪一供电区段故障接地。如试送电成功，则判断是车辆故障接地，行车调度员逐个命令在线列车司机升弓，判断是哪一列车故障接地。列车故障判断准确后，实施纵向连挂救援预案。

司机根据行车调度员命令，全线列车运行到前方车站停车，按压 GR 复位按钮，确定本列车 GR 接地故障灯熄灭后，才能打开车门和站台门上下乘客、在车站停车待令。ATO 模式运行的列车发生 GR 接地故障时，应立即停车，不对准停车位，防止列车到站后，自动打开车门而造成乘客触电事故。按压 GR 复位按钮后、GR 接地故障灯未熄灭或熄灭后瞬间又点亮的列车，严禁打开车门和站台门上下乘客，站台上的任何人都不得触碰车体，司机也不能下站台。

不能运行到车站的列车应停在线路平直的地段，施加紧急制动和停放制动，防止列车溜逸并立即报告行车调度员。按照行车调度员命令降弓或升弓。重点排查的列车经行车调度员批准后再降弓一次，升弓后再按压 GR 复位按钮，若故障排除，GR 接地故障灯熄灭，司机打开车门上下乘客，继续运行。若故障不能排除，GR 接地故障灯未熄灭或熄灭后瞬间又点亮，司机不得打开车门上下乘客，要立即报告行车调度员，请求接触网停电。经行车调度员确认接触网已经停电，GR 接地故障灯熄灭后，才能清客。当确认列车故障无法排除时，应立即报告行车调度员，请求救援。

4. 跨座式单轨列车运行过程中发生裙板打开故障处置

司机值乘中发现跨座式单轨列车裙板打开后，立即采取紧急措施，并报告行车调度员说明情况。

如裙板在站台侧：建议接触网停电，待行车调度员按程序通知车辆维修人员到场处理。完成后，恢复送电，列车下线。

如裙板在非站台侧：如能够到达对应侧则同上处理。如无法下到达则带上绝缘棒，在车站工作人员或车辆维修配合下，到对面站台利用绝缘棒将裙板关闭，限速 5 km/h 运行到就近能够处理的车站再进行锁闭处理。

如列车在高架区间：当列车在区间打开检修通道侧的裙板，按照在站台侧处理程序执行。当列车在区间打开无检修通道侧的裙板，尽可能往就近车站运行。当接近站台时，由客运公司车站工作人员配合进站，之后按站内打开情况处理。

如列车在隧道区间：按照在站台侧处理程序执行，并做好停车后的乘客安抚工作。

5. 跨座式单轨列车单个车门无法关闭故障处置

司机驾驶跨座式单轨列车，在站台办理乘客乘降作业时，遇单个车门无法关闭时，司机通过列车监控屏判断故障车门位置，确认车门位置后记录故障信息并报告行车调度。随后携带工具包到达故障车门处进行处置。手动关闭车门并隔离，处置完毕后返回司机室向行车调度建议终点站下线。如因异物卡滞导致司机手动无法关闭时，立即返回司机室向行车调度建议清客后短接门关旁路开关下线。

司机在区间运行过程中发现跨座式单轨列车单个车门突然打开时，此时列车门全关，灯瞬间熄灭，列车产生紧急制动。司机停车后，通过列车监控屏判断故障车门位置，确认车门位置后记录故障信息并报告行车调度。随后携带工具包及安全带到达故障车门处进行处置。司机先拴好安全带，手动关闭车门并隔离，处置完毕后返回司机室向行车调度建议终点站下线。

二、跨座式单轨列车突发事件应急处置

1. 暴雨天气应急处置

司机值乘中发现暴雨来临时，立即报告行车调度员。注意若望，控制速度，并开启列车前照灯，列车在高架站进站前应鸣笛。

列车在湿滑路段出站时，司机须将主控手柄置于牵引 4 位动车，并一直保持至列车通过长大坡道。列车如出现颠簸或空转打滑的情况，禁止司机将主控手柄回零或降低牵引级位。列车如在坡道因打滑迫停时，司机需将停放制动缓解、手柄置于制动 7，然后使用“坡起”功能，将主控手柄保持在牵引 4 位起步。若列车依然不能运行，则报行车调度退回平直路段，采用牵引 4 级冲坡。

2. 地震应急处置

跨座式单轨系统线路多为高架轨道梁，遇地震等自然灾害严重危机列车运行安全。司机值乘中接到行车调度员地震的通知后，按行车调度员命令限速运行至前方站并报告行车调度员。

如果地震强度在 5 度以下时，以 15 km/h 以下的速度对全线线路进行空车压道试运行，确认对列车运行安全没有影响，报经集团公司分管领导批准后，才能恢复列车载客运行。如果地震强度在 5 度及其以上时，必须经各设备部门对全线线路、信号、供电设备、建筑物进行检查，确认对列车运行没有影响，报经集团公司分管领导批准后，才能恢复列车载客运行。

通知各相关专业部生产调度室，对全线线路、信号、供电设备、建筑设施进行检查，司机接到行车调度员发生地震的通知时，应根据行车调度员命令减速运行到前方车站停车疏散乘客。

司机用车内广播安抚乘客，到站后组织乘客迅速疏散，如出现人员伤亡时，应组织乘客进行自救、互救工作；如不能继续运行时，应选择安全的地方停车，并采取防溜措施，立即向行车调度员报告停车地点、状况等，并接收下一步指示。

3. 跨座式单轨列车清障作业应急处置

跨座式单轨线路多为高架轨道梁，线路沿途多为居民楼或商业建筑，遇大风等异常天气情况，轨道梁上时而会发生存在异物的突发事件。

司机发现轨道梁上（接触网正极或负极）及轨行区域内异物侵限，影响行车安全后，应采取必要的措施停车，立即报告行车调度，把放于司机室内的绝缘棒（拾物钳）和绝缘手套拿出并检查绝缘棒表面绝缘漆是否有脱落和绝缘手套是否有破损、漏气现象（如绝缘棒或拾物钳有问题则启用另一司机室的绝缘棒或拾物钳），确认状态良好后系好安全带并固定于列车上（不允许使用加长安全绳），打开前端疏散门。

列车司机戴好绝缘手套伸出绝缘棒对异物进行挑、勾、推方式处理，直至异物离开轨道梁（接触网）。若遇特殊区段，需将异物拾起时必须使用拾物钳将异物拾回司机室（注意：列车司机在排除异物时，尽量不将物品掉落轨道下方，以免影响地面行人和车辆安全）。处理完毕后收起绝缘棒（拾物钳），关闭前端疏散门。列车司机向行车调度报告清障完毕，根据调令恢复运行。

若列车头车已越过异物时，列车司机向行车调度报告说明情况，根据行车调度命令进行清障处理。列车停车后，列车司机需及时使用紧急广播词进行客室播报，做好乘客安抚工作。若需接触网停电后进行清障，需待接触网已停电的命令下达后，列车司机才能下到轨道梁进行清除。下轨道梁需使用加长安全绳。

4. 跨座式单轨列车疏散救援应急处置

1）跨座式单轨列车横向疏散救援应急处置

跨座式单轨列车在正线运营发生故障后，遇接触网单边失电等异常情况导致纵向疏散救援无法实施时，需采用横向疏散救援的方式将故障列车上的乘客安全、迅速地转移至车站。

故障列车司机对列车施加紧急制动和停放制动，打开前照灯、强制点亮尾灯，做好防护，并向行车调度员报告故障情况，请求救援。同时，向行车调度员确认救援列车的来车方向，并用广播安抚乘客，以免发生慌乱。

救援列车司机接到书面调度命令后，在就近车站清客。车站人员携带救援渡板添乘救援列车到区间协助疏散乘客，司机按行车调度命令严守速度，与故障列车平行对位停放，将主控手柄置于“紧急位”，施加“停放制动”。

救援车司机与故障车司机一同搭建救援渡板，先确定某一个对应的车门，司机系好安全带，手动开启所需打开的车门。救援车司机将过渡板搭建于故障列车地板上，并估算好搭建位置是否得当。故障列车司机接过救援抢险人员从救援列车递过来的救援渡板，将救援渡板搭建于故障列车地板上，并估算好搭建位置是否得当。搭建完以后司机手动将车门拨动关闭直至紧贴救援渡板，车站救援人员协助司机进行疏散。司机回到司机室进行人员疏散广播，客室门现场的救援人员监护、组织乘客有序地过渡到救援列车上（从老弱病残孕开始）。当所有乘客都疏散到救援列车上后，取下救援渡板，司机手动关闭车门。救援车司机根据行车调度员命令运行到车站清客（反方向运行时凭车站引导手信号进站）；故障车司机根据调度命令执行下一步工作。

2）跨座式单轨列车垂直疏散救援应急处置

跨座式单轨列车在正线运营发生故障后，遇接触网全部失电等异常情况导致纵向、横向疏散救援均无法实施时，需采用垂直疏散救援的方式将故障列车上的乘客安全、迅速地转移至车站。

因停电造成接触网短时间无法恢复供电，此时纵向连挂救援和纵向疏散、横向疏散救援都无法实施。司机尽量把列车运行到平直线路上，施加紧急制动和停放制动，向行车调度员报告详细情况，请求救援。行车调度员命令司机做好垂向救援准备，司机降弓，蓄电池保持投入状态，并关闭多余直流负载（保持列车无线电和尾灯强制点亮，如是夜晚或隧道内则打开客室紧急照明）。司机随时确认蓄电池电压在 80 V 以上，如已接近 80 V 时，需及时报告行车调度员，断开蓄电池采用其他联络方式保持与行车调度员通信。

司机用人工广播安抚乘客，以免发生慌乱，并取出列车配备的缓降救援设备。行车总调报告公司领导，总调报告 119 消防救援队请求支援，命令车站协助救援（车站工作人员至少 3 人）。

待地面救援人员到达现场后，行车调度员下达垂向疏散救援命令。待地面支援人员搭建好救援梯或消防云梯后，司机手动打开对应救援梯或消防云梯的车门，疏散乘客。利用缓降救援设备实施救援时，司机负责安装缓降救援设备。车站工作人员得到行车调度员命令后，携带救援梯进入轨行区检修通道或赶赴列车停车地点。救援人员引导乘客逐个进行疏散，车上乘客全部疏散完毕后，车站工作人员引导乘客疏散到车站。司机收起并整理好救援疏散装置，将救援疏散装置放回原处，将车门关闭，锁闭车门上方盖板。确认所有车门关闭良好，司机检查客室，确认客室无异样后回到司机室向行车调度员报告乘客全部安全疏散，并根据调令待命。

第四节　典型案例及分析

一、跨座式单轨因雷击造成线路中断

1. 案例经过

2007 年 7 月 17 日，重庆市突发有气象历史记录以来最强暴雨，最大降雨量达 266.6 mm。此次暴雨伴随大规模雷电，16 h 共计炸雷 41672 次，平均每分钟炸雷 40 次。重庆市主城区位于特大暴雨的正中心，由于积水过深、车辆被淹熄火等原因，重庆市公交车约有 1.5 万班次未能正常发车，仅为正常日发车班次的一半，数十万人出行受到影响。当天 11：17 分，重庆佛图关山上一棵大树被雷击并遇山体滑坡和泥石流，倒在轨道交通 2 号线佛图关与李子坝区间轨道上，接触网被严重损坏，致使区间断电。事故发生后，重庆市轨道交通二号线被迫全线中断。

事件发生后，运营调度指挥中心立即启动应急预案，命令所有单轨列车暂时进站停靠，等待进一步安全检查，采取小交路临时调度方案。同时列车广播向乘客做出解释，提醒乘客赶快下车，站台保安和乘务人员紧急疏散乘客，并安全转移，佛图关车站封闭停止上客。维修人员紧急步行赶到佛图关区间现场，冒雨进行检查抢修。全线停运约 2 h 30 min 后，经过紧急抢修，大坪至新山村区间段恢复通电，开始投入运行。由于接触网损坏严重，修复更换所需时间较长，直至当日晚 8 点 30 分，重庆轨道交通 2 号线全线恢复运营。

2. 案例解析

重庆市地处山区，地形绵延起伏，轨道交通沿线树木高大繁盛，存在极大雷击可能性。跨座式单轨多行驶于高架区段，易造成山体土质遇暴雨松动滑坡，进而促成事件。

此次事故有两个方面的启示：一方面需要加大对轨道交通沿线建筑物、树木等的雷击防护力度，增加防雷设备；另一方面，需要加强跨座式单轨车辆设备雷击防护。由于轨道交通人员密集，且高架轨道横跨城区，加之单轨列车在高架轨道上高速运行，一旦高速运行的列车遭受雷击，后果不堪设想。因此，高架轨道上高速运行列车的雷电防护，是跨座式单轨防雷的一个重点，而且也是难点。

为防范此类事故的发生，重庆市防雷中心与市科委联合立项，对单轨沿线的地理、气候、雷电活动规律等进行全方位监测，同时又结合重庆市跨座式单轨的轨道系统、列车系统、运行供电系统和信号运输系统的特点，以及站点间构筑物的特殊性，建立了相应的雷击频率数据库，确定了雷击频繁区，并在此基础上制订了相关应急预案。

二、跨座式单轨乘客闯入轨行区

1. 案例经过

2010 年 12 月 10 日，重庆轨道交通二号线平安车站有乘客从站台擅自翻入轨行区，跳到轨道梁上向马王场站区步行及逗留。08：25 分，列车司机在平安站上行进站过程中发现车站上行出站 150 m 左右有人在轨道梁上行走，列车司机立即停车后将该情况报告行车调度。行车调度在接到列车司机、车站值班员对该情况报告后立即启动应急预案，并将此区段运行的上下行列车全部扣停，并安排该区段立即停电，以确保人员安全。

应急抢险人员到达现场后，由于跳轨乘客精神失常，拒不配合，无法将其引入安全区域。调度中心立即通知轨警及专业人员到达现场，地面铺好气垫以应对非常情况。同时行车调度立即安排后续列车在动物园站进行折返，组织小交路运营。经轨警人员反复引导和沟通无效，相关专业人员下到轨道梁将其制服并带离现场调查。10：28 分，二号线全线恢复运营，事件造成线路局部中断 2 h。

2. 案例解析

每年，国内外各个城市轨道交通均有因自杀、精神疾病、拾捡物品等原因闯入轨行区的事件发生，防止乘客掉/跳轨亦成为城市轨道交通运营防范重点之一。为此，重庆轨道交通在全线网车站推广安装屏蔽门/安全门装置，并在车站关键位置增设监控摄像头，在一定程度上避免了此类事件的多发。

乘客闯入跨座式单轨线路轨行区，除列车司机或车站工作人员及时发现报告外，为保证人员安全，调度人员须立即对该区段采取停电措施。如乘客滞留轨道梁上，调度人员须及时通知公安、消防及专业人员到场进行处置，以防止闯入人员或救援人员掉落轨道梁。

当跨座式单轨在区间长时间停电迫停且无法疏散时，列车司机须耐心、反复地对车厢内乘客进行安抚工作，避免乘客因情绪激动而产生过激行为。同时，列车司机应主动开启单轨列车的眉窗，以改善静止列车的通风环境。

复习思考题

一、填空题

1. 跨座式单轨轨道由钢筋混凝土预制的轨道梁，轨道梁高_____mm、轨面宽_____mm，钢箱梁和现场浇筑的连续梁连接而成，均为双线线路。

2. 线路设计速度为______km/h，允许速度为______km/h。

3. 跨座式单轨道岔的基本构成可以概括为________、__________及_________3 个主要部分。

4. 跨座式单轨关节可挠型道岔的侧向通过速度为______km/h，关节型道岔的侧向通过速度为______km/h。

5. 跨座式单轨列车转向架分为__________和___________。

6. 跨座式单轨列车 SIV 的工作频率为______。

7. 跨座式单轨列车试闸作业是指：司机牵引列车以______速度施加“______”，确认列车在_________内停稳。

8. 跨座式单轨列车进站速度不得超过______km/h。列车到站停车后，司机应将主控手柄置于“_________”。

9. 跨座式单轨列车一个水平轮或导向轮泄气或爆胎，列车以______km/h 速度运行到故障车停留线或回段。

10. 跨座式单轨列车监控出现 GR 故障代码，表示列车发生___________。

二、不定项选择题

1. 跨座式单轨道岔从功能上有单开、_____道岔，还有渡线道岔和平移式道岔等类型。

A. 双开　　B. 三开　　C. 四开　　D. 五开

2. 跨座式单轨列车 SIV 的输出电压有________。

A. DC220 V　　B. AC220 V　　C. DC380 V　　D. AC380 V

3. 跨座式单轨列车司机整备作业时间为___min，司机需在规定时间内检车完毕后，联系车场调度员。

A. 20　　B. 30　　C. 40　　D. 50

4. 跨座式单轨列车出段时库内限速______km/h，头部越过库门口限速______km/h。

A. 3、5　　B. 5、10　　C. 5、15　　D. 10、15

5. 跨座式单轨列车正线交接车内容包括：_______。

A. 列车车次　　B. 列车、线路、行车相关设备设施状态

C. 继续有效的行车调度命令　　　　D. 随车工具

6. 跨座式单轨列车司机接车时应提前____分钟到达指定的接车位置立岗，面向来车方向，做好接车准备。

A. 1　　B. 2　　C. 3　　D. 5

7. 跨座式单轨列车退出服务时，返空列车通过车站限速______km/h。

A. 25　　B. 30　　C. 45　　D. 50

8. 当列车两个水平轮或导向轮泄气或爆胎，列车以_____km/h 以下速度运行到故障车停留线或回段。

A. 3　　B. 5　　C. 10　　D. 15

9. 跨座式单轨列车发生走行轮爆胎故障导致辅助轮着地，环境温度低于 30℃，列车限速______km/h，环境温度高于 30℃，列车限速______km/h。

A. 5、10　　B. 10、15　　C. 15、10　　D. 10、5

10. 跨座式单轨列车运行中遇地震强度在 5 度以下时，以______km/h 以下的速度对全线线路进行空车压道试运行。

A. 3　　B. 5　　C. 10　　D. 15

三、简答及思考题

1. 简述跨座式单轨列车运行中发现前方轨道梁上有异物时（列车未越过异物），司机如何处置？

2. 跨座式单轨列车因故无法继续运行迫停在高架区间时，为确保乘客人身安全，请思考采用什么方式疏散乘客，并叙述垂向疏散救援流程。

复习思考题答案

第一章

一、判断题

1. √　2. √　3. ×　4. √　5. ×　6. √　7. ×　8. √　9. ×
10. √　11. ×　12. √　13. ×　14. √　15. √

二、单选题

1. B　2. A　3. D　4. D　5. A　6. B　7. C　8. B　9. B　10. B　11. A
12. B　13. B　14. B　15. D

三、简答题

1. 简述轨道线路的基本结构和作用。

答：轨道是线路的上部结构，由钢轨、零部件、轨枕、道床及道岔等组成，是行车的基础技术设备，它直接支承和引导列车运行，并直接承受着竖向、横向、纵向的作用力，承受由车轮传来的巨大压力，并把它传给路基或桥隧建筑物。

2. 简述轨道电路的作用。

答：轨道电路是以线路的两根钢轨作为导体，两端设置电气绝缘，接上送电和受电设备构成的电路。其作用是：

（1）检测列车是否占用轨道区段。

由轨道电路反映该轨道区段是否空闲，轨道区段空闲，才能建立进路、开放信号；列车占用信号所防护的进路，信号自动关闭；从而把信号显示和轨道电路状态结合起来。

（2）通过轨道电路向列车传递实时信息。

城市轨道交通信号系统中，通过轨道电路向列车传递行车实时信息。当轨道电路检测到列车已经占用时，其轨道电路的发送端立即通过轨道电路向列车传送目标速度、目标距离或进路地图等信息，列车接收到这些信息以后，自动控制列车运行速度。

3. 什么是行车闭塞法？

答：为了保证列车运行的安全，在组织列车运行时，通过设备或人工控制（信号或凭证），使连续发出列车保持一定间隔距离安全行车的办法，称为行车闭塞法。闭塞的作用主要是保证列车在区间行车的安全及提高通过能力。

4. 如何组织列车反向运行？

答：当列车反向运行时，列车进路由人工排列，行车调度员下达列车运行方向、运行终点、运行方式和速度的调度命令。行车调度安排专人对列车运行过程进行全程监控，并做好反向运行列车与对向列车的安全间隔防护。

一般情况下，具备反向 ATP 防护功能的，运行列车根据 ATP 指令速度运行；不具备 ATP

防护功能的，按照切除 ATP 的作业规定执行；反向运行列车与对向列车的安全间隔原则上至少保持一站一区间的空闲。

5. 简述全自动无人驾驶的基本概念。

答：按照 IEC 62290 的定义，全自动无人驾驶有两个等级：DTO 和 UTO（统称为 FAO）。在正常运营情况下，由自动化设备取代司机自动驾驶列车在全线运行，其中，DTO 为无司机有人值守下的列车自动运行（自动化等级为 GOA3）；UTO 为无人值守下的列车自动运行（自动化等级为 GOA4）；此外，目前广泛应用的 CBTC 系统可以定义为 STO，为有司机监督下的 ATO 驾驶。

6. 全自动无人驾驶有哪些技术特点？

答：全自动无人驾驶的特点有以下 6 条：

（1）减少人为操作，提升运营安全性。

（2）提升运营可靠性、可用性。

（3）提升运营组织的灵活性。

（4）提供更高的服务质量。

（5）优化人力资源配置。

（6）控制投资，降低运营成本。

第二章

一、判断题

1. √　2. √　3. √　4. √　5. ×　6. √　7. ×　8. √　9. ×　10. ×

二、单项选择题

1. A　2. A　3. B　4. C　5. D　6. B　7. D　8. C　9. A　10. D

第三章

1. 城市轨道交通运营管理的特点是什么？

城市轨道交通运营管理的特点有以下方面：

① 城市轨道交通是一架大联动机，安全工作影响面广。

② 城市轨道交通运营过程复杂，安全工作贯穿始终。

③ 城市轨道交通运营安全受外界自然环境影响大。

④ 城市轨道交通线网覆盖整个城市，安全工作受社会环境影响大。

⑤ 城市轨道交通是城市现代化交通工具，技术性强。

⑥ 城市轨道交通运营是动态的，时间因素对安全影响大。

2. 何谓人-机-环境系统工程？

“人-机-环境”构成运营安全保障系统最基本的组成要素，根据系统的整体性思想，单纯一个要素的良好状态并不能保证系统的优化，为充分发挥系统的整体功能，必须有效地组合与协调三者之间的关系。

3. 与城市轨道交通安全相关的主要心理要素有哪些？

与城市轨道交通安全相关的主要心理要素有：感觉和知觉、记忆和思维、注意、情绪、气质和性格、能力、疲劳、需要和动机。

4. 城市轨道交通安全心理的保障条件有哪些？

城市轨道交通安全心理的保障条件有：

① 增强安全意识。

② 激励安全动机。

③ 提高技术业务能力。

④ 改善城市轨道交通运营安全环境。

5. 安全教育的内容有哪些？

安全教育的内容可概括为3个方面，即安全态度教育、安全知识教育和安全技能教育。

① 安全态度教育：要想增强人的安全意识，首先应使之对安全有一个正确的态度。安全态度教育包括两个方面，即思想教育和态度教育。

② 安全知识教育：安全知识教育包括安全管理知识教育和安全技术知识教育。对于带有潜藏的只凭人的感觉不能直接感知其危险性的危险因素的操作，安全知识教育尤其重要。

③ 安全技能教育：包括安全技能培训和安全技能的形成和安全技能培训计划。

6. 什么是危险源？

具有潜在危险性的物质与能量，并可能对人身、财产、环境造成危害的设备、设施或场所，即通常所指的危险源。从能量释放的角度，危险源可理解为：系统存在的可能发生意外能量释放的危险物质。

7. 简述危险源识别的方法、步骤。

危险源识别的方法：在识别过程当中应充分发挥集体的力量，结合使用脑力风暴、经验判断、失效模式与效应分析、危害与操作性分析、工作安全分析等方法。

危险源识别的步骤：

① 识别准备。

a. 确定分工。

b. 收集识别范围内的资料。

c. 列出识别范围内的活动或流程设计的所有方面。

② 分类识别危险源。从厂址、厂区平面布局、建（构）筑物、生产工艺过程、生产设备、装置、作业环境及管理措施6个方面进行分类识别。

③ 划分识别单元。识别单元是分类识别危险源的细化，可以按照工艺、设备、物料、过程来细化；同类的过程或设备可以划为一类识别对象；识别对象不宜过粗或过细。

④ 危险源的识别。先找出可能的事故伤害方式，再找出其原因。

⑤ 填写危险源登记表。

8. 安全色与对比色有什么区别？

安全色是被赋予安全意义而具有特殊属性的颜色，用于表示禁止、警告、指令、指示等。其作用是使人们能够迅速注意到影响安全、健康的对象或场所，提醒人们注意，以防发生事故。

对比色是使安全色更加醒目的反衬色。对比色规定为黑、白两种颜色。黑色用于安全标志的文字、图形符号和警告标志的几何边框。白色既可用于安全标志红色、蓝色、绿色的背景色，也可以用于文字和图形符号。

第四章

一、判断题

1. √　2. √　3. ×　4. √　5. √　6. √　7. √　8. ×　9. √　10. ×

二、单项选择题

1. A　2. A　3. A　4. B　5. C　6. C　7. C　8. A　9. B　10. D

第五章

1. 单个车门不能关闭，列车无法动车，司机如何进行应急处置？

（1）重新按压“开左/右门”按钮，开门后，再按压“关左/右门”按钮，按压“开、关门”按钮需保持 3 s 以上。

（2）司机报告行调故障车次、列车位置和故障现象并申请到现场切除车门。

（3）通过“车辆显示屏”选择播放预置的“临时停车”紧急广播安抚乘客。

（4）用纸笔记录故障车门的编号，按压“开左/右门”按钮开启车门、站台门。

（5）到达故障车门处，解锁车门，手动关闭车门，恢复解锁手柄，用方孔钥匙将车门切除。

（6）确认车门上方的红灯亮和车门切除装置在水平位。

（7）返回司机操纵台点击“车辆显示屏”查看车门状态界面，确认小锁图标。

（8）按作业程序关门动车。

（9）动车成功后报行调：“××次司机在××站上/下行切除××车门成功，现已动车”。

2. 列车突发紧急制动，“车辆显示屏”状态栏显示紧急制动，“信号显示屏”显示紧急制动图标，气压表红色指针指向 3 bar，列车无法动车，司机如何进行应急处置？

（1）司机确认“主断合”绿灯亮、“受电弓升”绿灯亮、“停放制动缓解”绿灯亮、“所有车门关闭”绿灯亮。

（2）司机确认“车辆显示屏”状态网压显示 1 000～1 800 V，车门状态界面显示所有车门关闭，“气压表”红色指针指向 3 bar。

（3）司机报告行调故障车次、列车位置和故障现象并申请中央缓解紧急制动。

（4）司机通过“车辆显示屏”选择播放预置的“临时停车”紧急广播安抚乘客。

（5）司机接收行调命令并复诵。

（6）中央无法缓解紧制，司机将“驾驶模式选择”开关转向“RM”位后尝试动车。

（7）司机将“安全回路旁路”打至“合”位后尝试动车。

（8）司机将“信号选择”开关打至“信号切除”位后尝试动车。

3.“车辆显示屏”显示牵引电机 3 个图标红点，列车无法动车，司机如何进行应急处置？

（1）司机点击“车辆显示屏”查看牵引状态界面。

（2）司机报告行调故障车次、列车位置和故障现象。

（3）司机通过“车辆显示屏”选择播放预置的“临时停车”紧急广播安抚乘客。

（4）司机确认“受电弓升”绿灯亮、“主控钥匙”在“开”位，按压“主断分”按钮。

（5）司机保持按下“MVB 复位”按钮 5 s，操作 MVB 复位。

（6）司机复位 MVB 成功后闭合主断路器尝试动车。

（7）若无效则尝试将“运行模式选择”至“降级”位，并尝试动车。

（8）动车成功后报行调：“××次在××站至××站上/下行区间列车已动车，列车设备正常，操作了降级模式，申请限速退出服务”。

4.“车辆显示屏”显示辅助逆变器图标红点故障，所有空调只有紧急通风，列车无法动车，司机如何进行应急处置？

（1）司机点击“车辆显示屏”查看辅助电源界面，确认所有辅助逆变器图标显示红点；

（2）司机报告行调故障车次、列车位置和故障现象；

（3）司机通过“车辆显示屏”选择播放预置的“临时停车”紧急广播安抚乘客；

（4）司机确认“受电弓升”绿灯亮、“主控钥匙”在“开”位，按压“主断分”按钮。

（5）司机保持按下“MVB 复位”按钮 5 s，操作 MVB 复位；

（6）司机复位 MVB 成功后闭合主断路器尝试动车；

（7）司机将“运行模式选择”至“降级”位，并尝试动车；

（8）动车成功后报行调：“××次在××站至××站上/下行区间“车辆显示屏”显示“牵引封锁/激活故障”，操作降级模式后列车已经动车，申请限速退出服务”。

第六章

1. 有轨电车车体有几种模块？分别是什么？

答：现代有轨电车有 2 种模块，分别为客室模块和转向架模块。

2. 有轨电车牵引系统分为哪几个部分？

答：牵引系统大体可以分为以下几个部分：受流部分、高压箱（高速断路器）、牵引逆变器、牵引电机、制动电阻。

3. 有轨电车网络控制单元的主要作用是什么？

答：列车网络控制的主要作用有：① 实现列车间的自动重联控制；② 实现全列车的信息共享和统筹控制；③ 实现全列车的自检、故障诊断及安全保护控制。

4. 有轨电车制动类型包括哪些？优先级如何排列？

答：有轨电车制动类型包括电制动（再生制动和电阻制动）、液压摩擦制动（俗称液压制动）和磁轨制动。其中电制动优先级最高（再生制动优先最高，电阻制动其次），液压制动其次，磁轨制动优先级最低。

5. 简述有轨电车制动方式和制动类型的联系。

答：安全制动：液压摩擦制动+磁轨制动；

危害制动：电制动+液压摩擦制动+磁轨制动；

强迫制动：电制动+液压摩擦制动；

常用制动：电制动（再生制动优先最高，电阻制动其次）；

保持制动：液压摩擦制动（列车速度≤3 ~ 5 km/h 时施加）；

停放制动：液压制动（列车关闭时）。

6. 简述有轨电车动车转向架和拖车转向架上的制动分配情况。

答：动车转向架上有 2 个电制动、2 个机械制动、2 个磁轨制动。拖车转向架上没有电制动，有 4 个机械制动、2 个出轨制动。

7. 辅助逆变器的作用是什么？

答：辅助逆变器的作用是将接触网 750 V 直流电压变换为交流 380 V 和直流 24 V 输出电压，给车辆上的所有交流和直流负载供电。

8. 列车共有几个撒砂装置？如何激活撒砂装置？

答：列车上一共有 8 个撒砂装置。

撒砂装置有 3 种激活方法：驾驶室内有撒砂开关，司机可根据需求激活撒砂装置；列车紧急制动时车辆自动激活撒砂装置；列车检测到轮对发生空转或打滑时，撒砂装置自动激活。

9. 简述有轨电车广播的优先级。

答：广播优先级分别是：全自动报站广播；半自动报站广播；驾驶室对客室人工报站广播（司机可用麦克风对客室进行人工广播）；对车外乘客广播。

10. 有轨电车手柄有哪些挡位？

答：有轨电车主控手柄包括 4 个挡位：牵引位、0 位、制动位、危害制动位。

11. 简述列车警惕按钮按压时间。

答：列车运行过程中，警惕按钮需要在每 30 s 按压一次，每次按下时间不得小于 3 s，否则列车将声音报警提示，5 s 后列车自动施加制动。

12. 司机在发生事故进行急救时应当遵循什么原则？

答：人道原则、快速原则、有序原则。

13. 简述有轨电车发生故障时，处理故障的思路和技巧。

答：3 种处理思路：通过观察、静听、辨识等 3 个方法。

6 种处理技巧：重试法、复位法、切除法、旁路（隔离）法、转换法、重启法。

14. 有轨电车道路事故处置原则是什么？

答：道路事故应急处置要贯彻“先通车，后恢复”的大原则。

15. 简述有轨电车事故应急处置流程。

答：立即停车、汇报、做好乘客服务工作、下车查看并处理、恢复动车或申请救援。

16. 标明下列信号机的种类：

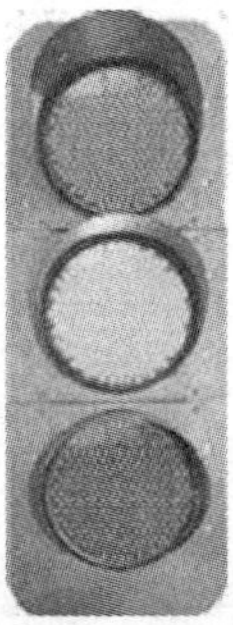			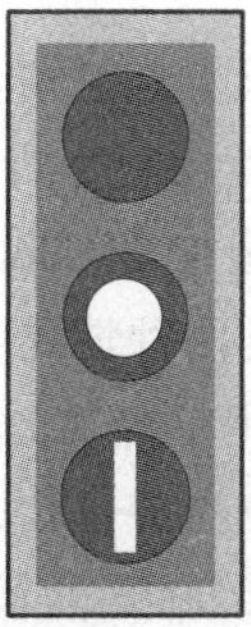	
交通信号灯	道岔防护信号机	交通信号灯	路口防护信号机	道岔防护信号机

17. 有轨电车路口防护信号和道岔防护信号机编号的含义是什么？

答：S 代表上行信号机，X 代表下行信号机，R 代表路口防护信号机。

18. 根据有轨电车排列进路优先级，写出有轨电车排列进路的 5 种方式。

答：系统自动进路排列（无须司机干预）；中央调度员手动控制模式（无须司机干预）；司机利用车载设备手动进路排列；司机或维修人员利用轨旁设备手动排列进路（选择道岔）；司机或维修人员用操作杆手动切换。

19. 司机利用有轨电车车载排列进路有哪两种方式？

答：有车载硬按钮和 DMI 软按钮。

20. 简述有轨电车路口防护信号机各个指示灯的含义。

答：蓝色横杠：禁止信号，不允许列车通过路口。

白色圆点闪烁：有轨电车信号优先开启，提示即将开放允许信号，开放允许信号之前，不允许列车通过路口。

白色竖杠：允许信号，允许列车通过路口。

21. 写出常见标识牌的含义。

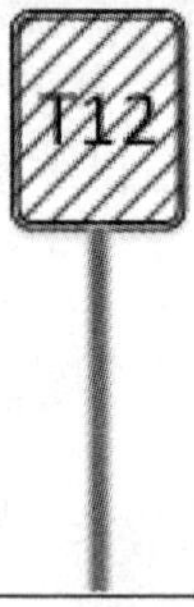	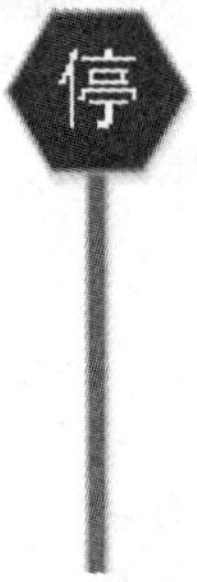		
表示有轨电车在正线运行时临时折返停车不得越过标志牌。有轨电车应在距离正线停车牌 1 m 前停车	表示有轨电车在行驶过程中临时停车不得越过标志牌。有轨电车应在距离停车牌 1 m 前停车	提醒有轨电车司机不要超越接触网有效区间。有轨电车应在距离接触网终点标 3 m 前停车	警冲标是用来指示机车车辆停车时，不准向道岔方向或线路交叉点方向越过，以防止停留在该线上的机车车辆与邻线上的机车车辆发生侧面冲突的标志

22. 简述整备作业检查原则。

答：禁止未确认禁动牌盲目操作，禁止触摸带电部件；检测具体顺序：从上至下，从左至右；在有地沟的车道检车时需对地沟是否有人进行确认。

23. 调车作业有哪两种情况？

答：有轨电车利用自身动力调车、利用蓄电池公铁两用车调车。

24. 洗车作业前应当准备什么？洗车作业过程中列车限速多少？

答：洗车作业前应当在洗车库前停稳，确认车内窗户全部关闭，洗车过程中列车限速 3 km/h。

25. 正线运行司机驾驶要求有哪些？

答：（1）行车过程中保持精神集中。

（2）严格按照行车调度员命令，根据《运营时刻表》掌握各站停留车时间、折返时间。

（3）严格按照规定控制速度，严格执行手比口呼。

（4）运行时做好瞭望、监控、信号确认，紧急情况立即采取紧急制动措施停车，报告行车调度员。

（5）遇狂风、暴雨、大雪、浓雾等恶劣天气或在高架桥、下穿隧道、交通路口以及曲线半径较小、瞭望条件不理想的线路上运行时，适当降低运行速度。

（6）运行期间列车发生故障时，在确保安全的前提下尽可能维持进站停车，时刻关注列车状态，防止故障的进一步扩大，积极处理和汇报。

第七章

一、填空题

1. 1 500、850
2. 80、75
3. 结构部分、转辙驱动系统、信号控制系统
4. 25、15
5. 动力转向架、非动力转向架
6. 50 Hz
7. 5 km/h、制动 3、2 ~ 3 m
8. 45、制动 7 级
9. 15
10. 接地故障

二、不定项选择题

1. ACD　2. BD　3. C　4. C　5. ABCD　6. A　7. D　8. B　9. C　10. D

三、简答及思考题

1. 跨座式单轨列车运行中发现前方轨道梁上有异物时（列车未越过异物），司机如何处置？

答：司机发现轨道梁上（接触网正极或负极）及轨行区域内异物侵限，影响行车安全后，应采取必要的措施停车，立即报告行车调度，把放于司机室内的绝缘棒（拾物钳）和绝缘手套拿出并检查绝缘棒表面绝缘漆是否有脱落和绝缘手套是否有破损、漏气现象（如绝缘棒或拾物钳有问题则启用另一司机室的绝缘棒或拾物钳），确认状态良好后系好安全带并固定于列车上（不允许使用加长安全绳），打开前端疏散门。

列车司机戴好绝缘手套伸出绝缘棒对异物进行挑、勾、推方式处理，直至异物离开轨道梁（接触网）。若遇特殊区段，需将异物拾起时必须使用拾物钳将异物拾回司机室（注意：列车司机在排除异物时，尽量不将物品掉落轨道下方，以免影响地面行人和车辆安全）。处理完毕后收起绝缘棒（拾物钳），关闭前端疏散门。列车司机向行车调度报告清障完毕，根据调令恢复运行。

2. 跨座式单轨列车因故无法继续运行迫停在高架区间时，为确保乘客人身安全，请思考采用什么方式疏散乘客，并叙述垂向疏散救援流程。

答：跨座式单轨列车因故迫停在高架区间时，优先采用纵向连挂救援的方式疏散乘客；遇

接触网单边失电等异常情况导致纵向疏散救援无法实施时，需采用横向疏散救援的方式将故障列车上的乘客安全、迅速地转移至车站；遇接触网全部失电等异常情况导致纵向、横向疏散救援均无法实施时，需采用垂直疏散救援的方式将故障列车上的乘客安全、迅速地转移至车站。

垂向救援流程：司机尽量把列车运行到平直线路上，施加紧急制动和停放制动，向行车调度员报告详细情况，请求救援。行车调度员命令司机做好垂向救援准备，司机降弓，蓄电池保持投入状态，并关闭多余直流负载（保持列车无线电和尾灯强制点亮，如是夜晚或隧道内则打开客室紧急照明）。司机随时确认蓄电池电压在 80 V 以上，如已接近 80 V 时，需及时报告行车调度员，断开蓄电池采用其他联络方式保持与行车调度员通信。

司机用人工广播安抚乘客，以免发生慌乱，并取出列车配备的缓降救援设备。行车总调报告公司领导，总调报告 119 消防救援队请求支援，命令车站协助救援（车站工作人员至少 3 人）。待地面救援人员到达现场后，行车调度员下达垂向疏散救援命令。待地面支援人员搭建好救援梯或消防云梯后，司机手动打开对应救援梯或消防云梯的车门，疏散乘客。利用缓降救援设备实施救援时，司机负责安装缓降救援设备。车站工作人员得到行车调度员命令后，携带救援梯进入轨行区检修通道或赶赴列车停车地点。救援人员引导乘客逐个进行疏散，车上乘客全部疏散完毕后，车站工作人员引导乘客疏散到车站。司机收起并整理好救援疏散装置，将救援疏散装置放回原处，将车门关闭，锁闭车门上方盖板。确认所有车门关闭良好，司机检查客室，确认客室无异样后回到司机室向行车调度员报告乘客全部安全疏散，并根据调令待命。

参考文献

[1] 上海申通地铁集团有限公司轨道交通培训中心. 城市轨道交通电动列车司机驾驶[M]. 北京：中国铁道出版社，2010.

[2] 贾文婷,庞绍煌. 城市轨道交通列车运行控制[M]. 北京:北京交通大学出版社,2012.

[3] 林瑜筠，赵炜. 城市轨道交通信号[M]. 北京：中国铁道出版社，2015.

[4] 王省茜. 跨座式单轨道岔技术分析[D]. 成都：西南交通大学，2006.

[5] 上海申通地铁集团有限公司轨道交通培训中心. 城轨电动列车驾驶员（四级）[M]. 北京：中国劳动社会保障出版社，2015.